国际贸易单证实务

（第二版）

丁行政◎编著

中国海关出版社

图书在版编目(CIP)数据

国际贸易单证实务/丁行政编著.—2版.—北京:中国海关出版社,2012.1(2013.2重印)(2014.2重印)(2016.12重印)

ISBN 978-7-80165-855-5

Ⅰ.①国… Ⅱ.①丁… Ⅲ.①国际贸易—原始凭证 Ⅳ.①F740.44

中国版本图书馆CIP数据核字(2011)第256832号

国际贸易单证实务(第二版)

GUOJI MAOYI DANZHENG SHIWU(DEERBAN)

作　　者:丁行政
策划编辑:马　超
责任编辑:胡　菡
责任监制:王岫岩　赵　宇
出版发行:中国海关出版社
社　　址:北京市朝阳区东四环南路甲1号　　邮政编码:100023
网　　址:www.hgcbs.com.cn;www.hgbookvip.com
编 辑 部:01065194242-7554(电话)　　01065194234(传真)
发 行 部:01065194221/4238/4246/4227(电话)　　01065194233(传真)
　　　　　01065194262/63(邮购电话)
印　　刷:北京铭成印刷有限公司　　经　　销:新华书店
开　　本:710mm×1000mm　1/16
印　　张:25.5　　字　　数:420千字
版　　次:2012年1月第2版
印　　次:2016年12月第4次印刷
书　　号:ISBN　978-7-80165-855-5
定　　价:45.00元

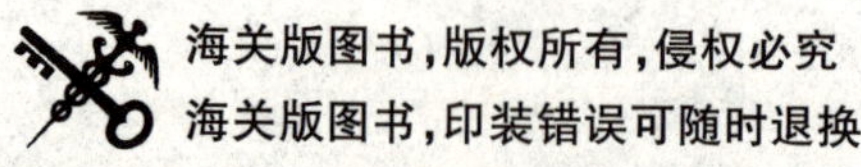

再版修订说明

本书从2010年出版以来仅一年半时间，由于内容贴近职业需求，反映工作过程，受到了相关院校、企业和广大读者的好评。在这一年半的时间里，《国际贸易术语解释通则》2010年版已生效，外贸单证工作的内容和标准也在不断变化，因此，本书的修订再版迫在眉睫。

本次修订基本保持第一版的整体框架和内容，仅对部分内容进行增补和修改。最主要的是重新编写了贯穿全书的情景案例，使其更能反映外贸单证工作的实际工作情景，突出工作过程的主体地位。此外，修改了过时和错漏之处，围绕外贸单证流转这一主线，更为系统地阐述了各项主要单证的种类、作用、格式、内容和缮制方法，力争与实际业务操作保持紧密的结合。由国际商会修订的《UCP600》已实行几年，《国际贸易术语解释通则》2010年版也已生效，对此本次修订也在内容上作了相应更新，让使用该教材的读者能够及时了解和掌握最新国际贸易惯例的内容变化和实践经验总结。

由于金融危机的持续蔓延，贸易环境日趋复杂，国际贸易政策和惯例不断更新变化，限于作者的实际经验和知识水平，书中疏漏和不足在所难免，希望业内专家学者和广大读者批评指正。

感谢马超和胡菡两位编辑为本书的修订付出的辛勤劳动！感谢读者的厚爱，请批评指正并将意见反馈到邮箱 xingzhengding@126. com，谢谢！

丁行政

2011年11月18日

前　言

国际贸易表现为商品和资金的双向交流，买方目的在于得到货物，而卖方目的在于收取货款。但在通常情况下，买卖双方分处两个不同的国家或地区，地理位置相隔较远，货物的交易不可能完全在双方的监控之下完成，所以就需要一套能代替货物交易的具有法律效力的单据文件，特别是在使用 FOB、CFR 和 CIF 等象征性贸易术语的情况下，就要以这些单据文件即所谓的单证来实现货物与货款的交流。

从贸易合同签订之日起，直到货物装运，再到进口提货的整个过程，每个业务环节都会产生和使用相应的单证，这所有的单证又都涉及单证的缮制、审核、处理、交接和传递过程，以满足企业、银行、保险、运输、商检、海关以及相关政府机构的要求。可以说，国际贸易单证是所有国际贸易交易的核心，它是买卖双方能顺利进行交易不可缺少的凭证。因此，对于正在从事或有志于从事外贸行业的人员来说，能规范、熟练地缮制合乎要求的外贸单证尤为重要。

作为以工作流程为线索的行业岗位系列教材之一，本书在编写过程中，从报关、货代和外贸行业单证职业岗位群的职责和要求出发，以业务操作和单证缮制等职业能力培养为本位，以进出口业务工作流程为主线，以最新国际贸易法规和惯例为依据，以实际出口业务为例，系统、完整地介绍了进出口合同签订和履行各环节的业务操作、单证制作和流转，内容主要包括：合同签订和解读、跟单信用证业务操作、备货与包装单据与发票、托运订舱与单据、商品检验检疫与单证、原产地证明书的申领与缮制、货物通关涉及的报关单据、装运与运输单据、货款结算与收汇单据，以及出口收汇核销与退税等。通过以上一系列相互衔接的出口业务和单证操作，试图模拟一个仿真的国际商业环境，使学生能够切身体会商品进出口交易的全过程，在实际业务操作过程中能够全面、系统、规范地掌握进出口单证缮制的技能和技巧。

本着学历教育与职业资格证书考试相结合，满足学生获得双证需求的思路，本书在结构编排和内容构建上反映了外贸行业从业人员相关资格证的考证大纲要求，可以作为全国报关员资格统一考试和全国国际商务单证员资格考试的参考教材。

本书每章都配有关键术语、学习目标、相关衔接、特别提示、企业实践、典型案例，思考与实训，以帮助学生更好地理解和掌握相关的知识和技能。

本书参考了大量的国内外文献资料，大多数已在后面的参考书目中列出，但个别地方难免会有疏漏，敬请诸位专家学者谅解。在此，我们向参考过的中外文献的作者表示诚挚的谢意。

本书能够出版问世，在此要感谢中国海关出版社的盛情邀请和信任，杨鹏强老师尽心尽力的组织和帮助，以及各位同人的教诲和沟通合作。

由于报关、货代和外贸行业发展迅速，贸易环境日趋复杂，各种贸易政策、惯例和贸易理论不断涌现和变化，加上作者知识和经验不足，书中疏漏、不妥之处在所难免，诚挚欢迎行业专家和读者批评指正。

丁行政

2009 年 12 月于广州

目　录

第1章 合同签订与履行

关键术语

国际货物　买卖合同　交易磋商　询盘　发盘　还盘　接受　国际贸易惯例　售货合同

学习目标

- 应知国际贸易的流程
- 应知国际贸易适用的法律规范
- 应知合同生效的要件
- 应知进出口合同的履行程序
- 应会制作国际货物买卖合同

在国际贸易中以交易双方一般分处于两个不同的国家（或地区），如果双方之前没有业务往来，那么交易的第一步是做好交易前的准备工作，通过参加交易会、网上搜索等各种方式或渠道在彼此之间建立起业务联系。在买卖双方有了交易意向后，就会通过EMAIL、MSN、传真或面谈等方式进行反复多次的交易磋商，对交易条件达成一致。当一方的发盘被另一方有效接受时，这笔交易即告成立。此后，一般还由一方（卖方或者买方）提供书面合同给另一方进行会签[①]（countersign）。所以，对于一笔交易来说，首先是达成交易，签订合同。

1.1 国际货物贸易的基本流程

在国际贸易中，一笔交易从买卖双方取得联系开始直至合同履行完毕，往往需要经过以下步骤：

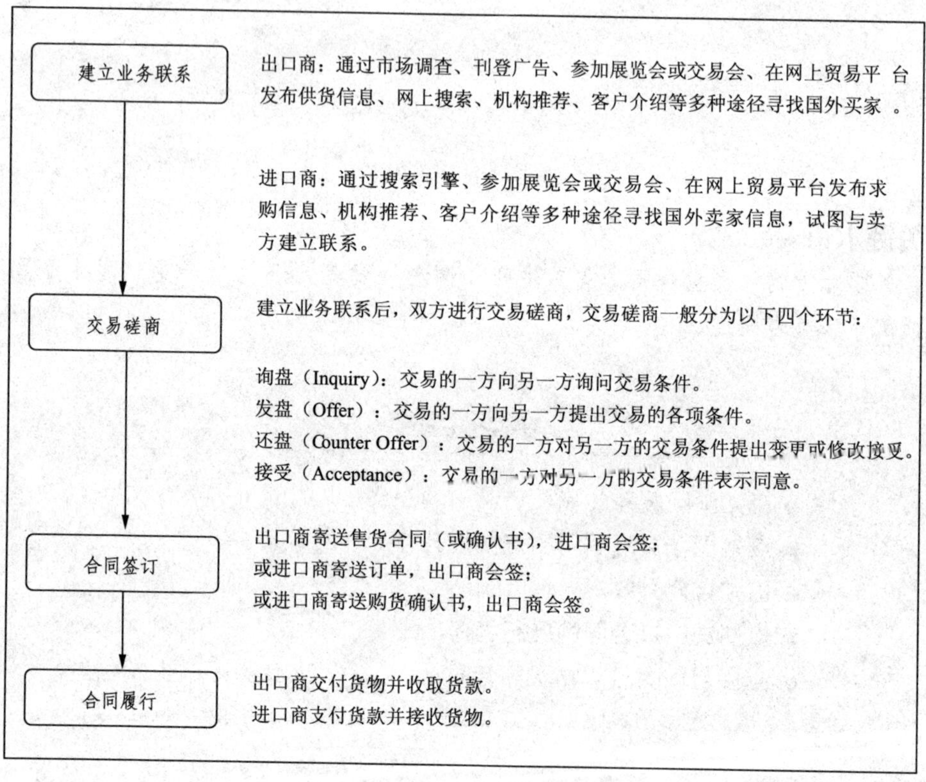

图 1-1 国际货物贸易流程

1.2 国际货物买卖合同的签订

进出口双方经过交易磋商达成交易后，通常接着签订书面的国际货物买卖合同或简化的确认书，将达成一致的交易条件用书面形式确定下来。

---

① 会签是撰拟公文的过程中，主办单位主动与有关单位协商并核签的一种办文程序。

1.2.1 含义

国际货物买卖合同（Contracts for International Sale of Goods）是指营业地在不同国家（或地区）的当事人之间就货物买卖订立的合同，也称为国际货物销售合同。

国际货物贸易以合同为中心，依法成立的合同，对买卖双方当事人均具有法律约束力，当事人都应履行合同约定的义务，并享有相应的权利。

相关链接

《中华人民共和国合同法》第二条：

合同是平等主体的自然人、法人、其他组织之间设立、变更、终止民事权利义务关系的协议。

1.2.2 合同生效的要件

国际货物买卖合同在接受生效时成立，但合同成立并不表示合同自此具有法律效力，根据各国合同法和相关公约的规定，还需要满足其他要件，国际货物买卖合同才开始生效，具有法律约束力。

1. 合同当事人必须具有签约能力

签订国际货物买卖合同的当事人主要为自然人或法人。若是“自然人”，则必须是精神正常的成年人才能签订合同。未成年人对达成的合同可不负合同的法律责任；精神病患者和醉汉，在发病期间和神志不清时达成的合同，也可免去合同的法律责任。若是“法人”，则应由企业的法人代表在法人的经营范围内签订合同，该合同才具有法律效力。如非企业负责人代表企业达成合同时，一般应有授权证明书、委托书或类似的文件，且不能越权签订合同。

相关链接

《中华人民共和国合同法》第九条：

当事人订立合同，应当具有相应的民事权利能力和民事行为能力。

当事人依法可以委托代理人订立合同。

2. 合同当事人的意思表示必须真实

意思表示必须真实表明签订这份合同的双方是出于自己的意愿。所以，通常要通过一方的发盘和另一方对这个发盘表示接受的程序，方能证明这是在双方自愿基础上的意见一致。这种自愿又应以合法为前提，如发现一方用诈骗、威胁或暴力等行为使另一方接受而达成的合同，在法律上是无效的。

相关链接

《中华人民共和国合同法》

第三条　合同当事人的法律地位平等，一方不得将自己的意志强加给另一方。

第四条　当事人依法享有自愿订立合同的权利，任何单位和个人不得非法干预。

第五十二条　有下列情形之一的，合同无效：

（一）一方以欺诈、胁迫的手段订立合同，损害国家利益；

（二）恶意串通，损害国家、集体或者第三人利益；

（三）以合法形式掩盖非法目的；

（四）损害社会公共利益；

（五）违反法律、行政法规的强制性规定。

3. 合同必须有约因或对价

英美法认为，对价（Consideration）是指当事人为了取得合同利益所付出的代价。法国法认为，约因（Cause）是指当事人签订合同所追求的直接目的。按照英美法和法国法的规定，合同只有在有对价或约因时，才是法律上有效的合同。在国际贸易中，卖方交货，买方付款，即互为有偿。一方不按合同条款交货或付款，均负有赔偿对方损失的责任。

4. 合同的标的和内容必须合法

所谓“标的合法”，即货物和货款等必须合法。货物应是政府允许出口或进口的商品，倘属于政府管制的，则应有许可证或配额。外汇的收付必须符合国家规定。至于“合同内容合法”，许多国家往往从广义上进行解释，主要包括不得违反法律法规、不得违反公共秩序或公共政策，以及不得违反善良风俗或道德三个方面。如限制价格、限制销售地区、限制竞争等的合同，如不符合反垄断法、竞争法等的规定，即属于违反公共政策的

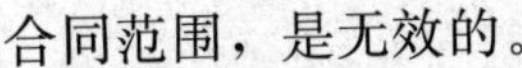

合同范围，是无效的。

相关链接

《中华人民共和国合同法》第七条：

当事人订立、履行合同应当依照法律、行政法规，尊重社会公德，不得扰乱社会经济秩序，损害社会利益。

5. 合同必须符合法律规定的形式和审批手续

世界上大多数国家，只对少数合同才要求必须按照法律规定的特定形式订立，而对于大多数合同，一般不从法律上规定应当采取的形式。此外，世界各国除少数国家外都规定有不同程度的对外贸易管制措施。某些销售合同必须经过一定的审批手续方为有效。凡中国法律、行政法规规定应由国家批准的合同获得批准时，合同方成立。

相关链接

中华人民共和国《合同法》第十条：

当事人订立合同，有书面形式、口头形式和其他形式。

法律、行政法规规定采用书面形式的，应当采用书面形式。当事人约定采用书面形式的，应当采用书面形式。

凡符合以上要件的合同，才具有法律效力。对于具有法律效力的合同，法律会保护双方的权利，同时又要求双方各自承担相应的义务。当事人双方必须恪守合同的规定，按规定条款履行合同，任何一方都无权片面变更或废止合同。履行合同过程中发生争议时，合同是解决争议的法律依据。司法机关或仲裁机构审理争议时，根据合同规定的条款按照法律判定责任方履行义务，赔偿对方的损失，并在必要时强制执行。

1.2.3　合同的形式和内容

1. 合同的形式

合同的形式是合同当事人内在意思的外在表现形式。国际货物买卖合同有以下三种形式：

(1) 书面形式

书面形式包括合同书、信件以及数据电文（如电报、电传、传真、电子数据交换和电子邮件）等可以有形地表现所载内容的形式。采用书面形式订立的合同，既可以作为合同成立的证据，也可以作为履行合同的依据，如履约中发生纠纷，也便于举证和分清责任，故书面合同是合同的一种主要形式。

(2) 口头形式

采用口头形式订立的合同，又称为口头合同或对话合同，即指当事人之间通过当面谈判或通过电话或视频方式达成协议而订立的合同。采用口头形式订立合同，有利于节省时间、简便行事，对加速成交起着重要作用。但是，因无文字依据，空口无凭，一旦发生争议，往往造成举证困难，不易分清责任。这是导致有些国家的法律、行政法规强调必须采取书面合同的最主要的原因。

(3) 以行为表示

这是指以行为方式表示接受而订立的合同。例如，根据当事人之间长期交往中形成的习惯做法，或发盘人在发盘中已经表明受盘人无须发出接受通知，可直接以行为作出接受而订立的合同，均属于此种形式。

相关链接

《联合国国际货物销售合同公约》第十一条：

销售合同无须以书面订立或书面证明，在形式方面也不受任何其他条件的限制。销售合同可以用包括人证在内的任何方法证明。

由此可见，当事人签订合同时，究竟采用什么形式，应根据有关法律、行政法规的规定和当事人双方的意愿行事。

2. 书面合同的形式

交易双方通过口头或书面形式达成协议后，多数情况下还会签订书面合同，以利于合同的履行。

贸易实践中，书面合同的形式包括合同（Contract）、确认书（Confirmation）和协议书（Agreement）等。其中，以采用“合同”和“确认书”两种形式的居多。从法律效力来看，这两种形式的书面合同没有区别，所不同的是格式和内容的繁简有所差异。根据书面合同的草拟人不同，合同又可分为售货合同（Sales Contract）和购货合同（Purchase Contract）。前者，是指卖方草拟提出的合同；后者，是指买方草拟提出的合同。确认书是合同的简化形式，它又分为售货确认书（Sales Confirmation）和购货确认书（Purchase Confirmation）。前者是卖方出具的确认书，后者是买方出具的确认书。合同或确认书通常签订一式两份，由双方合法代表分别签字后各执一份，作为合同成立的证据和合同履行的依据。

3. 合同的内容

书面形式的合同无论采取何种格式，通常都包括约首、约尾和本文三部分基本内容。

（1）约首

约首是指国际货物销售合同的开头部分，通常包括合同名称、合同编号、订约时间、订约地点，买卖双方名称和联系方式以及双方订立合同的意愿和执行的保证等内容。

（2）基本条款

基本条款是国际货物销售合同的主体，也是合同的本文部分，主要包括合同的实质性条款，即规定双方当事人权利、义务等交易条件的条款。本文部分包括的内容主要有品名、品质规格、数量或重量、包装、价格、交货条件、运输、保险、支付、检验、索赔、不可抗力和仲裁等条款。买卖双方商定合同，主要是就这些基本条款如何规定进行磋商，达成一致意见。

（3）约尾

约尾是合同的结束部分，一般包括合同所使用的文字及其效力、合同份数、缔约双方当事人签字等项内容。

1.2.4 进出口合同示例评析

1. 交易背景介绍

广州市星辰国际贸易有限公司（Guangzhou Stars International Trading Co.，Ltd），成立于1999年，依法在广州市办理了工商登记及其他执业手续，是一家综合性贸易公司，其经营范围包括金属材料、五金、家具、厨具等。公司与多家制造厂商有固定的业务往来，货源可靠。

2. 谈判纪要

2011年4月，广州市星辰国际贸易有限公司在广交会上与英国一客户初步接触洽谈。会后继续通过电子邮件、MSN和传真等方式就出口保温瓶与该客户反复磋商，并于5月28日达成交易签订合同，该笔交易信息整理如下：

广州星辰国际贸易有限公司

Guangzhou Stars International Trading Co.，Ltd

地址：中华人民共和国广州市中山一路3××号（邮政编码：510×××）

Address：No. 3×× Zhongshan Road，Guangzhou 510×××，P. R China

谈判纪要

时间：2011年5月28日

客户名称：Flag Trading Co.，Ltd.

联系地址：3××，Borough High Street，London SE1 1HR，United Kingdom

Tel：+44 207 407 4035

Fax：+44 207 407 4080

项目：出口家用品

达成以下交易条件：

商品名称：VACUUM FLASK

货号	数量	单价	包装方式	包装种类	毛重	净重	尺码
S1162 350ML	4000PCS	USD8.00	20	CARTONS	8.0kg	7.0kg	40×33×24.5cm
S2173 500ML	2000PCS	USD10.00	20	CARTONS	9.0kg	8.0kg	48×34×28cm
S3183 750ML	1600PCS	USD14.0	20	CARTONS	15.0kg	13.0kg	29×50×30cm

贸易术语：CIF LODON INCOTERMS® 2010

合同总金额：USD74400.00

装运港：广州

目的港：伦敦

装运期：2011年7月底前

保险条款：加一成投保协会货物险（A）险

付款条款：见票后30天付款的远期跟单信用证，该信用证应于2011年6月22日前开到

3. 售货合同

根据上述谈判纪要，小王制作售货合同如下：

SALES CONTRACT

S/C No.：SSC2011528
Date：MAY. 28，2011
Signed at：Guangzhou

The Sellers：Guangzhou Stars International Trading Co.，Ltd
Address：No. 3×× Zhongshan Road，Guangzhou 510×××，P. R China
Tel：+0086－20－25763369
Fax：+0086－20－25763368
The Buyers：Flag Trading Co.，Ltd.
Address：3××，Borough High Street，London
SE1 1HR，United Kingdom
Tel：+44 207 414 6236
Fax：+44 207 414 6238

This Sales Contract is made by and between the Sellers and the Buyers，whereby the sellers agree to sell and buyers agree to buy the under－mentioned goods according to the terms and conditions stipulated below：

Name of Commodity & specifications	Art No.	Quantity	Unit Price	Amount
			CIF LODON INCOTERMS® 2010	
VACUUM FLASK	S1162 350ML S2173 500ML S3183 750ML	4000PCS 2000PCS 1600PCS	US$8. 00/PC US$10. 00/PC US$14. 00/PC	USD32000. 00 USD20000. 00 USD22400. 00
				USD 74400. 00
Total Amount（in words）：SAY US DOLLARS SEVENTY FOUR THOUSAND FOUR HUNDRED ONLY.				

Terms of Packing：TO BE PACKED IN CARTONS OF 20 PCS EACH ONLY，TOTAL 380 CARTONS.
Terms of Shipment：FROM GUANGZHOU TO LONDON，TO BE EFFECTED NOT LATER THAN THE END OF JUL. 2011，WITH PARTIAL SHIPMENT AND TRANSSHIPMENT ALOWED.
Terms of Payment：THE BUYER SHOULD OPEN THROUGH A BANK ACCEPTABLE TO THE SELLER AN IRREVOCABLE LETTER CREDIT PAYABLE AT 30 DAYS AFTER SIGHT FOR 100% OF TOTAL CONTRACT VALUE TO REACH THE SELLER BEFORE 22nd JUNE，2011 AND VALID FOR NEGOTIATION IN CHINA UNTIL THE 15th DAY AFTER THE DATE OF SHIPMENT.
Terms of Insurance：TO BE EFFECTED BY THE SELLER FOR 110% OF THE FULL INVOICE VALUE COVERING INSTITUTE CARGO CLAUSES（A）AS PER I. C. C DATED 1/1/1982.
Other Terms：As specified overleaf，which shall form an integral part of this Contract.
The contract is made out in two original copies，one copy to be held by each party.

Confirmed by：
THE SELLER
(SIGNATURE)

THE BUYER
(SIGNATURE)

背面格式条款

Other Terms and Conditions：

1. Inspection：It is mutually agreed that the Inspection Certificate of Quality and Quantity（or Weight）issued by CIQ（Entry-exit Inspection and Quarantine Bureau of the People's Republic of China）at the port of shipment shall be regarded as final binding on both parties.
2. Quality/Quantity Discrepancy：Any discrepancy on the shipped goods should be put forward within 30 days after the arrival of the vessel carrying the goods at the port of destination and the Buyer should present the Survey Report issued by the Surveyor agreed by the Seller. If the goods have been processed the Buyer will loss the right to claim. The Seller shall not settle the claim within the responsibility of the Insurance Company or Ship Company.
3. The contents of the covering Letter of Credit shall be in strict accordance with the stipulations of the Sales Contract in case of any variation there of necessitating amendment of the L/C，the buyer shall bear the expenses for effecting the amendment. The seller shall not be held responsible delay of shipment resulting from awaiting the amendment of the L/C，and reserve the right to claim from the buyer compensation for the losses resulting here from.
4. Except in case where the insurance is covered by the buyer as arranged，insurance is to be covered by the seller with Chinese insurance company. If insurance for additional amount and/or for other insurance terms is required by the buyer，prior notice to his effect must reach the seller before shipment and is subject to the seller's agreement，and the extra insurance premium shall be for the buyer's account.
5. The seller shall not be held responsible if they owing to Force Majeure cause fall to make delivery within the time stipulated in this Sales Contract or cannot deliver the goods. However the seller shall inform immediately the buyer by fax or E-mail. The seller shall deliver to the buyer by registered letter，if it is requested by the buyer，a certificate issued by the China Council for the Promotion of International Trade or by any competent authority，certifying to the existence of the said cause of causes. Buyer's failure to obtain the relative Import License is not to be treated as Force Majeure.
6. Arbitration：All disputes arising in connection with this Sales Contract or the execution there shall be settled amicably by negotiation. In case no settlement can be reached，the case under dispute shall then be submitted for arbitration to the China International Economic Trade Arbitration Commission in accordance with the Rules of Procedure of the China International Economic Trade Arbitration Commission. The decision of the commission shall be accepted as final and binding upon both parties.

Guangzhou Stars International Trading Co.，Ltd

4. 售货合同评析

典型的售货合同一般由以下内容构成：

（1）合同名称（SALES CONTRACT OR SALES CONFIRMATION）

本例中在约首部分打上了“SALES CONTRACT”字样，说明这份合同是由出口公司提供的。

说明：

售货合同的约首部分一般醒目注明“SALES CONTRACT”（售货合同）或“SALES CONFIRMATION”（售货确认书）的字样。通常售货合同的格式都是由出口公司事先印制好的，有时在“SALES CONTRACT”之前会直接打上出口公司名称或公司的标志等内容。售货合同与售货确认书的区别在于文本内容的繁简不同，售货合同格式齐全，正面、背面条款都有，而售货确认书通常没有背面的格式条款。

（2）合同编号（S/C No.）

本例中该份售货合同的编号为SSC2011528。

S/C是SALES CONTRACT或SALES CONFIRMATION的缩写。S/C No. 即售货合同（或售货确认书）的编号。一般来说，每个出口公司都会对本公司的合同进行系列编号，以便存储、归档和管理。

（3）签约日期（DATE）

本例中合同签约日期是2011年5月28日18th. MAY，2011。

签约日期表明进出口双方在何时签订这份国际货物买卖合同。

（4）签约地点（SIGNED AT）

本例中签约地点为广州市。

签约地点表明这份合同是在何地签订的。

在何处签约关系到如果发生争议纠纷时，对本合同的解释适用哪一国法律的问题。因此，我国的出口公司通常将签约地点规定为出口公司在我国的营业所在地。

（5）合同当事人信息

本例中的合同当事人信息条款：

The Sellers：Guangzhou Stars International Trading Co.，Ltd

Address：No. 3××Zhongshan Road，Guangzhou 510×××，P. R. China

Tel：+0086—20—25763369

Fax：+0086—20—25763368

The Buyers：Flag Trading Co.，Ltd.

Address：3××，Borough High Street，London SE1 1HR，United Kingdom

Tel：+44 207 414 6236

Fax：+44 207 414 6238

说明：

合同当事人信息主要包括买卖双方的名称、地址和联系方式。注意有时卖方的相关信息内容已由公司印制好，但如果公司名称已更改，则需要更改为新名称并加盖校对章，或重新印制合同。

（6）买卖双方订立合同的意愿和执行合同的保证条款

本例中合同条款：

This Sales Contract is made by and between the Sellers and the Buyers, whereby the sellers agree to sell and the buyers agree to buy the under-mentioned goods according to the terms and conditions stipulated below:

翻译：这份销售合同是由买卖双方签订的，根据以下规定的条款及条件，卖方同意出售及买方同意购买以下所述货物：

(7) 品名及规格条款（NAME OF COMMODITY & SPECIFICATIONS）

本例中合同的品名、规格条款如下：

Name of Commodity& specifications	Art No.
VACUUM FLASK	S1162 350ML S2173 500ML S3183 750ML

翻译：

商品品名与规格	货号
保温瓶	S1162 350ML S2173 500ML S3183 750ML

说明：

品名及规格条款详细规定所交易商品的名称和规格，也称为品质条款。它是商品说明（Description of Goods）的重要组成部分，也是买卖双方交接货物的主要依据。约定商品品质的方法有以实物表示和用文字说明表示。以实物表示品质又可分为看货买卖和凭样品成交（by sample）。凭样品成交通常适用于那些品质难以用文字描述商品的买卖，如服装、玩具及某些轻工产品和矿产品等。用文字说明表示包括凭规格、等级或标准成交，凭牌名或产地名称成交，以及凭说明书图样成交这六种表示方法。买卖双方应针对具体的交易条件选择合适的方法对商品品质进行规定。

在实务中，有时受制于商品特性、生产加工和运输条件的限制以及气候的影响，出口商很难做到交付的货物完全与合同规定的相符。为了避免交货品质与合同稍有不符而造成违约从而影响交易的顺利进行，在出口合同中可以加列品质公差或品质机动幅度条款，即允许出口商交付货物的品质可以在一定范围内波动。

(8) 数量条款(QUANTITY)

本例中的数量条款为:

Quantity
4000PCS 2000PCS 1600PCS

翻译:

数量
4000只 2000只 1600只

说明:

数量条款通常主要包括计量单位、计量方法和成交数量等内容,有时还规定数量机动幅度条款(也称溢短装条款)。在实际业务中,商品的种类和性质不同,使用的计量单位往往不一样。常用的计量单位有重量、容积、个数、长度、面积和体积这六种。其中,按照重量计数时多使用净重,但一些单位价值不高的商品常常采用毛重计量,称作"以毛作净"(gross for net)。在签订合同时,买卖双方应明确规定货物的具体数量,以作为双方当事人交接货物的数量依据。

在大宗散装商品(如煤矿、铁矿石和粮食等)的交易中,多数还会在合同列明溢短装条款,并明确由哪一方行使此项机动幅度的选择权,以及多装或少装部分的计价方法。

例如,With ( ) percent more or less both in the amount and quantity of the S/C allowed, decided by the seller.

数量及总值均允许增加或减少( )%,由卖方决定。

此例中数量与合同(或信用证)总金额均可增减( )%。

如果只列 with ( ) percent more or less in the quantity of the S/C allowed. 则只允许数量增减,无金额增减,实为有名无实的虚条款。在订立合同和审核信用证时,须慎重考虑此种情形。

(9) 价格条款(PRICE TERMS)

本例中的价格条款如下:

Unit Price	Amount
CIFLODON INCOTERMS® 2010	
US$8.00/PC US$10.00/PC US$14.00/PC	USD32000.00 USD20000.00 USD22400.00
	USD 74400.00
Total Amount (in words): SAY US DOLLARS ONE HUNDRED AND NINETEEN THOUSAND SEVEN HUNDRED ONLY.	

翻译：

单价	金额
CIF HELSINKI	
每只 8.00 美元 每只 10.00 美元 每只 14.60 美元	32000.00 美元 20000.00 美元 22400.00 美元
	74400.00 美元
总金额（用文字）：七万四仟四佰美元整。	

说明：

价格条款通常包括单价和总值两方面的内容。除此之外，还可能反映交易中佣金和折扣的情况。

1）单价（UNIT PRICE）

在国际贸易中，单价的表述与国内贸易不同。进出口商品的单价通常由计价货币名称（如 USD 或 JPY 等）、单位价格金额（如 190 或 3000 等）、计量单位（如 per piece 或 per metric ton 等）和贸易术语（如 FOB Shanghai 或 CIF London 等）这四部分组成。

如果合同价格包含了支付给牵线搭桥的中间商的酬金，也就是包含佣金（Commission）的话，这样的价格称为含佣价。没有包括佣金的价格则称为净价。含佣价可以在所使用的贸易术语后加列佣金的英文字母缩写及所付佣金的百分率（即佣金率）来表示。例如，USD 188 PER PC. CIFC5% NEW YORK.（每件 188 美元成本加保险费、运费至纽约港含 5%佣金）。

此外，在贸易中，有时出口商会按照原价给予进口商一定的价格减让，称为折扣（Discount），折扣情况通常用文字说明。

2）金额（AMOUNT）

每项商品的金额为每一项商品单价的累计金额，也就是用每项商品的单价乘以对应的数量而得到的数值。金额所使用的货币应与单价的一致。

3）总金额

本例中的总金额除了用小写表示为 74400 美元外，还用大写表示：

Total Amount（in words）：SAY US DOLLARS SEVENTY FOUR THOUSAND FOUR HUNDRED ONLY.

翻译：总金额（用文字）：七万四千四百美元整。

总金额处列明币种及各项商品累计金额之和。它是发票及信用证金额的依据。

总金额是单价和数量的乘积。总金额所使用的货币通常与单价所使用的货币一致，合同的数量单位和单价中的数量单位应相同，才能得出正确的合同总金额。有些合同还将合同总金额的大写专门列为一项表示，如本例。

（10）包装条款（PACKING）

Terms of Packing：TO BE PACKED IN CARTONS OF 20 PCS EACH ONLY，TOTAL 380 CARTONS.

翻译：（包装条款：每箱各装 20 件，合计 380 箱。）

说明：

包装条款主要规定包装方式、包装材料、包装规格、包装标志和包装费用等内容。如无包装可填写“NAKED”或“IN BULK”字样。

交易双方在商订包装条款时，应考虑商品的特点、运输方式和有关国家的法律规定，结合成本效益分析，选择合适的包装方式、包装材料、包装规格和包装标志等内容，在合同中明确、具体地规定。包装种类指采用的包装材料，如木箱、纸箱、袋等，包装方式则指每个包装单位内所装的商品个数。

表 1-1 常用包装种类

纸箱	carton	麻袋	gunny bag
木箱	wooden case	塑料袋	plastic bag
包	bundle/bale	铁桶	iron drum
瓶	bottle	木桶	wooden cask
钢瓶	cylinder	罐	can
托盘	pallet	集装箱	container

在包装条款中往往要列明货物的包装标志。包装标志包括运输标志、指示性标志和警告性标志。

运输标志（Shipping Marks）又称唛头，通常是由一个简单的几何图形和一些字母、数字及简单的文字组成。其主要内容包括：1）目的地名称或代号；2）收、发货人的代号；3）件号、批号。此外，有的运输标志还包括原产地、合同号、许可证号和体积与重量等内容。

为了统一运输标志，便于识别操作，联合国欧洲经济委员会简化国际贸易程序工作组，在国际标准化组织和国际货物装卸协调协会的支持下，制定了一套运输标志向各国推荐使用。该标准运输标志包括：1）收货人或买方名称的英文缩写字母或简称；2）参考号，如合同号码、运单号、订单号或发票号等；3）目的地；4）件号。至于根据需要在运输包装上刷写的其他内容，如许可证号、原产地和体积与重量等，则不作为运输标志必要的组成部分。

本例中出口商可以设计标准化的运输标志如下：

FLAG

SSC2011528

LONDON

C/NO. 1-380

FLAG 为这笔交易收货人的简称；SSC2011528 为合同号码；LONDON 是目的港；C/NO. 1-380 是这批货物的件号。

(11) 装运条款（SHIPMENT）

Terms of Shipment：FROM GUANG ZHOU TO FELIXSTOWE，TO BE EFFECTED NOT LATER THAN THE END OF JUL.，2011，WITH PARTIAL SHIPMENT AND TRANSSHIPMENT ALOWED.

翻译：装运条款：从广州运往伦敦，不迟于2011年7月底装运，允许分批装运和转运。

说明：合同的装运条款主要规定装运期、装运港（地）和目的港（地），货物运输方式以及是否允许分批装运及转船等有关运输的条件。

1）装运期（TIME OF SHIPMENT）

装运期即装运时间，有多种规定方法，一是可以规定具体装运时段，例如，4月或5月底前；另外也可以规定收到信用证后一定时间内装运，例如，信用证开出后或到达卖方后30天。如按后者的规定方式，则须相应规定信用证开出或到达的具体日期，而且注意处理L/C的有效期与装运期的关系，装运期应与信用证到期日（有效期）有一段合理时间：①不能太短，避免“双到期”，致使装运单据取得后没有足够时间进行议付；②不能太长，占压买方资金，太长装运期也会在货价上体现出来。

2）装运港和目的港（PORTS OF LOADING & DESTINATION）

装运港（地）通常是由出口商根据便利货物出口的原则提出，经进口商同意后确定。一般装运港只规定一个，但如果成交数量较大，货源又分散几处，或在达成合同时出口商还无法确定在何处发运货物，也可以规定几个港口或地点作为装运港，有时还可以笼统规定，到装运时再由出口商通知进口商。

3）分批装运及转船（PARTIAL SHIPMENT，TRANSHIPMENT）

货物是否分批装运，对交易双方都有影响，须加以明确规定。

而如果从装运港至目的港没有直达船或无固定船期，或为了防止赶不上直达船造成迟延装运，出口商应在合同中作出允许转运的规定。但由于转运会增加费用和容易造成货损货差，通常进口商不希望货物经过转运而在合同中规定不允许转运。当然，有时进口商出于某一考虑在合同中会指定转运港及第二程船公司，对于这种情况，出口商只有在有充分把握的情况下才能答应进口商的这一特殊要求。

例如，Shipment from Dalian to Los Angeles with transhipment at Hongkong by APL Shipping Company.（货物由美国总统轮船公司自大连经香港转运洛杉矶。）

对于装运条款，如有特别要求可在REMARKS栏补充注明，也可在此栏或“品名及规格”一栏空白处注明。例如，SHIPMENT DURING MARCH/JUNE IN FOUR EQUAL MONTHLY LOTS.

(12) 支付条款 (PAYMENT)

本例中的支付条款分析如下:

Terms of Payment: THE BUYER SHOULD OPEN THROUGH A BANK ACCEPTABLE TO THE SELLER AN IRREVOCABLE LETTER CREDIT PAYABLE AT 30 DAYS AFTER SIGHT FOR 100% OF TOTAL CONTRACT VALUE TO REACH THE SELLER BEFORE JUNE. 22nd JUNE, 2011 AND VALID FOR NEGOTIATION IN CHINA UNTIL THE 15th DAY AFTER THE DATE OF SHIPMENT.

翻译:买方应于装运月份前30天,通过卖方可接受的银行开具,金额为100%的合同总金额,见票后30天付款的,不可撤销的信用证,在2011年6月22日前开抵卖方,有效期至装运月份后第15天,在中国议付。

说明:本合同使用见票后30天付款的信用证进行结算。

合同中的支付条款会根据不同的付款方式而内容各异,现分别举例如下。

1) 汇款 Remittance

使用汇款方式时,合同中应明确规定进口商办理汇款的时间、具体的汇款方法以及汇款金额等。

①预付货款

The Buyer shall pay 100% of the sales proceeds in advance by T/T to reach the Sellers within three weeks after the signing of this contract.

翻译:买方应在本合同签订后三周内用电汇将100%的货款预付给卖方。

②单到付款

The Buyer shall pay 100% of the contract value by T/T upon the receipt of the original Bills of Lading sent by the Seller.

翻译:买方应在收到卖方寄来的正本提单后,立即用电汇将100%的合同货款汇给卖方。

2) 跟单托收 Documentary Collection

进出口双方采用跟单托收方式结算时,应在合同付款条款中明确规定银行交单的条件、买方付款期限等内容。以下为三种不同形式的跟单托收合同条款。

①即期付款交单

Upon first presentation the Buyer shall pay against documentary draft drawn by the Sellers at sight. The shipping documents are to be delivered against payment only.

翻译：买方应凭卖方开具的即期跟单汇票于见票时立即付款，付款后方可获得运输单据。

②远期付款交单

The Buyer shall duly accept the documentary draft drawn by the Sellers 60 days after sight（after the B/L date/after date）upon first presentation and make the payment on its maturity. The shipping documents are to be delivered against payment only.

翻译：买方对于卖方开具的见票后（提单日后/出票日后）60 天付款的跟单汇票，于提示时应立即承兑，并应于汇票到期日即予付款，付款后方可获得运输单据。

③承兑交单

The Buyer shall duly accept the documentary draft drawn by the Sellers at 45 days' sight upon first presentation and make payment on its maturity. The shipping documents are to be delivered against acceptance.

翻译：买方对卖方开具的见票后 45 天付款的跟单汇票，于提示时应立即承兑，并应于汇票到期时即予付款，买方在承兑后即可获得运输单据。

3）跟单信用证

跟单信用证在国际贸易中使用较为广泛。采用跟单信用证进行结算时，合同中的支付条款通常需要对开证行、信用证种类、开证日期、信用证金额以及信用证的到期日和到期地点等内容进行规定。

①即期信用证

The Buyer shall open through a bank acceptable to the Seller an Irrevocable Letter of Credit payable at sight to reach the seller 25 days after the month of shipment，valid for negotiation in China until the 15th day after the date of shipment.

翻译：买方应通过一家卖方可以接受的银行于装运月份 25 天前开立并送达卖方一份不可撤销即期信用证，有效期至装运日后 15 天在中国议付。

②远期信用证

The Buyer shall open through a bank acceptable to the Seller an Irrevocable Letter of Credit 30 days after sight（after the B/L date/after the date of the draft) to reach the Seller by the end of Sep. 2009, valid for negotiation in China until the 15th day after the date of shipment.

翻译：买方应于 2009 年 9 月底前，通过一家卖方认可的银行开立并送达卖方一份不可撤销见票后（提单日后/出票后）30 天付款的信用证，该信用证有效期至装运日后 15 天在中国议付。

（13）保险条款（INSURANCE）

本例中的保险条款：

Terms of Insurance：TO BE EFFECTED BY THE SELLER FOR 110% OF THE FULL INVOICE VALUE COVERING INSTITUTE CARGO CLAUSES（A）AS PER I. C. C DATED 1/1/1982.

翻译：保险条款：由卖方根据伦敦保险协会 1982 年 1 月 1 日的协会货物保险条款以全部发票金额的 110%投保协会货物保险条款（A）险。

保险条款通常是对由哪一方投保、保险险别、保险金额的确定方法、所适用的保险条款，以及保险条款的生效日期进行规定。保险条款的内容主要与所使用的贸易术语有关系。如使用 FOB、FCA、CFR 或 CPT 贸易术语成交，由买方承担货物在运输途中的风险，一般只须在合同中规定“TO BE EFFECTED BY THE BUYERS（由买方投保）”即可。如为 CIF 或 CIP，则由卖方替买方投保，买卖双方需要明确、具体地在合同中规定保险条款的内容。否则按照《国际贸易术语解释通则》对 CIF 和 CIP 贸易术语的解释，卖方只须按照最低险别和发票总值的 110%投保。

例如，To be covered by the Sellers for 110% of Invoice Value against All Risks and War Risks as per the relevant clauses of the People's Insurance Company of China. If other coverage is required, the Buyers must have the consent of the Sellers before shipment and the additional premium is to be borne by the Buyers.

翻译：由卖方按照中国人民保险公司相关的保险条款，以发票金额的 110%投保一切险和战争险。如果要求投保其他险别，买方应在装运前取得卖方的同意，并且额外的保险费由买方承担。

表 1-2 保险条款中常用的术语

	中国保险条款	协会货物保险条款
英文全称	China Insurance Clause	Institute Cargo Clause
英文缩写	C. I. C	I. C. C

续表

	中国保险条款	协会货物保险条款
颁布机构	中国人民保险公司	英国伦敦保险协会
生效时间	1981 年 1 月 1 日	1982 年 1 月 1 日
基本险别	平安险 Free from Particular Average FPA	协会货物（A）险 Institute Cargo Clause（A）ICC（A）
	水渍险 With Particular Average WPA	协会货物（B）险 Institute Cargo Clause（B）ICC（B）
	一切险 All Risks	协会货物（C）险 Institute Cargo Clause（C）ICC（C）
附加险别（常用）	战争险 War Risks	协会战争险 Institute War Clause—Cargo
	罢工险 Strike Risks	协会罢工险 Institute Strike Clause—Cargo

（14）其他条款（OTHER TERMS/REMARKS）

此类条款通常在合同背面已经印完。如果对方有异议可提出修改，如买方特别指定商品检验机构时，双方可协商变更。

1）商品检验条款（Commodity Inspection）

本例中的合同商检条款：

Inspection：It is mutually agreed that the Inspection Certificate of Quality and Quantity（or Weight）issued by CIQ（Entry-exit Inspection and Quarantine Bureau of the People's Republic of China）at the port of shipment shall be regarded as final binding on both parties.

翻译：商品检验：双方同意以中国出入境检验检疫局所签发的品质、数量（或重量）检验证书为最后依据，对双方均具有约束力。

说明：商品检验条款主要规定商品检验机构、买方的检验权、检验的时间和地点、检验项目和方法、检验标准、所出具的检验证书，以及复检权、复检时间和地点等内容。

2）异议索赔条款

本例中的异议索赔条款：

Quality/Quantity Discrepancy：Any discrepancy on the shipped goods should be put forward within 30 days after the arrival of the vessel carrying the goods at the port of destination and the Buyer should present the Survey Report issued by the Surveyor agreed by the Seller. If the goods have been processed the Buyer will loss the right to claim. The Seller shall not settle the claim within the responsibility of the Insurance Company or Ship Company.

翻译：品质或数量异议条款：买方对于装运货物的任何异议必须于装运货物的船只到达目的港后30天内提出，并须提供经卖方同意的公正机关出具的检验报告。如果货物已经加工，买方即丧失索赔权利。属于保险公司或轮船公司责任范围的索赔，卖方不予受理。

说明：索赔条款除了明确规定一方如果违约，另一方有权索赔外，还要规定索赔依据、索赔期限和索赔方法等内容。

3）开证条款

本例中的信用证开立规定条款：

The contents of the covering Letter of Credit shall be in strict accordance with the stipulations of the Sales Contract in case of any variation there of necessitating amendment of the L/C，the buyer shall bear the expenses for effecting the amendment. The seller shall not be held responsible delay of shipment resulting from awaiting the amendment of the L/C，and reserve the right to claim from the buyer compensation for the losses resulting here from.

翻译：信用证内容必须严格符合本售货合同的规定，否则修改信用证的费用由买方负担，卖方也不负因修改信用证而延误装运的责任，并保留因此而发生一切损失的索赔权。

4）对投保事项的规定

本例中对合同投保事项的规定：

Except in case where the insurance is covered by the buyer as arranged，insurance is to be covered by the seller with Chinese insurance company. If insurance for additional amount and/or for other insurance terms is required by the buyer，prior notice to his effect must reach the seller before shipment and is subject to the seller's agreement，and the extra insurance premium shall be for the buyer's account.

翻译：除经约定保险归买方投保者外，由卖方向中国的保险公司投保。如果买方须增加保险额及/或须加保其他险别，可于装船以前提出，经卖方同

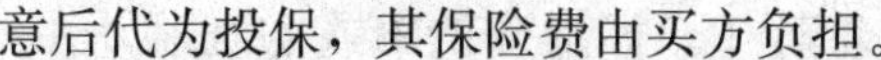
意后代为投保，其保险费由买方负担。

5）不可抗力条款

本例中的不可抗力条款：

The seller shall not be held responsible if they owing to Force Majeure cause fall to make delivery within the time stipulated in this Sales Contract or cannot deliver the goods. However the seller shall inform immediately the buyer by fax or E-mail. The seller shall deliver to the buyer by registered letter，if it is requested by the buyer，a certificate issued by the China Council for the Promotion of International Trade or by any competent authority，certifying to the existence of the said cause of causes. Buyer's failure to obtain the relative Import License is not to be treated as Force Majeure.

翻译：因人力不可抗拒事故，使卖方不能在本售货合同规定的期限内交货或不能交货，卖方不负责任。但是卖方必须立即以电报通知买方。如果买方提出要求，卖方应以挂号函向买方提供由中国国际贸易促进委员会或有关机构出具的证明，以证明事故的存在。买方不能领到进口许可证不能被认为系属于人力不可抗拒的范围。

6）仲裁条款

本例中的合同仲裁条款：

Arbitration：All disputes arising in connection with this Sales Contract or the execution there shall be settled amicably by negotiation. In case no settlement can be reached，the case under dispute shall then be submitted for arbitration to the China International Economic Trade Arbitration Commission in accordance with the Rules of Procedure of the China International Economic Trade Arbitration Commission. The decision of the commission shall be accepted as final and binding upon both parties.

翻译：仲裁：凡因执行本合同或有关本合同所发生的一切争执，双方应以友好方式协商；如果协商不能解决，应提交北京中国国际经济贸易仲裁委员会，根据中国国际经济贸易仲裁委员会的仲裁规则进行仲裁，仲裁裁决是终局的，对双方都具有约束力。

（15）买方和卖方分别签字盖章（THE SIGNATURES OF BUYERS/SELLERS）

由买卖双方的公司法人代表签字、盖章。

目前，我国外贸公司所使用的简式合同（即售货确认书或购货确认书）多无仲裁、不可抗力和索赔等背面条款，为了避免日后发生争议，建议补加，改为采用条款齐全的售货合同。当然，合同是在双方意思自治的基础上形成的，因此，可依据实际情况加以修改。但对合同的基本条款仍应认真制定，审慎把握。

1.3 进出口合同的履行程序

国际货物买卖合同一旦生效，进出口双方均应按合同规定的交易条件履行各自的责任和义务。而双方履行的责任主要与所采用的贸易术语有关，使用不同的贸易术语，会使合同的责任和义务在进出口双方之间分担不同。对于出口商来说，无论采用哪个贸易术语，其基本义务都是交货、交单和转移货物的所有权。在所有的交易条件中，备货是出口商在每一笔贸易中都要承担的责任。除了 EXW 这一贸易术语，如采用其他贸易术语，出口商须负责办理出口清关手续。对于国外运输和投保这两个重要的义务，则取决于具体使用的贸易术语。

1.3.1 出口合同履行的基本程序

这里，我们以出口贸易中比较常用的 CIF 贸易术语、信用证支付方式、集装箱班轮运输为例分析出口合同履行的基本程序及环节（见图 1-2、图 1-3）。

1.3.2 进口合同履行的基本环节

在进出口业务中，对于进口商来说，其基本义务是接受货物和支付货款，除了 DDP 这一贸易术语是由出口商负责进口清关之外，其他贸易术语都是由进口商负责进口清关。而从装运港（地）到目的港（地）的运输和为途中货物投保则取决于所使用的贸易术语。

下面我们以进口贸易中常用的交易条件——FOB 贸易术语成交，信用证结算，集装箱班轮运输为例，分析进口商履行合同义务的基本环节（见图 1-4）。

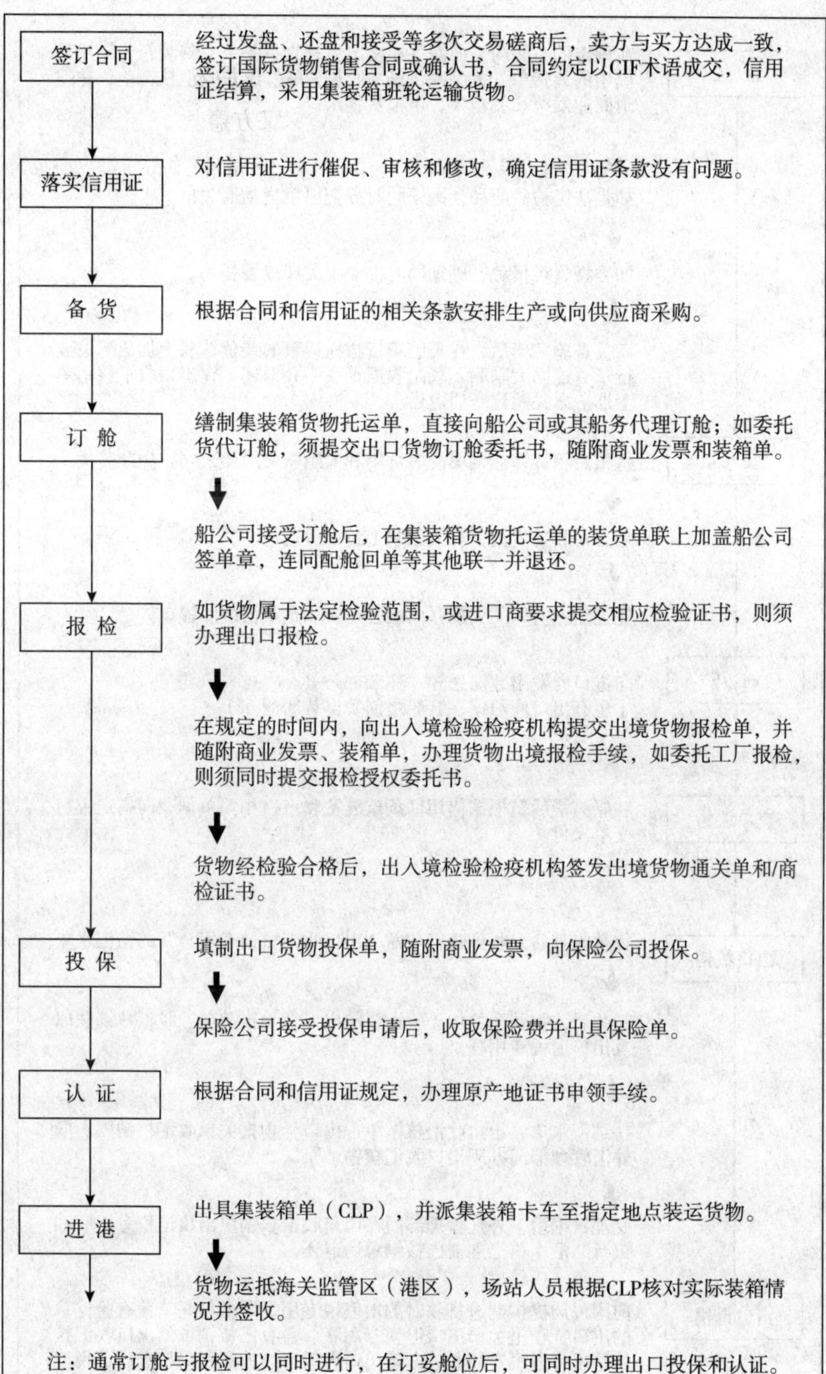

图 1-2　出口合同履行基本程序

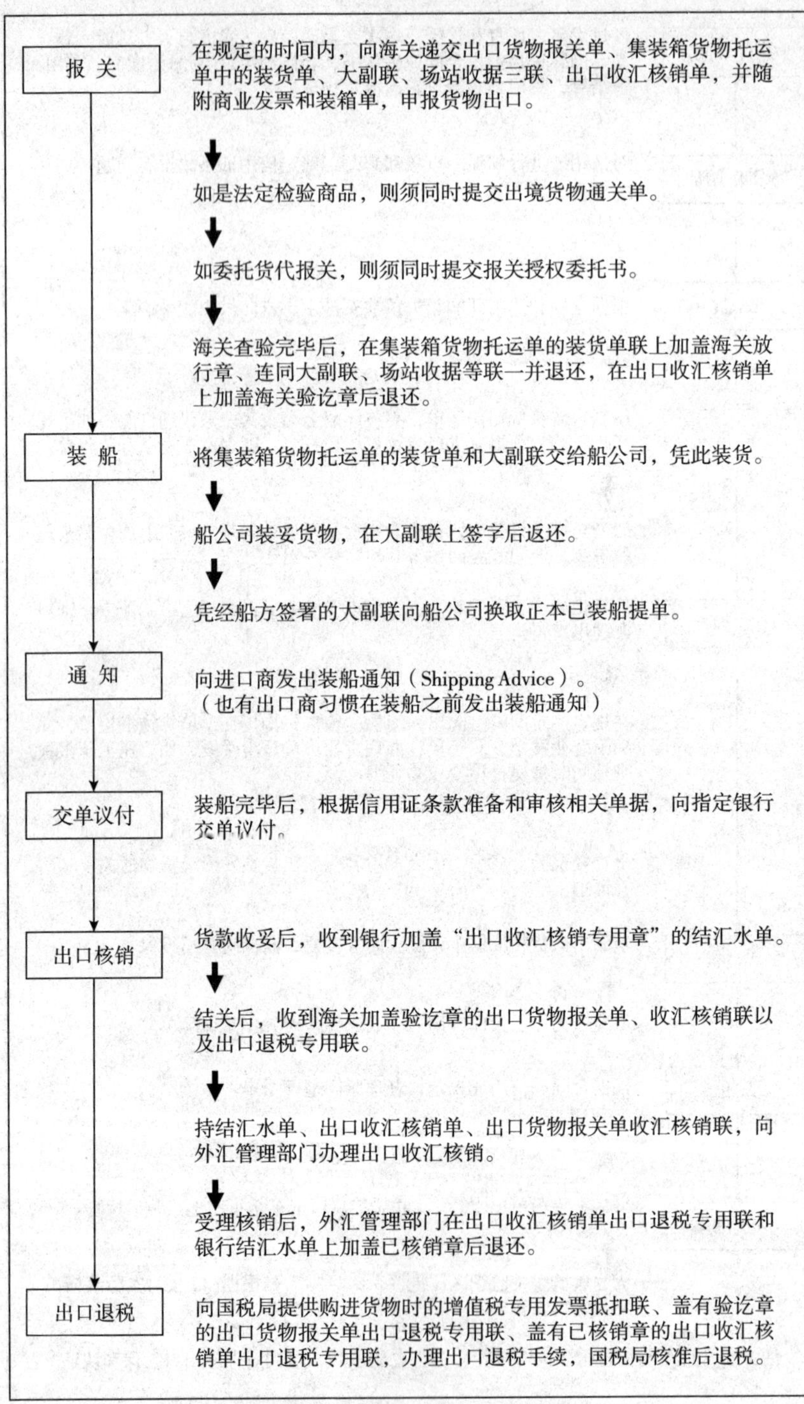

图 1-3　出口合同履行基本环节

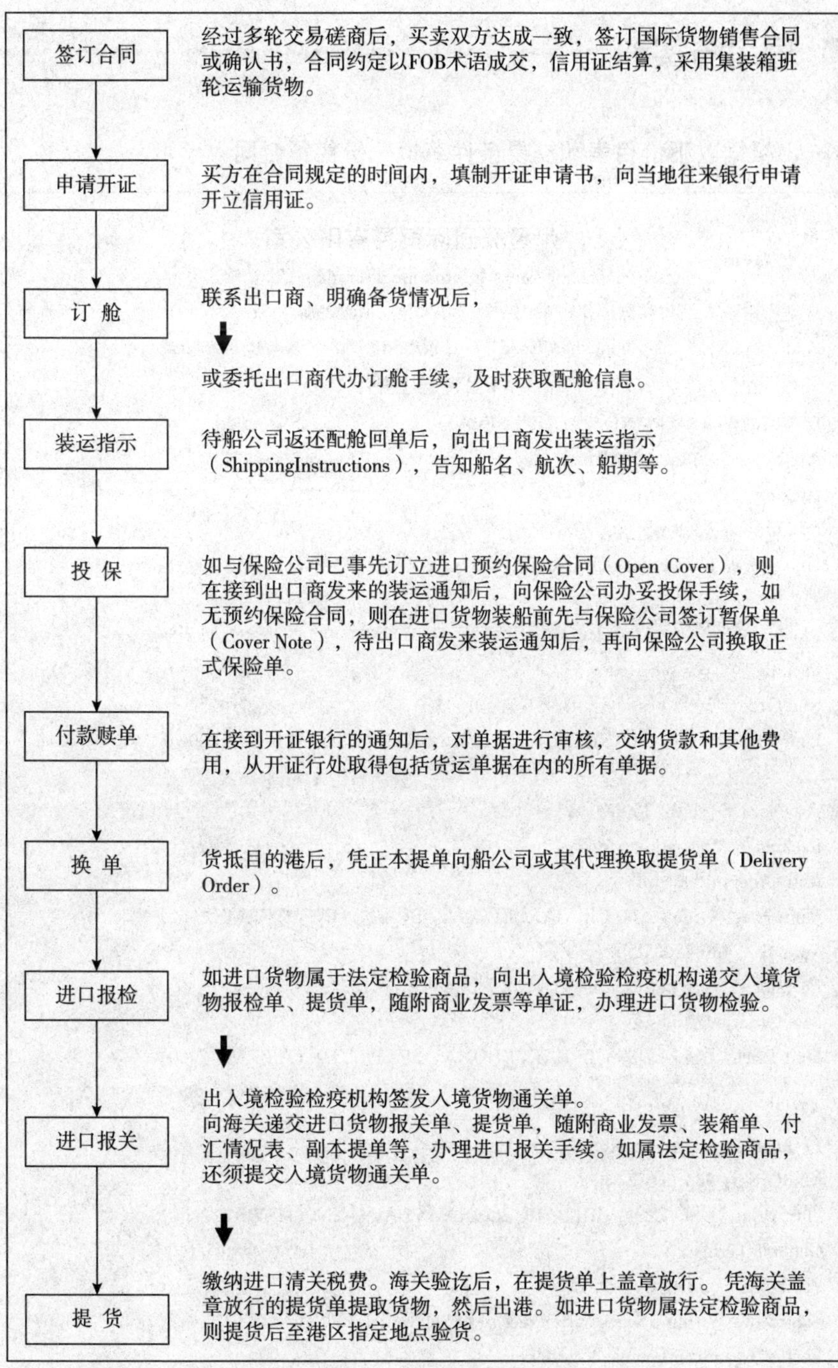

图 1-4　进口合同履行基本环节

思考与实训

一、根据以下价目表和交易条件草拟一份售货合同

广州星辰国际贸易有限公司

Guangzhou Stars International Trading Co., Ltd

地址：中华人民共和国广州市中山一路3××号（邮政编码：510×××）

Address：No. 3××Zhongshan Road，Guangzhou 510×××，P. R. China

PRICE LIST

BLACK SWAN BRAND VACUUM FLASK

Art No.：S—1362 350ML

Packing：20 pcs per carton

Min Order：1200 pcs

Unit Price：USD 7.00 CIF BARCELONA，SPAIN（INCOTERMS 2000）

Art No.：S—1282 500ML

Packing：20 pcs per carton

Min Order：1000 pcs

Unit Price：USD 7.80 CIF BARCELONA，SPAIN（INCOTERMS 2000）

Art No.：S—1282 750ML

Packing：20 pcs per carton

Min Order：1200 pcs

Unit Price：USD 13.00 CIF BARCELONA，SPAIN（INCOTERMS 2000）

Art No.：S—2020 420ML

Packing：24 pcs per carton

Min Order：480 pcs

Unit Price：USD 13.85 CIF BARCELONA，SPAIN（INCOTERMS 2000）

Art No.：S—2032 260ML

Packing：24 pcs per carton

Min Order：960 pcs

Unit Price：USD 13.40 CIF BARCELONA，SPAIN（INCOTERMS 2000）

General Terms

Payment：Sight L/C

Shipment：Within 5 weeks after receipt of relevant L/C

Port of Loading：Guangzhou，China

The above information keeps valid until the end of 2009.

现有一西班牙客户以我司价目表中的报价和起订量采购，其他成交条件如下：

1. 即期信用证，装运月份前 45 天开抵我方；

2. 保险加成率为 10%，由卖方投保协会货物 A 险；

3. 2009 年 10 月装运，允许转运，允许分批装运；

该西班牙客户联系方式如下：

The Buyer：IMMENSE INC.

Address：NO. 783 STONE STREET，BARCELONA，SPAIN

请根据以上的价目表和交易条件填制一份售货合同。

第2章 跟单信用证业务操作

关键术语

跟单信用证　开证申请人　开证行　受益人　信开本　电开本　议付　相符提示　SWIFT 信用证　开证申请书　软条款

学习目标

- 应知跟单信用证的含义、形式和当事人
- 应懂跟单信用证的业务流程
- 应懂申请开立信用证的程序
- 应懂 SWIFT 开立与修改的基本内容
- 应会填写开证申请书
- 应会翻译和解释跟单信用证
- 应会审核和修改跟单信用证

当买卖双方在合同中约定采用信用证方式进行结算时，双方需要履行各自的责任和义务：进口商须申请开立信用证和审核开证行转来的出口商的单据；出口商需要审核信用证，以决定是否需要向进口商提出修改，以及根据信用证（及信用证修改书）缮制单据，向银行交单要求付款。

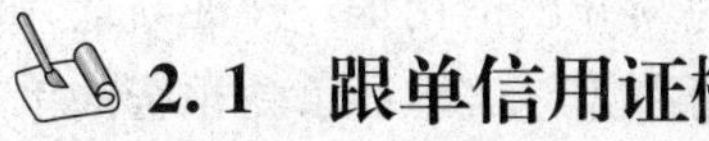

2.1　跟单信用证概述

2.1.1　跟单信用证的含义

根据《跟单信用证统一惯例》（国际商会第 600 号出版物，以下简称 UCP600）① 的解释，信用证指一项不可撤销的约定，无论其名称或描述如何，该项约定构成开证行对相符提示予以承付的确定承诺。

承付指：

（1）如果信用证为即期付款信用证，则即期付款。

（2）如果信用证为延期付款信用证，则承诺延期付款并在承诺到期日付款。

（3）如果信用证为承兑信用证，则承兑受益人开出的汇票并在汇票到期日付款。

由此可见，信用证是开证行对受益人作出的有条件保证，受益人只要在交单期和有效期内做到相符交单，开证行保证付款。信用证与汇付、托收不同，银行在其中不单提供服务，还提供了信用，所以信用证的性质不是商业信用，而是银行信用。

2.1.2　跟单信用证的当事人

在整个跟单信用证业务操作中，会涉及许多当事人，如开证申请人、开证行、保兑行、受益人、通知行、议付行、保兑行、偿付行和付款行等。其中不可缺少的、最基本的当事人主要是开证申请人、开证行和受益人，如果该信用证是保兑信用证的话，还包括保兑行。不可撤销信用证的修改或撤销一般需要经过这四方的同意方可有效。

1. 开证申请人（Applicant）

开证申请人是指要求开立信用证的一方，也就是向开证行申请开立信用证的当事人。在有些国家的信用证中又称开证人（Opener）。开证人通常是国际贸易中的买方（即进口商）。如由银行自己主动开立信用证，则此种信用证所涉及的当事人中没有开证申请人。

在法律责任上，开证申请人必须依据国际货物销售合同的规定向其往来

① 《跟单信用证统一惯例》是国际商会于 1930 年拟订的，并于 1933 年正式公布。1951 年、1962 年、1974 年、1978 年、1983 年、1993 年进行了多次修订，称为《跟单信用证统一惯例》，被各国银行和贸易界广泛采用，成为信用证业务的国际惯例；2006 年 10 月 25 日，国际商会又对 1993 年《UCP500》进行了修订，于 2007 年 7 月 1 日生效，称为 2007 年版本《UCP600》。

银行申请开立信用证。如开证行接受申请，并为其开出信用证，开证申请人就应承担开证行为执行其指示所产生的一切费用和凭与信用证条款相符的单据进行付款的义务。

2. 开证行（Opening Bank，Issuing Bank）

开证行是指应申请人要求或者代表自己开出信用证的银行。开证行一般是指进口商所在地银行，在信用证中承担第一性付款责任。

相关链接

UCP600 第七条　开证行责任

a. 只要规定的单据提交给指定银行或开证行，并且构成相符交单，则开证行必须承付，如果信用证为以下情形之一：

i. 信用证规定由开证行即期付款，延期付款或承兑；

ii. 信用证规定由指定银行即期付款但其未付款；

iii. 信用证规定由指定银行延期付款但其未承诺延期付款，或虽已承诺延期付款，但未在到期日付款；

iv. 信用证规定由指定银行承兑，但其未承兑以其为付款人的汇票，或虽然承兑了汇票，但未在到期日付款；

v. 信用证规定由指定银行议付但其未议付。

b. 开证行自开立信用证之时起即不可撤销地承担承付责任。

c. 指定银行承付或议付相符交单并将单据转给开证行之后，开证行即承担偿付该指定银行的责任。对承兑或延期付款信用证下相符交单金额的偿付应在到期日办理，无论指定银行是否在到期日之前预付或购买了单据。开证行偿付指定银行的责任独立于开证行对受益人的责任。

3. 通知行（Advising Bank，Notifying Bank）

通知行是指应开证行的要求通知信用证的银行。虽然通知行接受开证行的委托，将信用证传递给出口商，但它只证明信用证的表面真实性，并不承担其他的义务。通知行通常是开证行在出口国出口商所在地的分行或代理行。

4. 受益人（Beneficiary）

受益人是指接受信用证并享受其利益的一方，即贸易中出口商或实际供货人。受益人只要按照信用证规定履行了发货制单的义务，就可以向开证行或其指定银行提交单据并收取货款，而不是像汇付和托收方式一样，向进口商收取货款。相对而言，信用证使得出口商收取货款的可能性提高、风险变小了。

5. 议付银行（Negotiating Bank）

议付银行是指根据开证行的授权买入或贴现受益人开立和提交的符合信用证规定的汇票或单据的银行，又称为押汇银行。议付银行可以是指定的银行，也可以是非指定的银行，取决于信用证条款的规定。如信用证没有指定的议付银行，受益人通常向当地的议付银行进行交单议付。

6. 付款银行（Paying Bank，Drawee Bank）

付款银行是指开证银行指定代行信用证项下付款或充当汇票付款人的银行，一般是开证行，也可以是它指定的另一家银行，这由信用证条款来确定。

7. 保兑银行（Confirming Bank）

保兑银行是指根据开证行的授权或要求对信用证加具保兑的银行。保兑银行在信用证上加具保兑后，即对信用证独立负责，承担必须付款或议付的责任。保兑银行具有与开证银行相同的责任和地位，都是第一性付款人。保兑银行可以由通知银行兼任，也可由其他银行加具保兑。

相关链接

UCP600 第八条　保兑行责任

a. 只要规定的单据提交给保兑行，或提交给其他任何指定银行，并且构成相符交单，保兑行必须：

ⅰ. 承付，如果信用证为以下情形之一：

a）信用证规定由保兑行即期付款、延期付款或承兑；

b）信用证规定由另一指定银行延期付款，但其未付款；

c）信用证规定由另一指定银行延期付款，但其未承诺延期付款，或虽已承诺延期付款但未在到期日付款；

d）信用证规定由另一指定银行承兑，但其未承兑以其为付款人的汇票，或虽已承兑汇票未在到期日付款；

e）信用证规定由另一指定银行议付，但其未议付。

ⅱ. 无追索权地议付，如果信用证规定由保兑行议付。

b. 保兑行自对信用证加具保兑之时起即不可撤销地承担承付或议付的责任。

c. 其他指定银行承付或议付相符交单并将单据转往保兑行之后，保兑行即承担偿付该指定银行的责任。对承兑或延期付款信用证下相符交单金额的偿付应在到期日办理，无论指定银行是否在到期日之前预付或购买了单据。保兑行偿付指定银行的责任独立于保兑行对受益人的责任。

d. 如果开证行授权或要求一银行对信用证加具保兑，而其并不准备照办，则其必须毫不延误地通知开证行，并可通知此信用证而不加保兑。

8. 偿付银行（Reimbursement Bank）

偿付银行又称清算银行（Clearing Bank），是指接受开证银行的指示或授权，代开证银行偿还垫款的第三国银行，即开证银行指定的对议付行或代付行进行偿付的代理人（Reimbursing Agent）。偿付银行的出现，往往是由于开证银行的资金调度或集中在该第三国银行的缘故，要求该银行代为偿付信用证规定的款项。

9. 承兑行（Accepting Bank）

承兑行是指在汇票正面签字承诺到期付款的银行。在远期信用证项下，承兑行可以是开证行本身，也可以是通知行或其他愿意付款的出口地银行。

2.1.3 跟单信用证的形式

在信用证业务中，进口商应向开证行申请开立信用证，那么用何种方式开立信用证，通常由进口商选择。跟单信用证的开立可以采用信函方式，也可以采用电信方式，据此信用证可以分为信开本和电开本：

1. 信开本（Mail Credit）

信开本是指开证银行采用印就的信函格式的信用证，开证后以航空信函的形式寄送给通知行。这种形式现在已很少使用。

2. 电开本（Cable Credit）

电开本是指开证行使用电报、电传、传真、SWIFT 等各种电信方式将信用证条款传达给通知行的信用证。电开本又可分为以下几种：

（1）简电本（Brief Cable）。即开证行只是通知已经开证，将信用证的主要内容，如信用证号码、受益人名称和地址、开证人名称、金额、货物名称、数量、价格、装运期及信用证有效期等预先通告通知行，详细条款将另航寄通知行。由于简电本内容简单，在法律上无效，不足以作为交单议付的依据。

简电本有时注明“详情后告”等类似的词语，如果有这种措辞，该简电本通知只能作为参考，不是有效的信用证文件，开证行应立即寄送有效的信用证文件。

(2) 详电本 (Full Cable)。详电本又称全电本，是指开证行以电信方式开证，把信用证全部条款传达给通知行的信用证。详电本信用证本身内容完整详细，是向银行交单议付的依据。在实务操作中，信用证大多数都是详电本。

目前，详电本信用证大多采取电传 (Telex) 和 SWIFT 两种形式开具。电传开具的信用证因费用较高、手续烦琐、条款文句缺乏统一性而容易造成误解等原因，在实务中已被方便、迅速、安全、格式统一、条款明确的 SWIFT 信用证所取代。

2.1.4　跟单信用证的业务流程

跟单信用证的业务操作流程因信用证类型不同会有所差异，但就其基本环节而言，大体上相同。现扼要以中国银行作为开证行介绍跟单信用证的业务流程及各环节的具体操作。

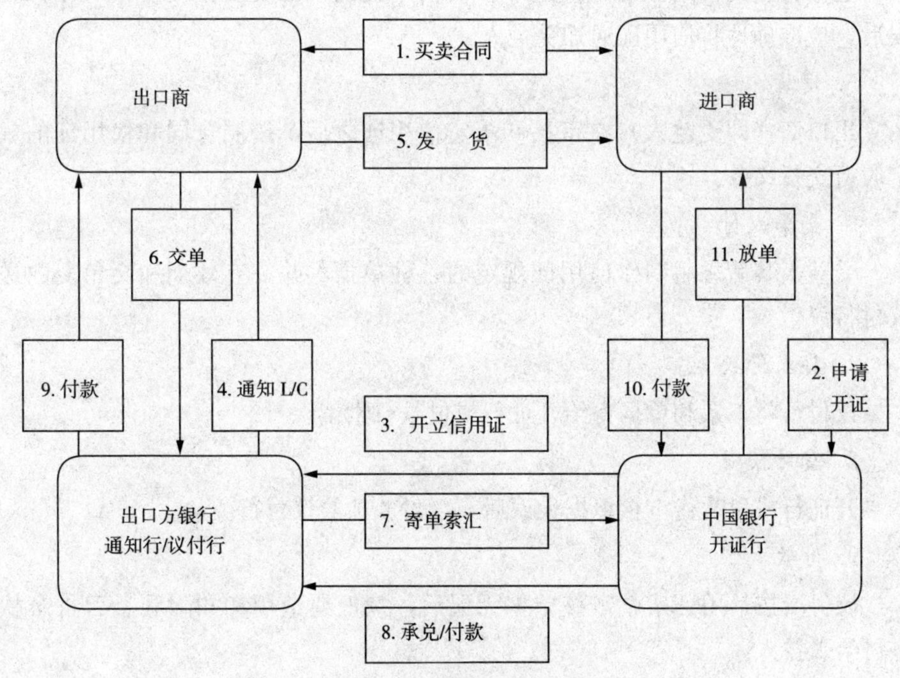

图 2-1　跟单信用证业务流程

引用自中国银行网站 http：//www. boc. cn/

1. 签订合同

进出口双方经过多次的交易磋商达成交易后，出口商（或进口商）制作一式两份的售货合同（或购货合同），寄给进口商（或出口商）会签，在合同中规定采用即期不可撤销跟单议付信用证进行结算。

2. 申请开证

合同签订之后，进口商应在合同规定的时间内填写、递交开证申请书和相关文件，向所在地的银行——中国银行（即开证行）提出开证申请，并交纳押金或其他担保和开证费用，请求开证行向出口商（即信用证的受益人）开出信用证。

3. 开立信用证

开证行按开证申请书的内容和规定的方式向指定的受益人开出信用证，并以电信或航空信函方式将信用证传递给通知行。目前，在实务中，信用证大多通过 SWIFT 系统开立和传递。

4. 通知受益人

通知行收到信用证后，应立即核实信用证的表面真实性。在核对印押无误后，应准确地将信用证通知受益人。

5. 发货

出口商（即受益人）在审核和落实信用证之后，按照合同和信用证的规定履行交货义务。

6. 交单议付

受益人装后之后制作信用证规定的各种单据，并在有效期和交单期内送议付行议付。

7. 要求付款

议付行将汇票和单据寄给开证行或付款行索偿。

8. 偿付款项

开证行或付款行审核单据无误后，偿付款项给议付行。

9. 付款

议付行按信用证条款审核单据无误后，按汇票金额和扣除利息后将余款垫付给受益人。

10. 付款赎单

开证行履行付款责任后向开证申请人出示单据，要求开证申请人付款赎

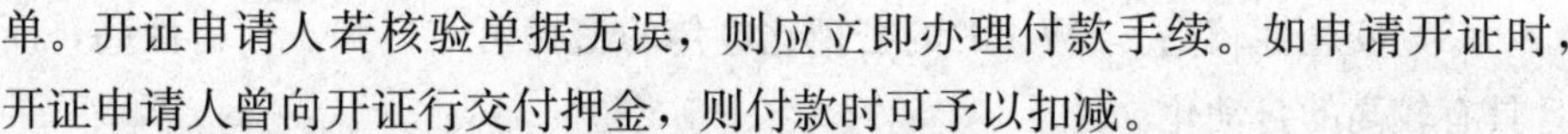

单。开证申请人若核验单据无误，则应立即办理付款手续。如申请开证时，开证申请人曾向开证行交付押金，则付款时可予以扣减。

11. 放单

开证申请人付款后，即可从开证行处取得全套单据，其中包括可凭以向承运人提取货物的运输单据。如此时货物已经到达，便可凭运输单据立即提货。如货物尚未到达，应先查询到货日期，等到货时凭单提货。

提货之后如发现货物的质量、数量或包装等与买卖合同或信用证的规定不符，买方不能向开证行提出赔偿要求，而只能针对不同的情况向责任方即受益人（出口商）、承运人或保险公司交涉索赔，必要时可根据合同规定提请仲裁或向法院起诉。

2.2　SWIFT 信用证

在国际贸易业务的结算中，由于 SWIFT 的格式标准化，目前，信用证的格式主要采用 SWIFT 电文，因此，有必要对 SWIFT 作一详细的介绍。

2.2.1　SWIFT 的简介

SWIFT 是全球银行间金融电信协会（Society for Worldwide Interbank Financial Telecommunication）的简称，是国际银行同业间的国际合作组织，于 1973 年在比利时布鲁塞尔成立。该组织设有自动化的国际金融电信网，该协定的成员银行可以通过该电信网办理信用证业务以及外汇买卖、证券交易、托收等业务。

SWIFT 信用证是指凡通过 SWIFT 系统开立或予以通知的信用证。在国际贸易结算中，SWIFT 信用证是正式的、合法的，被信用证各方当事人所接受的，国际通用的信用证。采用 SWIFT 信用证必须遵守 SWIFT 的规定，也必须使用 SWIFT 手册规定的代号（Tag），遵循国际商会于 2007 年修订的《跟单信用证统一惯例》（UCP600）各项条款的规定。

1. SWIFT 的特点

（1）需要具有会员资格。使用 SWIFT 系统的银行必须加入环球银行金融电讯协会，成为其会员。我国的大多数专业银行都是其成员。

（2）费用较低。与电传、电报相比较，同样多的内容，SWIFT 的费用只有 TELEX（电传）的 18%左右，只有 CABLE（电报）的 2.5%左右。

（3）安全性较高。SWIFT 的密押比电传的密押可靠性强、保密性高，而且具有较高的自动化。

（4）格式标准化。对于 SWIFT 电文，SWIFT 组织制定了统一的要求和格式。

2. SWIFT 电文格式

（1）SWIFT 报文共有十类：

第 0 类：SWIFT 系统电文

第 1 类：客户汇款与支票（Customer Transfer Checks）

第 2 类：银行头寸调拨（Financial Institution Transfer）

第 3 类：外汇买卖和存放款（Foreign Exchange）

第 4 类：托收（Collection，Cash Letters）

第 5 类：证券（Securities）

第 6 类：贵金属和辛迪加（Precious Metals and Syndication）

第 7 类：跟单信用证和保函（Documentary Credits and Guarantees）

第 8 类：旅行支票（Travelers Checks）

第 9 类：银行账务（Statement）

（2）银行常用的 SWIFT 报文格式为：

MT100 客户汇款；

MT200 单笔银行头寸调入发报行账户；

MT202 单笔银行头寸调拨；

MT204 备付金索汇；

MT400 付款通知（托收）；

MT700 开立跟单信用证；

MT707 跟单信用证的修改；

MT900 借记证实；

MT910 贷记证实；

MT950 对账单；

MTn95 查询；

MTn99 自由格式。

信用证所使用的主要是 MT700 和 MT707 这两种格式。

（3）SWIFT 电文的表示方式。

由于 SWIFT 电信是采用计算机通信的方式，同时又必须方便银行计算机系统自动处理相关业务，所以，SWIFT 电文的表示方式与常规写法有所区别。现说明如下：

1）日期表示方式

SWIFT 电文的日期表示为：YYMMDD（年月日），如：2009 年 5 月 12 日，表示为：090512。

2）数字表示方式

在 SWIFT 电文中，数字不使用分隔号，小数点用逗号“,”来表示。如：5，152，286.36 表示为：5152286，36；4/5 表示为：0，8；5% 表示为：5 PERCENT。

3）货币表示方式

表 2-1 常用的货币名称和符号

货币名称	货币符号	货币名称	货币符号
美元	USD	新加坡元	SGD
欧元	EUR	比利时法郎	BEF
英镑	GBP	丹麦克朗	DKK
日元	JPY	挪威克朗	NOK
法国法郎	FRF	澳大利亚元	AUD
德国马克	DEM	荷兰盾	NLG
港元	HKD	芬兰马克	FIM
人民币元	CNY	意大利里拉	ITL
加拿大元	CAD	瑞典克朗	SEK

3. SWIFT 信用证开立及其基本内容

SWIFT 报文（Text）是由一些项目（Field）组成的，每一种报文格式（Message Type-MT）规定了由哪些项目组成，每一个项目又严格规定由多少字母、多少数字或多少字符组成。

在一份 SWIFT 报文中，有些规定项目是必不可少的，称为必选项目（Mandatory Field）；有些规定项目可以由操作员根据业务的需要确定是否选用，这些项目称为可选项目（Option Field）。项目代号由两位数字或两位数字加一个小写字母后缀组成，该小写字母后缀在某一份报文中必须由某一个规定的大写字母替换。如项目“52a”，该项目在某一份报文中可能成为“52A”，在另一份报文中就可能成为“52B”。带上不同的大写字母后缀，其含义和用法也就不一样了。

MT700/701是由开证行发给通知行，用来列明发报行（即开证行）开立的跟单信用证条款的报文格式。当跟单信用证内容超过MT700报文格式的容量时，可以使用一个或几个（最多三个）MT701报文格式传送有关跟单信用证条款。

（1）MT700的栏位说明

1）栏位27：总页数

该栏位说明本报文在跟单信用证报文序列中的序号和序列中的报文总数。

如果该跟单信用证条款能够全部容纳在该MT700报文中，那么该项目内就填入“1/1”。如果该证是由一份MT700和一份MT701报文组成，那么在MT700报文的此项目“27”中填入“1/2”，在MT701报文的此项目“27”中填入“2/2”。以此类推。

2）栏位40A：跟单信用证的形式

该栏位说明跟单信用证的类型。

必须使用以下类型中的一个。

表2-2　跟单信用证的类型

IRREVOCABLE	该跟单信用证是不可取消的
REVOCABLE	该跟单信用证是可取消的
IRREVOCABLE TRANSFERABLE	该跟单信用证是不可取消且可转让的
REVOCABLE TRANSFERABLE	该跟单信用证是可取消且可转让的
IRREVOCABLE STANDBY	该备用信用证是不可取消的
REVOCABLE STANDBY	该备用信用证是可取消的
IRREVOC TRANS STANDBY	该备用信用证是不可取消且可转让的

注：信用证的可转让性及（或）可自由转让信用证的授权转让行所适用的情况的细节，都要在附加条件栏位47A列明。

3）栏位20：跟单信用证号

本栏位说明发报行（开证行）指定的跟单信用证号码。

4）栏位23：提前通知参考号

本栏位说明跟单信用证是否已经提前通知。此栏位应填入“PREADV”

加“/”再加提前通知参考号（如日期）。

5）栏位 31C：开证日期（签发日期）

本栏位说明签发行（开证行）认定的跟单信用证的签发日期。

若报文中无本栏位则表示签发日期为报文发出日期。

6）栏位 31D：到期日及地点

本栏位说明跟单信用证最晚提示的日期及指定提示单据的地点。

7）栏位 51a：开证申请人的银行

如果发报行不是签发行，本栏位说明申请客户的开户行。即如果开证行和开证申请人的银行不是同一家银行，则使用该栏位列明开证申请人的银行。

8）栏位 50：开证申请人

本栏位说明跟单信用证是代表谁签发的。

9）栏位 59：受益人

本栏位说明跟单信用证是签发给谁的。

10）栏位 32B：货币代码、金额

本栏位包含跟单信用证的货币代码和金额。

货币代码必须是一个有效的 ISO 4217 货币代码。

金额的整数部分必须至少有一位数字，必须有逗号小数点“，”并且计入最大的长度之内。小数点后的数字个数不得超过指定货币所允许的个数。

和信用证金额有关的特别信息必须在 39A 信用证金额公差百分数栏位、39B 最大信用证金额栏位或 39C 相关附加金额栏位中予以说明。

11）栏位 39A：信用证金额公差百分数

本栏位说明跟单信用证金额相关公差，以金额正负百分数表示。

12）栏位 39B：最大信用证金额

本栏位进一步限定跟单信用证金额。

必须使用以下代码：NOT EXCEEDING（不超过）——限定跟单信用证金额。

注：39A 与 39B 不能同时出现。

13）栏位 39C：相关附加金额

本栏位说明受益人可从跟单信用证条款获得的相关附加金额，如保险费、运费、利息等。

14）栏位 41a：生效行及兑付方式

本栏位说明被授权支付、承兑、转让信用证或承诺信用证延期付款的银行和信用证的生效方式。

表 2-3 信用证的兑付方式

BY ACCEPTANCE	支付
BY DEF PAYMENT	延期支付
BY MIXED PYMT	混合支付
BY NEGOTIATION	议付
BY PAYMENT	承付

若该信用证可由某地区或国家任意银行自由转让，则必须用选项 D（选项 D）中“Any bank in…（city 或 country）”（某地区或国家任意银行）。

若该信用证可由世界任意银行自由转让，可以没有说明国家的字样。

当兑付方式是“BY DEF PAYMENT”或“BY MIXED PYMT”时，详细支付情况条款必须在栏位 42P 和 42M 中分别说明。

当兑付方式是“BY PAYMENT”时，应理解为“payment at sight”（见票即付）。

15）栏位 42C：出票条件（汇票付款期限）

本栏位说明跟单信用证项下汇票的付款期限。

16）栏位 42a：受票人（汇票付款人）

本栏位说明跟单信用证受票人，也就是汇票的付款人，此栏位必须与 42C 同时出现，栏位内不能出现账号。

受票人必须是一个银行。若要求申请人汇票，则汇票应在栏位 46A 中作为单据列出。

17）栏位 42M：混合支付细节

本栏位说明可混合支付的跟单信用证的支付日期、金额和（或）终止方式。

18）栏位 42P：延期支付细节

本栏位说明只能延期支付的跟单信用证的支付日期或终止方式。

19）栏位 43P：分批装运

本栏位说明跟单信用证中是否允许分批装运。

20）栏位 43T：转运

本栏位说明跟单信用证中是否允许转运。

21）栏位 44A：装货/发运/承运地点

本栏位说明装货、发运或承运的地点。

22）栏位 44B：运至地

本栏位说明货物的最终运至地。

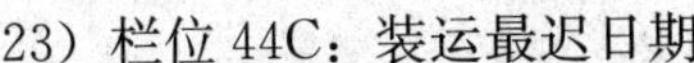

23）栏位 44C：装运最迟日期

本栏位说明装货、发运、承运的最迟日期。

24）栏位 44D：装运期限

本栏位说明装货、发运、承运的期限。（44C 与 44D 不能同时出现）

25）栏位 45A：货物或服务描述

本栏位包含对货物和（或）服务的描述。

如 FOB、CIF 等贸易术语条款应在本栏位说明。

对于过长的跟单信用证，可以在一个 MT 700 上附加最多 3 个 MT 701。不过，栏位 45A 应仅出现在一个报文中，即在该 MT 700 或一个 MT 701 中出现。

26）栏位 46A：所需单据（单据要求）

本栏位包含对所需单据的描述。

27）栏位 47A：附加条件

本栏位包含对跟单信用证附加条件的描述。

28）栏位 71B：费用

本栏位仅用来说明受益人承担的费用。

可以使用以下一个或多个代码，后跟货币代码和金额：

表 2-4　银行费用代码

AGENT	代理行佣金
TELECHAR	长途通信费用
COMM	我方手续费
CORCOM	往来行佣金
DISC	商业折扣
INSUR	保险费
POST	我方邮资
STAMP	印花税
WAREHOUSE	码头和仓储费用

若报文中本栏位缺省，则表示除议付费及转让费用外的全部费用将由开证申请人承担。

29）栏位 48：提示期限

本栏位说明装运日之后，必须提示单据以支付、承兑、转让的时间期限。

若本档位缺省，则表示可行提示期为 21 天。

30）栏位 49：保兑提示

本栏位包含收报行保兑提示。

表 2-5 保兑栏位内容

CONFIRM	要求收报行保兑信用证
MAY ADD	收报行可保兑信用证
WITHOUT	不要求收报行保兑信用证

31）栏位 53a：偿付行

本栏位指定一个银行名称，该行在发报行授权下对跟单信用证发生的支取请求予以偿付。该行可以是发报行或收报行的支行或任何其他行。

32）栏位 78：对支付行/承兑行/转让行的指示

本栏位说明对支付行、承兑行或转让行的指示。若对签发行有提前支付通知或提前借记通知也可以说明。

33）栏位 57a：通知经由行

本栏位说明一个银行，跟单信用证通过该银行（不是收报行）被通知或确认给受益人。

34）栏位 72：附言（发报方到收报方）

本栏位说明给收报行的附加信息。

表 2-6 附言栏位内容

PHONBEN	请通过电话通知或联系受益行
TELEBEN	请使用最有效率的长途通信方式通知受益行

MT700 的基本栏位如表 2-7 所示：

表 2-7 MT700 ISSUE OF A DOCUMENTARY CREDIT（跟单信用证的签发）

M/O 状态	Tag 标号	Field Name 栏位名称	栏位说明
M	27	Sequence of Total	报文页次
M	40A	Form of Documentary Credit	跟单信用证形式
M	20	Documentary Credit Number	跟单信用证号码
O	23	Reference to Pre-Advice	预先通知编号
O	31C	Date of Issue	开证日期

续表

M/O 状态	Tag 标号	Field Name 栏位名称	栏位说明
M	31D	Date and Place of Expiry	到期日及到期地点
O	51a	Applicant Bank	开证人申请的银行
M	50	Application	开证申请人
M	59	Beneficiary	受益人
M	32B	Currency Code，Amount	币别代号、金额
O	39A	Percentage Credit Amount	信用证金额加减百分率
O	39B	Maximum Credit Amount	信用证金额最高限额
O	39C	Additional Amount Covered	附加金额
M	41a	Available With…By…	指定的有关银行，信用证兑付方式
O	42C	Drafts at…	汇票付款期限
O	42a	Drawee	汇票付款人
O	42M	Mixed Payment Details	混合付款条款
O	42P	Deferred Payment Details	延期付款条款
O	43P	Partial Shipments	分批装运条款
O	43T	Transhipment	转运条款
O	44A	Loading on Board/Dispatch/Taking in Charge at /from…	装船/发送/接受监管的地点
O	44B	For Transportation to…	货物发送的最终目的地
O	44C	Latest Date of Shipment	最迟装运日期
O	44D	Shipment Period	装运期（注：44C与44D不能同时出现）
O	45A	Description of Goods and/or Services	货物或劳务描述
O	46A	Documents Required	单据要求
O	47A	Additional Conditions	附加条款
O	71B	Charges	费用负担
O	48	Period for Presentation	提示期间
M	49	Confirmation Instructions	保兑指示

续表

M/O 状态	Tag 标号	Field Name 栏位名称	栏位说明
O	53a	Reimbursement Bank	偿付行
O	78	Instructions to the Paying/Accepting/Negotiation bank	对付款行/承兑行/议付银行的指示
O	57a	“Advise Through” Bank	通知行
O	72	Sender to Receiver Information	附言

注：M/O 为 Mandatory 与 Optional 的缩写，前者是指必选项目，后者是指可选项目。

（2）MT701 的栏目说明

本报文由签发行发给通知行。用于说明由发报方（签发行）发出的跟单信用证的条款和状态。本报文用于在跟单信用证信息超出 MT700 报文最大输入长度的限制时，对 MT700 报文进行补充。其栏位说明如下：

1）栏位 27：总页数

该栏位说明本报文在跟单信用证报文序列中的序号和序列中的报文总数。

2）栏位 20：跟单信用证号

该栏位说明发报行指定的跟单信用证号码。

3）栏位 45B：货物或服务描述

本栏位包含对货物和（或）服务的描述。

如 FOB、CIF 等条款应在本栏位说明。

4）栏位 46B：所需单据

本栏位包含对所需单据的描述。

5）栏位 47B：附加条件

本栏位包含对跟单信用证附加条件的描述。

表 2-8 MT701 ISSUE OF A DOCUMENTARY CREDIT（跟单信用证的签发）

M/O	Tag 标号	Field Name 栏位名称	栏位说明
M	27	Sequence of Total	报文页次
M	20	Documentary Credit Number	跟单信用证号码
O	45B	Description Goods and/or Services	货物或劳务描述
O	46B	Documents Required	单据要求
O	47B	Additional Conditions	附加条款

4. SWIFT 信用证修改及其基本内容

本报文由签发行发给通知行，也可由通知行发给另一通知行或由转让行发给通知行。本报文用于通知收报方对跟单信用证的条款和状态的修改，该跟单信用证由发报方或第三行签发。除非该 MT 707 仅用于传达修改的简要情况且详细情况随后将至，否则，该修改将被视为该跟单信用证的一部分。

（1）栏位 20：发报行参考号

本栏位说明发报行指定的参考号，用以明确地识别该报文。

（2）栏位 21：收报行参考号

本栏位包含收报行给跟单信用证指定的参考号。

若该参考号未知，则必须在本栏位填入“NONREF”。

（3）栏位 23：签发行参考号

本栏位说明签发行的跟单信用证号。

当报文由非签发行的银行发出时（即由通知行发出时）出现本栏位。

（4）栏位 52a：签发行

在签发行不是发报方时，本栏位用于识别签发行。

当 MT 707 用于第三行将对跟单信用证的修改通知某银行时，必须在本栏位指明签发行。

（5）栏位 31C：签发日期

本栏位说明跟单信用证的原始签发日期，即签发行认定的信用证签发日期。

（6）栏位 30：修改日期

本栏位说明签发行认定的信用证修改日期。

若无此栏位，MT 707 报文的发报日即为跟单信用证的修改日。

（7）栏位 26E：修改号码

本栏位用于说明识别此次修改的号码。

无论以前的修改是通过何种方式发送的，此编号对应一系列的修改中最新的一次。

（8）栏位 59：受益人（此次修改前）

本栏位说明跟单信用证（签发或是转让来的）此次修改前的支付对象。

使用规则：

它用来辅助接收者标志信用证。

出现本栏位不能认为是受益人变动。

若在本报文中修改受益人名称，必须在栏位 79 中连同相应细节进行说明，例如，新受益人名称和地址。

(9) 栏位 31E：新到期日

本栏位说明跟单信用证新的（即修改后的）提示到期日。

(10) 栏位 32B：跟单信用证金额增加额

本栏位包含跟单信用证的货币代码和金额增加额。

金额增加额必须和原始跟单信用证金额是同一种货币。

(11) 栏位 33B：跟单信用证金额减少额

本栏位包含跟单信用证的货币代码和金额减少额。

金额减少额必须和原始跟单信用证金额是同一种货币。

(12) 栏位 34B：修改后的新跟单信用证金额

本栏位包含跟单信用证的货币代码和修改后的总金额，不考虑任何支取。

栏位 32B、33B 和 34B 中的货币代码必须相同。

(13) 栏位 39A：信用证金额公差百分数

本栏位说明在跟单信用证金额公差修改后，新的信用证金额相关公差以金额正负百分数表示。

(14) 栏位 39B：最大信用证金额

本栏位说明跟单信用证修改后的限定金额。

必须使用以下代码：NOT EXCEEDING（不超过）——限定跟单信用证金额。

(15) 栏位 39C：相关附加金额

本栏位说明对跟单信用证任何相关附加金额的修改，如保险费、运费、利息等。

(16) 栏位 44A：装货/发运/承运地点

本栏位说明对装货、承运或发运的地点所做的修改。

(17) 栏位 44B：运至地

本栏位说明对货物最终运至地所做的修改。

(18) 栏位 44C：装运最迟日期

本栏位说明对装货、发运、承运的最迟日期所做的修改。

(19) 栏位 44D：装运期限

本栏位说明对装货、发运、承运期限所做的修改。

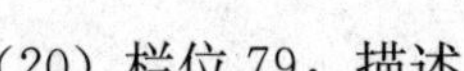

(20) 栏位 79：描述

本栏位说明未经其他栏位描述的补充事项。

可以使用以下代码：CANCEL——因未使用部分取消跟单信用证。

当货币不是基础货币，在说明币种变更和（或）金额增减时，必须使用本栏位。

当 MT707 仅用于传达简要信息，不能构成有效凭证的一部分时，栏位 79 必须包含“DETAILS TO FOLLOW”。

若对发行银行有提前支付通知或提前借记通知，也可在本栏位指出。必须通知签发行的期限内的天数和类型（即银行工作日天数还是日历天数）。

一旦受益方的名称由本报文改动，受益方的新名称和地址应在本栏位明确指出。受益方的新名称和地址在原信用证上出现原名称和地址的任何地方适用。

(21) 栏位 72：附言（发报方到收报方）

本栏位说明给接收行的附加信息。

可以使用以下一个或多个代码：

表 2-9　附言

BENCON	要求收报行通知受益行是否接受修改报单中的条款和条件
PHONBEN	请通过电话通知或联系受益行
TELEBEN	请使用最有效率的长途通信方式通知受益行

本栏位中任何代码两边都必须有斜杠号，而且必须在行首。

描述不得以斜杠号开始。若要使用描述，必须在本栏位的最后并且另起一行。

表 2-10　MT707 AMENDMENT OF A DOCUMENTARY CREDIT（跟单信用证修改）

M/O 状态	Tag 标号	Field Name 栏位名称	栏位说明
M	20	Sender's Reference	发报行参考号
M	21	Receiver's Reference	收报行参考号
O	23	Issuing Bank's Reference	签发行参考号
O	52a	Issuing Bank	签发行
O	31C	Date of Issue	签发日期

续表

M/O 状态	Tag 标号	Field Name 栏位名称	栏位说明
O	30	Date of Amendment	修改日期
O	26E	Number of Amendment	修改号码
M	59	Beneficiary (before this amendment)	受益人（修改前）
O	31E	New Date of Expiry	新到期日
O	32B	Increase of Documentary Credit Amount	跟单信用证金额增加额
O	33B	Decrease of Documentary Credit Amount	跟单信用证金额减少额
O	34B	New Documentary Credit Amount After Amendment	修改后的新跟单信用证金额
O	39A	Percentage Credit Amount Tolerance	跟单信用证金额公差百分数
O	39B	Maximum Credit Amount	最大信用证金额
O	39C	Additional Amounts Covered	相关附加金额
O	44A	Loading on Board/Dispatch/Taking in Charge at/from…	装货/发运/承运地点
O	44B	For Transportation to…	运至地
O	44C	Latest Date of Shipment	装运最迟日期
O	44D	Shipment Period	装运期限
O	79	Narrative	描述
O	72	Sender to Receiver Information	附言（发报方到收报方）

2.2.2 SWIFT 信用证实例评析

在第一章中，广州市星辰国际贸易有限公司与 FLAG TRADINGCO.，LTD 达成一笔日用品的交易。之后，该合同在合同规定的开证期内向汇丰银行申请开立一张以星辰贸易公司为受益人的信用证，并通过中国银行广东省分行在 2011 年 6 月 11 日送达星辰贸易公司。该份信用证如下：

1. 跟单信用证示例

MT700 ··············· ISSUE OF A DOCUMENTARY CREDIT ···············

HSBC 滙豐

GUANGZHOU STARS INTERNATIONAL TRADING CO.，LTD
No. 3×× Zhongshan Road，Guangzhou 510×××
P. R China

US DOLLARS SEVENTY FOUR THOUSAND FOUR HUNDRED ONLY.

DEAR SIRS，

IN ACCORDANCE WITH THE TERMS OF ARTICLE 7（A）OF UCP600 WE ADVISE HAVING RECEIVED THE FOLLOWING TELETRANSMISSION FROM HSBC BANK PLC

（SWIFT ADDRESS：MIDLGB22）

27 SEQUENCE OF TOTAL： 1/1
40A FORM OF DOCUMENTARY CREDIT：IRREVOCABLE
20 DOCUMENTARY CREDIT NUMBER：TR－MHLC18
31C DATE OF ISSUE： 110608
31D DATE AND PLACE OF EXPIRY： 110828 CHINA
50 APPLICANT： FLAG TRADING CO.，LTD
3××，BOROUGH HIGH STREET，LONDON，
SE1 1HR，UNITED KINGDOM
TEL：＋44 207 414 6236
FAX：＋44 207 4146238
59 BENEFICIARY： GUANGZHOU STARS INTERNATIONAL TRADING CO.，LTD
ZHONGSHAN ROAD NO. 3××
GUANGZHOU，P. R. CHINA
32B DC AMT：USD74400，00
41D AVAILABLE WITH…BY… ANY BANK IN CHINA
BY NEGOTIATION
42C DRAFTS AT… 30 DAYS AFTER SIGHT
42D DRAWEE： ISSUING BANK
43P PARTIAL SHIPMENT： ALLOWED
43T TRANSHIPMENT： ALLOWED
44A LOADING/DISPATCH AT/ FROM： GUANG ZHOU

44B FOR TRANSPORTATION TO…: LONDON
44C LATEST DATE OF SHIPMENT: 110731
45A DESCRIPTION OF GOODS/SERVICES:
CIFLODON INCOTERMS® 2010
VACUUM FLASK AS PER SC NO. SSC2011528 OF 28MAY2011
46A DOCUMENTS REQUIRED:

1. MANUALLY SIGNED COMMERCIAL INVOICE IN 5 COPIES, INDICATING F. O. B. VALUE, FREIGHT CHARGES AND INSURANCE PREMIUM SEPARATELY.

2. FULL SET (INCLUDING 2 NON-NEGOTIABLE COPIES) OF CLEAN ON BOARD OCEAN BILLS OF LADING MADE OUT TO ORDER OF THE SHIPPER AND BLANK ENDORSED, MARKED "FREIGHT PREPAID" NOTIFYING APPLICANT.

3. ORIGINAL PACKING LIST AND TWO COPIES ISSUED BY THE BENEFICIARY.

4. ORIGINAL GSP FORM A CERTIFICATE OF ORIGIN ON OFFICIAL FORM ISSUED BY A TRADE AUTHORITY OR GOVERNMENT BODY.

5. INSURANCE POLICIES OR CERTIFICATES IN DUPLICATE, ENDORSED IN BLANK FOR 110 PCT OF INVOICE VALUE COVERING INSTITUTE CARGO CLAUSES (A) AS PER I. C. C DATED 1/1/1982.

6. BENEFICIARY'S CERTIFICATE CERTIFYING THAT ONE SET OF COPIES OF SHIPPING DOCUMENTS HAS BEEN SENT TO APPLICANT WITHIN 7 DAYS AFTER SHIPMENT.

47A ADDITIONAL CONTITIONS:

DOCUMENTS ARE NOT TO BE PRESENTED PRIOR TO 15 DAYS AFTER SHIPMENT.

WE UNDERTAKE TO REIMBURSE YOU IN ACCORDANCE WITH YOUR INSTRUCTIONS WHICH SHOULD INCLUDE YOUR UID NUMBER AND THE ABA CODE OF THE RECEIVING BANK ON THE MATURIY DATE, WHICH WE SHALL ADVISE. WE ARE PREPARED TO DISCOUNT ALL BILLS DRAWN UNDER THIS CREDIT AT OUR PREVAILING DISCOUNT RATE ON THE DATE OF ACCEPTANCE OF THE DOCUMENTS COMPLYING WITH THE CREDIT ON THE SPECIFIC INSTURCTIONS OF THE NEGOTIATING BANK, WHO SHOULD STATE ON THEIR SCHEDULE THAT THEY REQUIRE US TO DO SO.

DRAFTS/DOCUMENTS MUST BE DRAWN AT TENOR STATED ABOVE.

ALL DISCOUNT CHARGES ARE FOR THE ACCOUNT OF THE BENEFICIARY.

NOT WITHSTANDING THE PROVISIONS OF UPC600，IF WE GIVE NOTICE OF REFUSAL OF DOCUMENTS PRESENTED UNDER THIS CREDIT WE SHALL HOWEVER RETAIN THE RIGHT TO ACCEPT A WAIVER OF DISCREPANCIES FROM THE APPLICANT AND，SUBJECT TO SUCH WAIVER BEING ACCEPTABLE TO US，TO RELEASE THE DOCUMENTS AGAINST THAT WAIVER WITHOUT REFRENCE TO THE PRESENTER PROVIDED THAT NO WRITTEN INSTRUNCTIONS TO THE CONTRARY HAVE BEEN RECEIVED BY US FROM THE PRESENTER BEFORE THE RELEASE OF THE DOCUMENTS.

ANY SUCH RELEASE PRIOR TO THE RECEIPT OF CONTRARY INSTRUCTIONS SHALL NOT CONSTITUTE A FAILURE ON OUR PART TO HOLD DOCUMENTS AT THE PRESENTERS RISK AND DISPOSAL，AND WE SHALL HAVE NO LIABILITY TO THE PRESENTER IN RESPECT OF ANY SUCH RELEASE.

UNLESS OTHERWISE EXPRESSLY STATED，ALL DOCUMENTS MUST BE IN ENGLISH. EXCEPT SO FAR AS OTHERWISE EXPRESSLY STATED，THIS DOCUMENTARY CREDIT IS SUBJECT TO UNIFORM CUSTOMS AND PRACTICE FOR DOCUMENTARY CREDIT ICC PUBLICATION NO. 600。

ANY PROCEEDS OF PRESENTATIONS UNDER THIS DC WILL BE SETTLED BY TELETRANSMISSION AND A CHARGE OF GBP40. OO（OR CURRENCY EQUIVALENT）WILL BE DEDUCTED.

WHERE ORIGINAL DOCUMENTS OR SIGNATURES ARE REQUIRED FACSIMILE/PHOTOCOPIES OF DOCUMENTS OR SIGNATURES ARE NOT ACCEPTABLE.

AN ADDITIONAL CHARGE MAY BE LEVIED FOR PRESENTATIONS ON OVERDRAWN/EXPIRED CREDITS.

71B DETAILS OF CHARGES：

ALL BANKING CHARGES OUTSIDE THE OPENING BANK ARE FOR BENEFICIARY'S ACCOUNT.

48 PERIOD FOR PRESENTATIONS DOCUMENTS MUST BE PRESENTED FOR NEGOTIATION WITHIN 21 DAYS AFTER BILL OF LADING DATE，BUT WITHIN THE VALIDITY OF THIS CREDIT.

49 CONFIRMATION INSTRUCTION： WITHOUT

57D ADVISE THROUGH： BANK OF CHINA，GUANGDONG BRANCH.
No. 197 DONGFENG ROAD，GUANGZHOU CITY

72 BK TO BK INFO:	DOCUMENTS TO BE DESPATCHED BY COURIER SERVICE IN ONE LOT TO HSBC BANK PLC, TRADE SERVICES, 51 DE MONTFORT STREET, LEICESTER LE1 7BB

THIS ADVICE CONSTITUTES A DOCUMENTARY CREDIT ISSUED BY THE ABOVE BANK AND SHOULD BE PRESENTED WITH THE DOCUMENTS/DRAFTS FOR NEGOTIATION/PAYMENT/ACCEPTANCE, AS APPLICABLE.

2. 跟单信用证的翻译与解释

MT700 ··········· ISSUE OF A DOCUMENTARY CREDIT ···········
MT700 跟单信用证的开立

(1) 通信格式

MT700，是SWIFT的通信格式之一，用于信用证的开证，用于开证的格式还有MT701。

ISSUE——国际贸易专业用语，开立，另外常用的还有：OPEN、ESTABLISH。

DOCUMENTARY CREDIT（跟单信用证，缩写：D/C，DC），是最常用的信用证种类，与光票信用证（CLEAN CREDIT）相对，在国际贸易中通常使用这种信用证。

27	SEQUENCE OF TOTAL	1/1
27	页次	1/1

(2) 页次

这里的一页，是指银行发送内容的页次，不是我们传统意义的一页（如A4纸页），因此常见到这里的页次是：1/1，但实际上内容打印出来可能有好几页（A4纸页）。

27：这是个特定代码（TAG），代表着后面的项目内容，因此，在实务中也有的信用证不列出后面的内容，直接写这个代码。

1/1，前面的1代表第1页，后边的1代表共一页；常见的还有1/2、2/2等。

40A	FORM OF DOCUMENTARY CREDIT	IRREVOCABLE
40A	跟单信用证形式	不可撤销

（3）跟单信用证形式

40A 该项内容有六种形式：

1）IRREVOCABLE（不可撤销跟单信用证）

2）REVOCABLE（可撤销跟单信用证）

3）IRREVOCABLE TRANSFERABLE（不可撤销可转让跟单信用证）

4）REVOCABLE TRANSFERABLE（可撤销可转让跟单信用证）

5）IRREVOCABLE STANDBY（不可撤销备用信用证）

6）REVOCABLE STANDBY（可撤销备用信用证）

IRREVOCABLE 意为"不可撤销的"，这个单词决定了信用证是否可撤销。按照 UCP600 的规定，没有注明是否可撤销，则视为不可撤销的。

TRANSFERABLE 意为"可转让的"，按照 UCP600 的规定，只有这个词被认为是明确表示可转让，其他的如 DIVISABLE，FRACTIONABLE，ASSIGNABLE，TRANSMISSIBLE 等均不能表示信用证可转让；如果没有这个词，信用证就是不可转让的；可转让的信用证并不意味着必须转让。

20	DOCUMENTARY CREDIT NUMBER	TR-MHLC18
20	跟单信用证号码	TR-MHLC18

（4）跟单信用证号码

信用证号码是开证行所编的号码，任何一个信用证，必须有一个号码。

信用证的号码，便于在银行间/企业间通信往来时引用，特别注意里面的 0 和 O，I 和 l（小写的 L）和 1（数字）的区别，必要时要与银行确认。

如果信用证的证号在信用证中前后出现多次，应特别注意其是否一致，否则应修改。

31C	DATE OF ISSUE	110606
31C	开证日期	2011 年 6 月 6 日

（5）开证日期

此项目为开证日期，这是一个可选项目，如果没有这个项目，电文的发送日期视为开证日期。

在信用证中的“日期”的标准化格式为：YYMMDD，即年、月、日，其中年为后两位。

确定信用证的开证日期非常重要，特别在需要使用开证日期计算其他日期，或信用证中明确表示银行将不接受开证日期之前出具的单据时。同时，开证日期也可证明进口商是否根据商务合同规定的开证期限开立信用证，履行了自己的义务。

31D	DATE AND PLACE OF EXPIRY	110828	CHINA
31D	信用证到期日和到期地点	2011年8月28日	中国

（6）信用证到期日和到期地点

信用证的到期日是受益人向指定银行提交单据的最后日期，又称为有效期，受益人交单时间无论如何（这个时间规定有先于信用证其他关于交单时间的规定）也不能超过这个时间。

到期地点是受益人在到期日前向指定银行提交单据的地点。这一地点可以在开证行所在的国家，也可以在受益人所在的国家。如果在开证行所在的国家，表示单据要在这个日期以前交到开证行才有效。这时受益人（出口商）要特别注意，一定要根据到期日和交单期的规定，安排提前交单（港、澳、新、马等近洋国家或地区提前7天左右，远洋国家或地区提前10天至15天），以便银行在信用证到期日前将单据寄到到期地点的银行。如果在受益人所在的国家，表示单据要在这个日期以前交到议付行即可，这一方式对受益人最为有利。

有时也见到对到期地点其他的表述方法，如：AT OUR COUNTER（在我行），IN BENEFICIARY'S COUNTRY（受益人国家），ISSUING BANK（开证行），NEGOTIATION BANK（议付行）等。

50	APPLICANT	MTY (UK) LIMITED 566，BOROUGH HIGH STREET，LONDON SE1 1HR，UNITED KINGDOM TEL：+44 207 407 4035 FAX：+44 207 407 4080
50	开证申请人	开证申请人的公司名称、地址和联系方式

(7) 开证申请人

开证申请人，一般情况下就是该笔交易的进口商，但也有以买方以外的第三方作为申请人。

左边内容为申请人的名称地址。实务中，要注意核对措辞。有些时候，还会出现电话号码、传真号码、税务号码等内容，在制作单据特别是商业发票的时候，要注意包括进去，防止客户挑刺。

59	BENEFICIARY	GUANGZHOU STARS INTERNATIONAL TRADING CO., LTD ZHONGSHAN ROAD NO. 3×× GUANGZHOU, P. R. CHINA TEL: +0086—20—25763369
59	受益人	广州星辰国际贸易有限公司

(8) 受益人

受益人通常为售货合同的出口方。实务中，要注意核对措辞，并注意拼写，如有错误或遗漏，应立即电洽开证行确认或要求开证申请人修改。

32B	CURRENCY CODE, AMOUNT	USD119 700.00
32B	信用证结算的货币和金额	119 700.00 美元

(9) 信用证金额

信用证结算的货币应是国际可自由兑换的货币。如果信用证币别是国际非自由兑换货币，受益人应慎重考虑是否接受。货币符号应是国际所普遍使用的世界各国货币的标准代码。

信用证金额的小数点必须用逗号（,），整数位数连续，不加千分号。如果信用证中有大写和小写两种金额的写法，这两个数额应一致。如果信用证中多处出现信用证金额，则相互之间应保持一致。

信用证金额可能还会规定金额上下浮动允许的最大范围。除此之外，还有两个可选项目：39B MAXIMUM CREDIT AMOUNT（信用证最大限制金额），39C ADDITIONAL AMOUNTS COVERED（额外金额）。

41D	AVAILABLE WITH…BY…	ANY BANK IN CHINA BY NEGOTIATION
41D	指定的有关银行……兑付方式……	在中国的任一银行，用议付

（10）指定的有关银行与兑付方式

指定的有关银行是由开证行指定该银行作为付款、承兑或议付的银行。信用证兑付的方式有 4 种：BY PAYMENT（即期付款），BY ACCEPTANCE（远期承兑），BY NEGOTIATION（议付），BY DEF PAYMENT（迟期付款）。

ANY BANK，表示没有指定银行，即不限制议付银行，受益人可以选择任一银行作为议付行，此为自由议付信用证；如果出现具体的银行名称，表示只能在该指定的银行办理议付，这就成为限制议付信用证。信用证是否自由议付就由此决定。BY NEGOTIATION 意为“议付”，说明这是一个议付信用证。

相关链接

UCP600 第十二条　指定

a. 除非指定银行为保兑行，对于承付或议付的授权并不赋予指定银行承付或议付的义务，除非该指定银行明确表示同意并且告知受益人。

b. 开证行指定一银行承兑汇票或作出延期付款承诺，即为授权该指定银行预付或购买其已承兑的汇票或已作出的延期付款承诺。

c. 非保兑行的指定银行收到或审核并转递单据的行为并不使其承担承付或议付的责任，也不构成其承付或议付的行为。

（11）汇票付款日期

42C	DRAFTS AT…	AT 30 DAYS AFTER SIGHT FOR 100% OF TOTAL CONTRACT VALUE
42C	汇票付款期限	金额为 100%合同金额，见票后 30 天付款

汇票付款日期。有即期和远期两种。

Sight 表示即期，在制作汇票的时候，在 AT 和 SIGHT 的空白处打上……或者＊＊＊＊＊＊。如果是 AT 30（或者 45，60，90，180）DAYS SIGHT，表示远期，意为见票后××天付款，在制作汇票的时候，在 AT 和 SIGHT 的空白处打上 30（或者 45，60，90，180）DAYS。除此之外，还有定日付款、提单日后××天付款和出票后××天付款等远期付款期限。

汇票的金额必须是发票金额的 100%全额，这句话有时不出现，也需要在汇票上打上发票的 100%全额。

42D	DRAWEE	MIDLGB22 HSBC BANK PLC
42D	汇票付款人	

（12）汇票付款人

MIDLGB22 是汇丰银行的 SWIFT 号码。

这就是汇票的付款人（银行），通常是开证银行，也有可能是第三家银行。制作汇票时，应将该付款人打在汇票的左下角。

43P	PARTIAL SHIPMENT	ALLOWED
43P	分批装运	允许

（13）分批装运

此为分装条款，表明该信用证的货物是否可以分批装运。

"NOT ALLOWED"为不允许，还有 PROHIBITED 的表述；允许用 ALLOWED。允许分批，理论上意味着可以分为任何几批，这主要取决于受益人的意愿。不允许分批装运，意味着受益人只能一次性装运这批货物运往目的港（地）。

43T	TRANSHIPMENT	ALLOWED
43T	转船	允许

（14）转运条款

此为转运条款，表示该信用证的货物是直接到达，还是通过转运到达。

本例为允许，表明受益人可以提交转船提单给指定银行。常见的还有不允许：NOT ALLOWED 或者 PROHIBITED。如为不允许，出口商只能提交直达提单。

44A	LOADING/DISPATCH/TAKING IN CHARGE/FM	GUANGZHOU
44A	装船、发运和接受监管的地点	任一中国港口

（15）装船、发运和接受监管的地点

装运港除了这一规定方式之外，也常见这里列明具体的港口，如 QINGDAO PORT，CHINA；还可以见到列明多个具体港口，如 QINGDAO/YANTAI/RIZHAO，CHINA。但是无论怎么规定，在提单上都要具体显示实际的装运港名称。

44B	FOR TRANSPORTATION TO…	LONDON
44B	货物发运的最终地	伦敦

（16）货物发运的最终地

货物发运的最终地通常列明具体的目的港口。

44C	LATEST DATE OF SHIPMENT	11 AUG，2011
44C	最后装运日	2011 年 8 月 11 日

（17）最后装运日

信用证的最迟装运日是受益人（出口商）装船/发货的最后期限。受益人不能晚于这个日期装船或发货，否则就是不符点。海运货物以提单上的装船日期为准。这个日期如果在信用证里没出现，信用证的有效日期视为最后装船期，通常称为“双到期”。

信用证的最迟装运日应在信用证到期日之前，而且两个日期之间应有一个合理的时间间隔。这一时间间隔不宜太长，也不宜太短。若时间间隔太长，容易造成受益人迟迟不交单，而若货已到港，进口商拿不到货运单据就无法提货以致压港、压仓等。若时间间隔太短，受益人从装船/发货取得单据到向银行提交单据的时间太短，造成交单的紧张，或在到期日前无法交单，影响收汇。因此，应将运输所需耗费的时间，最迟装运日、交单期、到期日、到期地点等结合起来考虑，必要时应要求开证申请人修改。

最迟装运日的标准格式为：YYMMDD，即年月日，其中年为后两位。这

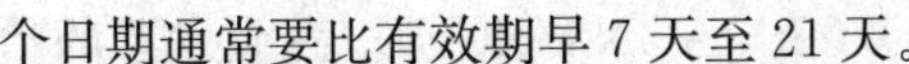

个日期通常要比有效期早 7 天至 21 天。

> 45A DESCRIPTION OF GOODS/SERVICES:
> CIF LODON INCOTERMS® 2010
> VACUUM FLASK AS PER SC NO. SSC2011528 OF 28MAY2011
> 45A 货物/服务描述
> 成本保险费加运费付至伦敦
> 保温瓶，参见 2011 年 5 月 28 日签约，合同号码为 SSC2011528 的合同。

（18）货物描述

该项目为货物描述，简称货描。是信用证对这笔交易的货物名称、规格、价格、数量等内容进行描述。在信用证中对货物的描述应准确、明确和完整，但不宜烦琐，如果对货物描述过于烦琐，应要求开证申请人修改，因为烦琐的货物描述会给受益人制单带来不必要的麻烦。

在商业发票上，必须完整体现此处货描的内容。

（19）单据的要求

> 46A DOCUMENTS REQUIRED:
> 46A 要求的单据：

信用证的单据条款是开证行在信用证中列明的受益人必须向指定银行提交的单据，这些提交的单据种类、份数、签发机构、签发条件等内容应符合下面条款对该单据的具体要求。在信用证的单据条款之间不应有相互矛盾的地方。

1）商业发票

> 1. MANUALLY SIGNED COMMERCIAL INVOICE IN 5 COPIES, INDICATING F. O. B. VALUE, FEIGHT CHARGES AND INSURANCE PREMIUM SEPARATELY.
> 手签的商业发票一式五份。

这份商业发票必须亲笔手签不能用图章代替，同时，在商业发票的空白处应分别注明这笔交易的 FOB 价格、运费和保险费。

商业发票，区别于形式发票（PROFORMA INVOICE）。商业发票的抬头必须做成开证申请人。

5 COPIES 意为五份。COPY 有两个不同的意思，非常容易混淆，一个是“份数”，一个是“副本”，这里的意思是份数。另外，表示份数的词是 FOLD 和 QUINTUPLICATE 等。

CERTIFIED 意为鉴定（认证），常用的词还有 ATTESTED，AUTHENTICATED，LEGALIZED 可以表达类似的意思。商会，我国的国际商会就是中国国际贸易促进委员会（CCPIT）。

2. FULL SET（INCLUDING 2 NON-NEGOTIABLE COPIES）OF CLEAN ON BOARD OCEAN BILLS OF LADING MADE OUT TO ORDER AND BLANK ENDORSED，MARKED “FREIGHT PREPAID” NOTIFYING APPLICANT. 全套（包括两份不可转让的副本）已装船清洁提单，做成指示性抬头和空白背书，注明“运费已付”，通知开证申请人。

2）提单

A. FULL SET 即全套。指所有的正本，提单的正本通常有 3 份，因此，也常见 3/3 FULL SET 的写法。理论上说，正本可以有任意多份，可以是只有一份，一份也可以构成全套，也可以有 4 份、5 份等。也常见到 2/3 SET 的描述，这是指 3 份正本中的 2 份。

B. NON-NEGOTIABLE，不可流通的，有时简写为 N/N，这是要求随正本一起打印出来的带有 NON-NEGOTIABLE 字样的副本，不是指复印件。

C. CLEAN，清洁的，是指提单上没有不良批注。与之相对应的是不清洁的（UNCLEAN，或者 FOUL）。实务中，这个词不要求出现在提单上，只要提单上没有不良批注即符合信用证要求。

D. ON BOARD，已装船，即要求船公司在提单做已装船批注。“ON BOARD”这个词必须出现在提单上，而且旁边还要有装船的日期和手签。类似的要求还有：SHIPPED ON BOARD。

E. OCEAN BILLS OF LADING，海运提单，常见的描述还有：MARINE BILL OF LADING。按照 UCP600 的规定，只要提交的提单符合本条的要求，无论提单实际如何命名。常见的命名有（但不限于）：①BILL OF LADING；②OCEAN BILL OF LADING；③MARINE BILL OF LADING；④BILL OF LADING DIRECT OR WITH TRANSHIPMENT；⑤COM-

BINED TRANSPORT BILL OF LADING；⑥COMBINED TRANSPORT DOCUMENT；⑦PORT TO PORT COMBINED TRANSPORT BILL OF LADING；⑧COMBINED TRANSPORT BILL OF LADING OR PORT-TO-PORT BILL OF LADING；⑨MULTIMODAL TRANSPORT DOCUMENT。

F. MADE OUT（= TO BE MADE OUT），（提单上的收货人，即 CONSIGNEE 栏）做成 TO ORDER：凭指示。在提单的收货人栏中，写上“TO ORDER”即可。常见的还有“TO（THE）ORDER OF SHIPPER”凭发货人指示，这两种做法都需要发货人背书。另外，还有“TO ORDER OF ××× BANK”凭×××银行指示这种做法，不需要发货人背书。这些都是指示提单，还有这一栏直接写收货人公司名称的，这就是记名提单。

G. BLANK ENDORSED，空白背书，这是背书的一种，即由背书人在提单的背面盖章签名，本例中的背书人为发货人。常见的说法还有：ENDORSED IN BLANK（空白背书）。另一种是记名背书（ENDORSED TO ×××），即背书人在提单的背面写上被背书人的公司名称（×××）后再在该公司名称下面盖章签名。

H. FREIGHT PREPAID，运费已付。在由出口商承担运费的成交方式（CFR、CIF、CPT 或 CIP）的情况下，进口商就会要求这样表明。反之，由进口商承担运费就会要求表明“FREIGHT COLLECT”或者类似的描述。

I. NOTIFYING，通知。这个词后面的内容即提单上的通知人栏要打印的内容。

J. 申请人。提单上的通知人就是这一信用证的申请人。注意提单的通知人栏应当详细地打上通知人的名称地址和电话（如有），不能只写上“APPLICANT”这个词。

3）装箱单

3. PACKING LIST IN 3 COPIES 装箱单一式三份

PACKING LIST，装箱单，常见的词类单据还有：WEIGHT LIST（重量单），WEIGHT MEMO（重量单）等。

三份，至少应当有一份正本。

4）FORM A 产地证

> 4. ORIGINAL GSP FORM A CERTIFICATE OF ORIGIN ON OFFICIAL FORM ISSUED BY A TRADE AUTHORITY OR GOVERNMENT BODY.
>
> 4. 正本的普惠制产地证格式 A，由贸易管理机构或政府机关签发。

CIQ = CHINA ENTRY-EXIT INSPECTION AND QUARANTINE BEARU，中国出入境检验检疫局

普惠制原产地证明书在我国只能向出入境检验检疫局申领。

5）保险单据

> 5. INSURANCE POLICIES OR CERTIFICATES IN DUPLICATE, ENDORSED IN BLANK FOR 110 PCT OF INVOICE VALUE COVERING INSTITUTE CARGO CLAUSES (A) AS PER I. C. C DATED 1/1/1982.
>
> 保险单或保险凭证一式两份，空白背书，按照发票金额的 110%投保伦敦保险协会 1982 年 1 月 1 日实施的协会货物保险条款（A）。

由于信用证中采用 CIF 贸易术语，由出口商代进口商负责投保，支付保险费，所以需要对保险事项进行详细的规定。

根据该条款，出口商可以提交保险单或保险凭证，要在保险单据上空白背书，保险单据上的保险金额为发票金额的 110%，保险险别为协会货物保险条款（A）。

6）受益人证明

> 7. BENEFICIARY'S CERTIFICATE CERTIFYING THAT ONE SET OF COPIES OF SHIPPING DOCUMENTS HAS BEEN SENT TO APPLICANT WITHIN 7 DAYS AFTER SHIPMENT.
>
> 受益人证明一套装运单据的副本已经在装运后 7 天内寄送开证申请人。

（20）特别条款

> 47A　ADDITIONAL CONDITIONS
>
> 47A　特别条款

1）DOCUMENTS ARE NOT TO BE PRESENTED PRIOR TO 15 DAYS AFTER SHIPMENT.

翻译：单据应在装运后 15 天提示。

2）WE UNDERTAKE TO REIMBURSE YOU IN ACCORDANCE WITH YOUR INSTRUCTIONS WHICH SHOULD INCLUDE YOUR UID NUMBER AND THE ABA CODE OF THE RECEIVING BANK ON THE MATURIY DATE，WHICH WE SHALL ADVISE. WE ARE PREPARED TO DISCOUNT ALL BILLS DRAWN UNDER THIS CREDIT AT OUR PREVAILING DISCOUNT RATE ON THE DATE OF ACCEPTANCE OF THE DOCUMENTS COMPLYING WITH THE CREDIT ON THE SPECIFIC INSTRUCTIONS OF THE NEGOTIATING BANK，WHO SHOULD STATE ON THEIR SCHEDULE THAT THEY REQUIRE US TO DO SO.

翻译：我行保证在到期日内按贵行的指标向您汇款，该指示应包括贵行的单位识别号及汇入行的 ABA 码，届时将通知贵行。按照议付行的明确指示和信用证的要求，我行将在票据承兑日按照我行现行的贴现率对此信用证项下的所有汇票进行贴现。议付行应在其议程中声明他们要求我行这么做。

3）DRAFTS/DOCUMENTS MUST BE DRAWN AT TENOR STATED ABOVE.

翻译：汇票或单据必须按以上所提的进程签发。

4）ALL DISCOUNT CHARGES ARE FOR THE ACCOUNT OF THE BENEFICIARY.

翻译：所有的贴现费用由受益人承担。

5）NOT WITHSTANDING THE PROVISIONS OF UCP600，IF WE GIVE NOTICE OF REFUSAL OF DOCUMENTS PRESENTED UNDER THIS CREDIT WE SHALL HOWEVER RETAIN THE RIGHT TO ACCEPT A WAIVER OF DISCREPANCIES FROM THE APPLICANT AND, SUBJECT TO SUCH WAIVER BEING ACCEPTABLE TO US，TO RELEASE THE DOCUMENTS AGAINST THAT WAIVER WITHOUT REFRENCE TO THE PRESENTER PROVIDED THAT NO WRITTEN INSTRUCTIONS TO THE CONTRARY HAVE BEEN RECEIVED BY US FROM THE PRESENTER BEFORE THE RELEASE OF THE DOCUMENTS.

ANY SUCH RELEASE PRIOR TO THE RECEIPT OF CONTRARY INSTRUCTIONS SHALL NOT CONSTITUTE A FAILURE ON OUR PART TO HOLD DOCUMENTS AT THE PRESENTERS RISK AND DISPOSAL, AND WE SHALL HAVE NO LIABILITY TO THE PRESENTER IN RESPECT OF ANY SUCH RELEASE.

翻译：根据 UCP 600 第 16 条规定，如果我行对此信用证项下所提交的单据发出拒付通知，我行仍将保留接受申请人放弃不符点的权利（如果这一不符点我行能接受），一旦我行接受申请人放弃不符点，而且我行在放单前没有收到交单人任何相反的书面指示，我行将直接放单而不通知交单人。这样的先于收到相反指示的放单并不构成我行持有单据等候处理，风险由交单人承担的错误，我行也不会因这一放单对交单人承担责任。

6）UNLESS OTHERWISE EXPRESSLY STATED, ALL DOCUMENTS MUST BE IN ENGLISH. EXCEPT SO FAR AS OTHERWISE EXPRESSLY STATED, THIS DOCUMENTARY CREDIT IS SUBJECT TO UNIFORM CUSTOMS AND PRACTICE FOR DOCUMENTARY CREDIT ICC PUBLICATION NO. 600.

翻译：除非另有明确的规定，所有的单据必须用英文缮制，除非另有规定，此跟单信用证遵循统一跟单惯例 ICC 第 600 号出版物。

7）ANY PROCEEDS OF PRESENTATIONS UNDER THIS DC WILL BE SETTLED BY TELETRANSMISSION AND A CHARGE OF GBP40.00 (OR CURRENCY EQUIVALENT) WILL BE DEDUCTED.

翻译：这张跟单信用证项下的收入将用电汇结算，将扣除 40 英镑（或等值货币）的费用。

8）WHERE ORIGINAL DOCUMENTS OR SIGNATURES ARE REQUIRED FACSIMILE/PHOTOCOPIES OF DOCUMENTS OR SIGNATURES ARE NOT ACCEPTABLE.

翻译：当要求的是正本单据或签字时，不接受单据或签字的副本和影印本。

9）AN ADDITIONAL CHARGE MAY BE LEVIED FOR PRESENTATIONS ON OVERDRAWN/EXPIRED CREDITS.

翻译：如果是透支或过期信用证的话，将扣除额外费用。

（21）银行费用条款

71B CHARGES	ALL BANKING CHARGES OUTSIDE THE OPENING BANK ARE FOR BENEFICIARY'S ACCOUNT
71B 费用	在开证行之外的银行费用由受益人承担。

这种规定在实际业务中最为常见，但这是对受益人较为不利的规定，受益人完全有权不接受这样的规定，而是和申请人协商关于信用证业务的相关费用由哪一方承担。

（22）交单期

48 PERIOD FOR PRESENTATIONS	DOCUMENTS MUST BE PRESENTED FOR NEGOTIATION WITHIN 15 DAYS AFTER BILL OF LADING DATE，BUT WITHIN THE VALIDITY OF THIS CREDIT.
48 交单期	单据必须在提单日后提交议付，但要在信用证有效期内。

此项目是对受益人向指定银行提交单据时限的规定，交单时限必须同时满足两个要求：在规定的交单期和信用证的有效期内。

49 CONFIRMATION INSTRUCTION	WITHOUT
49 保兑指示	不加保兑

（23）保兑指示

保兑指示：不加保兑，另外还有 MAY ADD（可加保兑），CONFIRM（加保兑）。

（24）通知行

57D ADVISE THROUGH：	BANK OF CHINA，GUANGDONG BRANCH. NO. 197 DONGFENG ROAD，GUANGZHOU CITY
57D 由……通知中国银行广东分行	

（25）发电人给收电人的信息

72	BK TO BK INFO	DOCUMENTS TO BE DESPATCHED BY
72	银行间的信息	全套单据应一次用快递寄往汇丰银行贸易部，地址……

2.3 申请开立信用证

申请开证是整个信用证业务操作的第一个环节，也是进口商的基本义务之一。进口商应在合同规定的时间或在装船前合理的时间内填制开证申请书，向其所在地的往来银行（即开证行）申请开立信用证，开证行按照有关规定收取开证押金和费用后，根据开证申请书所填的内容开立信用证。

相关链接

ISBP681 信用证的申请和开立

1. 信用证独立于基础交易，即使信用证对该基础交易作了明确的援引。但是，为避免在审单时发生不必要的费用、延误和争议，开证申请人和受益人应当考虑清楚要求任何单据、单据由谁出具和提交单据的期限。

2. 开证申请人承担其有关开立或修改信用证的指示不明确所导致的风险。除非另有明确规定，开立或修改信用证的申请即意味着授权开证行以必要或适当的方式补充或细化信用证的条款，以使信用证得以使用。

3. 开证申请人应当知道，UCP600 的许多条文，诸如第 3 条、第 14 条、第 19 条、第 20 条、第 21 条、第 23 条、第 24 条、第 28 条（i）款、第 30 条和第 31 条，对信用证条款的含义作了特别规定，可能导致出乎当事人预想的结果，除非开证申请人对这些条款完全通晓。例如，在多数情况下，要求提交提单而且禁止转运的信用证必须排除 UCP600 第 20 条（c）款的适用，才能使禁止转运发生效力。

4. 信用证不应规定提交由开证申请人出具或副签的单据。如果信用证含有此类条款，则受益人必须要求修改信用证，或者遵守该条款并承担无法满足这一要求的风险。

5. 如果对基础交易、开证申请和信用证开立的上述细节加以审慎考虑，在审单过程中出现的许多问题都能得以避免或解决。

2.3.1 申请开立跟单信用证的程序

进口商向所在地的银行（开证行）申请开立信用证一般需要办理以下手续：

1. 填写开证申请书

进口商通常根据开证银行提供的开证申请书，填写一式三份，一份留公司业务部门，一份留财务部门，一份交银行。

开证申请书主要依据贸易合同中的有关条款填制，但由于该申请书由买方填写，因此，在一定程度上也反映了买方的意愿，申请人填制后随附合同副本一并提交银行，供银行参考、核对。由于信用证一经开立即独立于买卖合同，因而在填写开证申请书时应审慎查核合同的主要条款，并考虑市场行情或自身经营状况，将相应内容列入申请书中。

相关链接

UCP600 第四条　信用证与合同

a. 就其性质而言，信用证与可能作为其开立基础的销售合同或其他合同是相互独立的交易，即使信用证中含有对此类合同的任何援引，银行也与该合同无关，且不受其约束。因此，银行关于承付、议付或履行信用证项下其他义务的承诺，不受申请人基于与开证行或与受益人之间的关系而产生的任何请求或抗辩的影响。

受益人在任何情况下不得利用银行之间或申请人与开证行之间的合同关系。

b. 开证行应劝阻申请人试图将基础合同、形式发票等文件作为信用证组成部分的做法。

2. 提交单证

进口商在向银行申请开证时，要向银行提交开证申请书、国际货物买卖合同的副本以及所需单证，如进口许可证、进口配额证和某些部门审批文件等，以便开证行进行审核。

3. 缴纳保证金和费用

进口商向银行申请开立信用证，银行有权要求申请人缴付一定比率的保证金或以其财产的其他形式作为保证，其金额通常为信用证金额的百分之几到百分之几十，一般根据进口商的资信情况而定。

开证行在收到开证申请书后首先要对客户（进口商）进行资信调查（如是否有业务往来、是否有足够的现汇资金等），以决定进口商应交纳保证金的数额。同时还要审查开证申请书的内容，发现不妥之处（如开证申请书前后内容矛盾，与有关条款及国家的相关规定相抵触等）提出修改意见，然后按照申请书的要求开立信用证，并根据申请人指示的传递方式向通知行发出信用证，同时将信用证副本送交申请人。

企业实践

向中国工商银行申请开立即期信用证操作说明

根据进口商的指示和申请，中国工商银行开立一份信用证给出口商，工商银行在信用证中承诺只要出口商提交符合规定的单据，工商银行将即期支付货款给出口商。对于出口商而言，是即期收款，而对于进口商来说则是远期付款。

1. 开办条件

(1) 进口商应在外汇管理局核发的进口付汇名录表内；

(2) 进口商须在工商银行评定信用等级并核有授信额度；

(3) 进口商须按工商银行规定提供一定比例的保证金，对开证金额与保证金差额部分提供相应的担保。

2. 操作指南

申请开立进口信用证，进口商须向工商银行提供以下资料：

(1) 加盖有效签章的开证申请书；

(2) 开立不可撤销跟单信用证协议；

(3) 进口贸易合同［代理开证协议（如需）］；

(4) 进口付汇核销单；

(5) 进口付汇备案表（如需）；

(6) 第一次在工商银行开证的企业还须提交营业执照副本和贷款卡；

(7) 工商银行要求的其他资料。

引用自中国工商银行网站 http：//www. icbc. com. cn/。

2.3.2 开证申请书的内容评析

进口商向开证行申请开立信用证需要填写开证行提供的开证申请书，该开证申请书通常是由开证银行事先印就的。实际业务中各个银行印制的申请书的格式和内容大同小异、基本相同。进口商作为开证申请人，除了填写申请书的正面内容外，还须签具背面的“开证申请人承诺书”。

IRREVOCABLE DOCUMENTARY CREDIT APPLICATION

To：　　　　　　　　　　issued by　　　　　　　　date：

<table>
<tr><td colspan="2" rowspan="2">Applicant：</td><td>Irrevocable documentary credit number</td></tr>
<tr><td>Date and place of expiry</td></tr>
<tr><td colspan="2">Advising bank</td><td>Beneficiary</td></tr>
<tr><td>Partial shipments
□allowed
□not allowed</td><td>Transhipment
□allowed
□not allowed</td><td>Amount（both in figures and words）</td></tr>
<tr><td colspan="2">loading on board/dispatch/taking in charge at/from
not later than
for transportation to：</td><td rowspan="2">Credit available with □ any bank □ advising bank
□ by sight payment □ by acceptance □ by negotiation
□ by deferred payment at
against the documents detailed herein
□ and beneficiary's draft for pct of invoice value at
on us</td></tr>
<tr><td colspan="2">□ FOB　□ CFR　□ CIF
□ FCA　□ CPT　□ CIP
or other terms：</td></tr>
<tr><td colspan="3">Documents required（marked with ×）
1.（　）Beneficiary's manually signed commercial invoice in ____copies indicating this L/C No. and contract No. ____
（photo copy and carbon copy not acceptable as original）
2.（　）Full set（include ____original and ____non-negotiable copies）of clean on board ocean bills of lading made out to □　　　　□the order of　　　　□the order and blank endorsed，marked “freight ____” and notify ________.
3.（　）Air waybills consigned to ________，marked “freight ________” and notify ________.
4.（　）Railway bills marked “freight ________” and consigned to ________.
5.（　）Full set（included ________original and ________copies）of Insurance Policy/Certificate for 110% of the invoice value. Showing claims payable in China，in same currency of the credit，blank endorsed，covering all risks and war risks as per（□ ocean marine transportation/□air transportation/□overland transportation）.
6.（　）Weight list/Packing list in ____copies issued by ____indicating quantity of goods，gross and net weights of each package and packing conditions.
7.（　）Certificate of origin issued by.
8.（　）Certificate of Quantity & Weight in ________copies issued by ________indicating the actual quantity/weight of the shipped goods as well as the packing condition.</td></tr>
</table>

续表

9. ( ) Certificate of Quality in ______ copies issued by ________.
10. ( ) Beneficiary's certified copy of fax dispatched to the applicant within ______ calendar days after shipment advising □ name of vessel/□flight No. / □wagon No. shipment date, quantity, weight and value of shipment.
11. ( ) Beneficiary's certificate certifying that one set of copy of documents have been dispatched according to the contract terms.
12. ( ) Other documents, if any:

Description of goods: H. S. CODE ________

Additional Conditions:
1. ( ) All banking charges outside the issuing bank are for beneficiary's account.
2. ( ) Documents must be presented within ______ days after the shipment date but within the validity of this credit.
3. ( ) Third party as shipper is not acceptable. Short form/Blank B/L is not acceptable.
4. ( ) Both quantity and amount ______ pct more or less are allowed.
5. ( ) Prepaid freight drawn in excess of L/C amount is acceptable against presentation of original charges voucher issued by shipping Co. /Air Line/or it's agent.
6. ( ) All documents to be forwarded in one cover. Unless otherwise stated above.
7. ( ) Other terms, if any:

Account No.: ________________ with ________________ (name of bank)
Transacted by: ________________
Telephone No.: ________________
Fax: ________________
E-mail: ________________

(Applicant: name, signature of authorized person)

开证申请人承诺书

中国银行：

我公司已办妥一切进口手续，现请贵行按我公司开证申请书内容开出不可撤销跟单信用证，为此我公司愿不可撤销地承担有关责任如下：

一、我公司同意贵行依照 ICC 最新修订版的《跟单信用证统一惯例》办理该信用证项下一切事宜，并同意承担由此产生的一切责任。

二、我公司保证按时向贵行支付该证项下的货款、手续费、利息及一切费用等（包括国外受益人拒绝承担的有关银行费用）所需的外汇和人民币资金。

三、我公司保证在贵行单到通知书中规定的期限之内通知贵行办理对外付款/承兑，否则贵行可认为我公司已接受单据，同意付款/承兑。

四、我公司保证在单证表面相符的条件下办理有关付款/承兑手续。如因单证有不符之处而拒绝付款/承兑，我公司保证在贵行单到通知书中规定的日期之前将全套单据如数退还贵行并附书面拒付理由，由贵行按国际惯例确定能否对外拒付。如贵行确定我公司所提拒付理由不成立，或虽然拒付理由成立，但我公司未能退回全套单据，或拒付单据退到贵行已超过单到通知书中规定的期限，贵行有权主动办理对外付款/承兑，并从我公司账户中扣款。

五、该信用证及其项下业务往来函电及单据如因邮、电或其他方式传递过程中发生遗失、延误、错漏，贵行当不负责。

六、该信用证如须修改，由我公司向贵行提出书面申请，由贵行根据具体情况确定能否办理修改。我公司确认所有修改当由信用证受益人接受时才能生效。

七、我公司在收到贵行开出的信用证、修改书副本后，保证及时与原申请书核对，如有不符之处，保证在接到副本之日起，两个工作日内通知贵行。如未通知，当视为正确无误。

八、如因申请书字迹不清或词意含混而引起的一切后果由我公司负责。

开证申请人

（签字盖章）

年　月　日

开证申请书填写规范：

1. 开证行名称

To ____________________

此处填写开证行名称。

开证行一般会预先将名称及地址印在开证申请书的此栏。

2. 传递方式

信用证的传递方式有四种，通常考虑时间和费用来进行选择。

（1）Issue by airmail

以信开的形式开立信用证。

选择此种方式，开证行以航邮将信用证寄给通知行。

（2）With brief advice by teletransmission

以简电开的形式开立信用证。

选择此种方式，开证行将信用证主要内容发电预先通知受益人，受益人在开证前预先获知内容，银行承担必须使其生效的责任，但简电本身并非信用证的有效文本，不能凭以议付或付款，银行随后寄出的“证实书”才是正式、有效的信用证。

（3）Issue by express delivery

以快递的形式开立信用证。

选择此种方式，开证行以快递方式（如 DHL）将信用证寄给通知行。

（4）Issue by teletransmission（which shall be the operative instrument）

以全电开的形式开立信用证。

选择此种方式，开证行将信用证的全部内容加注密押后以电报、电传、传真及数据传送网络（如 SWIFT）等方式传送给通知行，该传递方式通常由开证行决定，如申请人欲使用特定的电信方式，则应在附加指示中予以声明。

除非传递信息中另有规定，该电信文本为有效的信用证文本。目前，国内银行大多是用“全电开证”的方式开立信用证，而且是用“SWIFT”方式开证。

3. 申请开证日期（Date）

此处填写开证申请人填写该开证申请书的日期。

4. 开证申请人（Applicant）

此栏填写开证申请人名称及详细地址。

开证申请人（applicant）又称开证人（opener），是指向开证银行提出申请开立信用证的当事人，一般为进口商，即买卖合同的买方。开证申请人为信用证交易的发起人。

不同国家和地区的来证对“抬头人”（或申请人）的措辞有所不同，诸如“APPLICANT，ACCREDITORS，ACCOUNTEE，BUYER，CUSTOMER，CLIENT，DRAWEE，HOLDER，IMPORTER，OPENER，ORDERERS，PRINCIPAL，PURCHASER，AT THE REQUEST OF，BY ORDER OF，FOR ACCOUNT OF，ON ACCOUNT OF M/S，ON BEHALF OF 和 IN THE NAME OF”等均表示为申请人（抬头人）。SWIFT 信用证用“applicant”表示开证申请人。

5. 信用证号码（Credit No）

此处由开证行填写这份信用证的号码。

6. 信用证有效期和到期地点（Date and place of expiry）

在填写信用证到期日时，要注意与合同装运期之间的联系，如合同或开证要求中没有明确规定交单期限，应将信用证的到期日规定在最迟装运日后的 10 天至 15 天，以免过短的交单期限规定会影响受益人及时向银行提交单据。并规定信用证到期地点为受益人所在国家。如 080817 IN THE BENEFICIARY'S COUNTRY。

(1) 跟单信用证的有效期长短应视交易的具体情况而定。有效期太短将引起展期的麻烦，有效期太长则会造成额外的银行费用。

(2) 交单地点通常指使用跟单信用证的城市或国家。除非注明城市或国家，自由议付信用证将视为任何地点的任何银行均可对该信用证项下的汇票及/或单据议付。

7. 通知行 Advising Bank

此处填写通知行名称和地址。

如果对通知银行无特别要求可以留空不填，在此情况下，开证银行会自行选择合适的出口地银行作为通知行。如果该信用证需要通过收报行以外的另一家银行转递、通知或加具保兑后给受益人，则该项目内填写该银行。

8. 受益人 Beneficiary（Full name and address）

此处填写受益人的全称和详细地址。

受益人指信用证上所指定的有权使用该信用证的人。一般为出口商，也就是买卖合同的卖方。

受益人一词的英文表述也不少，诸如“BENEFICIARY，FAVOUR，

SHIPPER，SELLER，EXPORTER，SUPPLIER，DRAWER，ORDEREE，ASSURER，ADDRESSEE，TRANSFEREE，IN FAVOUR OF”等均指受益人，它们在不同的场合有不同的表示，须注意辨别。

9. 分批装运和转运

分批装运条款（Parital shipment）。

此处填写跟单信用证项下是否允许分批装运。

转运条款（Transhipment）。

此处填写跟单信用证项下是否允许货物转运。

10. 金额（Amount）

此处填写信用证金额，分别用数字小写和文字大写表示。以小写输入时须包括币种与金额。货币名称应使用国际标准化组织制定的货币代号表示，如USD（美元）、GBP（英镑）等。

如USD89 600

U. S. DOLLARS EIGHTY NINE THOUSAND SIX HUNDRED ONLY

11. 装运条款

Loading on board/dispatch/taking in charge at/from

此处填写装运港。如SHANGHAI，CHINA。

not later than

此处填写最后装运期。如090610。

For transportation to

此处填写目的港。如FUSHAN。

12. 价格条款

根据合同内容选择或填写贸易术语，如CIF ROTTERDAM，或FOB QINGDAO。有关贸易术语的解释参见《2000年国际贸易术语解释通则》。

13. 付款条款

（1）Credit available with

此处填写此信用证可由哪家银行即期付款、承兑、议付、延期付款，即押汇银行（出口地银行）名称。

（2）any bank

勾选此项，表明信用证为自由议付信用证。

（3）Advising bank

勾选此项，表示该信用证限定通知行为议付行。

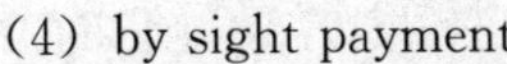

（4）by sight payment

勾选此项，表示开具即期付款信用证。

即期付款信用证是指受益人（出口商）根据开证行的指示开立即期汇票、或无须汇票仅凭运输单据即可向指定银行提示请求付款的信用证。

（5）by acceptance

勾选此项，表示开具承兑信用证。

承兑信用证是指信用证规定开证行对于受益人开立以开证行为付款人或以其他银行为付款人的远期汇票，在审单无误后，应承担承兑汇票并于到期日付款的信用证。

（6）by negotiation

勾选此项，表示开具议付信用证。

议付信用证是指开证行承诺延伸至第三当事人，即议付行，其拥有议付或购买受益人提交信用证规定的汇票/单据权利行为的信用证。如果信用证不限制某银行议付，可由受益人（出口商）选择任何愿意议付的银行，提交汇票、单据给所选银行请求议付的信用证称为自由议付信用证；反之，为限制性议付信用证。

相关链接

UCP600 第二条　定义

议付指指定银行在相符交单下，在其应获偿付的银行工作日当天或之前向受益人预付或者同意预付款项，从而购买汇票（其付款人为指定银行以外的其他银行）及/或单据的行为。

（7）by deferred payment at

勾选此项，表示开具延期付款信用证。

如果开具这类信用证，需要写明延期多少天付款，例如，at 60 days from payment confirmation（60 天承兑付款）、at 60 days from B/L date（提单日期后 60 天付款）等。

延期付款信用证指不需要汇票，仅凭受益人交来单据，如审核相符，指定银行承担延期付款责任起，延长至到期日付款。该信用证除能够为欧洲地区进口商避免向政府缴纳印花税而免开具汇票外，其他都类似于远期信用证。

在实务中，如果没有特别要求，通常会填写议付（即 by negotiation）。

(8) against the documents detailed herein

and beneficiary's draft (s) for pct of invoice value at sight on us

连同下列单据：

受益人按发票金额____%，做成限制为____天，付款人为__________的汇票。

注意：延期付款信用证不需要选择连同此单据。

"at ________ sight" 为汇票的付款期限。如果是即期，需要在"at sight"之间填"＊＊＊＊"或"--------"，不能留空。远期有几种情况：at ×× days after date（出票后××天），at ×× days after sight（见票后××天）或 at ×× days after date of B/L（提单日后××天）等。如果是远期，要注意两种表达方式的不同：一种是见票后××天（at ×× days after sight），另一种是提单日后××天（at ×× days after B/L date）。这两种表达方式在付款时间上是不同的，"见票后××天"是指银行见到申请人提示的单据时间算起，而"提单日后××天"是指从提单上的出具日开始计算的××天，所以如果能尽量争取到以"见票后××天"的条件成交，就等于又争取了几天迟付款的时间。

"on us" 为指定开证行为付款人。通常信用证项下汇票的付款人应为开证行或指定的付款行。

例如：

against the documents detailed herein

and beneficiary's draft (s) for 100 % of invoice value

at ＊＊＊＊ sight

drawn on THE CHARTERED BANK

Documents required: (marked with ×)

14. 信用证需要提交的单据（用"×"标明）[Documents required (marked with ×)]

根据国际商会 UCP600，信用证业务是一项纯单据业务，银行处理的仅是单据，所以信用证申请书上应按合同要求明确写出所应出具的单据，包括单据的种类，每种单据所表示的内容，正、副本的份数，出单人等。一般要求提示的单据有提单（或空运单、收货单）、发票、箱单、重量证明、保险单、数量证明、质量证明、产地证、装船通知、商检证明等以及其他申请人要求的证明等。如果在申请书的印制格式中未能包括某种要求受益人提交的单据，

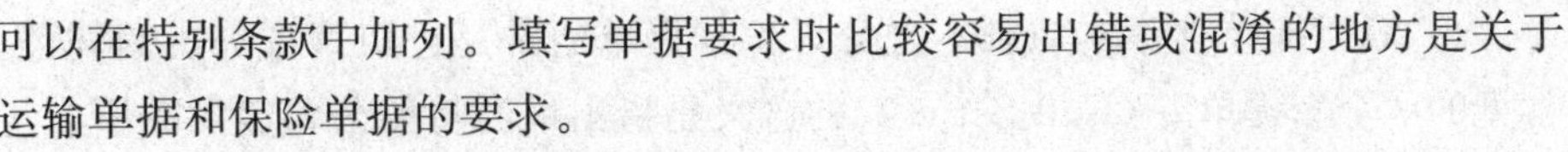

可以在特别条款中加列。填写单据要求时比较容易出错或混淆的地方是关于运输单据和保险单据的要求。

注意：如果是以 CFR 或 CIF 成交，就要求对方出具的提单为“运费已付”（Freight Prepaid）；如果是以 FOB 成交，就要求对方出具的提单为“运费到付”（Freight Collect）；如果按 CIF 成交，申请人应要求受益人提供保险单，并且注意保险险别，赔付地应要求在目的港，以便一旦出现问题，方便解决。汇票的付款人应为开证行或指定的付款行，不可规定为开证申请人，否则会被视作额外单据。

(1) Beneficiary's manually signed commercial invoice in ________ copies indicating this L/C No. and contract No. ________.

翻译：经签字的商业发票一式________份，标明信用证号________和合同号________。

如申请人要求对发票予以证明、签证或其他类似要求及/或要求发票表明任何特定细节、资料、声明时，申请人应准确指明由谁签发该证明、签证及/或如何在发票中写出任何特定细节、资料、声明。

(2) Full set (include ________ original and ________ non-negotiable copies) of clean on board ocean bills of lading made out to □________ □the order of ________ □the order and blank endorsed, marked "freight ________" and notify ________.

翻译：全套清洁已装船海运提单，做成空白抬头、空白背书，注明“运费[ ]待付/[ ]已付”，[ ]标明运费金额，并通知________。

(3) ( ) Air waybills consigned to ________, marked "freight ________" and notify ________.

翻译：空运提单收货人为________，注明“运费[ ]待付/[ ]已付”，[ ]标明运费金额，并通知________。

(4) ( ) Railway bills marked "freight ________" and consigned to ________.

翻译：铁路运单，注明运费[ ]待付/[ ]已付，发往（ ）

对运输单据规定的说明：

申请人应根据运输方式的不同合理选择各种运输单据。UCP600 第 19 条至第 27 条详细列明了在各种运输单据下银行可接受或拒绝接受的事项。在规定运输单据时，申请人应注意以下几个问题：

1）海运提单有正本与副本之分，正本提单通常是进口商去提货的凭证。常见的“全套提单”（Full Set of）的含义是指出口商将船公司签发的所有正本提单悉数提交给银行。通常也有“3/3”或“2/3”的规定方法。其中，分子部分是向银行提交提单的正本份数，分母部分是船公司总共签发的正本份数，所以“3/3”是指要求受益人将船公司签发的三份正本提单全部提交给银行。而如果仅要求受益人提交三份正本提单中的两份，则可写为“2/3”。

2）UCP600 第 27 条对什么是清洁运输单据作了解释，并规定除非信用证另有规定，银行将拒受不清洁单据。所谓不清洁运输单据，是指载有明确宣称货物及/或包装状况有缺陷的条款或批注的运输单据。例如，提单注明“××包撕破”（×× Bales Torn）或“××辆汽车车体表面擦刮/凹痕”（Car Body Surfaces Scratched/ Dented）。

相关链接

UCP600 第二十七条　清洁运输单据

银行只接受清洁运输单据，清洁运输单据指未载有明确宣称货物或包装有缺陷的条款或批注的运输单据。“清洁”一词并不需要在运输单据上出现，即使信用证要求运输单据为“清洁已装船”的。

3）提单要求中还会对提单的收货人，即提单的抬头人进行规定。如果指定具体的收货人，则应填写：Consigned/Delivered/Made out to BBE Company，此类提单被称为“记名提单”；如果收货人由托运人指示，则应填写：Consigned/Delivered/Made out to Order of Shipper，或仅填写：Consigned/Delivered/Made out to Order，后一种填法俗称“空白抬头提单”。如果收货人由开证银行指示，则应填写：Consigned /Delivered/Made out to Order of Issuing Bank，此类提单被称为“指示提单”，由开证行进行背书转让。

4）提单要求中与收货人相关联的是提单的背书（Endorsement）。在收货人由托运人指示时，开证申请人应对托运人做背书的形式加以规定，是做成空白背书（Blank Endorsed/Endorsed in Blank）还是记名背书（如 Endorsed to the order or Issuing Bank）。

5）除了对提单份数、抬头、背书进行规定外，提单条款中还有对运费支付情况的表述以及对提单被通知方的规定。采用 FOB 条件成交的交易中，提单应表明“运费到付”（Freight to Collect），而采用 CFR 或 CIF 术语，提单应注明“运费已付”（Freight Prepaid）或“运费预付”。通常情况下，提单的被通知人应规定为进口商（即开证申请人）。

6）在空运或陆运方式下，由于航空运单和承运收据（或铁路运单）不是货物所有权的凭证，所以这类运输单据不应做成指示性抬头，而只能做成记名式，即 Consigned to（开证行名称或开证申请人名称）。

（5）Full set（included ________ original and ________ copies）of Insurance Policy/Certificate for 110% of the invoice value. Showing claims payable in China，in same currency of the credit，blank endorsed，covering all risks and war risks as per（□ ocean marine transportation/□air transportation/□over，land transportation）.

翻译：保险单/保险凭证一式______份，按发票金额的 110%投保，注明赔付地在________，以汇票同种货币支付，空白背书，投保________。

对保险单据规定的说明：

开证申请书中对于保险单据的规定除了提交份数以外，还包括对于保险单据的种类、保险金额、投保险别、理赔地点、赔偿币种以及背书的规定。保险单据通常有保险单（Insurance Policy）和保险凭证（Insurance Certificate）两种。保险单是保险公司在承保后签发的保险合同的正式书面文件，上面载有当事人的名称、保险标的、保险金额、保险期限、保险费率等事项，并印有规定当事人双方权利义务的保险条款，俗称“大保单”。保险凭证实质上是一种简化的保险单，俗称“小保单”，一般只载明大保单正面的内容，无背面的保险条款，但这两种保险单据都有法律效力。

保险金额通常为发票金额加 10%，即发票金额的 110%（除非合同或开证要求另有规定），投保险别按双方商定的，合同中规定具体险别填入。理赔地点通常在目的地（Destination）或申请人所在国（In the Country of Applicant），赔偿货币种类通常为信用证或汇票所用的货币。

在 CIF 或 CIP 价格条件下，被保险人通常为出口商（即信用证的受益人），但是由于货物在运输途中的风险由进口商承担，当实际发生货损时，索赔的权责在进口商。因此，以出口商为被保险人的保险单据在提交银行或进口商时，应在保险单的背面进行背书，以将保险单进行转让。所以在开证时，申请人通常会在开证申请书上要求保险单据做成空白背书（Blank Endorsement），有时也做成记名背书（如 Endorsed to the Order of Issuing Bank）。

申请人在规定保险单据时还应注意以下几点：

1）在买卖双方选择由买方自己负责办理保险事宜的贸易术语（如 FOB、CFR 等）时，申请人仍可在申请书中要求受益人提供以下单据：

①发至申请人的列有装运详情的电传副本，以使申请人凭以向保险公司作出有关保险声明。

②发至信用证中指定保险公司的声明书，宣称货物已在申请人的保险单下保险。

2）如申请人要求投保无免赔率的保险，则应在申请书中对此予以明确注明。

（6）Weight list/Packing list in ________ copies issued by ________ indicating quantity of goods，gross and net weights of each package and packing conditions.

翻译：装箱单/重量证明一式________份，注明每一包装的数量、毛重和净重。

（7）Certificate of origin issued by ________ .

翻译：原产地证由________________签发。

（8）Certificate of Quantity & Weight in ________ copies issued by ________ indicating the actual quantity/weight of the shipped goods as well as the packing condition.

翻译：数量/重量证一式________份，由____________________出具，表明所装运货物的实际数量/数量以及包装条件。

（9）Certificate of Quality in ________ copies issued by ____________ .

翻译：品质证一式________份，由____________________出具。

（10）Beneficiary's certified copy of fax dispatched to the applicant within ________ calendar days after shipment advising □ name of vessel/□flight No. / □wagon No. shipment date，quantity，weight and value of shipment.

翻译：受益人以传真/电传方式通知申请人装船证明副本，该证明须在装船后________日内发出，并通知船名、装运日以及货物的名称、数量、重量和金额。

（11）Other documents，if any

翻译：其他单据。

15. 货物描述 Description of goods

如 01005 CANNED SWEET CORN，3060G×6TINS/CTN

QUANTITY：900 CARTONS

PRICE：USD14/CTN

H. S. CODE 为该批商品的税则编码。

16. 附加条款 Additional instructions

附加条款，是对以上各条款未述之情况的补充和说明，并且包括对银行的要求等。

（1）All banking charges outside the issuing bank are for beneficiary's account.

翻译：开证行以外的所有银行费用由受益人担保。

（2）Documents must be presented within ________ days after the shipment date but within the validity of this credit.

翻译：所需单据须在运输单据出具日后________天内提交，但不得超过信用证有效期。

（3）Third party as shipper is not acceptable. Short form/Blank B/L is not acceptable.

翻译：第三方为托运人不可接受，简式/背面空白提单不可接受。

（4）Both quantity and amount pct ________%more or less are allowed.

翻译：数量及信用证金额允许有________%的增减。

（5）Prepaid freight drawn in excess of L/C amount is acceptable against presentation of original charges voucher issued by shipping Co. /Air Line/or its agent.

翻译：银行接受凭船公司/航空公司或其代理人签发的正本运费收据索要超过信用证金额的预付运费。

（6）All documents to be forwarded in one cover. Unless otherwise stated above.

所有单据须指定________________船公司。

（7）Other terms，if any

其他条款。

17. 结算

（1）通常，在标准跟单信用证申请书中预先印就授权借记申请人账户的条文。

（2）如采用其他结算方式，申请人应在此处注明如何办理。

（3）如申请人的账号尚未填写在申请人栏内，则应在此处将申请人账号写出。

18. 签字

开证申请书应在此处由申请人签字并加列申请日期。

2.4 审核和修改信用证

2.4.1 审核信用证

对于卖方来说，虽然已经与买方签订了国际货物买卖合同，双方的权利和义务关系由合同规定和约束。但是如果采用信用证进行结算，信用证一旦开立即独立于合同，而且申请开立信用证的当事人是买方，买方出于自己利益的考虑，有可能提出与合同条款不符或对自己有利的信用证条款。因此，为了保证安全收汇，卖方在收到通知行交来的信用证后，应认真仔细地对照合同逐条审查信用证，包括所有的信用证修改书（如有的话），如发现对己不利的条款，应通知买方进行修改。

汇丰银行的电子信用证通知服务

对企业而言，能及时获取信用证相关信息至关重要。因此，汇丰银行推出了电子信用证通知服务，这项高效快捷的额外服务将使企业通过电子邮件获取信用证电子副本、信用证修改内容以及其他相关通知。电子信用证通知服务可以使企业提高工作效率，节省时间，能够迅速传送相关信息至企业的供应商、承运商、保险公司及其他相关的贸易伙伴；节省向汇丰电话、传真查询、快递传送文件的时间，让企业收到信用证内容后，可立即考虑准备安排生产出货事宜；并可同时申请免费信用证安全保管服务，省却企业领取信用证的时间及快递费用，并降低了丢失这些重要商业文件的风险。

1. 信用证的审核要点

（1）检查信用证的付款保证是否有效。

如果出现下述任何一种情况，则说明该付款保证不是有效的或存在缺陷。

1）信用证明确表示是可撤销信用证。可撤销信用证在不通知受益人或未经受益人的情况下，可以随时撤销或变更，这对于受益人而言是没有付款保证的，因此，对于此类证受益人一般不予接受。在信用证中如果没有表明该信用证是否可以撤销，则按照 UCP500 的规定，应理解为不可撤销。按照 UCP600 的解释，跟单信用证也是不可撤销的。

相关链接

UCP600 第三条 解释

就本惯例而言：

信用证是不可撤销的，即使未如此表明。

2）应该保兑的信用证未按要求由有关银行进行保兑。

3）信用证未生效。

4）对生效有限制条件的信用证，例如，"待获得进口许可证后生效"。

5）信用证密押不符。

6）信用证为简电或预先通知形式。因这种形式的信用证没有效力。

7）由开证人提供的开证申请书。

8）由开证申请人直接寄送的信用证。

（2）检查信用证的付款时间是否与合同的规定相一致。

1）如果信用证中规定有关款项必须在向银行交单后若干天内或见票后若干天内付款，那么需要核对此类付款时间是否符合合同的规定。

2）信用证规定在国外到期。这意味着有关单据必须寄送国外。由于受益人无法掌握单据到达国外银行所需的时间，容易造成延误或丢失，有相当的风险，因此，通常受益人应要求在国内交单、到期。如果确实来不及修改，则必须要求寄单行提前一个邮程（邮程的长短根据地区远近而定），以最快的方式寄送单据。

3）信用证中的最迟装运日和到期日是同一天。这就是通常所说的"双到期"。在此情况下，受益人不可能在信用证规定的最迟装运日进行装运，而必须将装运期提前一定的时间（一般在到期日前的 10～15 天），以便腾出合理充分的时间来制单结汇。因此，受益人应比照合同的装运条款，并结合实际情况考虑是否可以接受，否则，应要求修改到期日。

（3）检查信用证受益人和开证申请人的名称和地址是否完整正确。

受益人应特别注意信用证中的受益人名称和地址是否与其印就的文件上的名称和地址相一致，以及买方的公司名称和地址写法是否完全正确。如果不正确，则会给今后的收汇带来不便。

(4) 检查装运的有关规定是否符合要求。

1) 能否在信用证规定的装期内备妥有关货物并按期出运。如果到证时间与装运期太近，无法如期装运，就应及时与开证申请人联系修改。逾期装运的运输单据将构成单证不符，银行有权不付款。

2) 如果在信用证中规定了分批装运的时间和数量，应注意能否悉数办到，否则，如果任何一批未能按期装运，以后各期即告失效。

相关链接

UCP600

第三十二条　分期支款或分期发运

如信用证规定在指定的时间段内分期支款或分期发运，任何一期未按信用证规定期限支取或发运时，信用证对该期及以后各期均告失效。

(5) 检查能否在信用证规定的交单期内提交单据。

1) 交单期通常按以下原则处理：

①信用证有规定的，应按信用证规定的交单期向银行交单。

②信用证没有规定的，向银行交单的日期不得迟于运输单据出具日后21天。

2) 在审核信用证时应充分考虑办理下列事宜对交单期的影响：

①生产及包装所需的时间。

②内陆运输或集港运输所需的时间。

③进行必要的检验（如法定商检或客检）所需的时间。

④申领检验证明书，如SGS验货报告、OMIC LETTER或其他验货报告（如客检证）等所需的时间。

⑤申领出口许可证/原产地证明所需的时间（如果需要）。

⑥报关查验所需的时间。

⑦船期安排所需的时间。

⑧到商会和/或领事馆办理认证或出具有关证明所需的时间（如果需要）。

⑨制造、整理、审核信用证规定的文件所需的时间。

⑩单据送交银行所需的时间，包括单据送交银行后经审核发现有误退回

更正的时间。

(6) 检查信用证内容是否完整。

如果信用证是以电传或电报拍发给的通知行，即“电信送达”，那么应核实电文内容是否完整。如果电文无另外注明，并写明是遵循国际商会第600号出版物（UCP600），即《跟单信用证统一惯例》2007年修订本，那么该电文是可以被当做有效的信用证执行的。

(7) 检查信用证的通知方式是否安全、可靠。

信用证一般是通过受益人所在国家或地区的通知/保兑行通知给受益人的，采用这种方式通知的信用证比较安全，因为根据UCP600第九条b款的规定，通知行应对其所通知的信用证的表面真实性负责。如果发生下述情况则须特别注意，应该首先通过银行调查核实：

1) 信用证是直接从海外寄来的。

2) 信用证从本地某个地址寄来，要求把货运单据寄往海外，而受益人并不了解指定的那家银行。

(8) 检查信用证的金额、币别是否符合合同规定。

1) 信用证的金额是否与事先协商的相一致。

2) 信用证中的单价与总值是否准确，大小写是否一致。

3) 如果合同规定数量上允许有一定的伸缩幅度，那么信用证应允许支付金额有相应的增减幅度。如信用证在金额前使用了“About”（大约）一词，则意味着允许金额有10%的增减。

4) 检查币别是否正确。如合同中规定使用英镑结算，但在信用证中使用的是美元，则应要求修改。

(9) 检查信用证中的数量是否与合同规定的相一致。

1) 除非信用证规定数量不得有增减，那么在支付金额不超过信用证金额的情况下，货物数量可以允许有5%的增减。

2) 以上提到的货物数量的增减规定仅适用于大宗散装货物，对于以包装单位或以个体为计算单位的货物不适用。例如，来证中的货物描述为“5000 PCS 100%COTTON SHIRTS”（5000件全棉衬衫），由于数量单位是“PC”（件），则在实际交货时只能是5000件，而不允许有5%的增减。

(10) 检查价格条款是否符合合同规定。

不同的价格条款将会涉及具体的费用（如运费、保险费）由谁承担。例如，合同中规定FOB SHANGHAI AT USD50.00/PC，根据此价格条款有关的运费和保险费应由买方（即开证申请人）承担，但如果信用证中的价格条款显示为 CIF NEW YORK AT USD50.00/PC，则应要求修改，否则受益人就将承担有关的运费和保险费。

（11）检查货物是否允许分批装运。

如果信用证中没有明确的规定，应理解为货物是允许分批装运的。如果信用证中还规定了每一批货物出运的确切时间，则必须按此办理；如果无法做到，则应立即要求修改。

（12）检查货物是否允许转运。

除非信用证另有规定，货物是允许转运的。

（13）检查有关的费用条款。

1）信用证中规定的有关费用（如运费或检验费等）应事先协商一致，否则，对于额外的费用，受益人原则上不应承担。

2）银行费用如事先未商定，应以双方共同承担为宜，一般受益人将承担开证国以外发生的银行费用。

（14）检查信用证规定的文件能否及时提供。

1）一些需要认证的单据，特别是使馆认证等，能否及时办理和提供。

2）由其他机构或部门出具的有关文件，如出口许可证、运费收据、检验证明等，能否及时提供。

3）信用证中指定船龄、船籍、船公司或不准在某港口转船等条款能否办到。

（15）检查信用证中有无影响收款的软条款。

（16）检查信用证中有无矛盾之处。

例如，航空运输，但要求提供海运提单；价格条款是 FOB，但要求提供保险单；价格条款是 CFR，但要求提单上显示“运费到付”。

（17）检查有关信用证是否受 UCP600 的约束。

在信用证中应明确规定该证受 UCP600 的约束，以避免因对某一规定的不同理解产生的争议。如果信用证以 SWIFT 方式开立，即已表示该证遵循 UCP600。

2. 信用证的软条款分析

信用证方式对受益人较为有利，只要做到“相符提示”，就能安全、及时收取货款。但是由于开证行和开证申请人是在未获取货物的情况下必须见单付款或承兑，具有一定风险。所以，他们常常会开立一些附有软条款的信用证，以图最大限度地掌握主动权。但是这些软条款往往会影响到受益人安全及时收汇。因此，对于卖方来说，采用信用证方式结算，有以下情况者必须谨慎对待：

（1）出口单据由申请人或其代理人出具或会同签署的条款通常不能接受。特别是对“验货单的签字（章）必须与存在开证行的印鉴相符”的不能接受。

例如，INSPECTION CERTIFICATE ON QUANTITY ISSUED BY APPLICANT.

翻译：数量检验证由申请人出具。

（2）先寄三分之一提单的一般不能接受，对“待开证行承兑汇票后寄三分之一提单”可以接受。

例如，BENEFICIARY'S SIGNED CERTIFICATE CERTIFYING THAT THEY HAVE SENT 1/3 ORIGINAL B/L TO APPLICANT BY COURIER SERVICE DIRECTLY AFTER SHIPMENT IS REQUIRED. A COPY OF COURIER RECEIPT IS ALSO REQUIRED.

翻译：受益人签署证明书，证实他们在装船后用快邮直接寄出三份正本提单中的一份给申请人。另需要一份快邮收据副本。

（3）指定在境外银行议付的，除非有足够的交单期，否则不能接受。

（4）对记名提单，除非承运人同意在提单上批注“必须凭正本提单提货”的或记名为开证行的可以接受外，其他的记名提单尽量不要接受。

（5）“双到期”信用证和 5 天交单议付的信用证。

（6）要求提供 FCR，且此单据由客户提供，对“FCR 的签字（章）必须与存放在开证行的印鉴相符”不能接受。无论是 L/C 还是 T/T 付款，尽可能拒绝客户提出 FCR 替代海运提单的要求。

（7）对于由检验机构出具的证书，对“既要由该检验公司出具证书，又要在商业发票和装箱单背后背书的”不能接受。

（8）对于由商检机构出具的相关证书（除 FORM A，C/O 外），对“所有单据必须显示附加内容的”不能接受。

（9）客检证由开证行核对条款，规定检验检疫证书日期为装船后日期，议付银行为境外银行等 L/C 软条款。

（10）指定境外无船承运人（货代）有以下情况的不能接受。

1）该指定的无船承运人在我国交通部未登记备案的。

2）不给发货人海运提单的。

3）只给收货单的。

（11）信用证限制运输船只、船龄或航行航线的条款。

例如，CERTIFICATE FROM SHIPPING COMPANY CERTIFYING THAT THE SAID VESSEL IS LESS THAN 15 YEARS OF AGE.

翻译：船公司证明书，证实该船只船龄少于15年。

（12）货物必须在×月×日前到达目的港（承运人承诺的除外）。

（13）E、F组术语买方指定国内外货代提单。

（14）E、F组术语买方指定国内货代或外商办事处代理签发提单。

（15）E、F组术语指定货代订舱。

（16）C组术语，买方指定承运人、提单代签人、货代。

（17）提单托运人（Shipper）为买方或者其他第三方，如接受须绝对谨慎。

2.4.2 修改信用证

出口商作为信用证的受益人，必须对由进口商申请、开证行开来的信用证进行全面、认真的审核，如发现信用证存在问题，应视不同情况及时处理。对于与合同不一致、影响安全收汇、难以接受或做到的，损害自身利益的信用证条款，必须通过开证申请人（即进口商）向开证行提出修改信用证。

相关链接

UCP600第九条　信用证及其修改的通知

a. 信用证及其任何修改可以经由通知行通知给受益人。非保兑行的通知行通知信用证及修改时不承担承付或议付的责任。

b. 通知行通知信用证或修改的行为表示其已确信信用证或修改的表面真实性，而且其通知准确地反映了其收到的信用证或修改的条款。

c. 通知行可以通过另一银行（“第二通知行”）向受益人通知信用证及修改。第二通知行通知信用证或修改的行为表明其已确信收到的通知的表面真实性，并且其通知准确地反映了收到的信用证或修改的条款。

d. 经由通知行或第二通知行通知信用证的银行必须经由同一银行通知其后的任何修改。

e. 如一银行被要求通知信用证或修改但其决定不予通知，则应毫不延误地告知自其处收到信用证、修改或通知的银行。

f. 如一银行被要求通知信用证或修改但其不能确信信用证、修改或通知的表面真实性，则应毫不延误地通知看似从其处收到指示的银行。如果通知行或第二通知行决定仍然通知信用证或修改，则应告知受益人或第二通知行其不能确信信用证、修改或通知的表面真实性。

第十条　修改

a. 除第三十八条另有规定者外，未经开证行、保兑行（如有的话）及受益人同意，信用证既不得修改，也不得撤销。

b. 开证行自发出修改之时起，即不可撤销受其约束。保兑行可将其保兑扩展至修改，并自通知该修改时，即不可撤销受其约束。但是，保兑行可以选择将修改通知受益人而不对其加具保兑。若然如此，其必须毫不延误地将此告知开证行，并在其给受益人的通知中告知受益人。

c. 在受益人告知通知修改的银行其接受该修改之前，原信用证（或含有先前被接受的修改的信用证）的条款对受益人仍然有效。受益人应提供接受或拒绝修改的通知。如果受益人未能给予通知，当交单与信用证以及尚未表示接受修改的要求一致时，即视为受益人已作出接受修改的通知，并且从此时起，该信用证被修改。

d. 通知修改的银行应将任何接受或拒绝的通知转告发出修改的银行。

e. 对同一修改的内容不允许部分接受，部分接受将被视为拒绝修改的通知。

f. 修改中关于除非受益人在某一时间内拒绝修改否则修改生效的规定应不予理会。

1. 信用证修改的原则

凡是需要修改的内容，受益人应做到一次性向开证申请人提出，避免多次修改信用证的情况，以节省修改费用和提高效率；对于不可撤销信用证中任何条款的修改，应由开证申请人向开证行提出，由开证行修改，并经开证行、保兑行（如已保兑）和受益人等各有关当事人的同意，才能生效。

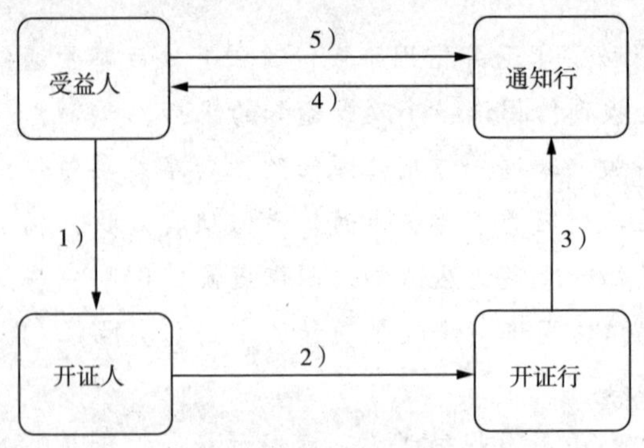

图 2-2　修改信用证程序

2. 修改信用证的程序

（1）出口商作为受益人审核信用证后，如果发现有些信用证条款需要修改，通过传真、电邮、MSN 等方式通知开证人。

（2）开证申请人向开证行提交信用证修改申请书。

（3）开证行审查同意后，向原信用证的通知行发出信用证的修改书。

（4）通知行收到修改书后，鉴别其真实性，再通知受益人。

（5）受益人收到修改书后，应提供接受或拒绝修改的通知。如果受益人未能给予通知，当交单与信用证以及尚未表示接受的修改要求一致时，即视为受益人已作出接受修改的通知，并且从此时起，该信用证被修改。

对信用证修改内容的接受或拒绝有两种表示形式：1）受益人作出接受或拒绝该信用证修改的通知；2）受益人以行动按照信用证的内容办事。

思考与实训

一、根据售货合同审核国外开来的信用证，回答问题，并指出需要修改的地方

在第一章课后的思考与实训第三道题中，星辰贸易公司与西班牙客户 IMMENSE INC. 达成了一笔交易，星辰贸易公司制作如下的售货确认书寄给 IMMENSE INC. 会签。之后，IMMENSE INC. 通过渣打银行巴塞罗那分行开立信用证交给星辰贸易公司，请根据下面的售货确认书对这张信用证进行审核，回答下列问题，并提出信用证需要修改的地方。

1. 售货确认书

SALES CONFIRMATION

S/C NO.：SSC2009816

DATE：AUG. 08，2009

SIGNED AT：Guangzhou

The Sellers：Guangzhou Stars International Trading Co.，Ltd

Address：No. 3××Zhongshan Road，Guangzhou 510×××，P. R. China

Tel：+0086—20—25763369

Fax：+0086—20—25763368

The Buyers：IMMENSE INC.

Address：NO. 783 STONE STREET，BARCELONA，SPAIN

This Sales Contract is made by and between the Sellers and the Buyers，whereby the sellers agree to sell and the buyers agree to buy the under-mentioned goods according to the terms and conditions stipulated below：

Name of Commodity & Specifications	Art No.	Quantity	Unit Price	Amount
			CIF BARCELONA，SPAIN (INCOTERMS 2000)	
BLACK SWAN BRAND VACUUM FLASK	S—1362 350ML S—1282 500ML S—1282 750ML S—2020 420ML S—2032 260ML	1200 pcs 1000 pcs 1200 pcs 480 pcs 960 pcs	USD 7.00 USD 7.80 USD 13.00 USD 13.85 USD 13.40	USD8 400.00 USD7 800.00 USD15 600.00 USD6 648.00 USD12 864.00
				USD 51 312.00
Total Amount (in words)：SAY FIFTY ONE THOUSAND THREE HUNDRED AND TWELVE ONLY.				

Terms of Packing：

ART NO. S—1362 350ML TO BE PACKED IN CARTONS OF 20 PCS EACH ONLY

ART NO. S—1282 500ML TO BE PACKED IN CARTONS OF 20 PCS EACH ONLY

ART NO. S—1282 750ML TO BE PACKED IN CARTONS OF 20 PCS EACH ONLY

ART NO. S—2020 420ML TO BE PACKED IN CARTONS OF 24 PCS EACH ONLY

ART NO. S—2032 260ML TO BE PACKED IN CARTONS OF 24 PCS EACH ONLY

TOTAL 1760 CARTONS

Terms of Shipment：FROM ANY CHINESE PORT TO BARCELONA，SPAIN

TO BE EFFECTED DURING OCT，2009，WITH PARTIAL SHIPMENT ALLOWED AND TRANSHIPMENT ALLOWED.

Terms of Payment：THE BUYER SHOULD OPEN THROUGH A BANK ACCEPTABLE TO THE SELLER AN IRREVOCABLE LETTER OF CREDIT PAYABLE AT SIGHT FOR 100% OF TOTAL CONTRACT VALUE TO REACH THE SELLER AT 30 DAYS BEFORE THE MONTH OF SHIPMENT AND VALID FOR NEGOTIATION IN CHINA UNTIL THE 15th DAY AFTER THE DATE OF SHIPMENT.

Terms of Insurance：TO BE EFFECTED BY THE SELLER FOR 110% OF THE FULL INVOICE VALUE COVERING INSTITUTE CARGO CLAUSES（A）AS PER I. C. C DATED 1/1/1982.

Other Terms：AS SPECIFIED OVERLEAF，WHICH SHALL FORM AN INTEGRAL PART OF THIS CONTRACT.

THE CONTRACT IS MADE OUT IN TWO ORIGINAL COPIES，ONE COPY TO BE HELD BY EACH PARTY.

Confirmed by：

THE SELLER	THE BUYER
Guangzhou Stars International Trading Co.，Ltd	IMMENSE INC.
高正福	

2. 信用证

27	SEQUENCE OF TOTAL：	1/1
40A	FORM OF DOCUMENTARY CREDIT：	REVOCABLE
20	DOCUMENTARY CREDIT NUMBER：	CA2S878634
31C	DATE OF ISSUE：	090828
31D	DATE AND PLACE OF EXPIRY：	091120 SPAIN
50	APPLICANT：	IMMENSE INC. NO. 783 STONE STREET， BARCELONA，SPAIN
59	BENEFICIARY：	GUANGZHOU STARS INTERNATIONAL TRADING CO.，LTD ZHONGSHAN ROAD NO. 3×× GUANGZHOU，P. R. CHINA
32B	CURRENCY CODE，AMOUNT：	US DOLLARS USD119700，00
41D	AVAILABLE WITH…BY…	ADVISING BANK ONLY

		BY NEGOTIATION
42C	DRAFTS AT…	30 DAYS AFTER SIGHT
42D	DRAWEE：	STANDARD CHARTERED BANK，BARCELONA BRANCH
43P	PARTIAL SHIPMENT：	NOT ALLOWED
43T	TRANSHIPMENT：	ALLOWED
44A	LOADING/DISPATCH AT/ FROM：	ANY CHINESE PORT
44B	FOR TRANSPORTATION TO…：	BARCELONA，SPAIN
44C	LATEST DATE OF SHIPMENT：	090930

45A DESCRIPTION OF GOODS/SERVICES：

BLACK SWAN BRAND VACUUM FLASK

AS PER S/C NO. SSC2009816 DATED AUG. 08，2009

46A DOCUMENTS REQUIRED：

+MANUALLY SIGNED COMMERCIAL INVOICE IN 3 FOLDS EVIDENCING THAT GOODS SHIPPED AND INVOICED ALL CONFORM TO THOSE DESCRIBED ON THE PREFORMA INVOICE NO SPI31568 DATED 09—07—26.

+FULL SET CLEAN ON BOARD OCEAN BILLS OF LADING MADE OUT TO ORDER OF ISSUING BANK，MARKED “FREIGHT PREPAID” NOTIFYING TO APPLICANT.

+ORIGINAL PACKING LIST AND TWO COPIES ISSUED BY THE BENEFICIARY.

+CERTIFICATE OF QUALITY ISSUED BY CIQ，STATING THAT THE GOODS ARE UP TO EU STANDARDS.

+CERTIFICATE OF ORIGIN FORM A PLUS ONE COPY ISSUED BY COMPETENT AUTHORITY OF THE PEOPLE'S REPUBLIC OF CHINA，SPECIFYING ON IT THE CONTRACT NO.

+INSURANCE POLICIES OR CERTIFICATES IN DUPLICATE，ENDORSED IN BLANK FOR 110 PCT OF INVOICE VALUE COVERING INSTITUTE CARGO CLAUSES (A) AS PER I. C. C DATED 1/1/1982.

+COPY OF BENEFICIARY'S FAX ADDRESSED TO THE APPLICANT ADVISING ALL SHIPMENT DETAILS.

47A	ADDITIONAL CONDITIONS：	DELIVERY CIF BARCELONA，SPAIN
71B	DETAILS OF CHARGES：	'ALL BANKING CHARGES AND COMMISSIONS OUTSIDE THE OPENING BANK ARE FOR BENEFICIARY'S ACCOUNT
48	PERIOD FOR PRESENTATIONS	DOCUMENTS MUST BE PRESENTED FOR NEGOTIATION WITHIN 5 DAYS AFTER BILL OF LADING DATE，BUT WITHIN THE VALIDITY OF THIS CREDIT.
49	CONFIRMATION INSTRUCTION：WITHOUT	

78　INSTRUCTIONS TO PAY/ACC/NEG BK
ON RECEIPT BY US OF CONFORM AND REGULAR DOCUMENTS IN UTILIZATION OF THIS DOCUMENTARY CREDIT. WE SHALL CREDIT YOU THROUGH THE AMERICAN BANK THAT YOU'LL INDICATE TO US IF ALL TERMS ARE COMPLIED WITH.

57D　ADVISE THROUGH：STANDARD CHARTERED BANK，GUANGDONG BRANCH.

72　SENDER TO RECEIVER INFO：　DOCUMENTS TO BE DESPATCHED BY COURIER SERVICE IN ONE LOT TO STANDARD CHARTERED BANK.
BARCELONA BRANCH
1055 WEST GEORGIA STREET
BARCELONA，SPAIN

3. 请回答下列问题

(1) 这张信用证是由哪家银行开立的?

(2) 这张信用证是什么类型的信用证?

(3) 开证申请人和受益人分别是哪家公司?

(4) 根据这张信用证，出口运费由哪一方承担?

(5) 该信用证规定货物运达的目的港是哪个港口?

(6) 根据这张信用证，出口商作为受益人要准备哪些单据，各有哪些要求?

(7) 信用证要求发票上的货物描述应与哪个单据一致?

(8) 如何理解这张信用证的交单期和有效期? 到期地点在什么地方?

(9) 这张信用证对货物运输是如何规定的?

4. 信用证条款需要修改的有哪些?

第3章　备货与包装单据和发票

关键术语

备货　包装单据　装箱单　重量单　商业发票　形式发票　海关发票　领事发票　厂商发票

学习目标

- 应知备货时应注意的问题
- 应知包装单据的定义、作用和种类
- 应知发票的概念和作用
- 应知其他形式的发票
- 应懂出口备货流程
- 应懂信用证对装箱单和发票的条款规定
- 应会缮制装箱单和商业发票

国际货物销售合同签订以后，进出口双方必须依照合同条款的规定履行各自的责任和义务。对于出口商来说，准备好货物是履行合同的重要环节，也是其基本义务之一。如果采用信用证进行结算，出口商在落实信用证后，应依据合同和信用证的品名、规格、品质和数量等条款生产或采购货物，并根据装箱资料缮制好相关单据文件。

相关链接

《联合国国际货物销售合同公约》　第三十条　卖方的义务

卖方必须按照合同和本公约的规定，交付货物，移交一切与货物有关的单据并转移货物所有权。

3.1　备货

3.1.1　含义

备货是指出口商根据合同条款规定（有证时还要以信用证为准），按时、按质、按量准备好应该交付给进口商的货物，以保证按时装运，完成交货义务。

备货是出口商履行合同义务的基础。出口商需要安排专人（跟单员）根据合同和信用证规定，向生产制造企业、批发商，或本企业内部生产供货部门、仓储部门安排、催交、核实所应交货物的品质、规格、数量等，并进行必要的加工整理、包装、刷制运输标志（唛头）以及办理相关检验等手续。

相关链接

《联合国国际货物销售合同公约》第三十五条

(1) 卖方交付的货物必须与合同所规定的数量、质量和规格相符，并须按照合同所规定的方式装箱或包装。

(2) 除双方当事人业已另有协议外，货物除非符合以下规定，否则即为与合同不符：

(a) 货物适用于同一规格货物通常使用的目的；

(b) 货物适用于订立合同时曾明示或默示地通知卖方的任何特定目的，除非情况表明买方并不依赖卖方的技能和判断力，或者这种依赖对他是不合理的；

(c) 货物的质量与卖方向买方提供的货物样品或样式相同；

(d) 货物按照同类货物通用的方式装箱或包装，如果没有此种通用方式，则按照足以保全和保护货物的方式装箱或包装。

(3) 如果买方在订立合同时知道或者不可能不知道货物不符合合同，卖方就无须按上一款 (a) 项至 (d) 项负有此种不符合合同的责任。

3.1.2 出口备货流程

在国际贸易中，出口商负责备货，但出口备货的流程因企业的类型有所区别。对于专业从事进出口业务的贸易公司来说，通常需要与国内生产供货企业或批发企业签订国内购销合同；对于自己从事进出口经营的生产制造企业来说，应该及时安排好出口商品的生产；对于通过进出口公司代理出口的生产制造企业来说，应该与代理公司密切合作，按时完成出口商品的生产。相对来说，进出口公司的备货流程环节最多，而自营进出口业务的生产企业的备货则相对比较简明。出口商的备货流程如下：

1. 下达生产通知或签订国内购销合同

对于自己从事自营进出口业务的生产制造企业，通常由出口部向生产加工及仓储部门下达联系单（或称加工通知单或信用证分析单）；无实体的出口公司则向国内的工厂下达订单，签订国内的购销合同。无论是哪一种类，有关部门都要以联系单或国内的购销合同为依据。

2. 包装和刷唛

出口企业根据货物的不同，来选择包装形式（如纸箱、木箱、编织袋等)。不同的包装形式其包装要求也有所不同。

(1) 一般出口包装标准：根据贸易出口通用的标准进行包装。

(2) 特殊出口包装标准：根据客户的特殊要求进行出口货物包装。

(3) 货物的包装和唛头（运输标志)：应认真检查核实，使其符合信用证的规定。

3. 验货

质量监控是备货过程中一项非常重要的工作。产品的质量关系着合同是否能够最终顺利履行，关系着国家和出口商的声誉，出口企业必须高度重视。虽然控制产品质量主要是生产厂家的事，但是为了保证按时、按质、按量地对外交货，出口公司的跟单人员应该积极参与全程质量监控。一旦发现问题，跟单人员应该立即提请有关生产方及时采取措施。

(1) 在交货期前一周，要通知公司验货员验货。

(2) 如果客户要自己或指定验货人员来验货，要在交货期一周前，约客户查货并将查货日期告知计划部。

(3) 如果客户指定由第三方验货公司或公正行等验货，要在交货期两周前与验货公司联系，预约验货时间，确保在交货期前安排好时间。确定后将验货时间通知工厂。

4. 缮制单据

按照P/O以及工厂或生产储运部门提供的装箱资料，制作出口包装单据（如装箱单）、商业发票等文件。

3.2 包装单据

由于在商检、报关、收取货款等环节往往需要提供装箱单、重量单等包装单据，因此，出口公司在备货后，通常须根据合同和信用证条款（如有），以及货物的实际装箱情况制作包装单据。

3.2.1 含义与作用

包装单据（Packing Documents）是指记载或描述商品包装具体情况的单据。对于包装货物来说，包装单据是出口业务中不可缺少的文件，在租船订舱、出口清关和交单结汇等环节一般都需要提交。

包装单据主要具有以下几点作用：

1. 是出口商缮制商业发票及其他单据的依据

装箱单作为商业发票内容的补充，对缮制单据起着不可或缺的作用。与商业发票一样，装箱单也是其他国际贸易单据的信息来源和重要依据。只是商业发票主要说明商品的品质、规格、数量、单价和总值等方面，而装箱单则对商品的包装情况进行重点说明，如包装方式、种类、毛重、净重、体积等内容。

2. 是商检机构和海关查验核实货物的凭证

在商品进出关境时，商检机构和海关一般会对进出口通关商品进行抽查检验，对报检和报关的商品对照装箱单所列内容逐一进行检查和核实，只有当申报商品符合规定，同时也符合装箱单上所列内容，商品才得以放行。

3. 是进口商清点数量或重量以及销售货物的依据

货物运抵进口商后，进口商要对这批货物进行分配、分派和销售。有了装箱单，进口商只须对照装箱单和相关的外包装箱号，逐一查看，就可以轻而易举地找到想要的商品，而不须将每个商品外包装都打开查看。

3.2.2 包装单据的种类

在出口业务操作中，根据商品的特性、合同（或信用证）规定，以及政

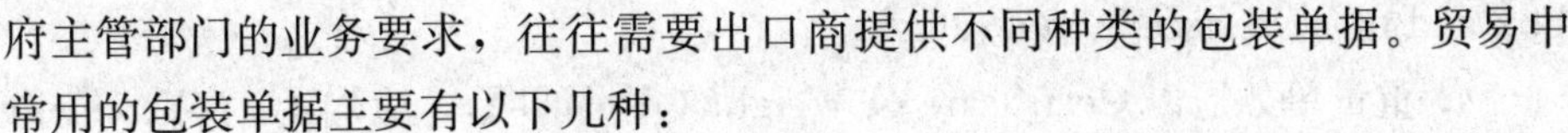

府主管部门的业务要求，往往需要出口商提供不同种类的包装单据。贸易中常用的包装单据主要有以下几种：

1. 装箱单（Packing List/Packing Slip）

又称为包装单，用于说明出口货物包装细节的清单。重点说明每件商品包装的详细情况，表明货物名称、规格、数量、唛头、箱号、件数和重量，以及其他包装情况，尤其对不定量包装的商品要逐件列出每件包装的详细情况。对定量箱装，每件商品都是统一的重量，则只须说明总件数多少，每箱多少重量，合计多少重量，如果信用证来证条款要求提供详细的包装单，则必须提供尽可能详细的装箱内容，描述每件包装的细节，包括商品的货号、色号、尺寸搭配、毛净重及包装的尺寸等内容。

2. 重量单（Weight List/Weight Note）

重量单除了装箱单上提供的内容外，还应尽量详细地表明商品每箱毛重、净重及总重量的情况，供安排运输，仓储时参考。重量单一般起码要具备编号及日期、商品名称、唛头、毛重、净重、皮重、总件数等内容。

3. 尺码单（Measurement List）

尺码单偏重于说明货物每件的尺码和总尺码，即在装箱单内容的基础上再重点说明每件不同规格或项目的尺码和总尺码。如果每件货物不是统一尺码，应逐件列明每件的尺码。

4. 其他包装单据

在贸易实践中，根据业务需要还有花色搭配单（Assortment List）、包装说明（Packing Specification）、详细装箱单（Detailed Packing List）、包装提要（Packing Summary）、重量证书（Weight Certificate/Certificate of Weight）、磅码单（Weight Memo）等其他包装单据。

3.2.3　缮制时包装单据应注意的事项

1. 在信用证项下，包装单据名称应与信用证内规定名称一致，以免单证不符。

2. 毛、净重应列明每件毛重和净重，总的毛重和净重数字，必须与发票和运输单据、产地证、出口许可证等单证上的数字一样。

3. 如果信用证规定列明内包装情况（Inner Packing），必须在单据中充分表示出来，例如，信用证规定，每件装一胶袋，每打装一盒，每十打装一纸箱，则需要表明：“Packing each piece in a poly bag，one dozen in a cardboard

box and then 10 dozens in a carton."

4. 重量单如冠以 Certificate of Weight（重量证明），应加注："We certify that the weight are true and correct."的证明句为好。

5. 包装单据一般不显示货物的单价、总价。进口商转售时通常自制发票、使用出口商提供的原始包装单据，这样可以避免泄露其购买成本。

6. 为了符合信用证不接受联合单据的要求，可以利用装箱单分别冠以重量单、尺码单的单据，一次缮制，按照信用证规定的份数分别提供给银行。

相关链接

《关于审核跟单信用证项下单据的国际标准银行实务》（以下简称ISBP681）

单据的名称和联合单据

41. 单据可以使用信用证规定的名称或相似名称，或不使用名称。例如，信用证要求"装箱单"，无论是该单据冠名为"装箱说明"还是"装箱和重量单"没有名称，只要单据包含了装箱细节，即为满足信用证要求。单据内容必须在表面上满足所要求单据的功能。

42. 信用证列明的单据应作为单独单据提交。如果信用证要求装箱单和重量单，当提交两份独立的装箱单和重量单或提交两份正本装箱单和重量联合单据时，只要该联合单据同时表明装箱和重量细节，即视为符合信用证要求。

3.2.4 信用证中装箱单条款示例

在所有的国际结算方式中，信用证方式对受益人所提交的单据要求最严格。出口商作为受益人，只有做到"相符提示"，才能顺利自指定银行或开证行处拿到货款。而只有熟悉和深入理解信用证中装箱单条款的内容和要求，才能使装箱单的制作符合信用证条款的要求。下面我们列举了一些有关装箱单的信用证条款供大家参考。

1. PACKING LIST IN 4 COPIES，ALL OF WHICH MUST BE MANUALLY SIGNED.

翻译：装箱单 4 份，全部要手签。

2. DETAILS PACKING LIST IN 3 COPIES.

翻译：明细装箱单一式三份。

分析：明细装箱单必须提供详细的装箱内容，如描述每件包装的具体细节，包括商品的货号、色号、尺寸搭配、毛重、净重及尺码等。

3. COMBINED FORM OF PACKING LIST IS NOT ACCEPTABLE.

翻译：不接受联合格式的装箱单。

分析：联合格式单据是以联合方式出具的单据。这是进口商针对有些出口商习惯将发票和装箱单或其他单据一起混合出具而作出的规定，以便于区分各种单据。

4. SIGNED PACKING LIST IN ONE "ORIGINAL" AND ONE COPY SHOWING THE COUNTRY OF ORIGIN.

翻译：签署装箱单一正一副，显示原产地。

分析：本条款要求显示货物原产地。像信用证中要求显示或证明特定内容的条款，需认真对待，按照要求将该内容在单据中显示出来。

5. PACKING LIST IN 1 ORIGINAL AND 2 COPIES, INDICATING TOTAL GROSS/ NET WEIGHT AND MEASUREMENTS PER PACKING UNIT.

翻译：装箱单一份正本两份副本，标明总毛重/净重和每个包装单位的尺码。

6. PACKING/WEIGHT LIST ISSUED BY ×××（APPLICANT）IN THREE PHOTOCOPIES, SHOWING CARTON MARKS, STYLE NO., COLOR, SIZE, QUANTITY, G. WT, N. WT., DIMENSION PER CARTON（S）, PACKING METHOD AND BREAKDOWN OF TOTAL QUANTITY SHIPPED IN PIECES PER STYLE PER COLOR PER SIZE AND MUST NOT SHOW INVOICE NO., AND DESCRIPTION OF GOODS.

翻译：装箱单或重量单由某申请人出具三份影印件，显示纸箱唛头、型号、颜色、规格、数量、毛重、净重、每箱容积、包装方法以及按型号、颜色、规格各项细目的装运总数，而且不可显示发票号和货物描述。

分析：这条款见于港澳地区银行的来证。一般情况下，装箱单和重量单都是由受益人出具的，如果是由申请人出具，主动权在申请人一方，受益人难以保障提交完整的单据给银行议付，一旦货物市场价格下跌，申请人可能会借机提出其他不合理的要求，影响安全收汇。故出口公司应设法联系修改。

7. PACKING LIST SHOWING GROSS WEIGHTS, CUBIC MEA-

SUREMENTS AND CONTENTS OF INDIVIDUAL CARTONS CERTIFYING THAT THE OUTER CARTONS HAVE BEEN MARKED WITH THE SHIPPING MARKS AS PER PRE-FORMA INVOICE.

翻译：装箱单显示各箱毛重、立方尺码和容量，证实箱外已按形式发票注明运输标记。

分析：本条款要求填写特定内容，这是进口商根据进口货物的特点和运输、销售的需要而作的规定，出口商须予以重视，按照规定填写相应的内容。

8. PACKING DECLARATION ISSUED BY THE BENEFICIARY CERTIFYING THAT NO STRAW，TIMBER OR BARK IS USED AS PACKING MATERIAL IN THE CONTAINER，AND THAT THE CONTAINER HAS BEEN CLEANED FREE FROM RESIDUES OF PREVIOUS CARGO AS WELL AS MATERIAL FROM ANIMAL OR PLANT ORIGIN.

翻译：包装声明书，由受益人出具，证实在集装箱内并无稻草、木料、树皮作为包装原料，而且该集装箱已打扫清洁，远离以前货物的残渣，以及原料来源于动植物产地。

分析：本条款要求证明在集装箱内并无使用稻草、木料或树皮作为包装材料，并证明集装箱已经清除掉从前的货物残渣，以及原料来源于动植物产地，这是进口商出于货物进口报关和卫生检验的需要而作的规定，出口商必须注意执行。

9. PACKING/WEIGHT LIST ISSUED BY CHIU SING ENTERPRISES COMPANY，HONGKONG（APPLICANT）IN THREE PHOTOCOPIES，SHOWING CARTON MARKS，STYLE NO.，COLOR，SIZE，QUANTITY，G. WT.，N. WT.，DIMENSION PER CARTON（S），PACKING METHOD AND BREAKDOWN OF TOTAL QUANTITY SHIPPED IN PIECES PER STYLE PER COLOR PER SIZE AND MUST NOT SHOW INVOICE NO. AND DESCRIPTION OF GOODS.

翻译：装箱单/重量单由香港新桥企业公司（申请人）出具三份，显示纸箱唛头、类型、颜色、规格、数量、毛重、净重、每箱尺寸、包装方法，以及装运总件数按每种类型、每种颜色、每种规格的细目，而且不可显示发票号和货物描述。

分析：该条款是买方出单条款，信用证中规定装箱单或重量单由买方（申请人）出具的条款。一般情况下，装箱单或重量单是由卖方（受益人）出具的，当货物须再转卖（即申请人作为中间商）时，就有可能出现提交中性单据条款，或由申请人出具装箱单/重量单，以便于转让。如上例规定装箱单/重量单由申请人出具，出口公司须注意这一要求。若不能办到，应迅速联系申请人修改。

3.2.5　装箱单缮制实例评析

为了与国际惯例接轨，我国在 1994 年制定和颁布了 GB/T 15310—1994 "外贸出口单证格式"系列国家标准，并在 2009 年进行修订，成为 GB/T 15310—2009 "国际贸易出口单证格式"系列国家标准，该标准也对装箱单的格式和缮制制定了相应标准。但是，目前在实际业务中，装箱单的格式并未按照此标准进行制作填写，一般都是由出口商自行设计，只是项目和内容在大体上相同。

在装箱单中一般不显示收货人、价格和装运情况，对货物内容的描述一般可用统称。装箱单据着重说明货物的包装情况，内容包括：从最小包装到最大包装所有使用的包装材料、包装方式。对于重量和尺码内容，在装箱单中一般只体现它们的累计总额，而将单件数据略去，以免信用证项下造成单证不符。

在本例中，星辰贸易公司根据货物实际装箱的明细以及第二章实例中的售货合同与信用证规定，缮制了该笔交易的装箱单，具体示例见样单 3-1：

货物明细

商品品名：VACUUM FLASK

货号	数量	单价	包装方式	包装种类	毛重	净重	尺码
S1162 350ML	4000PCS	USD8.00	20	CARTONS	8.0kg	7.0kg	40×33×24.5cm
S2173 500ML	2000PCS	USD10.00	20	CARTONS	9.0kg	8.0kg	48×34×28cm
S3183 750ML	1600PCS	USD14.0	20	CARTONS	15.0kg	13.0kg	29×50×30cm

发票号码：SINV72619　　发票日期：2011 年 7 月 10 日　　集装箱号码：CBHU3202732

> 3. PACKING LIST IN 3 COPIES
> 装箱单一式三份

第二章中的信用证对装箱单进行规定的条款：

该信用证对装箱单的要求比较简单，只要求提交装箱单一式三份。

具体填写如下：

样单 3-1 装箱单

装 箱 单

Packing List

1. 出口商 Exporter GUANGZHOU STARS INTERNATIONAL TRADING CO., LTD ZHONGSHAN ROAD NO. 3××, GUANGZHOU, P. R. CHINA	3. 装箱单日期 Packing List Date 10 JULY 2011	
2. 进口商 Importer FLAG TRADING CO., LTD 3××, BOROUGH HIGH STREET, LONDON, SE1 1HR, UNITED KINGDOM TEL: +44 207 414 6236 FAX: +44 207 414 6238	4. 合同号 Contract No. SSC2011528	5. 信用证号 L/C No. TR-MHLC18
	6. 发票日期和发票号 Invoice Date and No. SINV72619, 10 JULY 2011	

7. 运输标志和集装箱号 Shipping marks; Container No.	8. 包装类型及件数；商品编码；商品描述 Number and kind of packages; Commodity No.; Commodity description				9. 毛重 kg Gross weight	10. 净重 kg Net weight	11. 体积 m^3 Cube
	VACUUM FLASK						
FLAG							
SSC2011528	C/NO. 1—200	2000CTNS	S1162	4000PCS	1600KGS	1400KGS	6.468 m^3
LONDON	C/NO. 201—300	100CTNS	S2173	2000PCS	900KGS	800KGS	4.570 m^3
C/NO. 1—380	C/NO. 301—380	80CTNS	S3183	1600PCS	1200KGS	1040KGS	3.480m^3
CBHU3202732	Total	380CTNS		7600PCS	3700KGS	3240KGS	14.518 m^3

12. Total Packages (in words): SAY THREE HUNDRED AND EIGHTY CARTONS ONLY

	13. 出口商签章 Guangzhou Stars International Trading Co., Ltd 高正福

1. 出口商

1. 出口商 Exporter GUANGZHOU STARS INTERNATIONAL TRADING CO.，LTD ZHONGSHAN ROAD NO. 3××，GUANGZHOU， P. R. CHINA

本栏填写出口商的公司名称和地址。

出口商是开具这份装箱单给进口商的出票人。如在信用证项下，填写信用证受益人的公司名称和地址。在其他支付方式下，填写合同卖方的公司名称和地址。

2. 进口商

2. 进口商 Importer FLAG TRADING CO.，LTD 3××，BOROUGH HIGH STREET，LONDON， SE1 1HR，UNITED KINGDOM TEL：+44 207 414 6236 FAX：+44 207 414 6238

本栏填写进口商的公司名称和详细地址。

进口商即这份合同的买方。如在信用证项下，此处多数情况填写信用证开证申请人的名称和地址。如信用证中无申请人名字则填汇票付款人（PAYEE)。在其他支付方式下，可以按合同规定填入买方公司的名称和地址。

3. 装箱单日期

3. 装箱单日期 Packing List Date 10 JULY 2011

本栏填写签发装箱单的日期。

在实务中一般填写商业发票出具的日期。

4. 合同号

4. 合同号 Contract No. SSC2011528

本栏填写买卖双方所签订合同的号码。

5. 信用证号

5. 信用证号 L/C No. TR－MHLC18

本栏填写这笔交易的信用证号码。

6. 发票日期和发票号

6. 发票日期和发票号 Invoice Date and No. SINV72619，10 JULY 2011

本栏填写卖方为这笔交易分配的商业发票的号码和签发商业发票的日期。

7. 运输标志和集装箱号

7. 运输标志和集装箱号 Shipping marks；Container No. FLAG SSC2011528 LONDON C/NO. 1—380 CBHU3202732

本栏填写标识单件包装物的标志和编号，以及出于运输目的，给一个或分别处理的几个集装箱中每一个集装箱所指定的序号。

运输标志即业内所称的“唛头”，在填写时既要与货物外包装上刷的一致，还要与提单上的一致，特别是要符合信用证的规定。如信用证没有规定，可按买卖双方商定的方案或由受益人自定。无唛头时，应注“N/M”或“NO MARK”。如为裸装货，则注明“NAKED”；如为散装货，则填写“IN BULK”。如来证规定唛头文字过长，用“/”将独立意思的文字彼此隔开，可以向下错行。即使无线相隔，也可酌情错开。

ISBP681 唛头

34. 使用唛头的目的在于能够标志箱、袋或包装。如果信用证对唛头的细节作了规定，则载有唛头的单据必须显示这些细节，但额外的信息是可以接受的，只要它与信用证的条款不矛盾。

35. 某些单据中唛头所包含的信息常常超出通常意义上的唛头所包含的内容，可能包括诸如货物种类、易碎货物的警告、货物净重及/或毛重等。在一些单据里显示了此类额外内容而其他单据没有显示，不构成不符点。

36. 集装箱运输货物的运输单据有时仅仅在“唛头”栏中显示集装箱号，其他单据则显示详细的唛头标记，不能因此认为不相符。

8. 包装类型及件数，商品编码，商品描述

8. 包装类型及件数，商品编码，商品描述
Number and kind of packages; Commodity No.; Commodity description
VACUUM FLASK

C/NO. 1—200	2000CTNS	S1162	4000PCS
C/NO. 201—300	100CTNS	S2173	2000PCS
C/NO. 301—380	80CTNS	S3183	1600PCS
Total	380CTNS		7600PCS

本栏填写货物所呈现的外观形态的描述，以及一票发运中单件货物的数量，商品编码和商品的描述。

装箱单主要是为了方便货物的装卸、计数、运输和销售，因此，应将货物的具体包装情况一一列明。装箱单中的货物描述可以使用与信用证规定不互相矛盾的通用货物名称，而不需要使用与发票货物描述一样的“全称”。

9. 毛重

9. 毛重
Gross weight

1600KGS
900KGS
1200KGS

3700KGS

本栏填写包括包装物（外包装）但不包括承运人设备的货物重量（质量）。通常以千克（KGS）计量。

10. 净重

10. 净重 kg Net weight
1400KGS 800KGS 1040KGS 3240KGS

本栏填写不包括包装物在内的货物实际重量（质量）。

11. 体积

11. 体积 cube
6.468m^3 4.570m^3 3.480m^3 14.518m^3

本栏填写由件、包或运输设备的长、宽、高最大值的乘积得出的计量值，通常用立方米计量。

12. 总件数

12. Total Packages (in words):
SAY THREE HUNDRED AND EIGHTY CARTONS ONLY

本栏填写这批货物的外包装的总件数，用大写表示。

13. 出口商签章

13. 出口商签章
Guangzhou Stars International Trading Co.，Ltd

装箱单一般不需要出口商签字盖章，除非合同或信用证有要求，则必须签章。

相关链接

UCP600 第三条 解释

单据签字可用手签、摹样签字、穿孔签字、印戳、符号或任何其他机械或电子的证实方法为之。

ISBP681 单据的出单人

22. 如果信用证要求单据由某具名个人或单位出具，只要表面看来单据系由该具名个人或单位出具，即符合信用证要求。单据使用印有该具名个人或单位抬头的信笺，或如果未使用抬头信笺，但表面看来系由该具名个人或单位或其代理人完成及/或签署，则即为表面看来由该某具名个人或单位出具。

3.3 商业发票（Commercial Invoice）

3.3.1 含义与作用

商业发票简称“发票”，是出口商对国外进口商开立的载有货物名称、规格、数量、单价、总金额等方面内容的清单，供国外进口商凭以收货、支付货款和报关完税记账之用，是对所交易货物的总说明，是进出口业务中的基础单据。

商业发票是进出口业务中最基本的、使用最为频繁的商业单据，是整套出口单据的中心及其他单据填制和审核的依据，其具体作用如下：

1. 申请办理出口证件时须提交的单据

出口商在向出入境检验检疫局申请办理产地证（或向商务部相关部门办理出口许可证）时，一般需要在申请表后面附上一份商业发票，以便审批核对相关信息。

2. 办理出口托运手续时须提交的单据

出口商在向货运代理（或船务代理、船公司）办理货物托运手续时，除了要填写、提交出口货物运输委托书之外，还要提交发票、装箱单等反映货物明细情况的单据，作为承运人装卸、运输、储存货物的参考信息来源。

3. 报关、纳税的计算依据

发票中载明的价值和有关货物的说明是海关凭以核定税款的依据，也是出口地验关放行、进口地迅速清关提货的凭证之一。

4. 收付货款的凭证

不论采用哪种结算方式，进口商都会要求出口商提供商业发票。商业发票是一笔交易的全面叙述，表明了以价格为中心的合同交易条件，买方将发票内容与合同条款核对，可以大体上了解卖方交货情况是否符合合同规定，应该向卖方支付多少货款，以便向卖方支付款项。在不用汇票结算的业务中，发票代替汇票作为付款的依据。

5. 索赔、理赔的凭据

当进口商向相关责任方索赔时，通常要提交商业发票。

3.3.2 信用证中发票条款示例

在实务中，不同交易所使用的信用证条款对商业发票的要求可能有所不同，故在缮制商业发票时，出口商需要认真地对相关信用证条款进行解读，根据信用证条款填制商业发票，以便“相符交单”，顺利收汇。

1. SIGNED COMMERCIAL INVOICE 3-FOLD.

翻译：已签署的商业发票一式三份。

2. ALL INVOICES MUST SHOW FOB PRICE、FREIGHT AND INSURANCE COSTS SEPARATELY.

翻译：所有发票均应分别列明 FOB 价、运费和保险费。

3. 5% COMMISSION TO BE DEDUCTED FROM THE INVOICE VALUE.

翻译：从发票金额中扣除 5%的佣金。

说明：缮制发票时，应从发票金额中，扣除 5%的佣金。

4. COMBINED INVOICE IS NOT ACCEPTABLE.

翻译：不接受联合发票。

5. COMMERCIAL INVOICE IN 3 COPIES DULY SIGNED, INDICATING THE CREDIT NUMBER L/C081226 AND CONTRACT NO. 08DY006.

翻译：正确签署的商业发票一式三份，显示信用证号码 LC081226 和合同号码08DY006。

6. INVOICE TO CERTIFY THAT THE GOODS SHIPPED ARE EXACTLY EQUAL TO THE SAMPLES PRESENTED TO THE BUYER.

翻译：发票上应注明装运货物与已交付买方的样品相符。

7. ALL INVOICES MUST SHOW BREAKDOWN VALUE：1）FOB VALUE；2）FREIGHT PREPAID；3）INSURANCE PREMIUM PREPAID.

翻译：所有发票应标明分类价格：1）FOB价；2）预付运费；3）预付保险费。

8. BENEFICIARY'S ORIGINAL SIGNED COMMERCIAL INVOICE AT LEAST IN 5 COPIES ISSUED IN THE NAME OF THE BUYER INDICATING THE MERCHANDISE，COUNTRY OF ORIGIN AND ANY OTHER RELEVANT INFORMATION.

翻译：以买方的名义开具，注明商品名称、原产国和有关资料。

9. YOUR DECLARATION THAT NO WOOD CONTAINER HAS BEEN USED IN PACKING OF THE GOODS LISTED ON THE INVOICE IS REQUIRED.

翻译：发票上须声明所列货物未使用木制容器包装。

10. COMMERCIAL INVOICE MUST INDICATE THE FOLLOWING：1）THAT EACH ITEM IS LABELED "MADE IN CHINA"；2）THAT ONE SET OF NON－NEGOTIABLE SHIPPING DOCUMENTS HAS BEEN AIRMAILED IN ADVANCE TO THE BUYER.

翻译：商业发票必须包括以下内容：1）每件商品标明“中国制造”；2）一套不可转让的副本装运单据已空邮给买方。

3.3.3 商业发票的缮制实例评析

为了与国际惯例接轨，我国在1994年制定和颁布了GB/T 15310—1994“外贸出口单证格式”系列国家标准，并在2009年进行修订。其中，对出口商业发票格式也制定了相关标准，就是GB/T 15310.1—2009“国际贸易出口单证格式 第一部分：商业发票”。但是，在实际业务中，商业发票的格式并未统一，往往由出口企业自行拟制，只是项目和内容大体上是相同的。

在实务中，如采用跟单信用证进行结算，商业发票是出口商向指定银行交单结汇的必备单据之一。因此，此时的商业发票的缮制应符合《跟单信用证统一惯例》国际商会第 600 号文件（即 UCP600）的规定。同时为了做到"相符提示"，顺利地从指定银行处取得完整的货款，出口商还应考虑到银行审核单证的标准——《关于审核跟单信用证项下单据国际标准银行实务》（简称 ISBP681）。

在本例中，星辰贸易公司作为出口商，以 MTY 公司为抬头开出如下发票，我们以该发票为范例对发票的缮制内容和规范进行说明。

相关链接

UCP600 第十八条规定

a. 商业发票：必须看似由受益人出具（第三十八条规定的情形除外），必须出具成以申请人为抬头（第三十八条 g 款规定的情形除外），必须与信用证的货币相同，无须签名。

b. 按指定行事的指定银行、保兑行（如有的话）或开证行可以接受金额大于信用证允许金额的商业发票，其决定对有关各方均有约束力，只要该银行对超过信用证允许金额的部分未作承付或者议付。

c. 商业发票上的货物、服务或履约行为的描述应该与信用证中的描述一致。

1. MANUALLY SIGNED COMMERCIAL INVOICE IN 5 COPIES, INDICATING F. O. B. VALUE, FREIGHT CHARGES AND INSURANCE PREMIUM SEPARATELY.

手签的商业发票一式五份，分别注明 FOB 金额、运费和保险费。

第二章的信用证对商业发票规定如下：

这一信用证条款对商业发票较为特别要求，在于要求手签和分别在商业发票上注明这笔交易的 FOB 金额、运费和保险费。其他项目依据信用证相关条款填写。

样单 3-2　商业发票

商业发票
Commercial Invoice

1.出口商Exporter GUANGZHOU STARS INTERNATIONAL TRADING CO., LTD ZHONGSHAN ROAD NO.3××, GUANGZHOU, P.R. CHINA	4.发票日期和发票号Invoice Date and No. SINV72619, 10 JULY 2011 5.合同号Contract No. SSC 2011528 6.信用证号 L/C No. TR-MHLC18
2.进口商Importer FLAG TRADING CO.,LTD 3××,BOROUGH HIGH STREET,LONDON, SE1 1HR, UNITED KINGDOM TEL: +44 207 414 6236 FAX: +44 207 4146238	7.原产国Country/region of origin of P.R.CHINA 8.贸易方式Trade mode GENERAL TRADE
3.运输事项Transport details FROM GUANGZHOU, CHINA TO LONDON, U.K. BY SEA	9.交货和付款条款Terms of delivery and payment CIF LODON INCOTERMS®2010 AN IRREVOCABLE LETTER CREDIT PAYABLE AT 30 DAYS AFTER SIGHT

10.运输标志和集装箱号 Shipping marks: Container No.	11．包装类型及件数；商品编码；商品描述 Number and kind of packages; Commodity No.; Commodity description	12.数量 Quantity	13.单价 Unit Price	14.金额 Amount
	VACUUM FLASK AS PER SC NO. SSC2011528 OF 28 MAY 2011		CIF LODON INCOTERMS®2010	
FLAG SSC2011528 LONDON C/NO.1-380	ART NO. S1162	4000PCS	@USD8.00/PC	USD32000.00
	ART NO. S2173	2000PCS	@USD10.00/PC	USD20000.00
	ART NO. S3183	1600PCS	@USD14.00/PC	USD22400.00
CBHU3202732		7600PCS		USD 119700.00

15.总值（用数字和文字表示）Total amount（in figure and word）

SAY US DOLLARS SEVENTY FOUR THOUSAND FOUR HUNDRED ONLY.

L/CNO. TR-MHLC18 OF 08 JUNE 2011 ISSUED BY
HSBC BANK PLC
F.O.B.VALUE:USD72145.00
FREIGHT CHARGES:USD1600.00
INSURANCE PREMIUM:USD655.00

16.出口商签章

Guangzhou Stars International Trading Co.，Ltd

高正福

商业发票填制规范：

0. 发票名称

商　业　发　票 Commercial Invoice

商业发票的中英文名称一般印在格式的最上方中间。

发票的名称不同，表示的种类不一样，用途也不一样，应按照信用证规定缮制。常见的发票种类如下：

（1）商业发票。如果信用证规定为 INVOICE，COMMERCIAL INVOICE（商业发票），SHIPPING INVOICE（装运发票），TRADE INVOICE（贸易发票）等，一般可将名称印成“INVOICE”，当然最好是将信用证规定的发票名称印在最上方中间。

（2）详细发票。信用证如规定“DETAILED INVOICE”，则是指详细发票，应加打“DETAILED INVOICE”字样，而且发票内容中的货物名称、规格、数量、单价、价格条件、总值等应一一详细列出，明确说明。

（3）证实发票。来证如要求“CERTIFIED INVOICE”，即为证实发票，则发票名称应为“CERTIFIED INVOICE”。同时，在发票的自由处置区内注明“We hereby certify that the contents of invoice herein are true & correct”。发票下端通常印就的“E. &. O. E.”（有错当查）应去掉。

（4）厂商发票。来证如要求“MANUFACTURE’S INVOICE”，即为厂商发票，则可在发票内加注“We hereby certify that we are actual manufacturer of the goods invoice”。同时，要用人民币表示国内市场价，此价应低于出口 FOB 价。

此外，还有“RECEIPT INVOICE”（钱货两讫发票），“SAMPLE INVOICE”（样品发票）、“CONSIGNMENT INVOICE”（寄售发票）等类型的发票。

相关链接

ISBP681 发票的定义

57. 信用证要求“发票”而未作进一步定义，则提交的任何形式的发票都可以接受（如商业发票、海关发票、税务发票、最终发票、领事发票等）。但是，“临时发票”、“预开发票”或类似的发票是不可接受的。当信用证要求提交商业发票时，标为“发票”的单据是可以接受的。

1. 出口商

1. 出口商 Exporter GUANGZHOU STARS INTERNATIONAL TRADING CO.，LTD ZHONGSHAN ROAD NO. 3××，GUANGZHOU，P. R. CHINA

本栏填写出口商的公司名称和地址。

出口商是开具发票给买方的出票人，也称为出单人，目前在实务中，出口商往往采用自己设计的发票或函头形式（Heading）表示。除了“Exporter”之外，在发票中还用“ISSUER”，“SHIPPER”，“SELLER”，“SHIPPED BY”等名称来表示出单人。

在信用证业务中，注意必须与信用证中受益人的名称地址等完全一致，同时与其他单据上显示的出口商名称、地址保持一致，做到“单证相符、单单相符”。如信用证为可转让信用证且已被转让，则银行也可接受由第二受益人出具的发票。

如采用汇付和托收方式，则将合同卖方的公司名称和地址填入此处即可。

相关链接

ISBP681 发票出票人名称和地址

60. 发票必须从表面看来系由信用证中具名的受益人出具。地址中电传或传真号码等内容无须提供；如果提供，也不必与信用证中的同一。

2. 进口商

2. 进口商 Importer FLAG TRADING CO.，LTD 3××，BOROUGH HIGH STREET，LONDON，SE1 1HR，UNITED KINGDOM TEL：+44 207 414 6236 FAX：+44 207 414 6238

本栏填写进口商的公司名称和地址。

此栏为商业发票的抬头，进口商即商业发票的“抬头人”。此栏内容必须与信用证中所规定的严格一致。但大多数来证一般没有在发票条款中指定抬头人，如信用证没有指定抬头人，应将开证申请人（APPLICANT）的名称、地址填入此处。如信用证中无申请人名字则填写汇票付款人（DRAWEE）的名称和地址。若来证指定了抬头人，则必须按照信用证规定填写，不能再填写开证申请人。如信用证已被转让，银行也接受第二受益人提交的，以第一受益人为抬头。

例如，信用证规定：

APPLICANT：AIR NET CO. LTD

BENEFICIARIES SIGNED COMMERCIAL INVOICE IN FOUR COPIES ISSUED IN THE NAME OF ABOU ZEID TRADING EST/BEIRUT—LEBANON.

则此信用证指定了抬头人，此处应填写“ABOU ZEID TRADING EST/BEIRUT—LEBANON”。

在其他支付方式下，此处填入合同买方的名称和地址。

除了用“IMPORTER”表示抬头人之外，在实务中还有用“TO”，“SOLD TO MESSERS”，“FOR ACCOUNT AND RISK OF MESSERS”，“CONSIGNED TO”等用语表示抬头人。

相关链接

ISBP681 发票受票人的规定

61. 发票必须以申请人为抬头。地址中电传或传真号码等内容无须提供；如果提供，也不必与信用证中的同一。

3. 运输事项

3. 运输事项 Transport details FROM GUANGZHOU，CHINA TO LONDON，U. K. BY SEA

本栏填写商业目的的运输信息。

运输信息包括运输工具、运输方式和运输线路等内容。装运港、目的港和运输方式等应与信用证、提单以及其他单据上显示的相一致。如果在中途转运，在信用证允许转运的条件下，此处应表示转运及其地点。

商业发票上的运输方式是指通过陆运、海运或空运方式，并采用车、船、飞机等运输工具将货物运往指定地点，它往往包括双程运输：首程（第一程）一般为当地车（PRE-CARRIAGE BY）或船（LOCAL VESSEL），次程（第二程）为远洋船（OCEAN VESSEL），而且两者之间可用“/”符号连接起来。譬如，“KWEIHAI 466/KAI SHUN”（KWEIHAI 466 为第一程船名，“KAI SHUN”为第二程船名）；又如，“TRAILER/ANNA MAERSK V. 9012”（“TRAILER”为首程拖车，“ANNA MAERSK V. 9012”为次程船名）。其他如用火车或飞机运输，则用“BY TRAIN”或“BY AIRPLANE”等表示。

例如，SHIPMENT FROM CHINA VIA HONGKONG BY EVERGREEN LINE ONLY TO BREMEN.

4. 发票日期和发票号码

4. 发票日期和发票号 Invoice Date and No. SINV72619，10 JULY 2011

本栏填写卖方为商业发票指定的参考号以及签发商业发票的日期。

在全套单据中，发票是签发日期最早的单据。它的签发只要不早于合同的签订日期，不迟于提单的签发日期即可。如采用信用证支付，一般应在信用证开证日期之后，信用证有效期之前。

发票号码一般由出口商根据业务需要自行编制。由于商业发票是所有单据的中心单据，其号码可以代表整套单据的号码，如出口报关单的申报单位编号、汇票的号码、托运单的号码、装箱单及其他一系列同笔合同项下的单据编号等，因此，发票号码尤其重要。有时，有些地区为使结汇不致混乱，也使用银行编制的统一编号。

应注意的是，每一张发票的号码应与同一批货物的出口报关单的号码一致。

相关链接

UCP600 第十四条　单据审核标准

ⅰ. 单据日期可以早于信用证的开立日期，但不得晚于交单日期。

ISBP681 日期

14. 任何单据，包括分析证明、检验证明和装运前检验证明注明的日期都可以晚于装运日期。但是，如果信用证要求一份单据证明装运前发生的事件（如装运前检验证明），则该单据必须通过标题或内容来表明该事件（例如检验）发生在装运日之前或装运日当天。要求“检验证明”并不表明要求证明装运前发生的事件。任何单据都不得显示其在交单日之后出具。

5. 合同号码

5. 合同号 Contract No.
SSC2011528

本栏填写买卖双方所签订的合同号码。

6. 信用证号码

6. 信用证号 L/C No.
TR－MHLC18

本栏填写买方申请开来的信用证号码。若不是信用证方式付款，本项留空。

7. 原产国

7. 原产国 Country/region of origin of
P. R. CHINA

本栏填写根据税则标准、数量限制标准或任何其他与贸易有关措施，生产或制造货物的国家（或地区）。当生产或制造货物的国家（或地区）出现不一致时，应在自由处置区说明。

在实务中，出口企业制作的商业发票中通常没有此项。

8. 贸易方式

8. 贸易方式 Trade mode GENERAL TRADE

本栏填写该笔交易的贸易方式。

此处是根据国际贸易惯例在合同中指明贸易方式。

9. 交货和付款条款

9. 交货和付款条款 Terms of delivery and payment CIF LODON INCOTERMS® 2010 AN IRREVOCABLE LETTER CREDIT PAYABLE AT 30 DAYS AFTER SIGHT

本栏填写买卖双方商定的卖方根据该条款交货给买方的条款，以及买卖双方商定的付款条款。

10. 运输标志和集装箱号

10. 运输标志和集装箱号 Shipping marks；Container No. FLAG SSC2011528 LONDON C/NO. 1－380 CBHU3202732

本栏填写标识单件包装物的标志和编号，以及出于运输目的，给一个或分别处理的几个集装箱中每一个集装箱所指定的序号。

唛头即运输标志（SHIPPING MARK），前后单据的唛头应一致。凡来证规定唛头的，必须逐字按照信用证规定制唛。如来证无指定，出口商可自行设计唛头，唛头一般以简明、易于识别为原则。唛头内容由收货人名称的缩写、合同号（或发票号、信用证号等）、目的港和件号等部分组成。如货物运至目的港后还要转运到内陆城市的，可在目的港下面加打“IN TRANSIT TO…”或“IN TRANSIT”字样。

如果信用证规定了具体唛头，而且带有“唛头仅限于……（MARK IS RESTRICTED TO…）”或“只有这样的唛头才能接受（ONLY SUCH MARK IS ACCEPTABLE）”或“唛头应包括……（MARK SHOULD INCLUDE…）”等类似语句时，则唛头中的每一个字母、数字、排列顺序、位置、图形和特殊标注等都应按信用证规定的原样显示在发票上。

如果信用证规定了具体唛头，例如，“QTY，G. W.”等，但没有“仅限于”等类似字样，则唛头可以按照文字要求加注实际内容，如“QTY 2300 SETS，G. W. 3500KG”等。

如来证规定唛头用英文表示图形，例如，“IN DIAMOND”或“IN TRIANGLE”等，则发票应将菱形或三角形等具体图形表示出来。

如果来证没有对唛头进行规定，则商业发票既可以显示具体唛头，也可以用“NO MARK”或“N/M”来表示无唛头。

11. 包装类型及件数，商品编码，商品描述

11. 包装类型及件数，商品编码，商品描述 Number and kind of packages；Commodity No. ；Commodity description VACUUM FLASK AS PER SC NO. SSC2011528 OF 28 MAY 2011 ART NO. S1162 ART NO. S2173 ART NO. S3183

本栏填写货物所呈现的外观形态的描述，以及一票发运中单件货物的数量，商品编码和商品的描述。

此处为发票的主要部分，包括商品的名称、规格、包装、数量、价格等内容。品名规格应该严格按照信用证的规定或描述填写。货物的数量应该与实际装运货物相符，同时符合信用证的要求，如信用证没有详细的规定，必要时可以按照合同注明货物数量，但不能与来证内容有抵触。

相关链接

ISBP681 货物、服务或履约行为的描述和与发票相关的其他一般事项

58. 发票中的货物描述必须与信用证规定的一致，但并不要求如同镜子反射那样一致。例如，货物细节可以在发票中的若干地方表示，当合并

在一起时与信用证规定一致即可。

59. 发票中的货物描述必须反映实际装运的货物。例如，信用证的货物描述显示两种货物，如10辆卡车和5辆拖拉机，如果信用证不禁止分批装运，而发票表明只装运4辆卡车，是可以接受的。列明信用证规定的全部货物描述，然后注明实际装运货物的发票也是可以接受的。

12. 数量

12. 数量 Quantity

4000PCS
2000PCS
1600PCS
7600PCS

本栏填写货物的数量，与计量单位连用。

注意该数量和计量单位既要与实际装运货物情况一致，又要与信用证要求一致。

相关链接

ISBP681 货物、服务或履约行为的描述和与发票相关的其他一般事项

63. 发票显示的货物数量、重量和尺寸不得与其他单据显示的同种数值相矛盾。

64. 发票不得表明：

a）溢装［UCP600 第30条（b）款规定的除外］或

b）信用证未要求的货物（包括样品、广告材料等）即使注明免费。

65. 信用证要求的货物数量可以有5%的溢短装幅度。但如果信用证规定货物数量不得超额或减少，或信用证规定的货物数量是以包装单位或个数计算时，不适用此条。货物数量在5%幅度内的溢装并不意味着允许支取的金额超过信用证金额。

67. 如果信用证要求分期装运，则每批装运必须与分期装运计划一致。

13. 单价

13. 单价 Unit Price
CIF LODON
INCOTERMS® 2010
@USD8.00/PC
@USD10.00/PC
@USD14.00/PC

本栏填写计算商品金额用的单位数量价格。

在国际贸易中，单价由四个部分组成：计价货币、计量单位、单位数额和价格术语。如果信用证有规定，应与信用证保持一致；若信用证没有规定，则应与合同保持一致。

本栏填写方法与合同中的相关内容相同，说明如下：

(1) 贸易术语：应填在上方空白栏中，填写格式为：FOB后加“起运港”或再加“出口国家名称”；CFR或CIF加“目的港”或再加上“进口国家名称”。例如，CIF NEW YORK。

(2) 计价货币与单价金额依双方约定填写。计价货币通常使用国际上可自由兑换货币，在我国，计价货币多数使用美元。

例如，CIF Canada（或CIF Toronto）USD 18.75。

14. 金额

14. 金额 Amount
USD32000.00
USD20000.00
USD22400.00
USD74400.00

本栏填写单项货物或服务的金额。

列明币种及各项商品总金额（总金额=单价×数量）。除非信用证上另有规定，货物总值不能超过信用证金额。若信用证没规定，则应与合同保持一致。

在实际制单时，若来证要求在发票中扣除佣金，则必须扣除。折扣与佣金的处理方法相同。有时证内无扣除佣金规定，但金额正好是减佣后的金额，发票应显示减佣，否则发票金额超证。有时合同规定佣金，但来证金额内未扣除，而且证内也未提及佣金事宜，则发票不宜显示，待货款收回后另行汇给买方。另外，在 CFR 和 CIF 价格条件下，佣金一般应按扣除运费和保险费之后的 FOB 价计算。

相关链接

ISBP681 货物、服务或履约行为的描述和与发票相关的其他一般事项

60. 发票必须表明装运货物的价值。发票中显示的单价（如有的话）和币种必须与信用证中的一致。发票必须显示信用证要求的折扣或扣减。发票还可显示信用证未规定的与付款或折扣等有关的扣减额。

61. 如果贸易术语是信用证中货物描述的一部分，或与货物金额联系在一起表示，则发票必须显示信用证指明的贸易术语，而且如果货物描述提供了贸易术语的来源，则发票必须表明相同的来源（如信用证条款规定“CIF 新加坡 Incoterms 2000”，那么“CIF 新加坡 Incoterms”就不符合信用证的要求）。费用和成本必须包括在信用证和发票中标明的价格术语所显示的金额内，不允许任何超出该金额的费用或成本。

66. 即使信用禁止分批装运，只要货物全部装运，并且单价（如信用证有规定的话）没有减少，则发票金额有 5%的减幅是可接受的，如果信用证未规定货物数量，发票的货物数量即可视为全部货物数量。

15. 总值（用数字和文字表示）

15. 总值（用数字和文字表示）Total amount（in figure and word）
SAY US DOLLARS SEVENTY FOUR THOUSAND FOUR HUNDRED ONLY

本栏填写卖方根据交货条款开出的用数字和文字表示的总发票金额。

以大写文字写明发票总金额，必须与用数字表示的货物小写总金额一致。例如，U. S. DOLLARS EIGHTY NINE THOUSAND SIX HUNDRED ONLY。

16. 签章（Signature）

如果信用证没有特殊要求，商业发票无须签字，但是必须表明系由受益人出具。如果信用证要求签字（Signed）发票，由出口公司的法人代表或者经办制单人员代表公司在发票右下方签名，上方空白栏填写公司英文名称，下方则填写公司法人英文名称。但有时来证规定发票需要手签的，则不能盖胶皮签字章，必须手签。

相关链接

ISBP681 货物、服务或履约行为的描述和与发票相关的其他一般事项

62. 除非信用证要求，发票无须签字或标注日期。

17. 声明文句

许多信用证都要求在发票中证明某些事项的条款，譬如，发票内容正确、真实、货物产地等证明，均应照信用证要求在发票的自由处置区填写。

常用的声明字句有：

(1) We certify that the goods named have been supplied in conformity with Order No. 123.

兹证明本发票所列货物与第 123 号合同相符。

(2) We hereby certify that the above mentioned goods are of Korean Origin.

或者 This is to certify that the goods named herein are of Korean Origin.

兹证明所列货物系韩国产。

(3) We certify that the goods mentioned in this invoice have not been shipped on board of any vessel flying Japanese flag or due to call at any Japanese port.

兹证明本发票所列货物不装载悬挂日本国旗或驶靠任何日本港口的船只。

(4) We certify that this invoice is in all respects true and correct both as regards to the price and description of the goods referred herein.

兹证明本发票所列货物在价格和品质规格各方面均真实无误。

(5) This is to certify that two copies of invoice and packing list have been airmailed direct to applicant immediate after shipment.

兹证明发票、装箱单各两份，已于装运后立即直接航邮开证人。

在本笔交易中，信用证要求要在商业发票中注明以下信息，那么在实务中就将以下信息填写在商业发票的自由处置区（即空白处）。

L/CNO. TR－MHLC18 OF 08 JUNE 2011 ISSUED BY HSBC BANK PLC
F. O. B. VALUE：USD72145.00
FREIGHT CHARGES：USD1600.00

3.4　其他类型发票

除了商业发票之外，买卖双方根据业务操作的需要和进口国法律法规的规定，还会可能需要由卖方开具其他类型的发票，现将常见的其他发票简单介绍如下。

3.4.1　形式发票

形式发票（Proforma Invoice，简称 P/I）也称“预开发票”或“估价发票”，是在未成交之前，出口商应进口商的要求，根据拟出售成交的商品名称、单价、规格等条件开立的一份非正式参考性发票，供进口商向本国贸易管理当局或外汇管理部门等申请进口许可证或批准给予外汇等用途，有时也用于作为交易磋商的发盘。

“Proforma”是拉丁文，它的意思是“纯为形式的”，所以单从字面来理解，Proforma Invoice 是指纯为形式的、无实际意义的发票。实际上，形式发票不是一种正式发票，不能用于托收和议付，它所列的单价等条件，也仅仅是出口商根据当时交易情况所作的估计，对双方都无最终的约束力，所以形式发票只是一种估计单，正式成交后还要另外重新缮制商业发票用于结算和办理其他手续。

形式发票的作用主要有以下几点：（1）作为数量化的报价；（2）作为销售确认；（3）让买方凭以申请：1）进口许可；2）外汇许可；3）开立信用证。

形式发票与商业发票的关系密切，信用证在货物描述这一项目内容中常有“按照某年某月某日的形式发票”的条款对此援引，出口商需要在商业发票上注明“AS PER PROFORMA INVOICE NO. ××× DATED×××××”。假如来证附有形式发票，则形式发票构成该信用证的一部分，制单时要按照形式发票内容全部打上。

样单 3-3　形式发票

GUANGZHOU XINXI TECHNICAL&TRADING CO.LTD

25/F,NO.449,TIANHEBEI ROAD,GUANGZHOU,CHINA

TEL:020-38815152FAX:020-38813926 EMAIL:GZ-XINXI@163.COM

PROFORMA INVOICE

TO:
LONUET UNITED TRADING LTD.
LONUET HOUSE 38 MACHEST WAY,LONDON NVV4
3AL,ENGLAND

INV NO. 1212

DATE: 2003-6-18

ITEM NO.	COMMODITY & DESCRIPTION	QUANTITY	PRICE	AMOUNT
			FOB	
SHOE08968	SPORTS SHOES	1,234PAIRS	USD 1.3	USD1,604.20
MORE OR LESS: 3%	ARE ALLOVVED.	LESS COMMISSION 2%		USD 32.08
SAY USD ONE THOUSAND FIVE HUNDRED AND SEVENTY-TWO AND TWELVE CENT ONLY		**TOTAL NET:1,234PAIRS**		**USD 1,572.12**

SHIPMENT: BEFORE 30 JUNE,2003

DESTINATION: LONDON　　LOADPORT:ZHUANGPU

PAYMENT: L/C

INSURANCE: FOR FOB OR C&F TO BE EFFECTED BY THE BUYERS;FOR CIF OR CIP TO BE EFFECTED BY THE SELLER AT 110 % OF INVOICE VALUE COVERING ALL RISK AND WAR RISK AS PER C.I.C.

BANKA/C: Payment To:GUANGZHOU XINXI TECHNICAL&TRADING CO.LTD
Bank: 广州市商业银行森保支行
A/C:985-201-8083257-48
ADD:广州市体育东路

REMARK: remarks

MARKS: GDGSDF/SDFSDF

1/1

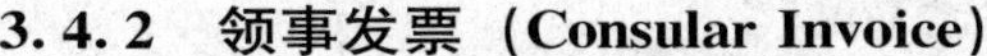

3.4.2　领事发票（Consular Invoice）

领事发票是由进口国驻出口国的领事出具的一种特别印就的发票，是出口商根据进口国驻在出口地领事所提供的特定格式填制，并经领事签证的发票。这种发票证明出口货物的详细情况，为进口国用于防止外国商品的低价倾销，同时可用做进口税计算的依据，有助于货物顺利通过进口国海关。对于领事发票各国有不同的规定，如允许出口商在商业发票上由进口国驻出口地的领事签证（Consular Visa），即“领事签证发票”（Consular Legalized Invoice）。

出具领事发票时，领事馆一般要根据进口货物价值收取一定费用。这种发票主要为拉美国家所采用。

具体参考第 6 章的领事认证。

3.4.3　海关发票（Customs Invoice）

1. 含义与作用

海关发票是根据某些国家海关的规定，由出口商填制并签署的，供进口商凭以向进口国海关办理进口清关手续的，具有特定格式的发票。

海关发票是某些进口国的进口商向海关报关的所需证件之一。海关发票由出口商填写，其格式由进口国具体规定。主要项目有货物的生产国别、货物名称、数量、唛头、出口地市价及出口售价等。目前，采用海关发票的国家主要有加拿大、澳大利亚、新西兰等。

海关发票的作用：

（1）进口商凭以报关，进口国海关凭以估价征税的凭证。

（2）进口国海关核定货物原产地，征收差别关税，查核进口商品在其本国的价格，确认是否倾销，是否征收反倾销关税的依据。

（3）进口国海关编制统计资料的依据。

2. 常见海关发票的格式

（1）CANADA CUSTOMES INVOICE（加拿大海关发票）

（2）SPECIAL CUSTOMES INVOICE（美国海关发票）

（3）FROM 59 A（新西兰海关发票）

（4）FROM C（西非海关发票）

（5）CARICON INVOICE（加勒比海共同市场海关发票）

（6）FROM C23（牙买加海关发票）

3. 海关发票填制的注意事项

（1）海关发票格式是由进口国的海关制定，要求出口商填写，不同国家或地区有其本国或本地区规定的专门格式，切勿用错格式，应按信用证要求的格式填写。

（2）凡是商业发票上和海关发票上共有的项目和内容，必须与商业发票保持一致，不得相互矛盾。

（3）关于海关发票价格构成的填写，海关发票一般均要求列明构成该价格的各项费用，若按 CIF 价格条件成交，则应分别列明运费、保险费和 FOB 价格，这三者的总和应与 CIF 货值相等。此外，尚应列明包装费、打包费、货物运至装运港码头的搬运费等费用。“出口国当地市场价格”以本国人民币表示，但该栏价值应比 FOB 价格低 4%～5%，否则可能会被认为是低价倾销。

（4）有些国家的格式有“费用栏”，填写时应尽量填全。如果有“是否包括在国内市场价内”的要求，也应给予表明。如果填“不包括”或“包括”都直接影响“国内市场价”的计算额，应注意计算是否正确。

（5）关于海关发票的签署，要求以个人名义用手签方式签署的海关发票，则不盖公章，如果需要监签人（证明人），也要手签，海关发票的签字人或其他单据的签字人不得作为监签人。海关发票如有涂改，须由原缮制人用钢笔小签，不能加盖校对印章，也不得由监签人代行。

（6）海关发票的“原产地”一项应填“中国”字样，切勿漏掉。

（7）海关发票是用外文印制的，填写时一般要用相应的外文进行，要求文字简练 。

（8）西非海关发票中，有以个人名义签字的，要求填写见证人，签字则该“见证人”不能出现在其他出口单据上，即签字人与见证人是两个独立的身份出现方有效。

4. 加拿大海关发票

目前经常使用的是加拿大海关发票，其他的已不多见。

加拿大海关发票是指销往加拿大的出口货物（食品除外）所使用的海关发票。其栏目用英文、法文两种文字对照，内容繁多，要求每个栏目都要填写，不得留空，若不适用或无该项内容，则必须在该栏目内填写“N/A”（即“NOT APPLICABLE”）字样。

样单 3-4 加拿大海关发票

CANADA CUSTOMS INVOICE

IACIURI DIS DOUANIS CANADINNIS

Page of

1.Vendor (Name and Address)	2.Date of Direce Shipment to Canada 3.Other References(Include Pur chaser's Order No.)
4.Consi gnee (Name and Address)	5.Pur chaser's Name and Address(IF other than Consi gnee) 6.Country of Transhipment 7.Country of Origin of Goods
8.Transportation:Give Mode and Flace of Direct Shipment to Canada	9.Conditions of Sale and Terms of Payment (i.e.Salc,Consi gnment Shipment,Leased Goods,etc.) 10.Currency of Settlement

11.No of Pkgs	12.Specification of Commondities(Kind of Packages,Marks and Numbers,General Description and Char acteristies,i.e.Grade, Quality)	13.Quantity (State Uint)	Selling Price	
			14.Unit Price	15.Total
18.If any of fields 1 to 17 are included on an attached commercial invoice,check this box ☐ Commercial Invoice No.		16. Total Weight Net / Gross		17.Invoice Total

19.Exporter's Name and Address(If other than Vendor)	20.Originator(Name and Address)
21.Depar tmental Ruling(if applicable)	22.If fields 23 to 25 are not applicable,check this box ☐

23 If included in field 17 indicate amount:	24.If not ineluded in field 17 indicate amount	25.Check (If applicable)
(i) Transpor tation charges,empenses and insurance from the place of direct shipment to Canada	(i) Transportation charges,expenses and insurance to the place of direct shipment to Canada	(i) Poyalty payments or subsequent proceeds are paid or payable by the purchaser ☐
(ii) Costs for construction,erection and assembly incurred after importation into Canada	(ii) Amounts for commissions other than buying commissions	(ii) The purchaser has supplied goods or services for use in the production of these goods ☐
(iii) Export packing	(iii) Emport packing	

加拿大海关发票的主要栏目及填写规范如下：

(1) 卖方的名称与地址 VENDOR（NAME AND ADDRESS）

本栏填写出口商的名称及地址，包括城市和国家名称。信用证支付条件下此栏填写受益人的名称和地址。

(2) 直接运往加拿大的装运日期（DATE OF DIRECT SHIPMENT TO CANADA）

本栏填写直接运往加拿大的装运日期，此日期应与提单日期相一致。如果单据送银行预审，也可以请银行按正本提单日期代为加注。

（3）其他参考事项，包括买方订单号码（ORDER REFERENCE，INCLUDE PURCHASER'S ORDER NUMBER）

本栏填写有关合同、订单或商业发票的号码。

（4）收货人名称及地址（CONSIGNEE'S NAME AND ADDRESS）

本栏填写加拿大收货人的名称和详细地址。信用证项下通常填信用证的开证人，其他方式下填写合同买方的名称和地址。

（5）买方（PURCHASER'S NAME AND ADDRESS）

本栏填写实际购货人的公司名称和地址。如与第四栏的收货人相同，则此栏可打上"THE SAME AS CONSIGNEE"（与收货人相同）。

（6）转运国家（COUNTRY OF TRANSHIPMENT）

本栏应填写转船地点的名称。如在香港转船，可填写："FROM DALIAN TO VANCOVER WITH TRANSHIPMENT AT HONGKONG BY VESSEL。"如不转船，为直运时可填 N/A（即 NOT APPLICABLE）。

（7）货物的原产地（COUNTRY OF ORIGIN OF GOODS）

本栏填写出口国国名，我国通常填写 CHINA。若非单一的国产货物，则应在 12 栏中详细逐项列明各自的原产地国名。如果商品中有些成分的原材料来源于其他国家或地区，只要所占的比例不大，还是只注明一个国名为佳，以免给进口商在通关时节外生枝。

（8）运输方式及直接运往加拿大的起运地点（TRANSPORTATION：GIVE MODE AND PLACE OF DIRECT SHIPMENT TO CANADA）

只要货物不在国外加工，无论是否转船，本栏均填写起运地和目的地名称以及所用运载工具。如 FROM SHANGHAI TO MONTREAL BY VESSEL。

（9）价格条件及支付方式，如销售、委托发运、租赁等（CONDITION OF SALES AND TERMS OF PAYMENT，I. E. SALE，CONSIGNMENT，SHIPMENT，LEASED GOODS，ETC.）

本栏按商业发票的价格术语及支付方式填写。如 CIF VANCOUVER D/P AT SIGHT 或 CFR MONTREAL BY L/C AT SIGHT。

（10）支付的货币（CURRENCY OF SETTLEMENT）

本栏卖方要求买方支付货币的名称，须与商业发票使用的货币相一致。现在货币的币别通常使用国际标准化组织所统一制定的，用三个大写英文字母表示的货币名称，如 CAD（加拿大元）、USD（美元）、EUR（欧元）等。

（11）包装件数（NUMBER OF PACKAGE）

本栏填写该批商品的总包装件数，如 700 CARTONS。该包装指的是商品的外包装（Outer Packing），而不是内包装（Inner Packing）。

（12）商品详细描述（SPECIFICATION OF COMMODITIES，KIND OF PACKAGES，MARKS AND NUMBERS，GENERAL DESCRIPTION AND CHARACTERISTICS，I. E. GRADE，QUALITY）

本栏应按商业发票同项目描述填写，并将包装情况及唛头填写此栏（包括种类、唛头、品名和特性及等级、品质）。商品的品名不须像商业发票那样填写与信用证货物描述完全一样的文字，只须使用商品的统称即可。当然，填写与商业发票此栏目完全一样的文字，银行也会接受。

（13）数量（QUANTITY，STATE UNIT）

本栏应填写商品的具体数量，而不是包装的件数，如 1600DOZ（1600 打）、2600PCS（2600 件）或 3008M/T（3008 公吨）等。该数量可以是件数、个数，也可以是重量，填写哪一项，主要考虑货物是以什么单位计价的，应优先考虑与计价单位相同的数据。

（14）单价（UNIT PRICE）

本栏应按商业发票记载的每项单价填写，使用的货币应与信用证和商业发票一致。

（15）总值（TOTAL）

本栏在加拿大海关发票中属于“程序自动生成”的栏目，不需要专门填写。

（16）净重及毛重的总数（TOTAL WEIGHT）

本栏填写总毛重和总净重，应与其他单据的总毛重和总净重相一致。

（17）发票总金额（TOTAL INVOICE VALUE）

本栏与第 15 栏一样，也属于“程序自动生成”的栏目，不需要出口商专门填写。

（18）IF ANY OF FIELDS 1 TO 17 ARE INCLUDED ON AN ATTACHED COMMERCIAL INVOICE，CHECK THIS BOX□

如果 1-17 栏的任何栏的内容均已包括在所随附的商业发票内，则在方框内填一个“√”记号，并将有关商业发票号填写在横线上。

（19）出口商名称及地址，如并非买方（EXPORTERS NAME AND AD-

DRESS, IF OTHER THAN VENDOR)

如出口商与第 1 栏的卖方不是同一名称，则列入实际出口商名称；而若出口商与第 1 栏卖方为同一者，则在本栏打上“THE SAME AS VENDOR”。

（20）负责人的姓名及地址（ORIGINATOR'S NAME AND ADDRESS）

本栏仍填写出口公司名称、地址、负责人名称。

（21）主管当局现行管理条例，如适用者（DEPARTMENTAL RULING，IF ANY）

此栏指加方海关和税务机关对该货进口的有关规定。如有，则按要求填写；如无，则填“N/A”（即 NOT APPLICABLE）。

（22）如果 23—25 三个栏目均不适用（IF FIELDS 23 TO 25 ARE NOT APPLICABLE CHECK THIS BOX□）

如 23—25 栏不适用，可在方框内打：“√”记号。

（23）如果以下金额已包括在第 17 栏目内（IF INCLUDED IN FIELD 17 INDICATE AMOUNT）

1）TRANSPORTATION CHARGES，EXPENSE AND INSURANCE FROM THE PLACE OF DIRECT SHIPMENT TO CANADA.

自起运地至加拿大的运费和保险费：可填运费和保险费的总和，允许以支付的原币填写。若不适用则填“N/A”。

2）COSTS FOR CONSTRUCTION，ERECTION AND ASSEMBLY INCURRED AFTER IMPORTATION INTOCANADA.

货物进口到加拿大后进行建造、安装及组装而发生的成本费用，按实际情况填列；若不适用，可打上 N/A。

3）出口包装费用（EXPORT PACKING）。

可按实际情况将包装费用金额打上；如无，则填“N/A”。

（24）如果以下金额不包括在第 17 栏内（IF NOT INCLUDED IN FIELD 17 INDICATE AMOUNT）

若 17 栏不包括，则注明金额：Ⅰ、Ⅱ、Ⅲ三项，一般填“N/A”。如果在 FOB 等价格条件下，卖方又替买方租船订舱时，其运费于货到时支付，则Ⅰ栏可填实际运费额。

（25）CHECK（IF APPLICABLE）

若适用，在方格内打“√”记号。本栏系补偿贸易、来件、来料加工、装配等贸易方式专用；一般贸易不适用，可在方格内填“N/A”。

样单 3-5　美国海关发票

DEPARTMENT OF THE TREASURE
UNITED STATES CDSTORS SERVICE
19 U.S.D.1481,1482,1484

SPECIAL CUSTOMS INVOICE
(Use separate invoice for purchased and non-purchased goods.)

Form Approved.
O.M.B.NO. 48-RO342

1. SELLER	2.DOCUMENT NR . *	3.INVOICE NO. AND DATE *
	4.REFERENCE *	
5. CONSIGNEE	6. BUYER	
	7. ORIGIN OF GOODS	
8.NOTIFY PARTY *	9. TERMS OF SALE, PAYMENT,AND DISCOUNT	
10. ADDITIONAL TRANSPORTATION INFORMATION *		
	11.CDRRENCY DSED	12.ENTH RATE
		13.INATE URDER ACCEFTED

14. MARKS AND NUMBERS SHIPPING PACKAGES	15. NUMBER OF PACKAGES	16. FULL DESCRIPTON OF GOODS	17. QUANTITY	UNIT PRICE 18.HDME MARKET	UNIT PRICE 19. INVOICE	20. INVOICE TOTALS

21. ☐ If the production of these goods invoived furnishing goods or services to the seller (e. g.assign such as dies, molds, tools, engincering work) and the value is not included in the invoice price, check box (21) and emplain belon.

27. DECLARATION OF SELLER /SHIPPER (ORAGENT)

I declare:

If there are any rebates, draobacles or bonnties allowed

(A) ☐ upon the empor tation of goods, I have checlked box (A) and itemized separately below.

(B) ☐ If the goods were not sold or agreed to be sold, I have checlced box (B) and have indicated in columm 19 the Price I would be willing to receive.

(C) SIGNATURE OF SELLER/SHIPPER(OR AGENT): I declare that there is no other invoice differing from this one (unless otherwise described belon) and that all statements contained in this invoice and declarsation are true and correct.

22. PACKING COSTS	
23. OCEAN OR INTERNATIONAL FREIGHT	
24. DOMESTIC FREIGHT CHARGES	
25. INSURANCE COSTS	
26. OTHER COSTS	

28. THIS SPACE FOR CONTINUING ANSWERS

*Not necessary for D.S. Customs purposes.　　Custom Form 5515 (12-20-76)

3. 4. 4　厂商发票

厂商发票是出口货物的制造厂商所出具的，以本国货币计价，用来证明出口国国内市场的出厂价格的发票。信用证要求提供厂商发票的目的是检查出口国出口的商品是否有削价倾销行为，供进口国海关估价、核税以及征收“反倾销税”之用。

厂商发票的基本制作要求如下：

1. 在单据上部要印有醒目粗体字“厂商发票”（MANUFACTURER INVOICE）字样。

2. 抬头人打出口商。

3. 出票日期应早于商业发票日期。

4. 货物名称、规格、数量、件数必须与商业发票一致。

5. 货币应打出口国币制，价格的填制可按发票价适当打个折扣，例如，按 FOB 价打九折或八五折。

6. 货物出厂时，一般无出口装运标记，厂商发票不必缮制唛头；如来证有明确规定，则厂商发票也应打上唛头。

7. 厂方作为出单人，由厂方负责人签字盖章。

思考与实训

分析第二章课后的思考与实训题的售货确认书和信用证，找出并翻译信用证中装箱单和商业发票条款，同时根据下面的装箱明细和补充资料，制作和准备装箱单和商业发票。

货物明细

商品品名：BLACK SWAN BRAND VACUUM FLASK

货号	数量	单价	包装方式	包装种类	毛重	净重	尺码
S—1362 350ML	1200PCS	USD7.00	20	CTNS	8.0kg	7.0kg	40×33×24.5cm
S—1282 500ML	1000PCS	USD7.80	20	CTNS	9.0kg	8.0kg	40×33×30cm
S—1282 750ML	1200PCS	USD13.00	20	CTNS	14.5kg	12.5kg	47×38×32.5cm
S—2020 420ML	480PCS	USD13.85	24	CTNS	13.0kg	11.0kg	48×34×28cm
S—2032 260ML	960PCS	USD13.40	24	CTNS	9.5kg	8.0kg	43×29×24cm

发票号码：SINV2798　　发票日期：2009 年 10 月 10 日

装运船名：CHANGHE　　航次：V.308

提单号码：COS787748　提单日期：28—Oct—09　　装船日期：28—Oct—09

保险代理：JAFIOUES INSURANCE CO.
18TH FL.，SUNBRIGHT PLAZA
BARCELONA，SPAIN

运输标志：IMMENSE
SSC2009816
BARCELONA
C/NO. 1—UP

1. 装箱单

装 箱 单

Packing List

<table>
<tr><td colspan="2">1. 出口商 Exporter</td><td colspan="4">3. 装箱单日期 Packing List Date</td></tr>
<tr><td colspan="2" rowspan="2">2. 进口商 Importer</td><td colspan="2">4. 合同号 Contract No.</td><td colspan="2">5. 信用证号 L/C No.</td></tr>
<tr><td colspan="4">6. 发票日期和发票号 Invoice Date and No.</td></tr>
<tr><td>7. 运输标志和集装箱号
Shipping marks; Container No.</td><td>8. 包装类型及件数；商品编码；商品描述
Number and kind of packages; Commodity No.；Commodity description</td><td>9. 毛重 kg
Gross weight</td><td>10. 净重 kg
Net weight</td><td colspan="2">11. 体积 m^3
Cube</td></tr>
<tr><td colspan="6">12. Total Packages（in words）：</td></tr>
<tr><td></td><td colspan="5">13. 出口商签章</td></tr>
</table>

2. 商业发票

商 业 发 票

Commercial Invoice

<table>
<tr><td rowspan="2">1. 出口商 Exporter</td><td colspan="2">4. 发票日期和发票号 Invoice Date and No.</td></tr>
<tr><td>5. 合同号 Contract No.</td><td>6. 信用证号 L/C No.</td></tr>
<tr><td rowspan="2">2. 进口商 Importer</td><td colspan="2">7. 原产国 origin of Country/region</td></tr>
<tr><td colspan="2">8. 贸易方式 Trade mode</td></tr>
<tr><td>3. 运输事项 Transport details</td><td colspan="2">9. 交货和付款条款 Terms of delivery and payment</td></tr>
</table>

<table>
<tr><td rowspan="2">10. 运输标志和集装箱号
Shipping marks; Container No.</td><td rowspan="2">11. 包装类型及件数；商品编码；商品描述
Number and kind of packages; Commodity No.; Commodity description</td><td rowspan="2">12. 数量
Quantity</td><td>13. 单价
Unit price</td><td>14. 金额
Amount</td></tr>
<tr><td colspan="2"></td></tr>
<tr><td colspan="5">15. 总值（用数字和文字表示）Total amount (in figure and word)</td></tr>
<tr><td colspan="2"></td><td colspan="3">16. 出口商签章</td></tr>
</table>

第4章 托运订舱与单据

关键术语

托运　订舱　托运单　装货联单　场站收据　托运人　收货人　被通知方　国际货物托运委托书　航空托运单

学习目标

- 了解订舱的定义与方式
- 熟悉海运托运单的含义与种类
- 熟悉航空托运单的定义与作用
- 会缮制各种结算方式下的海运托运单和航空托运单

在国际贸易中，采用不同的贸易术语，承担运输事项的责任人不同，如果采用FOB或FCA贸易术语，负责订舱的是买方；而如果采用CFR或CIF贸易术语，则是卖方。卖方订舱通常是在出口国装货地进行，买方则是在进口国卸货地订舱，当然买方也可以委托卖方在装货地代其订舱。

在实务中，卖方可以根据实际交易情况选择合适的时机订舱，但为了保险起见，卖方通常在落实信用证后，在备货的同时向承运人或货运代理办理托运手续。

4.1 订舱（Booking）

4.1.1 订舱的含义

对于货主（即贸易双方）来说，订舱指出口商（或进口商）作为托运人在截单日前向承运人或其代理人申请货物运输，承运人或其代理人对该请求予以承诺的行为，即预订货物舱位（Booking Cargo Space）行为。

4.1.2 订舱的方式

在国际货物运输中，按不同标准，可对订舱进行以下分类。

1. 按照是否直接向实际承运人进行订舱，可分为直接订舱和间接订舱

直接订舱是货主作为托运人直接向船公司、航空运输公司、铁路运输公司等实际承运人进行订舱。间接订舱是货主通过货运代理间接地向承运人订舱。在实务中，中小贸易公司通常都是委托货代办理运输业务。

2. 按照订舱是否采用网络方式，可分为柜台订舱和在线订舱

（1）柜台订舱

主要是通过传真、电话或者 E-MAIL、EDI 等途径进行订舱。网上离线订舱可以使用离线订舱软件进行离线订舱，然后 E-MAIL 给承运人完成订舱。

（2）在线订舱

在线订舱也称为电子订舱（E-booking），承运人或其他公司在网络为客户提供一个网上订舱的交易平台，通过互联网把客户要价和服务供应商的报价在网上进行对碰使双方达成交易。

企业实践

中海订舱

一、柜面订舱

客户与中海签订协议后，持正本委托书，托书上加盖协议上所显示的双方一致确认的、清晰无误的订舱章，到单证部接单科订舱。

美线暂不接受柜面订舱。

二、网上订舱

客户与中海签订网上订舱补充协议后，直接上网订舱，网址：www.cscline.com。

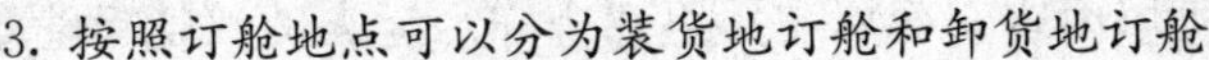
3. 按照订舱地点可以分为装货地订舱和卸货地订舱

（1）装货地订舱

在出口贸易中，订舱通常都是装货地订舱，即由出口商负责订舱。因为我国外贸公司在进行出口贸易时，一般都会争取采用 CIF 贸易术语成交，由出口商负责运输业务，以便在一定程度上通过承运人对货物进行有效控制，避免承运人无单放货，降低贸易风险。

（2）卸货地订舱

卸货地订舱（Home Booking）也即由进口商订舱，使用 F 组或 E 组贸易术语时，国外的买方（Buyer）即进口商（Importer）负责签订运输合同，但他们一般自己不订舱而委托某国际货代代为订舱，通常还指定要订某承运人的运输工具。受委托的国际货代称为指定货代，该承运人称为指定承运人，这两者不一定同时出现。这种指定通过路线单（R/O①：Routing Order）或指定货通知（Nomination Shipping Advise），这种指定货通知依来源可分为代理指定货通知（Nomination Shipping Advise from Agent）和托运人指定货通知（Nomination Shipping Advise from Shipper），这里所说的代理是和国外进口商在其本国的货运代理。

4.2　海运托运单（Booking Note，B/N）

在国际贸易中，如果出口商自己向船公司或其代理办理订舱手续，通常根据合同和信用证相关条款填写海运托运单交给船公司或其代理。如出口商将运输业务委托给货运代理办理，则填写出口货物运输委托书交给货运代理，再由货代填写托运单向承运人或其代理办理订舱手续。

出口货物运输委托书的作用与托运单的相似，内容基本相同，下面我们主要介绍托运单。

海运托运单的含义、作用与种类

1. 含义与作用

海运托运单是托运人填写并盖章确认的，专门用于委托船公司或其代理人承运货物的一种表单，表单上列有出运后缮制提运单所需要的各项内容，

① R/O 还可指 Rail/Ocean 铁、海联运（或写做 O/R：Ocean/Rail）。

并印有“托运人证实所填内容全部属实并愿意遵守承运人的一切运输章程”的文字说明。

海运托运单在国际海洋货物运输业务中主要有以下作用：

(1) 托运单是办理托运的凭证。

(2) 托运单是船公司接受订舱并安排舱位、调拨装货器材、组织装运、转运、联运的依据。

(3) 托运单是托运人与承运人之间运输契约的书面记录。

(4) 托运单是出口货物报关必须提交的单据。

(5) 托运单是承运人签发提单的原始依据。

2. 种类

按照采用班轮运输方式的不同，可以将海运托运单分成杂货托运单和集装箱托运单。

(1) 杂货托运单——装货联单

在采用杂货班轮运输的情况下，货主或其货运代理作为托运人在向船公司订舱时，填写装货联单提交给船务代理或船公司，装货联单在此就成为订舱单据。

目前，我国各个港口使用的装货联单的组成部分不尽相同，但一般都包含以下三联：托运单及其留底、装货单和收货单。

1) 托运单

托运单是由托运人根据买卖合同和信用证的有关内容向承运人或其代理办理货物运输业务的书面凭证。

2) 装货单

装货单是托运人填写送交船务代理或船公司审核并签章后发还给托运人，凭以要求船长将承运货物装船的单据。而由于在要求船长装船之前，托运人在向海关办理出口货物申报手续时，装货单是必备的单据之一，海关同意放行后会在装货单上盖放行章，所以装货单也称为“关单”。

3) 收货单

收货单（Mate’s Receipt，M/R），俗称大副收据，是某一票货物装上船后，由船上大副（Chief Mate）签署给托运人，作为证明船公司已收到该票货物并已装上船的凭证。通常，船上大副应根据理货人员在理货单上所签注的日期、件数及舱位，并与装货单进行核对后，在收货单上签字，留下装货单，将收货单退回给理货长转交给托运人（通常为货运代理）。托运人凭大副签署过的收货单，即可向承运人或其代理人换取已装船提单。

杂货班轮常用九联装货联单进行订舱：

第一联由托运人留底。

第二、第三联为运费通知联，其中一联由承运人留存，另一联随账单向托运人收托运费。

第四联装货单。

第五联收货单。

第六联由配舱人留底。

第七、第八联为配舱回单，留作缮制提单用。

第九联是缴纳出口货物港务费申请书。港区凭以向托运人收取港务港建等杂费。

此外再附空白格式的两联，作为码头仓库存查之用。

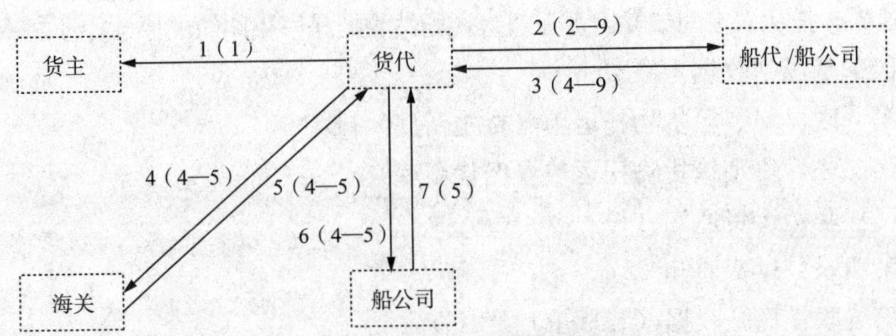

图 4-1　杂货托运单各联流转

装货联单各联的流转说明如下：

1）货代缮制装货联单后将第一联即货主留存联交给托运人，即货主留底。

2）货代将其余八联送交船务代理或者船公司进行订舱签单。

3）船代或船方留下第二、第三联，在第四联装货单上盖章确认订舱，将余下的四至九联退给货代。第六联货代留底。第七、第八联由货代退给托运人作配舱回单。

4）货代在第四、第五联填上箱号、数量，附相关证件到海关报关。

5）海关审核认可后，在第四联装货单上加盖海关放行章，将第四、第五联还给货代。

6）货代在船公司配载配船前，持第四、第五联办理放行装船手续。

7）船公司在第五联盖章后交还货代，船公司留存第四联。

(2) 集装箱货物托运单——场站收据联单

目前，班轮运输基本上以集装箱班轮为主，杂货班轮运输所占的份额越来越小。在实践中，集装箱班轮的订舱一般是由货主委托货代办理，货代企业缮制场站收据联单（Dock Receipt，D/R），然后送交船务代理或船公司订舱，因此场站收据联单中的托运单也就相当于集装箱班轮运输的订舱单。

场站收据联单是集装箱班轮公司委托集装箱码头堆场（CY）或集装箱货运站（CFS）在收到货物后，签发给托运人的，托运人据此向承运人或其代理人换取收妥待运提单或已装船提单的凭证。它相当于将传统的托运单、装货单、收货单整合成集装箱班轮运输使用的一整套单据，通常共有十联（有的口岸有七联，还有的口岸有十二联）。

场站收据又称为码头收据，是集装箱码头的重要运输单据。码头在收到场站收据并签字后，在法律责任上，表明码头对所收到的货物开始负有责任。码头与承运人、托运人之间如发生责任纠纷，场站收据是解决纠纷的原始凭证之一。

以下是场站收据十联单：

第一联：集装箱货物托运单（货主留底）(B/N)

第二联：集装箱货物托运单（船代留底）

第三联：运费通知（1）

第四联：运费通知（2）

第五联：场站收据（装货单）(S/O)

第五联副本：缴纳出口货物港务费申请书

第六联：大副联（场站收据副本）

第七联：场站收据（D/R）

第八联：货代留底

第九联：配舱回单（1）

第十联：配舱回单（2）

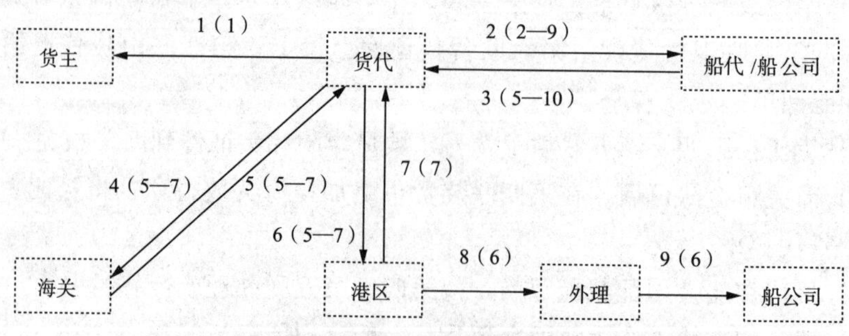

图 4-2 场站收据各联的流转图

场站收据各联的流转如下：

1）货代缮制场站收据后将第一联即货主留存联交给货主。

2）货代将其余九联送交船务代理或者船公司进行订舱签单。

3）船代或船方接受订舱后，在单上加填船名、航次及编号，留下第二、第三、第四联，在第五联装货单上盖章确认订舱，将余下的第五至第十联退给货代。第八联货代留底。第九、第十联由货代退给托运人（货主）作配舱回单。

4）货代在五至七联填上箱号、数量，附相关证件到海关报关。

5）海关审核认可后，在第五联装货单上加盖海关放行章，将第五至第七联还给货代。

6）货代在港区配载配船前，持第五至第七联办理放行手续，向港区配载签收。

7）港区在第七联盖章后交还货代，港区留存第五、第六联。

8）配载员在制作预配签单后连同第六联，在装船前交外理，港区留第五联。

9）外理校核预配清单无误后，连同第六联交船上大副。

3. 集装箱货物托运单的缮制实例评析

海运托运单是船公司或其代理签发海运提单给托运人的主要依据，无论是使用纸质托运单还是电子托运单，其栏目和内容基本相同，托运人应认真依照合同或信用证条款及相关单据填写。

在本例实务操作中，广州市星辰贸易公司通过广州中远集装箱船务代理有限公司进行订舱，根据第二章的信用证、第三章的装箱单和发票，以及下面的补充资料，填写了集装箱货物托运单交给广州中远。

装运船名：CHANGHE　航次：V. 38　装船日期：2011 年 7 月 10 日

运输方式：1 个 20 英尺普箱，堆场至堆场。

样单 4-1 集装箱货物托运单

1. Shipper GUANGZHOU STARS INTERNATIONAL TRADING CO., LTD ZHONGSHAN ROAD NO.3××,GUANGZHOU, P.R China Tel：+0086-20-25763369 Fax：+0086-20-25763368	D/R No.：COS093468 集装箱货物托运单 配舱回单
2. Consignee TO SHIPPERS' ORDER	
3. Notify Party FLAG TRADING CO.,LTD 3××,BOROUGH HIGH STREET,LONDON, SE1 1HR, UNITED KINGDOM TEL: +44 207 414 6236 FAX: +44 207 414 6238	

4. Pre-carriage by *	5. Place of Receipt *	
6. Ocean Vessel Voy. No. CHANGHE V.38	7. Port of Loading GUANGZHOU, CHINA	
8. Port of Discharge LONDON,U.K.	9. Place of Delivery *	10.Final Destination for the Merchant's reference

11. Container No.	12.Seal No Marks & Nos.	13. No. of Containers or Packages	14.Description of Goods	15.Gross Weight (Kgs)	16.Measurement (Cbm)
CBHU320273 2	FLAG SSC2011528 LONDON C/NO.1-380	380 CTNS	VACUUM FLASK	3700.000	14.518

17. Total Number of containers and/or packages (in words)
SAY THREE HUNDRED AND EIGHTY CARTONS ONLY

18. Freight & Charges FREIGHT PREPAID	Revenue Tons	Rate	per	Prepaid	Collect

Ex. Rate	Prepaid at	Payable at	26.Place of Issue
	Total Prepaid	19.No. of Original B(s)/L THREE	GUANGZHOU

20.Service Type on Receiving CY	21.Service Type on Delivery CY
22.Transshipment： ALLOWED	23.Partial shipment： ALLOWED
24.Date of shipment： 22 JUL 2011	25.period of validity： 28 AUG 2011
金额：USD74400.00	
制单日期：10-JUL-11	

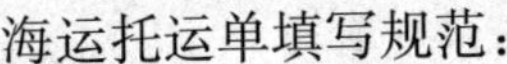

海运托运单填写规范：

（1）托运人

1. Shipper
GUANGZHOU STARS INTERNATIONAL TRADING CO.，LTD
ZHONGSHAN ROAD NO.3××，GUANGZHOU，P. R China
Tel：+0086－20－25763369
Fax：+0086－20－25763368

本栏填写托运人的全称和地址。托运人也称发货人（Consignor），是指委托运输的当事人，一般为贸易合同的卖方（即货主）或其贸易代理、货运代理。

如采用信用证进行交易，而且信用证对此无特别规定，此栏填写信用证受益人（Beneficiary）的公司名称和地址。采用其他方式结算，则填写国际货物买卖合同的出口商的名称和地址。

（2）收货人

2. Consignee
TO SHIPPERS' ORDER

本栏填写收货人的全称和详细地址，并填写联系电话、传真号。

说明：

1）收货人可以不记名，填写凭指示字样如“to order”或“to order of shipper”等，根据这种托运单签发的提单可以背书转让。

2）收货人可以记名，填写实际收货人，也可以是货运代理人。通常，货主委托其货运代理托运并且运费到付时，承运人提单上收货人是货运代理人，货代提单上收货人是实际收货人。

3）承运人一般不接受一票货物有两个或两个以上收货人。如果实际业务中有两个或者两个以上收货人，托运单中收货人栏内填写第一收货人，通知人栏内填写第二收货人。

4）如采用信用证，须与信用证条款的规定一致，在其他支付方式下，如果买方无要求，一般做成指示性抬头，在此栏填写“TO ORDER”（凭指示）

或"TO ORDER OF THE SHIPPER"（凭托运人指示）等。

（3）被通知方

3. Notify Party FLAG TRADING CO.，LTD 3××，BOROUGH HIGH STREET，LONDON， SE1 1HR，UNITED KINGDOM TEL：+44 207 414 6236 FAX：+44 207 414 6238

本栏填写被通知方的全称、街名、城市、国家名称，并填写联系电话、传真号。

被通知方一般为第二收货人或其代理人。在信用证方式下，银行作为第一收货人，显示在提单收货人栏内，开证申请人是实际收货人，显示在提单的通知人栏内。应将信用证的开证申请人（Applicant）的公司名称和地址等一字不差地填在这里。

在其他支付方式下，如合同和买方没有特别要求，则此处填写进口商的名称和地址等内容。

（4）前程运输由（Pre-carriage by）

本栏在采用国际多式联运时才需要填写，只使用单纯海洋运输时本栏空白。

（5）收货地（Place of Receipt）

本栏填写向船方实际交货的地点，也称为接受监管地。如果货物不须转运，则空白此栏。

在一般海运提单中，没有此栏目，但在多式联运提单中则有此栏目。

（6）船名航次（Ocean Vessel Voy. No.）

本栏在货代向承运人或其代理订舱时不用填写。

（7）装货港

7. Port of Loading GUANGZHOU，CHINA

本栏填写实际装运货物的港口名称，必要时加上港口所在国家（地区）的名称。

1）在信用证项下，应严格按信用证规定的装运港填写。

2）如国外开来的信用证笼统规定装运港名称，比如，仅规定为“中国港口”（Chinese ports，Shipment from China to…），这种规定对受益人来说比较灵活，如果需要由附近其他港口装运时，可以由受益人自行选择。制单时应根据实际情况填写具体港口名称。若信用证规定“Your port”，受益人只能在本市港口装运，若本市没有港口，则事先须洽开证人改证。

3）如信用证同时列明几个装运港（地），托运单只填写实际装运的那一个港口名称。

（8）卸货港

8. Port of Discharge LONDON，U. K.

本栏填写最后卸离船舶的港口全称，最好加上港口所在国家（地区）的名称。

1）通常，卸货港是最终收货人所在国家（地区）的港口。但有时候卸货港只是靠近收货人所在国家（地区），不在收货人所在国境或关境内，这时托运人要依照合同规定或收货人清关要求，并结合承运人的航线、挂靠港口、转运等情况来选择卸货港或目的地。

2）在信用证项下，应按信用证中规定的卸货港填写。

3）其他支付方式下，应按照合同规定的卸货港填写。

4）对于有中间商的转售业务，一般货物被直接运到最终收货人所在国家（或地区）的港口，而货款包括运费则要与中间商结算。

（9）交货地（Place of Delivery）

本栏填写交货地的城市名、国家（地区）名称。

只有在采用联合运输或多式联运的情况下，此栏才需要填写。如果货物的目的地就是目的港，则空白这一栏。

（10）最终目的地（Final Destination for the Merchant’s Reference）

（11）集装箱号（Container No.）

11. Container No. CBHU3202732

（12）封志号或运输标志和件号

12. Seal No Marks & Nos. FLAG SSC2011528 LONDON C/NO. 1—380

1）封志号是发货人装箱完毕后在集装箱箱门上加封的号码，此号码为唯一。一般在提单上显示封志号，托运单上不填。收货人提货时应检查封志号，如果集装箱上的实际封志号与提单记载的封志号相一致，且无损坏，则表示该集装箱门未被开启。

2）常用的封志有承运人规定的“专用封志”和非规定的“普通封志”两大类。一般一个集装箱加封一个封志，必要时可以同时使用两个封志，允许一个集装箱有两个封志。

3）如果遇到海关开箱查验，通常会发生更换封志的情况，这时，托运人必须将更换后新的封志号显示在提单上，同时作为废旧的封志号。

4）标志和号码，俗称唛头。唛头即为了装卸、运输及存储过程中便于识别而刷在外包装上的装运标记，是提单与货物的主要联系要素，也是收货人提货的重要依据。在填写托运单时就应填写。此栏填写的标记与号码应与货物外包装上实际的正面唛头的内容完全一致，包括数字、字母和简单图形。

5）如果货物外包装上的唛头内容较多而无法在本栏中显示，一般承运人接受“贴唛”，但提单贴唛处须加盖与签单章一致的骑缝章。

6）托运单上的唛头与实际货物唛头不一致时，承运人或海关都可以认为是货单不符而拒绝放行或装运。

（13）件数和包装种类

13. No. of Containers or Packages 380 CTNS

本栏填写商品名称、包装数量和包装单位。如果散装货物无件数时，可表示为“IN BULK”（散装）。包装种类一定要与信用证规定一致。

一般提单上的箱数或件数不允许做任何更改，也不允许盖更正章。

（14）商品描述

14. Description of Goods
VACUUM FLASK

本栏填写符合信用证或合同商品名称应按信用证规定的品名以及其他单据如发票品名来填写，应注意避免不必要的描述，更不能画蛇添足地增加内容。如信用证上商品是 Shoes（鞋子），绝不能擅自详细描述成 Men's canvas shoes（男式帆布鞋）或 Ladies' casual shoes（女式轻便鞋）等。如果品名繁多、复杂，则银行接受品名描述用统称表示，但不得与信用证中货物的描述有抵触。如果信用证规定以法语或其他语种表示品名时，也应按其语种表示。

相关链接

ISBP681 货物描述

84. 多式联运单据上的货物描述可以使用与信用证规定不矛盾的货物统称。

（15）毛重

15. Gross Weight (Kgs)
3700.000

本栏填写该笔交易货物的实际毛重（公斤，kgs）。毛重应与发票或包装单相符。如果裸装货物没有毛重只有净重，应先加 Net weight 或 N. W.，再注明具体的净重数量。

（16）体积/容积

16. Measurement (Cbm)
14.518

本栏填写货物的实际体积，一般以立方米为计量单位，小数点以下保留三位。FOB 价格条件下可免填尺码。

(17) 总箱数/货物总件数

17. Total Number of containers and/or packages (in words) SAY THREE HUNDRED EIGHTY CARTONS ONLY

本栏用英文大写来填写集装箱的总箱数或货物的总件数。

一般提单上的总箱数或总件数不允许做任何更改，也不允许盖更正章。

(18) 运费的支付

18. Freight & Charges FREIGHT PREPAID

本栏一般不显示具体运费，只填写“运费待付(FREIGHT COLLECT)”或“运费预付/已付(FREIGHT PREPAID/PAID)”。若填了FREIGHT PREPAID/PAID，则在PREPAID AT一栏内填写装运港的名称，若填了FREIGHT COLLECT，则在COLLECT AT一栏内填写目的港的名称。

(19) 正本提单份数

19. No. of Original B (s) /L THREE

实务中通常一式三份，三份正本提单同时有效。例如，信用证规定THREE ORIGINAL BILL OF LADING或者ORIGINAL BILL OF LADING IN THREE，FULL SET OF BILL OF LADING，指全套正本提单。

(20) 收货时服务类型

按照合同、信用证条款或实际交易情况填写。本例为CY(集装箱堆场)。

(21) 交货时服务类型

按照合同、信用证条款或实际交易情况填写。本例为CY。

(22) 可否转船(Transhipment)

按照合同或信用证条款填写。只能限在“允许”或“不允许”两者中取其一。

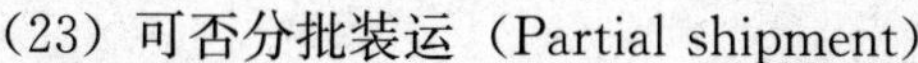

(23) 可否分批装运 (Partial shipment)

按照合同或信用证条款填写。只能限在“允许”或“不允许”两者中取其一。

(24) 装运日期

按照合同或信用证的装运条款规定填写。

(25) 有效期

此栏按信用证的规定填写，一般有效期比装运期晚。若装运期空白，有效期也可空白，原因是：若托运期距装运期、信用证有效期较长，如填写了，船方可能认为可以不立即安排装运，从而使托运人原订及早装运的目的落空。

(26) 签发地点

本栏填写这份托运单的地点。

(27) 签字或盖章

经办人签字，出口企业盖章。其他项目如船名、提单号码等由船方或其代理人填写。

4.3　航空托运单

在国际贸易中，如果采用航空运输方式运送货物，则需要填写航空托运单交给航空运输公司或其代理，委托其运送货物。

4.3.1　含义和作用

航空托运单又称为国际货物托运委托书 (Shipper’s Letter of Instruction, SLI) 是托运人填写的专门用于航空公司或其代理人填开航空货运单的一种表单，表单上列有填制货运单所需的各项内容，并印有“授权于承运人或其代理人代其在货运单上签字”以及“托运人证实新填内容全部属实并愿意遵守承运人的一切运输章程”的文字说明。

作为开具货运单的依据，空运托运单应由托运人自己填写，而且托运人必须在上面签字或盖章。作为办理托运的凭证，空运托运单是航空公司接受订舱、调拨集装器材、组织装运的依据，是托运人与承运人之间运输契约的书面记录。

4.3.2 航空托运单的内容和填制规范

样单 4-2 国际货物托运书

货运单号码

No. Of Air Waybill

国际货物托运书

SHIPPER'S LETTER OF INSTRUCTION

托运人姓名、地址、电话号码 Shipper's Name Address & Telephone

托运人账号 Shipper's Account Number

中国东方航空

CHINA EASTERN

中国上海 SHANGHAI CHINA

收货人姓名、地址、电话号码 Consignee's Name Address & Telephone

收货人账号 Consignee's Account Number

托运人证实表中所填全部属实并愿遵守承运人的一切货运章程。

THE SHIPPER CERTIFIES THAT THE PARTICULARS ON THE FACE HEREOF CORRECT AND AGREES TO THE CONDITIONS OF CARRIAGE THE CARRIER.

目的通知 Also Notify

始发站 Airport of Departure

到达站 Airport of Destination

托运人签字

SIGNATURE OF SHIPPER

日期

DATE

要求运输路线 Requested Routing

要求预订吨位 Requested Booking

声明价值 Declared Value

供运输用 For Carriage	供海关用 For Customs

件数 No. of Packages	毛重(kg) Gross Weight	运费规则 Rate Class	收费重量 Chargeable Weight	费率 Rate Charge	货物品名（包括包装，尺寸或体积） Nature and Quantity of goods (incl. packaging. Dimensions or volume)

航空货运费用 (用一种方法表示) AIR FREIGHT CHARGES (MAKE ONE TO APPLY)		始发地其他费用(用一种方法表示) OTHER CHARGES AT ORIGIN (MAKE ONE TO APPLY)	
预付 PREPAID	到付 COLLECT	预付 PREPAID	到付 COLLECT

随附单据

DOCUMENTS TO ACCOMPANY AIR

运费CHARGES

注: 1.至我司提货时，请在提货单上注明运编号。

（该号码在本托书的右上角，务请注意）

2.运费到付货物的运杂费,如果收货人拒绝提货或拒付费用,则由托运人承担一切运杂费及相关责任。

3.运费预付货物的运杂费,发货人必须在货物出运后的十五天之内将费用付给承运代理人。

处理情况及备注

HANDLING INFORMATION AND REMARKS

经办人

Agent

日期

Date

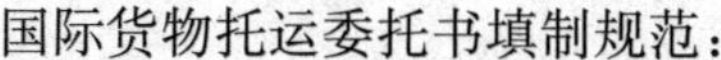
国际货物托运委托书填制规范：

1. 托运人名称、地址、电话号码（shipper's name，address and telephone)

此栏填写托运人的全称、街名、城市、国家名称、电话和传真号码等。

（1）托运人可以是货主，也可以是货运代理人。通常，集中托运方式的托运人是货代，直接托运方式的托运人是货主。

（2）托运人有时被承运人要求在托运单上提供托运人账号，以避免承运人在收货人拒付运费时向托运人索偿。通常，托运贵重样品、鲜活货物、报纸杂志等货时须提供托运人账号。

（3）托运危险货物时，托运人必须是真正的发货人，航空公司有时不接受其代理人的托运。

（4）在信用证结汇方式下，托运人一般按信用证的受益人内容填写。

2. 收货人名称、地址、电话号码（consignee' name，address and telephone)

此栏填写收货人的全称、街名、城市、国家名称、电话和传真号码等。

（1）本栏不得填写“TO ORDER”或“TO ORDER OF SHIPPER”等凭指示字样，因为空运单据不能转让。如果托运人强调信用证要求上需要显示这些字样，承运人有权拒绝接受订舱。

（2）收货人可以是真正收货人，也可以是货运代理人。通常，集中托运方式的收货人是货代目的港代理人，直接托运方式时为真正收货人。

（3）承运人一般不接受一票货物有两个或两个以上收货人。如果实际业务中有两个或两个以上收货人，收货人栏内填写第一收货人，通知人栏内填写第二收货人。

（4）收货人账号仅供承运人使用，一般不需要填写，除非承运人需要。

3. 始发站（airport of departure)

此栏填写始发站机场的英文名称，或代码，或所在城市名称。

（1）在始发站机场的全称不清楚的情况下，允许填写始发站所在城市名称。

（2）相同城市的不同国家，需要加上国家名称；相同城市的不同机场，需要加上机场名称。

表4-1 常见的机场代码

机场中文名称	机场英文全称	机场代码
首都国际机场	Capital International Airport	PEK
戴高乐机场	Charles De Gaulle	CDG

续表

机场中文名称	机场英文全称	机场代码
成田机场	Narita	NRT
大阪关西国际机场	Kansai International	KIX
杜勒斯国际机场	Dulles International	IAD
希斯罗国际机场	Heathrow	LHR
奥黑尔国际机场	O'Hare International	ORD

4. 目的站（airport of destination）

此栏填写最后目的站机场的英文名称，或代码。

（1）按国际航空运输协会 IATA 规范的机场代码填报，不得自行编制。如，日本东京成田机场，填写“NRT”，上海浦东国际机场，填写“PVG”。

（2）机场名称不明确时可填写城市名称。如果城市名称重复两个或两个以上国家时应加上国名。如目的港为“悉尼”，须加上国名以区别，填写“SYD，AU”（澳大利亚悉尼），或“SYD，CA”（加拿大悉尼）。

（3）标签上目的港机场的三字代码必须与托运单、空运单上填写的目的港代码一致。

5. 要求运输路线（requested routing）

本栏于航空公司安排运输路线时使用，但如果托运人有要求时也可以在本栏提出。为了保证制单承运人收运的货物可以被所有续航承运人接受，可查阅 TACT RULES 8.1 中的双边联运协议，并在此栏中列明航空公司名称或 IATA 规定的航空公司二字代码。

由于空运单据仅仅是运输条件的初步证明，各国航空法规及民航管理部门对公共航空运输企业的承运条件已明确规定。因此，承运人只要不违反这些规定就可以不经托运人同意改变托运单所要求的路线，但须兼顾托运人的利益。

6. 要求预订吨位（requested booking）

此栏于航空公司安排舱位时使用，但如果托运人有要求时，也可以按计费吨位提出。

7. 供运输用声明价值（declared value for carriage）

此栏填写托运人向承运人办理货物声明价值的金额。若托运人不办理货物价值的声明，此栏必须打上“NVD”（no value declaration）字样。

8. 供海关用申明价值（declared value for customs）

此栏填写托运人向海关办理货物声明价值的金额。若托运人不办理货物价值的声明，此栏必须扣上“NCV”（no customs value）字样。

9. 件数和包装方式（No. of pieces）

此栏填写货物的件数和相应的包装种类。如果一份托运单使用不同种类货物运价时应分别填写货物件数和包装方式，最后将总件数相加，包装种类名称用统称“PACKAGES”来表示。

10. 毛重（gross weight）

此栏填写与货物件数相对应的实际毛重，计量单位用千克（代码“K”），或磅（代码“L”）。

（1）以千克为单位时，保留小数后一位，并按 0.5 进位。

（2）有多项货物时，在下方规定栏目内填写毛重之和。

11. 运价种类（rate class）

此栏填写所采用的货物运价种类的代码。运价种类的中英文名称和代码见表 4-2。

表 4-2　运价种类

运价代码	运价英文名称	运价中文名称
M	Minimum	最低运费
N	Normal Rate	45kg 以下普通货物运价
Q	Quantity Rate	45kg 以上普通货物运价
C	Special Commodity Rate	指定商品运价
R	Class Rate Reduction	等级货物附减运价
S	Class Rate Surcharge	等级货物附加运价
U	Unit Load Device Basic Rate	集装化设备基本运价
E	Unit Load Device Additional Rate	集装化设备附加运价
X	Unit Load Device Additional Information	集装化设备附加说明
Y	Unit Load Device Discount	集装化设备折扣

12. 计费重量（chargeable weight）

此栏填写据以计收航空运费的重量。

（1）当货物是重货时，计费重量是货物的实际毛重；

（2）当货物是轻泡货时，计费重量是货物的体积重量。

（3）当货物临近重量分界点时，计费重量是较高重量、较低运价的分界点重量。

13. 费率（rate）

此栏填写所适用的货物运价的费率。

（1）当使用最低运费时，填与运价代号“M”和相对应的最低运费。

（2）当使用运价代码“N”、“Q”、“C”时，填写相对应运价的费率。

（3）当货物为等级货物时，填写与运价代码“S”、“R”相对应的附加、附减运价的费率。

在实务中，本栏可不填。

14. 货物品名和数量（name & quantity of goods incl. dimensions or volume）

此栏填写货物的具体名称、数量，包括填写货物的外包装尺寸或体积。

（1）尽可能填写货物具体名称，不要只填写表示货物类别的统称。如不能填写玩具或仪表等类别名称，尽可能填写玩具或仪表的具体名称，如电动玩具、吹塑玩具、长毛绒玩具，温度表、电压表等，同时标上货物的外包装数量、尺寸或体积。

（2）如果是危险品，应分别填写其标准的技术名称、危险级别、联合国危规号等。

（3）对鲜活易腐品、活体动物等不能用笼统品名作为货物名称。

（4）填写每件货物的外包装尺寸或体积，计量单位用厘米或立方米表示，货物尺寸按其外包装“长×宽×高×件数”的顺序填写。

15. 运费（air freight charge）

根据运费支付方式填写，运费“预付”用（PP）表示；“到付”用（CC）表示。

（1）空运费在始发站支付时，在 PP 的下方打上（××）表示预付。

（2）空运费在目的港支付时，在 CC 的下方打上（××）表示到付。

16. 杂费（other）

根据付款方式填写杂费“预付（PP）”或“到付（CC）”。填写始发站运输中发生的其他费用，在托运单上可以不填，但在货运单上必须填具体金额并冠以规定的操作代码。

17. 托运人签字（signature of shipper）

托运人必须在本栏内签字。

18. 日期（date）

填托运人或其代理人交货的日期。

思考与实训

分析在第二章课后的思考与实训题中的售货确认书和信用证，在修改后的信用证中找出装运条款并进行翻译，同时依据商业发票和装箱单，填制集装箱货物托运单向广州中远订舱。

<table>
<tr><td colspan="3">1. Shipper</td><td colspan="3" rowspan="5">D/R No.：

集装箱货物托运单

配舱回单</td></tr>
<tr><td colspan="3">2. Consignee</td></tr>
<tr><td colspan="3">3.Notify Party</td></tr>
<tr><td colspan="2">4.Pre-carriage by *</td><td>5. Place of Receipt *</td></tr>
<tr><td colspan="2">6.Ocean Vessel Voy. No.</td><td>7. Port of Loading</td></tr>
<tr><td colspan="2">8. Port of Discharge</td><td>9. Place of Delivery *</td><td colspan="3">10.Final Destination for the Merchant's Reference</td></tr>
<tr><td>11. Container No.</td><td>12.Seal No. Marks& Nos.</td><td>13. No. of Containers or Packages</td><td>14.Description of Goods</td><td>15.Gross Weight (Kgs)</td><td>16.Measurement (Cbm)</td></tr>
<tr><td colspan="6">17. Total Number of containers and/or packages (in words)</td></tr>
<tr><td>18. Freight & Charges</td><td>Revenue Tons</td><td>Rate</td><td>per</td><td>Prepaid</td><td>Collect</td></tr>
<tr><td rowspan="2">Ex. Rate</td><td colspan="2">Prepaid at</td><td colspan="2">Payable at</td><td>26.Place of Issue</td></tr>
<tr><td colspan="2">Total Prepaid</td><td colspan="2">19.No. of Original B(s)/L</td><td></td></tr>
<tr><td colspan="2">20.ServiceType on Receiving</td><td colspan="2">21.Service Type on Delivery</td><td colspan="2" rowspan="5"></td></tr>
<tr><td colspan="2">22.Transhipment：</td><td colspan="2">23.Partial shipment：</td></tr>
<tr><td colspan="2">24.Date of shipment：</td><td colspan="2">25.period of validity：</td></tr>
<tr><td colspan="4">金额：</td></tr>
<tr><td colspan="4">制单日期：</td></tr>
</table>

第5章 进出口商品检验检疫与单证

关键术语

报检　电子报检　电子转单　报检单　检验检疫证书

学习目标

- 应知报检的含义与出入境货物的报检范围
- 应知检验检疫证书的含义和种类
- 应懂出入境货物检验检疫的流程
- 应懂报检时须提供的单据
- 应懂信用证中商检证书条款
- 应会填制报检委托书和出入境货物报检单
- 应会填制检验检疫证书

进出口商品检验检疫是进出口业务中的一个重要环节。及时办理出口货物的报检手续，能保证出口货物按时、按质、按量出运；对进口货物进行及时的检验检疫，发现问题后能及时对外提出索赔。

进出口商品检验检疫是指权威的检验检疫机构依照相应的法律、法规或进出口合同的规定，对商品的质量、数量、重量、包装、卫生、安全及装运条件进行检验，并出具相应的检验证书的一系列活动。通常简称为商检工作。

5.1 报检

报检是指进出口商品的外贸关系人包括生产单位、经营单位、进出口商品的收发货人和接运单位，按“商检法”、“动检法”、“植检法”和“食品卫生法”等相关法律、法规的规定，对法定检验检疫的进出境货物，向检验检疫机构申请办理检验、检疫、认定和鉴定的手续。

5.1.1 出入境货物的报检范围

1. 法律、行政法规规定必须由检验检疫机构实施检验检疫的报检范围

根据《中华人民共和国进出口商品检验法》及其实施条例、《中华人民共和国进出境动植物检疫法》及其实施条例、《中华人民共和国国境卫生检疫法》及其实施细则、《中华人民共和国食品卫生法》等有关法律、行政法规的规定，以下对象在出入境时必须向检验检疫机构报检，由检验检疫机构实施检验检疫或鉴定工作。

(1) 列入《出入境检验检疫机构实施检验检疫的进出境商品目录》的货物；

(2) 入境废物、进口旧机电产品；

(3) 出口危险货物包装容器的性能检验和使用鉴定；

(4) 进出境集装箱；

(5) 进境、出境、过境的动植物、动植物产品及其他检疫物；

(6) 装载动植物、动植物产品和其他检疫物的装载容器、包装物、铺垫材料，进境动植物性包装物、铺垫材料；

(7) 来自动植物疫区的运输工具，装载进境、出境、过境的动植物、动植物产品及其他检疫物的运输工具；

(8) 进境拆解的废旧船舶；

(9) 出入境人员、交通工具、运输设备以及可能传播检疫传染病的行李、货物和邮包等物品；

(10) 旅客携带物（包括微生物、人体组织、生物制品、血液及其制品、骸骨、骨灰、废旧物品和可能传播传染病的物品以及动植物、动植物产品和其他检疫物）和携带伴侣动物；

(11) 国际邮寄物（包括动植物、动植物产品和其他检疫物、微生物、人

体组织、生物制品、血液及其制品以及其他需要实施检疫的国际邮寄物）；

（12）其他法律、行政法规规定须经检验检疫机构实施检验检疫的其他应检对象。

2. 输入国家或地区规定必须凭检验检疫机构出具的证书方准入境的报检范围

有的国家发布法令或政府规定要求，对某些来自中国的入境货物须凭检验检疫机构签发的证书方可入境。如一些国家和地区规定，对来自中国的动植物、动植物产品、食品，凭我国检验检疫机构签发的动植物检疫证书以及有关证书方可入境；又如，一些国家或地区规定，从中国输入货物的木质包装，装运前要进行热处理、熏蒸或防腐等除害处理，并由我国检验检疫机构出具“熏蒸/消毒证书”，货到时凭“熏蒸/消毒证书”验放货物。因此，凡出口货物输入国家和地区有此类要求的，报检人须报经检验检疫机构实施检验检疫或进行除害处理，取得相关证书。

3. 有关国际条约规定必须经检验检疫的报检范围

随着加入世界贸易组织和其他一些区域性经济组织，我国已成为一些国际条约、公约和协定的成员。此外，我国还与世界上几十个国家缔结了有关商品检验或动植物检疫的双边协定、协议，认真履行国际条约、公约、协定或协议中的检验检疫条款是我国的义务。因此，凡国际条约、公约或协定规定须经我国检验检疫机构实施检验检疫的出入境货物，报检人须向检验检疫机构报检，由检验检疫机构实施检验检疫。

4. 国际货物买卖合同约定须凭检验检疫机构签发的证书进行交接、结算的报检范围

国际货物买卖合同是买卖双方通过协商，确定双方的权利和义务的书面协议，一经签署即发生法律效力，双方都必须履行合同规定的权利和义务。然而在国际贸易中，买卖双方相距遥远，难以做到当面点交货物，也不能亲自到现场查看履约情况。为了保证对外贸易的顺利进行，保障买卖双方的合法权益，通常，需要委托第三方对货物进行检验检疫或鉴定并出具检验检疫鉴定证书，以证明卖方已经履行合同，买卖双方凭证书进行交接、结算。此外，对某些以成分计价的商品，由第三方出具检验证书更是计算货款的直接依据。因此，凡对外贸易合同、协议中规定以我国检验检疫机构签发的检验检疫证书为交接、结算依据的进出境货物，报检人须向检验检疫机构报检，由检验检疫机构按照合同、协议的要求实施检验检疫

或鉴定并签发检验检疫证书。

5.1.2 出入境货物检验检疫的流程

1. 出入境报检的时限和地点

1）入境货物，应在入境前或入境时向入境口岸、指定的或到达站的检验检疫机构办理报检手续；入境的运输工具及人员应在入境前或入境时申报。

2）入境货物须对外索赔出证的，应在索赔有效期前不少于 20 天内向到货口岸或货物到达地的检验检疫机构报检。

3）输入微生物、人体组织、生物制品、血液及其制品或种畜、种禽及其精液、胚胎、受精卵的，应当在入境前 30 天报检。

4）输入其他动物的，应当在入境前 15 天报检。

5）输入植物、种子、种苗及其他繁殖材料的，应当在入境前 7 天报检。

6）出境货物最迟应于报关或装运前 7 天报检，对于个别检验检疫周期较长的货物，应留有相应的检验检疫时间。

7）出境的运输工具和人员应在出境前向口岸检验检疫机构报检或申报。

8）须隔离检疫的出境动物在出境前 60 天预报，隔离前 7 天报检。

9）法定检验检疫货物，除活动物须由口岸检验检疫机构检验检疫外，原则上应坚持产地检验检疫。

2. 电子报检

电子报检是指报检人使用电子报检软件通过检验检疫业务平台将报检数据以电子报文方式传输给检验检疫机构，经检验检疫机构业务管理系统和检务员处理后，将受理报检报验信息反馈给报检人，实现远程办理出入境检验检疫报检的行为。

(1) 开展电子报检的报检人应具备以下条件：

1）遵守报检的有关管理规定；

2）已在检验检疫机构办理报检人登记备案或注册登记手续；

3）具有经检验检疫机构培训考核合格的报检员；

4）具备开展电子报检的软硬件条件；

5）在国家质检总局指定的机构办理电子业务开户手续。

(2) 报检人在申请开展电子报检时，应提供以下资料：

1）在检验检疫机构取得的报检人登记备案证明；

2）电子报检登记申请表；

3）电子业务开户登记表。

（3）开展电子报检人应确保电子报检信息真实、准确，不得发送无效报检信息。报检人发送的电子报检信息应与提供的报检单及随附单据有关内容保持一致。电子报检人须在规定的报检时限内将相关出境货物的报检数据发送至报检地检验检疫机构。

对于合同或信用证中涉及检验检疫特殊条款和特殊要求的，电子报检人在电子报检申请中同时提出。

（4）受理电子报检的检验检疫机构应及时接收电子报检数据并进行审核。

对于经审核符合报检要求的，检验检疫机构受理报检，并将报检号、施检部门信息及所需随附单据的种类等信息反馈给电子报检人。

对于经审核不符合报检要求的，检验检疫机构应将不受理报检信息和不受理报检的原因及修改要求等信息同时反馈给电子报检人。电子报检人须按照检验检疫机构的有关要求对报检数据修改后，再次报检。

（5）出境货物受理电子报检后，报检人应按受理信息的要求，在检验检疫施检时，提交报检单和随附单据。检验检疫机构施检部门负责按有关规定审核直通式电子报检人所提交的报检单和随附单据，对于不符合要求的，要求其予以修改和更换。

入境货物受理直通式电子报检后报检人应在领取“入境货物通关单”时，提交报检单和随附单据。检务部门负责按有关规定审核电子报检人所提交的报检单和随附单据，对于不符合要求的，要求其予以修改或更换。

3. 出境电子转单

出境电子转单是指通过网络将出境货物经产地检验检疫机构检验检疫合格后的相关电子信息传输到出境口岸检验检疫机构实施检验检疫的监管模式。

（1）有以下情况之一的暂不适用于电子转单：

1）出境货物在产地预检的；

2）出境货物出境口岸不明确的；

3）出境货物需到口岸并批的；

4）出境货物按规定需在口岸检验检疫并出证的；

5）其他不适用《出入境检验检疫电子转单管理办法》的。

出境货物电子转单传输内容包括报检信息、签证信息及其他相关信息。

（2）产地检验检疫机构向出境检验检疫关系人以书面方式提供报检单号、

转单号及密码等。出境检验检疫关系人凭转单号及密码等到出境口岸检验检疫机构申请“出境货物通关单”。出境口岸检验检疫机构应出境检验检疫关系人的申请，提取电子转单信息，签发“出境货物通关单”。按《口岸查验管理规定》须核查货证的，转施检部门核查货证。

(3) 电子数据由产地检验检疫机构传输到口岸检验检疫机构后，应出境检验检疫关系人和产地检验检疫机构的要求，在不违反有关法律法规及规章的情况下，出境口岸检验检疫机构可以根据下列情况对电子转单有关信息予以更改：

1）对运输造成包装破损或短装等原因需要减少数量、重量的；

2）需要在出境口岸更改运输工具名称、发货日期、集装箱规格及数量等有关内容的；

3）申报总值须按有关币种换算或变更申报总值幅度不超过10%的；

(4) 经口岸检验检疫机构和产地检验检疫机构协商同意更改有关内容的；

(5) 因产地检验检疫机构误操作等原因造成电子转单信息错误的，由产地检验检疫机构书面通知出境口岸检验检疫机构对错误信息进行更改。口岸检验检疫机构发现电子转单信息错误时应主动与产地检验检疫机构联系解决。

1. 入境电子转单

1）对经入境口岸办理通关手续，须到目的地实施检验检疫的货物，口岸检验检疫机构通过网络，将相关信息传输到电子转单中心。入境货物电子转单传输内容包括报检信息、签证信息及其他相关信息。

2）由入境口岸检验检疫机构以书面方式向入境检验检疫关系人提供报检单号、转单号及密码等。

3）目的地检验检疫机构应按时接收国家质检总局电子转单中心转发的相关电子信息，并反馈接收情况信息。

4）入境检验检疫关系人应持有关报检单证和口岸检验检疫机构签发的“入境货物通关单”副本（入境货物调离通知单）或复印件，向目的地检验检疫机构申请实施检验检疫。

5）目的地检验检疫机构根据电子转单信息，对入境检验检疫关系人未在规定期限内办理报检的，将有关信息通过国家质检总局电子转单中心反馈给入境口岸检验检疫机构。入境口岸检验检疫机构应按时接收电子转单中心转发的上述信息，并采取相应的处理措施。

5.1.3　报检时须提供的单据

1. 出境货物报检时须提供的单据

申请出境货物报检时，应填写出境货物报检单并提供对外贸易合同（售货确认书或函电）、信用证、发票、装箱单等必要的单证。有下列情况的，报检时还应按要求提供有关文件。

（1）凡实施质量许可、卫生注册或需经审批的货物，应提供有关证明。

（2）出境货物须经生产者或经营者检验合格并加附检验合格证或检测报告；申请重量鉴定的，应加附重量明细单或磅码单。

（3）凭样成交的货物，应提供经买卖双方确认的样品。

（4）出境人员应向检验检疫机构申请办理国际旅行健康证明书及国际预防接种证书。

（5）报检出境运输工具、集装箱时，还应提供检疫证明，并申报有关人员健康状况。

（6）生产出境危险货物包装容器的企业，必须向检验检疫机构申请包装容器的性能鉴定。

（7）生产出境危险货物的企业，必须向检验检疫机构申请危险货物包装容器的使用鉴定。

（8）报检出境危险货物时，必须提供危险货物包装容器性能鉴定结果单和使用鉴定结果单。

（9）申请原产地证明书和普惠制原产地证明书的，应提供商业发票等资料。

（10）出境特殊物品的，根据法律法规规定应提供有关的审批文件。

2. 入境货物报检时须提供的单据

申请入境货物报检时，应填写入境货物报检单并提供合同、发票、提单等有关单证。有下列情况的，报检时还应按要求提供有关文件。

（1）凡实施安全质量许可、卫生注册或其他须审批审核的货物，应提供有关证明。

（2）品质检验的还应提供国外品质证书或质量保证书、产品使用说明书及有关标准和技术资料；凭样成交的，须加附成交样品；以品级或重量计价结算的，应同时申请重量鉴定。

（3）报检入境废物时，还应提供国家环保部门签发的“进口废物批准证

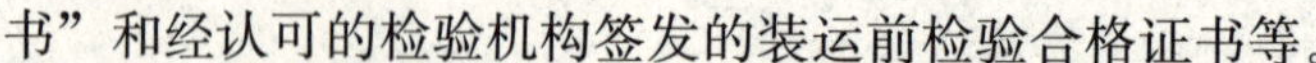

书”和经认可的检验机构签发的装运前检验合格证书等。

(4) 申请残损鉴定的还应提供理货残损单、铁路商务记录、空运事故记录或海事报告等证明货损情况的有关单证。

(5) 申请重（数）量鉴定的还应提供重量明细单，理货清单等。

(6) 货物经收、用货部门验收或其他单位检测的，应随附验收报告或检测结果以及重量明细单等。

(7) 入境的动植物及其产品，在提供贸易合同、发票、产地证书的同时，还必须提供输出国家或地区官方的检疫证书；须办理入境检疫审批手续的，还应提供入境动植物检疫许可证。

(8) 过境动植物及其产品报检时，应持货运单和输出国家或地区官方出具的检疫证书；运输动物过境时，还应提交国家检验检疫局签发的动植物过境许可证。

(9) 报检入境运输工具、集装箱时，应提供检疫证明，并申报有关人员健康状况。

(10) 入境旅客、交通员工携带伴侣动物的，应提供入境动物检疫证书及预防接种证明。

(11) 因科研等特殊需要输入禁止入境物的，必须提供国家检验检疫局签发的特许审批证明。

(12) 入境特殊物品的，应提供有关的批件或规定的文件。

5.2　报检单据的缮制

5.2.1　报检委托书

样单 5-1　广东省代理报检委托书

代理报检委托书

No. ＿＿＿＿＿＿

＿＿＿＿＿＿出入境检验检疫局：

本委托人＿＿＿＿＿＿＿＿拟于＿＿＿年＿＿月＿＿日进/出口下列货物，现委托代理报检单位＿＿＿＿＿＿＿（检验检疫注册登记号为：＿＿＿＿＿＿）办理检验检疫相关手续。委托内容如下：

一、代理报检的货物信息（涉及多项货物的，填写第一项，并加“等”字注明）

货物名称				H. S. 编码	
数/重量		包装种类/数量		进/出口国别	
合同号		提/运单号		其他信息（注明）	

二、授权代理的具体事项（在对应栏目划“√”）

办理报检手续		缴纳检验检疫费用		联系落实检验检疫	
领取检验检疫证单		办理其他事宜（注明）			

三、代理报检提供的资料（在对应栏目划“√”）

1. 合同		2. 发票		3. 提/运单	
4. 装箱单		5. 许可证明文件		6. 批准文件	
7. 其他文件（注明）					
以上资料中，＿＿＿＿＿＿＿为原件；其余为复印件。					

本委托人和代理报检单位郑重申明：保证遵守中华人民共和国出入境检验检疫法律、法规及规定；保证以上授权和代理事项合法，有关信息和文件真实有效。如有违法违规行为，自愿接受检验检疫机构的处罚并承担法律责任。

本委托书有效期至：＿＿＿年＿＿月＿＿日。

委 托 人：（公　　章）	代理报检单位：（公　　章）
联 系 人：＿＿＿＿＿＿	联 系 人：＿＿＿＿＿＿
联系电话：＿＿＿＿＿＿	联系电话：＿＿＿＿＿＿
日　期：　年　月　日	日　期：　年　月　日

本委托书一式三联，第一联检验检疫机构留存，第二联委托人留存，第三联代理报检单位留存。

5. 2. 2　出入境货物报检单

样单 5-2　出境货物报检单

中华人民共和国出入境检验检疫

出境货物报检单

报检单位（加盖公章）：　　　　　　　　　　　　*编　　号

报检单位登记号：　　　　联系人：　　　　电话：　　　　报检日期：　　年　　月　　日

发货人	（中文）	
	（外文）	
收货人	（中文）	
	（外文）	

货物名称（中/外文）	H.S.编码	产地	数/重量	货物总值	包装种类及数量

运输工具名称号码		贸易方式	一般贸易	货物存放地点	
合同号		信用证号		用途	
发货日期		输往国家（地区）		许可证/审批号	
起运地		到达口岸		生产单位注册号	
集装箱规格、数量及号码					

合同、信用证订立的检验检疫条款或特殊要求	标 记 及 号 码	随附单据（划“√”或补填）	
		□合同	□包装性能结果单
		□信用证	□许可/审批文件
		□发票	□
		□换证凭单	□
		□装箱单	□
		□厂检单	□

需要证单名称（划“√”或补填）				*检验检疫费	
□品质证书	__正__副	□植物检疫证书	__正__副	总金额（人民币元）	
□重量证书	__正__副	□熏蒸/消毒证书	__正__副		
□数量证书	__正__副	□出境货物换证凭单	__正__副		
□兽医卫生证书	__正__副	□		计费人	
□健康证书	__正__副	□			
□卫生证书	__正__副	□		收费人	
□动物卫生证书	__正__副	□			

报检人郑重声明：	领 取 证 单	
1. 本人被授权报检。 2. 上列填写内容正确属实，货物无伪造或冒用他人的厂名、标志、认证标志并承担货物质量责任。	日期	
签名：________	签名	

注：带“*”号栏由出入境检验检疫机关填写。　　　　◆国家出入境检验检疫局制

[1-2 (2000.1.1)]

1. 出境货物报检单

“出境货物报检单”是法定检验商品出口报检时必须填制的申报单据，由各口岸出入境检验检疫局统一印制，除了编号由检验检疫机构指定外，其余各栏均由报检单位填制并盖章确认。出境货物报检单所列各栏必须填写完整、正确和清晰，没有填写内容的栏目应以斜杠“/”表示，不得留空。

出境货物报检单填制规范如下：

(1) 编号

由检验检疫机构受理人指定，前六位为检验检疫机构代码，第七位为报检类代码，第八位、第九位为年份代码，第十位至第十五位为流水号。实行电子报检后，该编号可在受理电子报检的回执中自动生成。

(2) 报检单位

本栏填写向检验检疫机构申报检验检疫、鉴定业务的报验单位中文名称，并加盖该报检单位公章。该报检单位须经国家质量监督检验检疫总局审核，获得许可，登记，并取得国家质检总局颁发的“自理报检单位备案登记证明书”或“代理报检单位备案登记证明书”。

(3) 报检单位登记号

本栏填写报检单位取得的国家质检总局登记证号码（10 位数），报检人员姓名和报检人员的联系方式。

(4) 报检日期

本栏填写报检员向检验检疫机构报检当天的日期，统一用阿拉伯数字表示。如用电子报检，则填写登录报检时的具体日期。

(5) 发货人

本栏填写贸易合同中的卖方名称（信用证中的受益人名称或商业发票的出票人名称）。如须英文证书的，应用中英文分行填写。

(6) 收货人

本栏填写贸易合同中的买方名称、商业发票上的受票人或信用证中的开证申请人名称。如须出具英文证书，应用中英文分行填写。

特别提示

发货人和收货人的名称都要显示在通关放行单上，因此，必须认真填写。如果填写错误，放行单上的名称与商业发票和报关单等其他通关单据上的名称对不上，容易给进出口通关操作带来麻烦。

（7）货物名称（中英文）

此处应按合同（信用证或商业发票），用中英文填写被申请报检的出境货物名称、规格、型号、成分等。货物名称不得填写笼统的商品类。

（8）H.S. 编码

本栏填写出境商品在海关《协调商品名称及编码制度》中的编码，以海关当年公布的商品税则编码为准。一般为八位，有些商品有最后两位补充编码时，应填十位编码。

特别提示

由于商品编码关系到是否能够顺利通关和出口退税，因此，填写一定要认真，务必做到准确。如果商品编码与其品名不协调，海关的电脑系统不能识别，海关就不会给予放行。同时不同商品编码的增值税率或出口退税的政策可能不同。有的商品国家给予出口退税，有的则没有，反而在其出口时还要征收出口增值税。即使都是出口退税商品，不同种类不同商品编码税率往往也不一样。

（9）产地

本栏填写货物生产或加工制造的省（自治区或直辖市）以及地区（市）中文名称。

（10）数量或重量

本栏填写商品编码分类中计量标准项下的实际检验检疫数量和重量。

此处按实际申请检验检疫的数量或重量填写，重量还须列明毛/净/皮重。本栏还可填报一个以上计量单位，如第一个计量单位。

（11）货物总值

此处应按合同、发票或报关单上所列货物总值填写，不需要填报贸易术语如 CFR 等。

（12）包装种类及数量

此处填写货物实际外包装种类和数量。若有托盘集中包装，除了填写托盘种类及数量外，还应填写托盘上商品外包装种类和数量。

（13）运输工具名称号码

此处填写该笔交易实际出境运输工具的名称和编号，如船名、航次等。

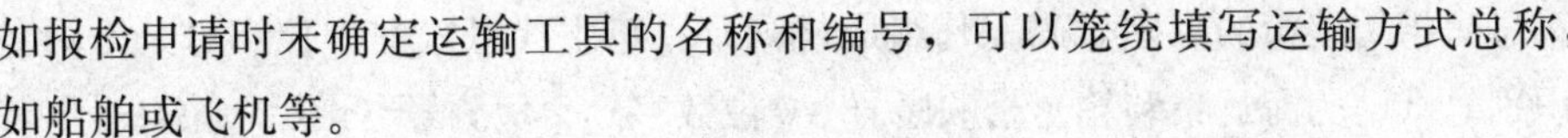

如报检申请时未确定运输工具的名称和编号，可以笼统填写运输方式总称，如船舶或飞机等。

（14）合同号

此处填写该笔交易的合同、订单、形式发票等号码，应与随附的合同、订单等号码一致。

（15）贸易方式

贸易方式指该笔交易的贸易性质，即买卖双方通过什么方式将商品所有权转让。

此处填写与实际情况一致的海关规范贸易方式。常见的贸易方式有："一般贸易"、"来料加工贸易"、"易货贸易"、"补偿贸易"等。

（16）货物存放地点

货物存放地点是指出口货物的生产企业所存放出口货物的地点。

此处按实际情况填报具体地点、仓库。

（17）发货日期

按实际开船日或起飞日等填报发货日期，以年、月、日的顺序填报。

（18）输往国家（地区）

此处填写贸易合同中买方所在的国家或地区的中文名称，即出口货物直接运抵的国家（地区）。

（19）许可证/审批号

凡申领出口许可证或其他审批文件的货物，此处填写该有关许可证号或审批号。无许可证或没有审批文件的出境货物本栏免报。

（20）生产单位注册号

此处填写实际生产单位的注册编号。该编号为出入境检验检疫机构签发给生产单位的卫生注册证书编号或加工仓库的注册编号。

（21）起运地

此处填写出境货物最后离境的口岸的中文名称。如"上海口岸"等。

（22）到达口岸

最终目的港已知时，此处按实际到达口岸的中文名称填写，最终到达口岸不可预知时，可按照尽可能预知的口岸填写。

（23）集装箱规格/数量及号码

集装箱规格是指国际标准的集装箱规格尺寸，常见的有 A 型、B 型、C 型和 D 型四种箱型。集装箱的数量指实际集装箱个数，不需要换算标准箱。集装箱号码指集装箱的识别号码，其组成规则是：箱主代号（前3位字母）＋设备识别号（U为海运集装箱）＋顺序号（6位数字）＋检测号（最后1位）。

此处填写实际集装箱数量、规格、箱号。

（24）合同、信用证中的检验检疫条款或特殊要求

（25）标记和号码

货物的标记和号码即唛头，主要用于识别货物。

此处填写合同、发票等单据上的唛头。若没有唛头应填写“N/M”。

（26）用途

此栏一般不必填写。如需要填写，应从以下9个选项中选择：种用或繁殖、食用、奶用、观赏或演艺、伴侣动物、试验、药用、饲用、其他。

（27）随附单据

按实际随附的单据种类画“√”或补充填写随附单据。

（28）签名

由持有报检员证的报检员签名。

（29）检验检疫费用

由检验检疫机构计费人员核定费用后填写。

（30）领取证单

报检人员在领取证单时填写领证日期和领证人姓名。

2. 入境货物报检单

样单 5-3　入境货物报检单

中华人民共和国出入境检验检疫

入境货物报检单

390200102.02926

报检单位(加盖公章)：津伦塑胶(厦门)有限公司　　编　号 3902001020347558

报检单位登记号：3900800101　联系人：戴丽萍　电话：***　报检日期：2002年05月15日

收货人	(中文) 津伦塑胶(厦门)有限公司			企业性质(划"√") □合资 □合作 □外资	
	(外文) KING LUN PLASTICS (XIAMEM) CO. LTD.				
发货人	(中文) ***				
	(外文) WESCO CHINA LIMITED				
货物名称(中/外文)	H. S. 编码	原产国(地区)	数/重量	货物总值	包装种类及数量
聚乙烯 ***	39011000	巴西	52000千克	33280 美元	2080塑编袋

运输工具名称号码	船舶,SL ENDURANCE 0207			合同号	***
贸易方式	进料加工	贸易国别(地区)	巴西	提单/运单号	3SZ109487
到货日期	2002.05.11	起运国家(地区)	巴西	许可证/审批号	***
卸毕日期	2002.05.20	起运口岸	巴西	入境口岸	厦门口岸
索赔有效期至	***	经停口岸	中国香港	目 的 地	福建省厦门市
集装箱规格	数量及号码	40尺普通×2,MAEU6076891 MAEU6269653			
合同订立的特殊条款以及其他要求		***		货物存放地点 / 用　途	本公司 / 其他

随附单据(划"√"或补填)		标记及号码	外商投资财产(划"√") □是 □否	
□合同 □发票 □提运单 □兽医卫生证书 □植物检疫证书 □动物检疫证书 □卫生证书 □原产地证 □许可/审批文件	□到货通知 □装箱单 □质保书 □理货清单 □磅码单 □验收报告 □ □ □	N/M	总金额（人民币元） 计费人 收费人	检验检疫费
报检人郑重声明： 1.本人被授权报检。 2.上列填写内容正确属实。 签名：戴丽萍			领取证单 日期 02 5.15 签名 戴丽萍	

注：带"*"号栏由出入境检验检疫机关填写。　　◆ 国家出入境检验检疫局制

[1-1(2000.1.1)]

报检人要认真填写“入境货物报检单”，内容应按合同、国外发票、提单、运单上的内容填写，报检单应填写完整、无漏项，字迹清楚，不得涂改，而且中英文内容一致，并加盖申请单位公章。

（1）编号

由检验检疫机构报检受理人员填写，前6位为检验检疫局机关代码，第7位为报检类代码，第8、第9位为年代码，第10至15位为流水号。

（2）报检单位登记号

报检单位在检验检疫机构登记的号码。

（3）联系人

报检人员姓名，报检人员的联系电话。

货物海运提单号或空运单号，有二程提单的应同时填写。

（4）报检日期

检验检疫机构实际受理报检的日期。

（5）收货人

外贸合同中的收货人。应中英文对照填写。

（6）发货人

外贸合同中的发货人。

（7）货物名称（中/外文）

进口货物的品名，应与进口合同、发票名称一致，如为废旧物应注明。

（8）H. S. 编码

进口货物的商品编码。以当年海关公布的商品税则编码分类为准。

（9）产国（地区）

该进口货物的原产国家或地区。

（10）数/重量

以商品编码分类中标准数重量为准。应注明数量重量的单位。

（11）货物总值

入境货物的总值及币种，应与合同、发票或报关单上所列的货物总值一致。

（12）包装种类及数量

货物实际运输包装的种类及数量，如果是要质包装还应注明材质及尺寸。

（13）运输工具名称号码

运输工具的名称和号码。

(14) 合同号

对外贸易合同、订单或形式发票的号码。

(15) 贸易方式

该批货物进口的贸易方式。

(16) 贸易国别(地区)

进口货物的贸易国别。

(17) 提单/运单号

货物海运提单号或空运单号，有二程提单的应同时填写。

(18) 到货日期

进口货物到达口岸的日期。

(19) 起运国家(地区)

货物的起运国家或地区。

(20) 许可证/审批号

须办理进境许可证或审批的货物应填写有关许可证号或审批号。

(21) 卸毕日期

货物在口岸的卸毕日期。

(22) 起运口岸

货物的起运口岸。

(23) 入境口岸

货物的入境口岸。

(24) 索赔有效期至

对外贸易合同中约定的索赔期限。

(25) 经停口岸

货物在运输中曾经停靠的外国口岸。

(26) 目的地

货物的境内目的地。

(27) 集装箱规格、数量及号码

货物若以集装箱运输应填写集装箱的规格、数量及号码。

(28) 合同订立的特殊条款以及其他要求

在合同中订立的有关检验检疫的特殊条款及其他要求应填入此栏。

(29) 货物存放地点

货物存放的地点。

(30) 用途

本批货物的用途。从以下 9 个选项中选择：Ⅰ. 种用或繁殖；Ⅱ. 食用；Ⅲ. 奶用；Ⅳ. 观赏或演艺；Ⅴ. 伴侣动物；Ⅵ. 试验；Ⅶ. 药用；Ⅷ. 饲用；Ⅸ. 其他。

(31) 随附单据

在随附单据的种类前画"√"或补填。

(32) 标记及号码

货物的标记号码，应与合同、发票等有关外贸单据保持一致。若没有标记号码则填"N/M"。

(33) 外商投资财产

由检验检疫机构报检受理人员填写。

(34) 签名

由持有报检员证的报检人员手签。

(35) 检验检疫费

由检验检疫机构计费人员核定费用后填写。

(36) 领取证单

报检人在领取检验检疫机构出具的有关检验检疫证单时填写领证日期及领证人姓名。

5.3 检验检疫证书

5.3.1 检验检疫证书的概述

1. 检验检疫证书的含义和种类

检验检疫证书（INSPECTION CERTIFICATE）是各种进出口商品检验证书、鉴定证书和其他证明书的统称，是由政府机构或公证机构对进出口商品检验检疫或鉴定后，根据不同的检验结果或鉴定项目出具并且签署的书面声明，证明货物已检验达标并评述检验结构的书面单证。对外贸易有关各方履行契约义务、处理索赔争议和仲裁、诉讼举证，具有法律依据的有效证件，也是海关验放、征收关税和优惠减免关税的必要证明。

检验检疫证书的作用：

(1) 作为出口商品的品质规格、物理和技术指标、交货数量及重量提供科学的依据；

(2) 作为议付货款的一种单据；

(3) 作为出口商品的品质、重量、数量、包装以及卫生条件等是否符合合同或信用证规定的依据；

(4) 作为进口当局和海关申报及清关的必要文件；

(5) 作为某些商品的论质或计价依据；

(6) 作为有效防止人类、牲畜病毒或传染疾病扩大传播的一道屏障；

(7) 如果交货品质、重量、数量或包装以及卫生等与规定不符，检验证书可以作为买卖双方拒收、索赔或理赔的依据。

2. 检验检疫证书的种类

根据进出境货物的不同检验、检疫要求、鉴定项目和不同作用，我国检验检疫机构签发不同的检验检疫证书、凭单、监管类证单、报告单和记录报告，共85种以上。常见的证书种类和适用范围见下表。

商检证书种类	适用范围
出入境检验检疫品质证书	用于证明出口商品的品名、规格、等级、成分、性能等产品质量的实际情况，用于证明履约情况，便利交接货物
出入境检验检疫数量检验证书	用于证明进出口商品的数量、重量，如毛重、净重、皮重等情况
出入境检验检疫植物检疫证书	用于证明植物基本不带有其他的有害物，因而符合输入国或地区的植物要求
出入境检验检疫动物卫生证书	用于证明出口动物产品经过检疫合格的书面证件，适用于冻畜肉、冻禽、皮张、肠衣等商品，一般由主任兽医签署
出入境检验检疫卫生证书	是证明可供食用的出口动物产品、食品等经过卫生检疫或检验合格的证件，适用于肠衣、罐头食品、蛋品、乳制品等商品
出入境检验检疫熏蒸/消毒证书	是证明出口动植物产品、木制品等已经过消毒或熏蒸处理的证明文件，适用于猪鬃、针叶林、马尾、羽毛、羽绒制品等商品
出境货物运输包装性能鉴定结果单	用于证明出境货物的包装已经检验并合格，适合于运输

续表

商检证书种类	适用范围
残损鉴定证书	用于证明进口商品残损情况，供索赔时使用
包装检验证书	用于证明进出口商品包装情况
温度检验证书	用于证明出口冷冻商品的温度符合合同或有关规定
船舶检验证书	用于证明承运出口商品船舶清洁、牢固、冷藏效能及其他装运条件符合保护承载商品的质量和数量完整与安全要求
货载衡量检验证书	是证明进出口商品的重量、体积、吨位的证书，是计算运费和制定配载计划的依据

5.3.2 信用证中商检证书条款示例

1. CERTIFICATE OF QUALITY ISSUED AND SIGNED BY CIQ IN DUPLICATE.

翻译：质量证一式两份，由中国出入境检验检疫局出具和签署。

2. ONE ORIGINAL OF INSPECTION CERTIFICATE FOR QUALITY AND QUANTITY ISSUED BY CIQ.

翻译：一份正本质量和数量检验证，由中国出入境检验检疫局出具。

3. INSPECTION CERTIFICATE FOR QUALITY AND QUANTITY ISSUED BY KUNMING COMMODITY INSPECTION BUREAU.

翻译：质量和数量检验证，由昆明商检局出具。

4. INSPECTION CERTIFICATE OF WEIGHT/QUALITY ISSUED BY CCIC OR CIQ.

翻译：重量或质量检验证，由中国商会或中国出入境检验检疫局出具。

5. QUALITY INSPECTION CERTIFICATE 2 COPIES TO BE ISSUED BY CIQ CERTIFYING THAT GOODS SHIPPED HAVE BEEN INSPECTED BEFORE SHIPMENT IS EFFECTED AND QUALITY IS IN ACCORDANCE TO CHINA INTERNATIONAL STANDARD GB175—85.

翻译：质量检验证两份，由中国出入境检验检疫局出具，证实货物已在装运前进行检验，并且质量符合中国国际标准 GB175—85。

6. SANITARY CERTIFICATE IN ORIGINAL AND 3 COPIES STAT-

ING THAT SKINS ARE COMING FROM ALIVE ANIMALS SLAUGHTERED AT LEAST 4 MONTHS BEFORE SHIPMENT.

翻译：卫生证正本和三份副本，证明该兽皮来源于装运前至少四个月屠宰的活动物。

7. VETERINARY HEALTH CERTIFICATE TO CERTIFY THAT THE PETFOOD WAS PROCESSED, WITHOUT SPOILAGE, WITH RAW MATERIAL FROM HEALTHY ANIMALS WHICH CAME FROM NON INFECTED AREAS.

翻译：兽医健康证，证实该宠物食品已被加工，无损坏，生料来源于无感染地区的健康动物。

8. HEALTH CERTIFICATE ISSUED BY COMMODITY INSPECTION BUREAU IN TRIPLICATE STATING THAT THIS LOT OF COMMODITY HAS BEEN TREATED UNDER 140 DEGREES CENTIGRADE FOR 3 HOURS AND THIS LOT OF PRODUCT WAS DELIVERED FROM HEALTH ANIMALS ORIGINALING FROM SAFETY AND NON-EPIZOOTIC REGIONS, HEALTH CERTIFICATE MUST HAVE HAND-WRITING SIGNATURE OF CHIEF VETERINAZION.

翻译：健康证一式三份由商检局出具，注明本批商品已在140摄氏度的温度下经过了3小时的处置，而且该产品系来自原产安全及非流行病地区的健康牲畜。健康证须经兽医主任手签。

分析：该条款见于日本国家的来证。该国对于畜牧产品检验尤为严格，若发觉带有病菌即拒绝入关，并给予重罚。故出口公司应注意货物消毒。

5.3.3 检验证书的内容和填制

检验证书因其本身所须证明的内容不同以及各国标准不一而有所区别。然而各种检验证书一般都有以下内容：

1. 证书的名称、出证机关、地点

检验证书的名称应与合同或信用证规定相符。如果信用证并未规定出具的机关，则由出口商决定，如果信用证规定了“有权机构”（COMPETENT AUTHORITY）出证，因为有权机构是指有公证资格或经政府授权的机构，则应根据具体情况由有关的商检机构出具。检验证书的出证地点应为货物装船口岸，除非信用证另有规定。这些内容一般事先都已在证书上印制好。

2. 发货人名称及地址

一般填写出口商名称和地址，信用证方式下是受益人。该栏内容应符合合同或信用证的规定，并与其他单据保持一致。

3. 收货人名称及地址

一般为进口商的名称和地址，收货人应与合同或信用证及其他单据保持一致。

4. 品名、数量/重量、包装种类及数量、唛头、起运地（港）、目的地（港）、运输工具等

应与商业发票及提单上所描述的内容完全一致，货物名称可以用统称。

5. 检验结果

在此栏中记载报验货物经检验的现状，货物现状是衡量货物是否符合合同或信用证规定的凭证，也是交接货物或索赔、理赔的证明文件，此栏是检验证中最重要的一项。

6. 签证日期

检验证明书的出具日期应不迟于提单日期，但也不得过早于提单日期，最好在提单日之前一两天或至少与提单日期相同。

7. 签字盖章

一般而言，盖章与签字一样有效。但是，有的国家则要求出具的检验证书一定要经手签，在这种情况下，只有盖章而无签字的检验证明书则被视为无效。

思考与实训

分析第二章课后的思考与实训题中的售货确认书和修改后的信用证，找出并翻译信用证中商检证书条款，填制报检委托书、报检单和商检证书。

第6章 原产地证明书的申领与缮制

关键术语

原产地证明书 非优惠原产地证明书 普惠制原产地证明书 区域性经济集团互惠原产地证明书 专用原产地证明书 原产地标准 领事认证

学习目标

- 应知原产地证明书的含义与作用
- 应知原产地证明书的种类及其含义
- 应知领事认证的含义、目的、范围与作用
- 应懂原产地证书的申领程序
- 应懂领事认证的申领程序
- 应懂信用证中的原产地证书条款
- 应会填制原产地证书的申请书和证明书

原产地证明书是出口贸易中重要的官方证明文件，是出口商品进入国际贸易领域的一个重要环节，货物进口国据此对货物给予不同的关税待遇和决定限制与否，也是通关、结汇和贸易统计的关键。通常，出口商在订舱之后向签证机构申请办理原产地证书的认证工作。

6.1 原产地证明书概述

6.1.1 含义与作用

1. 原产地证明书的含义

原产地证明书（Certificate of Origin，C/O）通常也称“产地证”，是用于证明货物的原产地或制造地，供进口国海关采取不同的国别政策、国别待遇、差别关税和控制进口配额用的一种文件。

2. 原产地证明书的作用

原产地证明书表明了商品的“经济国籍”，具有以下作用：

(1) 证明出口货物符合《中华人民共和国出口货物原产地规则》，确系中国制造。

(2) 原产地证明书是被进口国海关所认可的一种正式书面文件，进口国海关以此作为实施差别关税、数量限制（如进口配额和进口许可证）、控制从特定国家进口（如反倾销税、反补贴税）等监督管制措施的主要依据之一。

(3) 是出口通关、交单结汇和贸易统计的重要依据。

6.1.2 种类

原产地证明书按用途可分为优惠原产地证书和非优惠原产地证书两大类。

优惠原产地证书主要包括普惠制原产地证书、烟草真实性证书、原产地命名证书、亚太贸易协定、中国—东盟自贸区、中国—智利自贸区、中国—巴基斯坦自贸区、中国—新加坡自贸区等区域性经济集团互惠原产地证书等。

非优惠原产地证书包括一般原产地证书和金伯利进程国际证书等。

按照种类，可将原产地证明书分为普惠制原产地证书、一般原产地证书、区域性经济集团互惠原产地证书、专用原产地证书等。

1. 非优惠原产地证书（简称原产地证书，C/O）

中华人民共和国非优惠原产地证书①（又称一般原产地证明书），是指适用于实施最惠国待遇、反倾销和反补贴、保障措施、原产地标记管理、国别

① 该定义引自国家质量监督检验检疫总局2009年8月通过实施的《中华人民共和国非优惠原产地证书签证管理办法》。

数量限制、关税配额等非优惠性贸易措施以及进行政府采购、贸易统计等活动中为确定出口货物原产于中华人民共和国境内所签发的书面证明文件。

加工装配证书：证明货物仅在中国境内加工装配，未取得中国原产资格的证明文件。

转口证明书：证明非原产货物仅经中国转口的证明文件。

2. 普遍优惠制原产地证明书（简称普惠制原产地证书，GSP FORM A）

普惠制原产地证书是联合国贸发会议规定了统一格式，根据普惠制给惠国的原产地规则和有关要求，普惠制受惠国官方机构出具的具有法律效力的，受惠国的出口产品在给惠国享受在最惠国税率基础上进一步减免进口关税的官方凭证，该待遇是普遍的、非歧视的、非互惠的。

未再加工证明：证明中国出口货物在途经第三个国家或地区时，未在中转地进行任何形式的加工或制作，符合给惠国直接运输规则的证明文件。

特别提示

目前，给予我国普惠制待遇的国家共有 44 个：

欧盟 27 国：法国、意大利、德国、荷兰、比利时、卢森堡、爱尔兰、英国、丹麦、希腊、西班牙、葡萄牙、奥地利、芬兰、瑞典、爱沙尼亚、拉脱维亚、立陶宛、马耳他、塞浦路斯、波兰、捷克、斯洛伐克、匈牙利、斯洛文尼亚、罗马尼亚、保加利亚。

非欧盟的 4 个欧洲国家：挪威、瑞士、土耳其、列支敦士登。

其他 4 个国家：澳大利亚、新西兰、日本、加拿大。

前苏联加盟共和国 9 个：俄罗斯、白俄罗斯、乌克兰、哈萨克斯坦、乌兹别克斯坦、格鲁吉亚、亚美尼亚、阿塞拜疆、土库曼斯坦。

前南斯拉夫地区已分裂成 5 个独立的国家，目前出口至该地区的产品暂不签发普惠制证书。

引自深圳市出入境检验检疫局网站 http：//www. szciq. gov. cn/s014/ShowArticle. aspx? id＝17043。

3. 区域性经济集团互惠原产地证明书

区域性优惠原产地证书是具有法律效力的，签订了区域性贸易协定的经济集团国家官方机构签发的，享受互惠减让关税待遇的凭证。目前，该证明书主要有以下几种：

（1）中国—东盟自由贸易区优惠原产地证明书（FORM E）

该证明书是根据《中国—东盟自由贸易区货物贸易协定》签发的，在成员国之间就特定产品享受互惠减免关税优惠待遇的，具有法律效力的官方证明文件。

可以签发中国—东盟自由贸易区优惠原产地证明书的国家有：文莱、柬埔寨、印度尼西亚、老挝、马来西亚、缅甸、菲律宾、新加坡、泰国、越南10个国家。

（2）《亚太贸易协定》原产地证明书（FORM B）

该证书是根据《曼谷亚太贸易协定》的要求签发的，在协定成员国之间就特定产品享受互惠减免关税优惠待遇、具有法律效力的官方证明文件。

自2006年9月1日起签发《亚太贸易协定》原产地证书。可以签发《亚太贸易协定》原产地证书的国家有：韩国、斯里兰卡、印度、孟加拉国4个国家。享受的降税幅度从5%到100%不等。

（3）中国—巴基斯坦自由贸易区原产地证明书（FORM P）

该证书是根据中国—巴基斯坦自由贸易协定曼谷规则签发的，在两国之间就特定产品享受互惠减免关税优惠待遇的具有法律效力的官方证明文件。

对巴基斯坦出口可以签发“中国与巴基斯坦自由贸易区优惠原产地证明书”，自2006年1月1日起双方先期实施降税的3000多个税目产品，分别实施零关税和优惠关税。原产于中国的486个8位零关税税目产品的关税在两年内分三次逐步下降，2008年1月1日全部降为零，原产于中国的486个8位零关税税目产品实施优惠关税，平均优惠幅度为22%，给予关税优惠的商品其关税优惠幅度从1%到10%不等。

（4）中国—智利自由贸易区优惠原产地证明书（FORM F）

该证书是根据中国—智利自由贸易协定曼谷规则签发的在两国之间就特定产品享受互惠减免关税优惠待遇的具有法律效力的官方证明文件。

自2006年10月1日起，我国各地出入境检验检疫机构开始签发“中国—智利自由贸易区优惠原产地证明书”（FORM F），该日起对原产于我国的5891个6位税目产品关税降为零。

（5）中国—新西兰自贸区优惠原产地证明书

该证书是根据中国—新西兰自由贸易协定曼谷规则签发的，在两国之间就特定产品享受互惠减免关税优惠待遇的具有法律效力的官方证明文件。

我国各地出入境检验检疫机构已于2008年10月1日起开始签发中国—新西兰自由贸易区优惠原产地证明书。

（6）中国—新加坡自由贸易区优惠原产地证明书“CHINA-SINGAPORE

FREE TRADE AREA PREFERENTIAL TARIFF CERTIFICATE OF ORIGIN"

该证书是根据中国—新加坡自由贸易协定曼谷规则签发的，在两国之间就特定产品享受互惠减免关税优惠待遇的具有法律效力的官方证明文件。

自 2009 年 6 月 1 日起，各地出入境检验检疫机构开始签发中国—新加坡自由贸易区优惠原产地证明书。

典型案例

2009 年，嘉士伯啤酒（广东）有限公司生产的一批货值 14 万美元的啤酒出口新加坡时，由于该企业未办理区域性自由贸易区原产地证书，被新加坡政府征收了货值 100%的关税，即 14 万美元。后来在惠州检验检疫局的帮助下，该企业及时补办了中国—新加坡区域性原产地证明书，并成功向新加坡政府申报享受了零关税待遇，结果被征收的 14 万美元关税被全数退回。

在目前全球金融危机冲击企业，给企业造成出口订单减少、产品售价被压低、产能缩减、员工流失、生产面临停产或半停产状态之时，区域性原产地证书已成为企业保增长、扩出口最直接有效的一大利器。

引自广东省出入境检验检疫局 http：//www. gdciq. gov. cn/newsdetail1. aspx？id=9169。

（7）中国－秘鲁自贸区优惠性原产地证书（FORM R）

该证书是根据 2010 年 3 月 1 日生效的《中国－秘鲁自由贸易协定》签发的，是就两国之间特定产品享受互惠减免关税优惠待遇的具有法律效力的官方证明文件。

各地出入境检验检疫局于 2010 年 3 月 1 日起正式签发"中国－秘鲁自贸区优惠原产地证书"。产品涉及机电、化工、医药、轮胎和轻工等多个行业，企业凭证书可获得 3%～100%不等幅度的关税优惠。

（8）ECFA 优惠原产地证书

自 2011 年 1 月 1 日起，企业持《海峡两岸经济合作框架协议》（简称 ECFA）项下的优惠原产地证书，出口到台湾地区的货物将获得关税减免的优惠。

《海峡两岸经济合作框架协议》（ECFA）是台湾地区与大陆自 2009 年年中开始，经过多次商谈达成的一项重要协议，已于 2010 年 9 月 12 日生效，其中早期收获清单将于 2011 年 1 月 1 日起付诸实施，届时列入清单的约 800 项产品将逐步降关税，三年内全部降为零，包括大陆对台湾地区开放的产品 500 多项，台湾地区批准大陆的产品 5 大类 267 项，含石化类、机械类、纺织类、运输类产品。

(9) 中国—哥斯达黎加自由贸易协定原产地证明书（FORM L)

该证书是根据2011年8月1日生效的《中国—哥斯达黎加共和国自由贸易协定》签发的，在两国之间就特定产品享受互惠减免关税优惠待遇的具有法律效力的官方证明文件。

为使我国出口到哥斯达黎加的产品能够享受《协定》项下关税优惠待遇，自2011年8月1日起，各地出入境检验检疫机构开始签发中国—哥斯达黎加自由贸易协定原产地证书。

4. 专用原产地证书

专用原产地证书是国际组织或国家根据政治和贸易措施的特殊需要，针对某一特殊行业的特定产品规定的原产地证书，这些产品应符合特定的原产地规则。主要包括以下几种证书：

(1) “输欧盟烟草真实性证书”：为使出口至欧盟的品目号2401项下部分烟草能享受欧盟特定关税优惠待遇而签发的具有法律效力的官方证明文件。

(2) “输欧盟特定产品原产地名称证书”：为使出口至欧盟的葡萄、葡萄酒、奶酪、烟草和硝酸盐等特定产品能享受欧盟特定关税优惠待遇而签发的具有法律效力的官方证明文件。

(3) “输欧盟农产品原产地名称证书”：为使出口至欧盟的蘑菇罐头等特定产品能享受欧盟特定关税优惠待遇而签发的具有法律效力的官方证明文件。

(4) “原产地标记证书”：证明货物符合《原产地标记管理规定》、《原产地标记管理规定实施办法》、《中华人民共和国进出口货物原产地条例》、《中华人民共和国非优惠原产地签证管理办法》，具有使用已注册原产地标记的资格的官方证明文件。

(5) 金伯利进程国际证书：由参加金伯利进程国际证书制度的成员国签发的证明毛坯钻石合法来源地的官方证明文件。

表6-1　常用的八类原产地证明书

代码	证书名称	目的国家	原产地标准	选用证书
G	普惠制原产地证明书（44国）	欧盟27国、挪威、瑞士、列支敦士登、土耳其、日本	1. 完全原产“P”；2. 非完全原产，“W”4位H.S.，例如，“W”60.01	FORM A证书（FORM A章，只盖正本）

续表

代码	证书名称	目的国家	原产地标准	选用证书
G	普惠制原产地证明书（44 国）	俄罗斯、白俄罗斯、乌克兰、哈萨克斯坦、乌兹别克斯坦、格鲁吉亚、亚美尼亚、阿塞拜疆、土库曼斯坦	1. 完全原产“P”；2. 非完全原产，进口成分价值不超过产品离岸价格的 50%，例如，“Y” 40%	FORM A 证书（FORM A 章，只盖正本）
		加拿大	1. 完全原产“P”；2. 非完全原产，进口成分价值不超过包装完毕待运加拿大的产品出厂价的 40%，例如，“F”；3. 经多国加工的产品，进口成分价值不超过包装完毕待运加拿大的产品出厂价的 40%，例如，“G”	
		澳大利亚、新西兰	1. 完全原产“P”；2. 非完全原产，本国成分价值不小于产品出厂价的 50%，例如，留空	
C	一般原产地证明书	所有国家	H. S. 品名号（4 位数）	CO 证书（用中英文签证章，只盖正本）
E	中国—东盟自由贸易区优惠原产地证明书（10 国）	文莱、柬埔寨、印度尼西亚、老挝、马来西亚、缅甸、菲律宾、新加坡、泰国、越南	1. 完全原产“X”；2. 非完全原产，中国成分大于等于离岸价 40%，例如，“45%”；3. 中国—东盟自贸区成分大于等于离岸价 40%，例如，“45%”；4. 符合特定原产地标准：“PSR”	FORM E 证书(用 FORM A 章，盖一正、三副本，第二联留底)
B	《亚太贸易协定》原产地证明书（5 国）	韩国、印度、斯里兰卡、孟加拉国、老挝	1. 完全原产“A”；2. 非原产材料含量小于等于离岸价 55%，例如，“B” 50%；3. 成员国成分合计不低于离岸价的 60%，例如，“C” 60%；4. 符合特定原产地标准：“D”	《亚太贸易协定》原产地证明书（用 FORM A 章，只盖正本）

续表

代码	证书名称	目的国家	原产地标准	选用证书
F	中国—智利自由贸易区优惠原产地证明书	智利	1. 完全原产“P”；2. 非完全原产，区域价值成分大于等于离岸价40%，“RVC”；3. 符合特定原产地标准：“PSR”	FORM F 证书(用FORM A 章，盖一正、二副本)
P	中国—巴基斯坦自由贸易区原产地证明书	巴基斯坦	1. 完全原产“P”；2. 非完全原产，单一国家成分大于等于离岸价40%，例如，“40%”；3. 累计成分大于等于离岸价40%，例如，“40%”；4. 符合特定原产地标准：“PSR”	Certificate of Origin China-Pakistand（用 FORM A 章，盖一正、二副）
N	中国—新西兰自贸区优惠原产地证明书	新西兰	1. 完全原产“WO”（仅在一方境内完全获得或生产）；2. 非完全原产，完全由已取得原产资格的材料生产“WP”；3. 符合特定原产地标准：“PSR”	中国—新西兰自贸区原产地证明书(用FORM A 章，盖一正、二副本)
X	中国—新加坡自贸区原产地证书	新加坡	1. 完全原产“P”；2. 非完全原产，区域价值成分大于等于离岸价40%，“RVC”；3. 符合特定原产地标准：“PSR”	中国—新加坡自贸区原产地证明书(用FORM A 章，盖一正、二副本)

注：欧盟27七国（奥地利、比利时、丹麦、芬兰、法国、德国、希腊、爱尔兰、意大利、卢森堡、荷兰、葡萄牙、西班牙、瑞典、英国、波兰、匈牙利、捷克、斯洛伐克、斯洛文尼亚、塞浦路斯、马耳他、爱沙尼亚、拉脱维亚、立陶宛、罗马尼亚和保加利亚）。

6.2　一般原产地证明书的申领与缮制

一般原产地证书通常用于不使用海关发票或领事发票的国家（或地区），以确定对进口货物征税的税率。在我国，国家质量监督检验检疫总局（以下简称国家质检总局）对原产地证书的签证工作实施管理。国家质检总局设在各地的出入境检验检疫机构（以下简称检验检疫机构）和中国国际贸易促进委员会及其地方分会按照分工负责原产地证明书签证工作。

在贸易中，根据进口商的不同要求，进口国海关除了认可出入境检验检疫机构或中国国际贸易促进委员会签发的中华人民共和国原产地证之外，有时也认可由出口商、生产厂家等出具的原产地证书。因此，按照出具人不同，一般原产地证书有四种形式：1）出入境检验检疫机构签发的“中华人民共和国原产地证书”；2）贸促会签发的“中华人民共和国原产地证书”；3）出口商出具的“原产地证书”；4）生产厂家出具的“原产地证书”。在实务中，进口商通常要求出具贸促会签发的一般原产地证明书。

6.2.1　原产地证书申领程序

1. 签证机构

在实务中，如进口商或信用证要求提交由官方机构签发的原产地证书，出口商应向当地出入境检验检疫局申请办理签证；如进口商要求由民间机构或商会签发的，出口商应向中国国际贸易促进委员会在当地的贸促分会申请办理签证。未明确要求的可向任一签证机构申请办理，在这种情况下，外贸企业多数向贸促会申领。下面只介绍向贸促会的申领程序，向出入境检验检疫局申领一般原产地证书的程序与申领普惠制原产地证书的程序基本相同，在下面一节另有说明，在此不再介绍。

相关链接

ISBP681 原产地证明

基本要求

181. 如信用证要求原产地证明，则提交经过签署，注明日期的证明货物原产地的单据即满足要求。

原产地证明的出具人

182. 原产地证明必须由信用证规定的人出具。但是，如果信用证要求原产地证明由受益人、出口商或厂商出具，则由商会出具的单据是可以接受的，只要该单据相应地注明受益人、出口商或厂商。如果信用证没有规定由谁来出具原产地证明，则由任何人包括受益人出具的单据都可接受。

2. 向中国贸促会申请的申领程序

（1）注册登记

申请人应当于货物出运前向申请人所在地、货物生产地或者出境口岸的签证机构申请办理原产地证书签证。申请人在初次申请办理原产地证书时，向所在地签证机构提供以下材料：

1）填制真实准确的“中华人民共和国非优惠原产地证书申请企业登记表”；

2）营业执照有效复印件并同时交验原件；

3）“对外贸易经营者登记表”或者其他对外贸易资格证书的有效复印件并同时交验原件，外商投资企业应当同时提供“中华人民共和国外商投资企业批准证书”有效复印件并同时交验原件，台、港、澳投资企业应当同时提供“中华人民共和国台、港、澳侨投资企业批准证书”有效复印件并同时交验原件；

4）“组织机构代码证”有效复印件并同时交验原件；

5）“原产地证书申报员授权书”及申报人员相关信息；

6）原产地标记样式；

7）中华人民共和国非优惠原产地证书申请书；

8）按规定填制的“中华人民共和国非优惠原产地证书”；

9）出口货物商业发票；

10）申请签证的货物属于异地生产的，应当提交货源地签证机构出具的异地货物原产地调查结果；

11）对含有两个以上国家（地区）参与生产或者签证机构应核实原产地真实性的货物，申请人应当提交“产品成本明细单”。

以电子方式申请原产地证书的，还应当提交“原产地证书电子签证申请表”和“原产地证书电子签证保证书”。

签证机构对申请人及其申报产品、原产地申报人员相关信息、原产地标记等信息进行核对无误后，向申请人发放“原产地证书申请企业登记证”。

（2）申请签证

出口企业最迟于货物报关出运前三天向签证机构申请办理原产地证，并严格按签证机构要求，真实、完整、正确地填写以下材料：

1）“中华人民共和国出口货物原产地证明书/加工装配证明书申请书”一份；

2）“中华人民共和国出口货物原产地证明书”一式四份；

3）出口货物商业发票；

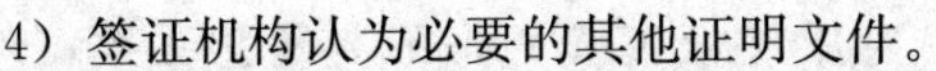

4）签证机构认为必要的其他证明文件。

如果通过网上申请原产地证则可不必提供以上文件。

（3）电子签证的业务操作

1）办理注册登记

在所属贸促会办理注册登记手续，获取贸促会编码（6 位）和企业注册号（9 位）。

2）登录网站在线注册

登录中国国际贸易促进委员会网上认证中心网站：www.co.ccpit.org，点击在线注册申请，填写和提交相关注册信息。

首先必须准确输入所属贸促会代码。如上海贸促会编码：3100B0，然后再准确输入申请企业的“九位数”注册代码。具体做法：1. 申请企业凡在贸促会办理了注册登记手续后均获一个企业的注册代码，例如，某企业注册号为“1018”或“3018”，代码左“1”意为国有企业，“3”意为外商投资企业，“018”为企业在贸促会注册的排列号；2. 上网时企业应将注册号左边的“1”改为 A 或将“3”改为“B”，然后企业正确输入自己的注册代码为“3100A0018”或“3100B0018”。代码中“3100”意为上海地区，A 或 B 意为国企或外企，“0018”为企业在贸促会注册的排列序号。又如，某企业注册号为“11111”，上网注册代码应为“3100A1111”。E-mail：应该是申请人能自己打开的电子邮箱账号，以便及时收取注册回复，取得本企业的账号和密码。审核通过后，企业账号与密码将在 24 小时内发送到申请表中指定的邮箱里。

3）制单申请

用户登录网站，输入企业注册号、账号、密码，进入导航区。

第一步：进入基础维护。

对公司的手签员和 EDI 参数进行设置（手签员编码可按顺序号随意编号，如 01、02、03…），可将常用的客户资料、受益人、手签员相关信息等建立基础库进行管理，这样在录入原产地证时直接选择，避免重复录入，减少出错率。

第二步：单击新建单据—填写产地证所需内容—保存校验—发送。

特别提示

如输入多个商品名称时必须逐一将品名输入，并至少要将其中一个品名的金额输入电脑。

发票日期的输入格式完全按照原有设定模式，不要随意更改，例如，2009—3—16。

（4）单据查询

查询原产地证状态：进入查询/修改/打印页面，可以看到原产证的状态及处理结果。状态显示：

审核合格：表示此证已通过电子签证系统审核或人工审核，但尚未打印；

已出证：表示此证填制无误，贸促会已经将该证打印输出备取，企业可去贸促会领取CO证书，也可事先进行电话联系；

待审：表示系统审核通过，但贸促会尚未对此证进行人工审核，请等待贸促会回执；

单证输入有误：电脑系统或人工审核不通过，原因会在状态栏中显示。

（5）打印

目前，由贸促会免费打印：贸促会盖章后，配送给企业或企业自行到贸促会支付签证费用，签收后领取证书。（特别提示：凡通过网上申请签发的CO证书，企业领取后必须在证书第11栏中盖章、签名后方可有效。）

（6）改证重发的处理

打开原本已经审核合格的证书，然后单击"改证重发"按钮，将增加一张相同发票号的原产地证，原证作废存档处理，对新证进行修改后，重新发送到贸促会审核。

3. 向出入境检验检疫机构申领程序

出入境检验检疫局受理签发各种优惠和非优惠原产地证的申请，这两种产地证的申领程序基本相同，故在此不另外介绍。

6.2.2 信用证中有关一般原产地证书的条款

1. CERTIFICATE OF ORIGIN IN 2 COPIES，ISSUED OR CERTIFIED BY THE CHINA COUNCIL FOR THE PROMOTION OF INTERNATIONAL TRADE.

翻译：原产地证一式两份，由中国国际贸易促进委员会签发。

2. CERTIFICATE OF ORIGIN IN DUPLICATE SIGNED AND SEALED BY A CHAMBER OF COMMERCE IN THE EXPORTING COUNTRY.

翻译：由在出口国的商会签署盖章的原产地证明书一式两份。

3. MANUALLY SIGNED CERTIFICATE OF ORIGIN IN TRIPLICATE.

翻译：手签的原产地证明书一式三份。

4. CERTIFICATE OF ORIGIN IN DUPLICATE INDICATING THAT GOODS ARE OF CHINESE ORIGIN ISSUED BY CHAMBER OF COMMERCE.

翻译：由商会签发的原产地证明书一式两份，证明货物的原产地在中国。

5. CERTIFICATE OF ORIGIN MUST STATE THE COUNTRY OF ORIGIN OF GOODS，IF FOREIGN MATERIALS OR ITEMS ADDED TO THE GOODS THEN CERTIFICATE OF ORIGIN MUST STATE THE ORIGIN OF SUCH GOODS AND THE PERCENTAGE OF SUCH ADDITION.

翻译：原产地证明书必须表明货物的原产地，如果国外的原材料或部件用在货物上，则原产地证明书必须说明这些货物的原产地和所占的比例。

6. CERTIFICATE OF ORIGIN ISSUED BY CHAMBER OF COMMERCE AND ORIGINAL DULY LEGALIZED BY ANY ARAB EMBASSY OR CONSULATE EXCEPT EGYPTIAN.

翻译：产地证由商会出具，并且正本由阿拉伯使、领馆正式认可，埃及除外。

分析：这类条款见于约旦、巴林和科威特国家的来证，这是进口方国家对进口货物采取的一种限制手段，目的是防止某些敌对国家的货物流入本国市场。对于这种条款，出口公司可与客户联系修改为由我贸促会（CCPIT）出具和认可，在实务中，这样做一般都被接受。

7. CERTIFICATE OF ORIGIN MUST BE ISSUED IN ENGLISH SHOWING VALUE OF GOODS，NUMBER OF THE RELATIVE INVOICE AND GIVING NAME OF MANUFACTURER OR FACTORY DULY APPROVED BY CHINA COUNCIL FOR THE PROMOTION OF INTERNATIONAL TRADE AND CERTIFIED IN THE USUALLY ACCEPTED MANNER BY ANY ARAB EMBASSY，LEGATION OR CONSULATE，IF AVAILABLE.

翻译：产地证必须以英文出具，显示货值、相关发票号，并给出经中国贸促会正式认可的厂家或制造商名称，而且以通常可接受的方式由阿拉伯任何大使馆、公使馆或领事馆证实，若适合的话。

8. CERTIFICATE OF ORIGIN SHOULD STATE THAT THE GOODS DO NOT CONTAIN ANY COMPONENT OF AN ISRAELI ORIGIN WHATEVER THE PROPORTION OF SUCH COMPONET，THE EXPORTER OR SUPLLIER HAS NO DIRECT OR INDIRECT CONNECTION

WHAT SO EVER WITH ISLAERI.

翻译：原产地证书应声明货物中不含有任何以色列的原料和加工成分，出口商或供应商不曾与以色列有任何直接或间接联系。

6.2.3 一般原产地证明书缮制实例评析

1. 一般原产地证明书申请书的缮制

样单 6-1 一般原产地证明书/加工装配证明书申请书

一般原产地证明书/加工装配证明书
申 请 书

申请单位注册号：　　　　　　　　　　证书号：

申请人郑重声明：

本人被正式授权代表本企业办理和签署本申请书。

本申请书及一般原产地证明书/加工装配证明书所列内容正确无误，如发现弄虚作假、冒充证书所列货物，擅改证书，本人愿按中华人民共和国出口货物原产地规则的有关规定接受处罚。现将有关情况申报如下：

企业名称			发票号		
商品名称			H.S. 编码（六位数）		
商品 FOB 总值（以美元计）			最终目的地国家/地区		
拟出运日期			转口国（地区）		
贸易方式和企业性质（请在适用处画"√"）					
一般贸易		三来一补		其他贸易方式	
国营企业	三资企业	国营企业	三资企业	国营企业	三资企业
包装数量或毛重或其他数量					
证书种类（划"√"）		一般原产地证明书		加工装配证明书	

现提交中国出口货物商业发票副本一份，一般原产地证明书/加工装配证明书一正三副，以及其他附件________份，请予审核签证。

申请单位盖章

申领人（签名）
电　话：
日　期：　　年　　月　　日

一般原产地证明书的申请书是申请单位向检验检疫机构办理一般原产地证明书/加工装配证明书签证时需填写的专用申请表。申请单位应如实、准确填写“申请书”中的各项内容，并核实所填内容是否真实、完整、正确。

(1)“申请单位（盖章）”栏：加盖申请单位公章。

(2)“注册号”栏：填写申请单位在检验检疫局产地证签证部门注册的注册号。如 B35××××。

(3)“证书号”栏：企业应根据检验检疫局的编号规则，按顺序编号，不得重号或跳号。编号规则：C×/申请单位注册号/0001，×代表年份，后四位代表流水号。

(4)“电话”栏：填写申请单位的联系电话。

(5)“申报日期”栏：填写申报日期。

(6)“生产单位/联系人电话”栏：填写该批出口货物的生产企业全称及联系人的电话。

(7)“商品名称”栏：填写商品品名的中英文，并且与发票证书的商品名称一致。

(8)“H. S. 税目号”栏：填写商品 H. S. 税目号（六位数）。

(9)“包装数量、毛重或其他数量”栏：填写该批出口货物箱数、毛重或个数。

(10)“商品 FOB 总值”栏：根据申报出口货物发票所列的金额以 FOB 价格填写（以美元计），如出口货物不是以 FOB 价格成交的，应换算成 FOB 价格。

(11)“发票号”栏：填上所附出口货物的发票号。

(12)“货物出运日期”栏：如实完整填写货物离开口岸的当天日期（年、月、日）。

(13)“最终销售国/地区”栏：据实填写货物即将运抵的最终销售国家或地区。

(14)“贸易方式和企业性质”栏：按出口贸易方式和申请单位的性质填写。

(15)“证书种类”栏：根据申请的证书类别画“√”。

(16)“转口国（地区）”栏：如货物运输过程中有中转港可填在此栏。

(17)“申领员”栏：由已在检验检疫局产地证部门注册备案的申领员签署姓名。

(18)“提交单据”栏：申请单位依据所提供单证画“√”，如有提供其他相关单据，一并补填。

2. 一般原产地证明书的缮制

样单 6-2　一般原产地证明书

ORIGINAL

<table>
<tr><td colspan="2">1. Exporter</td><td colspan="3" rowspan="2">Certificate No.
CERTIFICATE OF ORIGIN
OF
THE PEOPLE'S REPUBLIC OF CHINA</td></tr>
<tr><td colspan="2">2. Consignee</td></tr>
<tr><td colspan="2">3. Means of transport and route</td><td colspan="3" rowspan="2">5. For certifying authority use only</td></tr>
<tr><td colspan="2">4. Country/region of destination</td></tr>
<tr><td>6. Marks and numbers</td><td>7. Number and kind of packages; description of goods</td><td>8. H. S. Code</td><td>9. Quantity</td><td>10. Number and date of invoice</td></tr>
<tr><td colspan="2">11. Declaration by exporter
The undersigned hereby declares that above details and statements are correct, that all the goods were produced in China and that they comply with the Rules of Origin of the People's Republic of China.

Place and date, signature and stamp of authorized signatory</td><td colspan="3">12. Certification
It is hereby certified that the declaration by the exporter is correct.

Place and date, signature and stamp of certifying authority</td></tr>
</table>

相关链接

ISBP681 原产地证明

基本要求

181. 如信用证要求原产地证明，则提交经过签署，注明日期的证明货物原产地的单据即满足要求。

(0) 证书编号

此栏不能留空，否则该证书无效。贸促会的证书号码会自动生成，而检验检疫局的证书编号需要根据检验检疫局规定自行编号。

例：检验检疫局签发的原产地证明书的号码为 C0939B35G1200001 或 C07390020001000l。

证书编号规则：C+年份（2 位）+注册号（9 位）+流水号（4 位）。

C：代表一般原产地证；

年份：2 位数，2009 年的年份为 09；

注册号：9 位数，为该单位的注册号；

流水号：4 位数，为该单位本年内的证书流水号，第一份为“0001”。

(1) 出口商（名称、地址、国家）

此栏不得留空，填写出口商的名称、详细地址及国家（地区）。出口商名称是指这一次做出口申报的申报方的公司名称，是在当地工商行政管理局注册批准的名称，应与第 11 栏签章相符。

若经其他国家或地区须填写转口商名称时，可在出口商后面加英文 VIA，然后再填写转口商名称、地址和国家。

例：SINOCHEM International Engineering & Trading Corp.

No. 40，Fucheng Road，Beijing，China

Via Hongkong Daming Co. Ltd.

No. 656，Guangdong Road，Hongkong

特别提示

1. 出口商公司名称要完整。如采用信用证结算，则一般填信用证受益人或发票出票人的名称，采用托收，一般填托收人的名称。

2. 地址要完整详细，包括街道名称、门牌号码和邮政编码。

3. 中国地名的英文翻译采用汉语拼音。

相关链接

ISBP681 原产地证明的内容

185. 原产地证明可以显示信用证受益人或运输单据上的托运人之外的另外一人为发货人/出口方。

(2) 收货人（全称、地址、国家）

此栏通常按照外贸合同的买方或信用证规定的提单被通知方等信息填写该笔交易最终收货人的公司名称、详细地址及国家（地区）。

如由于贸易需要，有时信用证规定所有单证收货人一栏留空。在这种情况下，可以在此栏加注："TO WHOM IT MAY CONCERN"或"TO ORDER"或"******"，但此栏不得留空。若须填写转口商名称时，可在收货人后面加填英文 VIA，然后再填写转口商名称、地址、国家。

相关链接

ISBP681 原产地证明的内容

184. 收货人的信息，如果显示，则不得与运输单据中的收货人信息相矛盾。但是，如果信用证要求运输单据作成"凭指示"、"凭托运人指示"、"凭开证行指示"或"货发开证行"式抬头，则原产地证明可以显示信用证的申请人或信用证中具名的另外一人作为收货人。如果信用证已经转让，那么以第一受益人作为收货人也可接受。

(3) 运输方式和路线

此栏填写两项内容：运输路线和运输方式（如海运、空运、陆运等）。采用海运或者陆运方式应填写装货港、目的港。如转运，还应注明转运地。注意装货港必须在中国境内，多式联运要分阶段说明。

例如，"FROM DALIAN TO ROTTERDAM BY VESSEL VIA HONG KONG"，由大连港经香港转运鹿特丹港。

(4) 目的地国家或地区

此栏填写货物最终运抵目的地的国家或地区，即货物最终进口国（地区），一般应与最终收货人所在国家（地区）一致，或与最终目的港国别一致，不能填写中间商国家名称。

（5）供签证机构使用

此栏为签证机构在签发后发证书，补发证书或加注其他声明时使用。证书申领单位应将此栏留空。

（6）运输标志

此栏应按照出口发票上所列唛头填写完整图案、文字标记及包装号码，不可简单地填写“按照发票（AS PER INVOICE NO.）”或者“按照提单（AS PER B/L NO....）”。如无唛头，应填写 NO MARKS（或 N/M）。此栏不得留空。

当运输标志内容过多填不下时可以占用 7、8、9、10 栏留空处，或可在证书第 6 栏打上 SEE ATTACHMENT，同时将唛头打在 A4 纸上作为附页，去出入境检验检疫局刷单签证时要一并带来，经审核，签证机构签证人员将在证书与附页之间加盖骑缝章。（注：应在附页上加注 ATTACHMENT 字样及证书对应的证书号并加盖同证书上一致的印章。）

（7）商品名称、包装件数和种类

此栏填写三项内容：

第一项填写包装种类及件数。包装数量及种类要求填明具体多少箱、包、袋、件等。例如，1000 箱彩电，填写为“1000 CARTONS（ONE THOUSAND CARTONS ONLY）OF COLOR TV SET”。在阿拉伯数字后加注英文表述。如货物系散装，在商品名称后加注“散装”英文（IN BULK），例如，1000 公吨生铁，填写为“1000M/T（ONE THOUSAND M/T ONLY）PIGIRON IN BULK”。

第二项填写商品具体名称。例如，睡袋（SLEEPING BAGS）、杯子（CUPS），不得用概括性表述，例如，服装 GARMENT。

第三项在末行以符号“* * * * * *”表示结束，以防再添加内容。

有时信用证要求在所有单加注合同及信用证号码、生产厂商名称、地址等，可加在结束符号之前。

如果是第 7 栏的品名描述打不下，应先在证书中注明总品名，总包装数并在总品名与总箱数间加打 DETAILS SEE ATTACHMENT。其余操作同以上唛头的操作。

相关链接

ISBP681 原产地证明的内容

183. 原产地证明必须在表面上与发票的货物相关联。原产地证明中的货物描述可以使用与信用证规定不相矛盾的货物统称，或通过其他援引表明其与要求的单据中的货物相关联。

（8）商品编码

此栏要求填写四位数的 H.S. 税则号，商品税目号必须填写准确无误，与以后填写的报关单一致。若同一证书包含几种商品，则应将相应的税目号全部填写。此栏不得留空。

（9）量值

此栏填写出口货物的量值数量或重量，应以商品的计量单位填写，以重量计算的要标明毛重或净重。

（10）发票号码和日期

此栏必须按照所申请出口货物的商业发票填写该发票的号码和出票日期。该栏日期应早于或同于实际出口日期。为避免对月份、日期的误解，月份一律用英文表述，例如，2009 年 12 月 10 日，用英文表述为：DEC. 10，2009。此栏不得留空。

（11）出口商声明

此栏由申领单位已在签证机构注册的原产地证手签人员签字，并加盖申请单位在签证机构备案的中英文印章，手签人的签字与印章不得重合。并必须在该栏填写申领地点和日期，申领日期一律用英文表述，而且不得早于发票日期（见第 10 栏），最早为同一天。

（12）签证机构证明

此栏由签证机构授权的签证人员签字，并加盖签机构印章（如“中国国际贸易促进委员会单据证明专用章”），注明签署地点和日期。签字和盖章不能重合。此栏日期不得早于发票日期（见第 10 栏）和申领日期（见第 11 栏）。

特别提示

向贸促会申领原产地证书的注意事项：

1. 原产地证书通常应在货物装运之前签发。对同一发票号项下的货物只能出 1 份原产地证明书，若同一合同项下分批出运的货物必须分批出具原产地证书时，发票号不得重复。

2. 原产地证书须用打字机或电动打字机填制，证书各栏内容要求填打完整、正确、清晰，印章和签名均无错漏，必须做到与所提供的商业发票等单据内容相一致。证书第 6 栏至第 10 栏各栏内容不得加盖校正章，其他各栏如出现差错，经修改后由贸促会加盖校正章，而且最多不超过两处。

3. 申请单位在贸促会领取的空白原产地证书应妥善保管并只限本企业使用，不得转让给其他单位和个人使用，也不得提供给国外客商使用。

4. 申请单位申领员、手签人员、名称、地址、电话等发生变化应及时书面告知贸促会并重新办理登记手续，申请单位必须参加贸促会年审，否则视为放弃申请权。

6.3　普惠制原产地证明书的申领与缮制

普惠制，即普遍优惠制，简称 GSP，是一种关税制度，是发达国家（给惠国）对从发展中国家（受惠国）进口某些适合的产品时给予减税或免税的优惠待遇。据大多数给惠国的规定，享受普惠制必须持凭受惠国政府指定的机构签署的普惠制原产地证书。在我国，普惠制产地证书的签证工作由国家出入境检验检疫局负责统一管理，设在各地的出入境检验检疫机构是我国政府授权的、唯一的普惠制产地证明书格式 A 的签发机构。

6.3.1　申领条件

普惠制产地证书的签发，限于给惠国已公布法令并正式通知我国实行普惠制待遇的国家所给予关税优惠的商品。这些商品必须符合给惠国原产地规则及直运规则。

1. 原产地标准

出口商品均可分为两类：一类为“完全原产地”，即商品完全是受惠国出产或制造，没有使用任何进口原料或零部件；另一类为全部或部分使用了进口原料或零部件（包括来源不明的原料和零部件）生产的产品。从普惠制的角度来说，受惠国出口的商品要获得享受普惠制关税的待遇，该出口商品必须在受惠国进行生产和制造，其中所使用的进口原料或零部件必须经过充分的加工，使这些进口原料或零部件有了实质性的改变，或者符合给惠国提出的其他条件。

2. 商品要符合直接运输的原则

就是说出口商品不但要在受惠国生产或制造，而且必须直接从受惠国家运往给惠国。通过过境国的，必须在过境国海关监管之下，没有投入当地市场销售或交付当地使用，更不能在那里进行其他再加工。

3. 必须提供有效的证明文件

即普惠制原产地证明书（申报和证明联合）格式A，简称GSP FORM A，及其他有关的单证。

FORM A产地证书是受惠国的原产品出口到给惠国时享受减、免关税优惠待遇的法律凭证。FORM A产地证书不同于一般产地证书（简称C/O）。一般产地证书是享受最惠国待遇的有效证件，普惠制FORM A产地证，则是享受普惠制减、免税待遇的有效证件。

6.3.2 申领程序

申请办理产地证的出口企业必须预先在企业所在地检验检疫产地证科办理注册登记手续。经审查，被确认具有申请产地证资格才能按正常手续申领产地证。申领产地证主要分两大步骤：一是注册程序，二是签证程序。具体操作程序如下：

1. 注册程序

(1) 申请资格：申请办理产地证书的单位必须是经政府有关部门批准的下列单位：

1）有进出口经营权的国内企业；

2）中外合资、中外合作和外商独资企业；

3）国外企业、商社常驻中国代表机构；

4）对外承接来料加工、来图来样加工、来件装配和补偿贸易业务的企业；

5）经营旅游商品的销售部门；

6）参加国际经济文化交流及拍卖等活动需出售展品、样品等的有关单位。

(2) 提交文件资料：凡符合以上条件的出口企业在办理注册时必须提交以下文件（副本）：

1）主管部门批准的对外贸易经营权证明文件（批文）及有关资料；

2）工商营业执照；

3）本公司章程；

4）空白出口商业发票（样本）二张（盖章）；

5）三资企业和三来一补企业须附合资合同或协议书。

(3) 领取与填写注册表（一式二份）

符合以上条件资料齐全的单位向检验检疫机构领取“申请签发原产地证明书注册登记表”等相关资料，并按要求填写。申请单位使用的中英文对照的签证印章和手签人员姓名及手签笔迹都必须在注册时进行登记备案。其证书手签人员应是该单位熟悉产地证业务的人员，证书手签人员应该保持相对稳定。

(4) 注册前审查：检验检疫局对申请单位提交的表格和资料进行严格审查，并派人员深入工厂进行实地调查。工厂调查内容主要是了解工厂生产设备情况，加工生产工序是否完备，是否在中国完成最后检验和包装，原材料及零部件来源等。经审查合格的，给予登记注册，并按规定缴纳注册费用。

(5) 建立档案资料：已经注册的企业，对申领产地证的出口产品必须建立完善的进料记录、生产记录和出货记录。其中，出货记录必须记载出口产品的品名、规格、数量、包装、标记唛头、出口价格、出运日期和进口国别等内容。上述记录和资料应保存两年以上，供检验检疫及给惠国海关复查。

检验检疫局产地证科对每一个注册单位分别建立档案资料，随时掌握各签证单位的产品情况。

2. 签证程序

经过检验检疫局产地证科注册的单位，如有需要办理原产地证的出口商品应在货物装运前向检验检疫产地证科申请办理。

(1) 常规签证：(FORM A 和 C/O)

申请方必须向产地证科提交以下资料：

1）“原产地证申请书”一份。

2）经产地证科网上审核正确、由企业端打印的产地证一份。

3）本批签证产品出口商品发票副本一份。

4）出口产品中含有进口原料或零部件还必须提交“含进口成分商品成本

明细单”一份。

在一般情况下，审证周期为两个工作日。

（2）更改证书签发（FORM A 和 C/O）

对已签出的原产地证企业需更改证书内容的，应提交以下更改依据：

1）填写“重发或更改 FORM A/CO 证书申请单”一份；

2）打开原证书，在原证书号后加字母 C，在系统内填制更改重发申请书，再选择更改证重新发送；

3）重新提交正本出口商业发票和装箱单各一份；

4）退回原已签发的证书；

5）重新缴费。

（3）“复本”证书签发（FORM A 和 C/O）

如果已签发证书的正本被盗、遗失或损毁、途中寄丢等，申请单位可申请重新签证，须向产地证科书面申明理由并提供以下依据：

1）先在《国门时报》上作遗失声明；

2）填写“重发或更改 FORM A/CO 证书申请单”一份；

3）重新发送一份新证书，新的证书号应于原证书号后加字母 C，新证书的签证日期和申请日期应为实际的日期，发送时，应选择重发证；

4）重新提交正本出口的商业发票和装箱单；

5）提交原证书的复印件或副本；

6）重新计费、缴费。

（4）“后发证书”签发（FORM A 和 C/O）

原产地证一般应在货物装运前签发，但如果由于申请单位的非故意疏忽或其他原因在装船时耽误了申请，事后要求发证，可以申请后发。申请单位应提交报关单、提单或运单。申请人应在申请单上注明“后补”。

（5）电子签证流程

1）与软件公司联系，安装企业端软件；

2）在签证机构开通注册邮箱；

3）通过网络，将产地证传输到签证机构；

4）企业待收到正确回执后，企业申报员（注册单位申报员须经检验检疫机构培训考试合格，取得资格证书后由注册单位法人授权在原产地证明书上签字并申办原产地证书）提交有关单据到签证机构取证。

特别提示

产品所用的原料或零部件全部或部分是从加拿大、澳大利亚、新西兰、日本进口，并已在上述四国交纳了出口关税，产品销往该四国，并按规定能够享受普惠制优惠待遇时，申请单位还需提供该四国公司或商社签发的有关原料、零部件的出口商业发票。

6.3.3　信用证中的普惠制原产地证书条款

1. GSP CERTIFICATE OF ORIGIN FORM A IN DUPLICATE.

翻译：普惠制 A 式产地证一式两份。

分析：这一条款只要求提交普惠制原产地证，份数为两份。

2. GSP CERTIFICATE OF CHINESE ORIGIN FORM A INDICATING ITS REFERENCE NUMBER.

翻译：普惠制 A 式产地证指出它的编号。

分析：要求在证书上标明其编号，我国的普惠制产地证都有该编号。

3. GENERALIZED SYSTEM OF PREFERENCES CERTIFICATE OF ORIGIN FORM A SHOWING AUSTRIA AS IMPORTING COUNTRY.

翻译：普惠制 A 式产地证显示奥地利为进口国。

4. GSP CERTIFICATE OF ORIGIN FORM A IN DUPLICATE ISSUED BY CIQ CONSIGNED TO AQUARIUS SEAFOODS LTD.

翻译：普惠制产地证一式两份，由中国出入境检验检疫局出具，收货人为宝瓶海产食品有限公司。

5. CERTIFICATE OF ORIGIN FORM A IN DUPLICATE（ORIGINAL MUST BE VISAED）MADE OUT CONSIGNEE AS ETS. EUROPE IMPORT，CASIER 1－LOT E，06510 Z. I. CARROS，FRANCE.

翻译：A 式产地证一式两份（正本必须签证）作成收货人为法国卡罗……欧洲进口公司。

分析：在该证的 CONSIGNEE 这一栏目中须填“ETS. EUROPE IMPORT，CASIER 1－LOT E，06510 Z. I. CARROS，FRANCE.”和该公司的地址。

6.3.4 普惠制原产地证明书缮制实例评析

1. 普惠制产地证明书申请书的填制

样单 6-3 普惠制产地证明书申请书

普惠制产地证明书
申请书

申请单位（盖章）：

注册号：　　　　　　　　　　　　　　　　　　　　　　　证书号：

申请人郑重声明：

本人是被正式授权代表出口单位办理和签署本申请书的。

本申请书及普惠制产地证格式 A 所列内容正确无误，如发现弄虚作假、冒充格式 A 所列货物、擅改证书，自愿接受签证机关的处罚及负法律责任。现将有关情况申报如下：

<table>
<tr><td colspan="2">生产单位</td><td colspan="2"></td><td colspan="3">生产单位联系人电话</td><td></td></tr>
<tr><td colspan="2">商品名称（中英文）</td><td colspan="2"></td><td colspan="3">H.S. 税目号（以六位数码计）</td><td></td></tr>
<tr><td colspan="2">商品（FOB）总值（以美元计）</td><td colspan="2"></td><td colspan="3">发票号</td><td></td></tr>
<tr><td colspan="2">最终销售国</td><td colspan="3">证书种类划“√”</td><td>加急证书</td><td colspan="2">普通证书</td></tr>
<tr><td colspan="2">货物拟出运日期</td><td colspan="6"></td></tr>
<tr><td colspan="8">贸易方式和企业性质（请在适用处画“√”）</td></tr>
<tr><td>正常贸易 . C</td><td>来料加工 . L</td><td>补偿贸易 . B</td><td>中外合资 . H</td><td>中外合作 . Z</td><td>外商独资 . D</td><td>零售 . Y</td><td>展卖 . M</td></tr>
<tr><td></td><td></td><td></td><td></td><td></td><td></td><td></td><td></td></tr>
<tr><td colspan="8">包装数量或毛重或其他数量</td></tr>
<tr><td colspan="8">原产地标准：
本项商品系在中国生产，完全符合该给惠国给惠方案规定，其原产地情况符合以下第____条。
（1）“P”（完全国产，未使用任何进口原材料）；
（2）“W”其 H.S. 税目号为（含进口成分）；
（3）“F”（对加拿大出口产品，其进口成分不超过产品出厂价值的 40%）。
本批产品系：1. 直接运输从________________到________________；
2. 转国运输从________________中转国（地区）________________
到________________；</td></tr>
<tr><td colspan="8">申请人说明

领证人：（签名）
电　话：
日　期：　　年　　月　　日</td></tr>
</table>

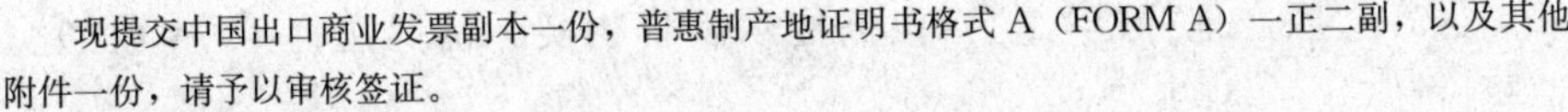

现提交中国出口商业发票副本一份，普惠制产地证明书格式 A（FORM A）一正二副，以及其他附件一份，请予以审核签证。

注：凡含有进口成分的商品，必须按要求提交“含进口成分受惠商品成本明细单”。

签证人：

填制规范：

普惠制原产地证明书申请书是申请单位向检验检疫机构办理普惠制原产地证明书时须填写的专用申请表，本表也暂适用于办理烟草真实性证书、《曼谷协议》原产地证书、蘑菇罐头原产地证书的申请。申请单位应如实、准确填写申请书中的各项内容，并核实所填内容是否真实、完整、正确。

(1)“申请单位（盖章）”栏：加盖申请单位公章。

(2)“注册号”栏：填写申请单位在检验检疫局产地证签证部门注册的注册号。如 B35××××。

(3)“证书号”栏：企业应根据检验检疫局的编号规则，按顺序编号，不得重号或跳号。编号规则：G×/申请单位注册号/0001，×代表年份，后四位代表流水号。

(4)“电话”栏：填写申请单位的联系电话。

(5)“申报日期”栏：填写申报日期。

(6)“生产单位/联系人电话”栏：填写该批出口货物的生产企业全称及联系人的电话。

(7)“商品名称”栏：填写商品品名的中英文，并且与发票证书的商品名称一致。

(8)“H. S. 税目号”栏：填写商品 H. S. 税目号（六位数）。

(9)“包装数量，毛重或其他数量”栏：填写该批出口货物的箱数、毛重或个数等。

(10)“商品 FOB 总值”栏：根据申报的出口货物出口发票上所列的金额以 FOB 价格填写（以美元计），如出口货物不是以 FOB 价格成交的，应换算成 FOB 价格。

(11)“发票号”栏：应填上所附的出口发票的发票号。

(12)“货物出运日期”栏：如实准确填写货物离开起运口岸的当天日期（年、月、日）。

(13)“最终销售国”栏：货物即将运抵的最终销售国。

(14)“贸易方式和企业性质”栏：根据实际情况选择画“√”。

(15)“原产地标准”栏：根据提示及货物实际情况选择1～4项如实填写。

(16)“本批商品系”栏：根据货物运输路线的起运港、中转港及目的港填写本批商品运输路线。

(17)“提交单据”栏：申请单位依据所提供单证画“√”，如有提供其他相关单据，一并补填。

(18)“申领员”栏：由已在检验检疫局产地证部门注册备案的申领员签署姓名。

2. 普惠制原产地证明书

普惠制证书每套一般只签发一份正本，出入境检验检疫机构不须在副本上签字盖章。

在本例中，星辰贸易公司根据第二章实例中的售货合同、信用证、已缮制的发票和装箱单，以及补充资料，缮制了该笔交易的普惠制原产地证明书，具体示例见样单6-4：

跟单信用证中普惠制原产地证书条款：

5. CERTIFICATE OF ORIGIN FORM A ISSUED BY CIQ 由中国出入境检验检疫局出具的普惠制原产地证格式A

补充资料：

FORM A号码：G11442XC24491148　　　原产地标准：P

样单 6-4　普惠制产地证明书

ORIGINAL

1. Goods consigned from(Exporter's business name Andress, country) GUANGZHOU STARS INTERNATIONAL TRADING CO., LTD ZHONGSHAN ROAD NO.3××,GUANGZHOU, P.R China Tel：+0086-20-25763369 Fax：+0086-20-25763368	Reference No. G11442XC24491148 GENERALIZED SYSTEM OF PREFERENCES **CERTIFICATE OF ORIGIN** (Combined Declaration and Certificate) **FORM A** Issued in THE PEOPLE'S REPUBLIC OF CHINA
2.Goods consigned to(Consignee's name，address，county) FLAG TRADING CO.,LTD 3××,BOROUGH HIGH STREET,LONDON, SE1 1HR, UNITED KINGDOM TEL: +44 207 414 6236 FAX: +44 207 4146238	(Country) See Notes overleaf
3. Means of transport and route(as far as known) FROM GUANGZHOU,CHINA TO LONDON, U.K. BY SEA	4. For official use

5. Item number	6. Marks and numbers of packages	7. Number and type of packages，description of goods	8.Origin criterion (see Notes overleaf)	9. Gross weight or other quantity	10. Number and date of invoices
1	FLAG SSC2011528 LONDON C/NO.1-380	VACUUM FLASK 380（THREE HUNDRED AND EIGHTY）CARTONS ONLY **************************************	"P"	3700KGS	Invoice No.: SINV72619 Date: 10 JULY 2011

11. Certification It is hereby certified，on the basis of control carried out，that the Declaration by the exporter is corrcet. 李波 GUANGZHOU, 14 JUL,2011 Place and date，signature and stamp of certifying authority	12. Declaration by the Exporter The undersigned hereby declares that all above detailsand statement are correct；that all the goods were produced in CHINA (Country) and that they comply with the origin requireents specmed for these goods in the Generalized System of Preferences for the goods exported to UNITED KINGDOM (Importing Country) Guangzhou Stars International Trading Co.，Ltd GUANGZHOU 14 JUL,2011 高才 Place and date，signatttre of authorised signatory

（0）证书号

证书号填写在右上角，填上签证当局所编的证书号，通过电子办证系统申办的证书的证书号由16个字符组成。在证头横线上方填上“在中华人民共和国签发”，国名必须填打外文全称，不得简化。

例如，如一份证书完整的证书号为：G08470ZC20390038。第1个字符为英文大写字母，代表证书类别，如“G”代表“Form A”；第2、第3字符为阿拉伯数字，代表年份，如“08”代表2008年；第4—12个字符由签证机构的组织机构代码前几数和企业注册号组成，如“470ZC2039”，“470”代表“深圳局”，“ZC2039”为企业注册号；第13～16个字符为证书序号，如“0038”。

（1）出口商名称、地址、国家

1. Goods consigned from（Exporter's business name Andress，country） GUANGZHOU STARS INTERNATIONAL TRADING CO.，LTD ZHONGSHAN ROAD NO. 3××，GUANGZHOU，P. R China Tel：＋0086－20－25763369 Fax：＋0086－20－25763368

此栏填写出口商名称和详细地址，包括街道名．门牌号码、邮政编码、城市和国家。该出口商名称必须经所在地的出入境检验检疫局登记注册，其名称、地址必须与注册档案一致。如采用信用证，一般按信用证规定的受益人全称、地址和国别填写。

如出口商代理其他公司或经其他公司代理出口的，可在出口商名称、地址、国名后加上“ON BEHALF OF（O/B)”、“CARE OF（C/O)”或“VIA”，再加上代理公司的名称。被代理公司含境外名称、地址的不得申报。

（2）收货人（全称、地址、国家）

2. Goods consigned to（Consignee's name，address，county） FLAG TRADING CO.，LTD 3××，BOROUGH HIGH STREET，LONDON， SE1 1HR，UNITED KINGDOM TEL：＋44 207 414 6236 FAX：＋44 207 414 6238

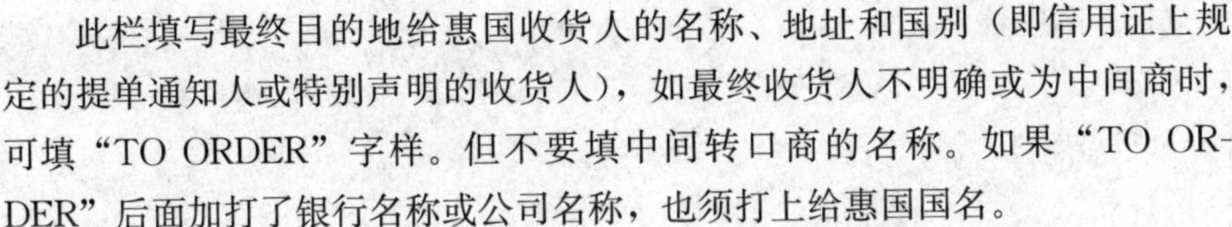

此栏填写最终目的地给惠国收货人的名称、地址和国别（即信用证上规定的提单通知人或特别声明的收货人），如最终收货人不明确或为中间商时，可填“TO ORDER”字样。但不要填中间转口商的名称。如果“TO ORDER”后面加打了银行名称或公司名称，也须打上给惠国国名。

在特殊情况下，欧洲联盟国家的进口商要求此栏留空，也可接受。

（3）运输方式和路线（就所知而言）

> 3. Means of transport and route (as far as known)
> FROM GUANGZHOU，CHINA TO LONDON，U.K. BY SEA

此栏填写装货和到货地点（始发地必须是中国国内的港口或城市，目的地必须是给惠国城市或国家）、离境日期及运输方式（如海运、陆运、空运、陆海联运等）。经非给惠国地区转运的（香港、澳门除外）签证时须提供联运提单。如到货港不清楚，可填进口国名或地区（仅限欧盟，如EU）。如经香港转运，应标明离开中国境内的日期，并在日期前加上英文“ON”或“ON/AFTER”表示于×××日期或自×××日期之后起运，不能用“BEFORE”或“ABOUT”表示在×××日期之前或前后。月份需用英文大写表示，年份须打四位数。

（4）供签证机构使用

> 4. For certifying authority use only

此栏申请人不用填写。在签发“后发”、“补发”证书时由签证机构在证书正本和副本上加盖相应的印章。后发证书在此栏加盖“ISSUED RETROSPECTIVELY”红色印章；如补发证书应在此栏注明原发证书的编号和签证日期并声明原发证书作废，其文字是：“This certificate is in replacement of certificate of origin No. ××× dated×××which is cancelled”，并加盖“Duplicate”印章；附有日本进口原材料证明的FORM A证书，应由申请人在此栏加上“Attached with Annex No. ×××”；货物经香港转往欧盟须办理“未再加工证明”的，由香港中国检验有限公司在该栏批注。

注：日本一般不接受“后发”证书，除非有不可避免的原因。

（5）顺序号

5. Item number
1

在收货人、运输条件相同的情况下，如同批出口货物有不同品种，则可按不同品种、发票号等分列“1”、“2”、“3”…单项商品，此栏可不填，留空。

（6）唛头和包装号

6. Marks and numbers of packages
FLAG SSC2011528 LONDON C/NO. 1—380

此栏按发票上的唛头填写完整的图案、文字标记及包装号，应与发票唛头一致，如无唛头，应填“N/M”字样。如唛头过多，此栏不够，可填打在第7、8、9、10栏的空白处。如还不够，则另加在证书的反面，由签证局加盖骑缝章，并在第6栏填打“SEE ATTACHED LIST”。

此栏不得出现“中国香港、中国台湾或其他国家和地区制造”或“见提单”、“见发票”等字样。

（7）商品名称、包装件数和种类

7. Number and type of packages，description of goods
VACUUM FLASK 380（THREE HUNDRED AND EIGHTY）CARTONS ONLY *

此栏填写商品的名称，应据商品的用途及所用材料给予商品详细的描述。商品的描述以能确定 H. S. 税目号为准。包装数量应包含各种商品的数量及总数量，货物无包装，应注明“散装（IN BULK）”或“裸装（IN NUDE）”。唛头上注明是挂装的衣物，可打总“件数（PCS）”。总数量应用英文大写数字和阿拉伯数字表示，并标明货物包装种类或度量单位。最后应加上截止线“* * * * * * * * *”，以防止添加伪造内容。国外信用证要求填具合同、

信用证号码等内容的，可加在截止线下方空白处。

特别提示

填制时请勿忘记填上包件种类及数量，并在包装数量的阿拉伯数字后用括号加上大写的英文数字，上列商品名称应具体填明，其详细程度应能在 H. S. 的四位数字级品目中准确归类。不能笼统填“MACHINE”、“METER”、“GARMENT”等。但商品的商标、牌名（BRAND）、货号（ART. NO.）也可不填，因这些与国外海关税则无关。

（8）原产地标准

8. Origin criterion (See Notes overleaf) “P”

此栏用字最少，却是国外海关审证的核心项目。对含有进口成分的商品，因情况复杂，国外要求严格，极易弄错而造成退证，应认真填写审核。

1）完全为中国原产产品，不含任何进口成分，出口到所有给惠国均填“P”。

2）含有进口成分的产品（须符合原产地标准）

①产品出口到欧盟 27 国、瑞士、挪威、土耳其、列支敦士登、日本等国，填写“W”加商品的 H. S. 四位数编码。例如，“W”95.03。

②产品出口到加拿大，只填“F”，不填 H. S. 编码。

③产品出口到澳大利亚、新西兰，此栏可留空或填“W”加商品的 H. S. 四位数编码。

④产品出口到俄罗斯、白俄罗斯、乌克兰、哈萨克斯坦、乌兹别克斯坦等前苏联国家，其进口成分不得超过离岸价的 50%，填写“Y”字样，并在字母后面打上进口价值占出厂价的百分比。例如，“Y”45%。

（9）毛重或其他数量

9. Gross weight or other quantity 3700KGS

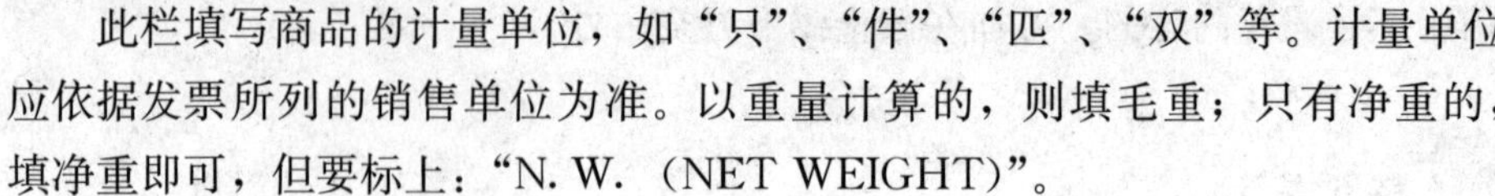

此栏填写商品的计量单位，如“只”、“件”、“匹”、“双”等。计量单位应依据发票所列的销售单位为准。以重量计算的，则填毛重；只有净重的，填净重即可，但要标上：“N. W. (NET WEIGHT)”。

（10）发票号码和日期

10. Number and date of invoices
Invoice No.：SINV72619
Date：10 JULY 2011

此栏不得留空。为避免误解，月份一律用英文缩写，年度要打四位数。此栏所填发票号日期必须与发票一致。发票日期不能晚于第 12、第 13 栏申请签发日期和第 3 栏出货日期。

（11）签证机构证明

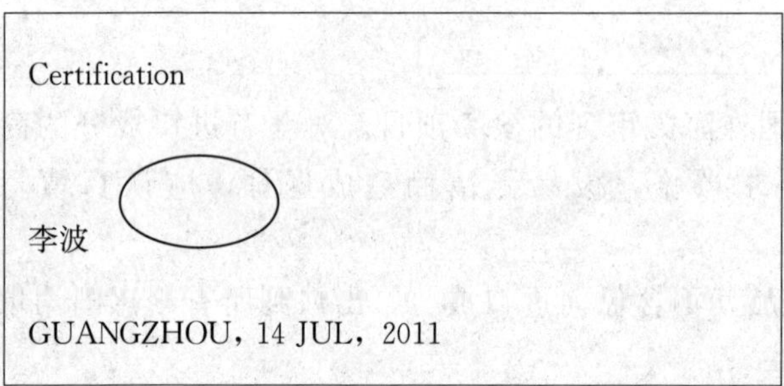

Certification

李波

GUANGZHOU, 14 JUL, 2011

此栏由签证人员填签署地点、日期、签名并加盖公章。审签人签名必须清楚且保持与备案笔迹一致，并留有足够的盖章位置。印章与签名不可重叠。如无特殊要求，只签一份正本，不签副本。申请人要求签副本时，可在备注栏提出申请并提供列有此项要求的信用证复印件，签证人员审核后予以加签副本。此栏日期不得早于第 10 栏发票日期和第 12 栏申请日期。

（12）出口商的声明

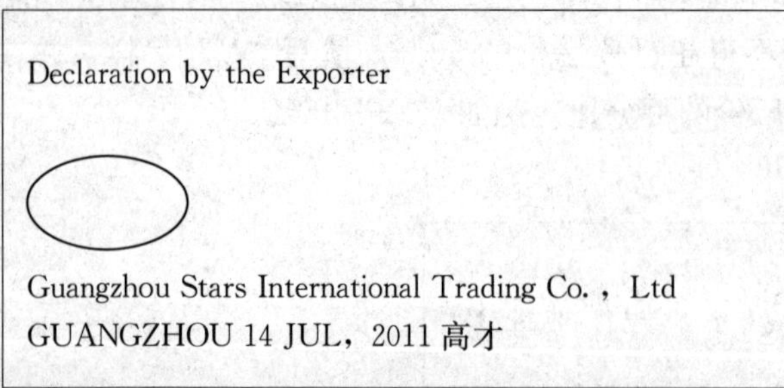

Declaration by the Exporter

Guangzhou Stars International Trading Co.，Ltd
GUANGZHOU 14 JUL，2011 高才

此栏应有出口国名“中国”CHINA 和进口国国名，进口国国名必须与目的港的国别一致。进口国必须是给惠国，运往欧盟的货物，进口国不明确时，此栏可填“EU”。申请人须在此栏签名并加盖经检验检疫局注册的中英文对照的单位印章，填写申报地点和申报日期，例如，GUANGZHOU，JAN19，2008。此栏的申报日期不得早于发票日期。在证书正本和所有副本上盖章时，避免覆盖进口国名称和手签人姓名。

注意：国名应是正式的和全称的。

特别提示

其他贸易方式的出证要求：

1. 小额邮寄商品的出证问题

小额邮寄商品，只要在给惠国所规定的限额内，凭出口单位自己签发的格式 APR 证书，即可享受优惠待遇，接受这种证书的有挪威、瑞士和欧洲联盟共计 17 个给惠国，这些国家也可接受格式 A，以代替格式 APR，日本和加拿大不接受格式 APR。

2. 日本使用的附加证明

日本规定，要享受其给惠国成分特殊待遇，必须加附件，即“从日本进口原料证明书”（Certificate of Materials Imported from Japan）。该证书上注有 FORM A 证书的编号，而有关的 FORM A 证书的第 4 栏上须注明该附件的编号，例如，ANNEX NO. .... 申请单位同时须提交从日本进口原料时日方出具的发票，装箱单等单据，供检验检疫局审核、签发“从日本进口原料证明书”及相关的格式 A。

引自厦门市出入境检验检疫局网站 http：//www. xmciq. gov. cn/。

6.4　区域性优惠原产地证明书的签证

6.4.1　签证机构与申领程序

1. 向出入境检验检疫机构申领

外贸企业如果办理区域性优惠原产地证业务，可以向出入境检验检疫机构办理，其注册、年审、加工产品及变更资料的程序与普惠制原产地证明书相同。

书面申办区域优惠证书时采用FORM A申请书。申请书的项目应如实填写，与证书相同的栏目应与证书内容一致。申请书由产地证申报员署名并加盖申办单位中英文印章。

电子办证系统申请书应按实际情况如实填写。

2. 向贸促会申领

根据海关总署公告2009年第45号，中国国际贸易促进委员会及其地方分支机构作为出口货物原产地证明书签证机构之一，定于2009年8月1日开始签发优惠贸易协定项下原产地证书。

（1）现阶段受理范围

目前贸促会受理签发的优惠原产地证书包括：

1）《亚太贸易协定》优惠原产地证书（目的国：孟加拉国、印度、老挝、韩国和斯里兰卡）

2）《中国—新加坡自由贸易协定》优惠原产地证书（目的国：新加坡）

3）《中国—新西兰自由贸易协定》优惠原产地证书（目的国：新西兰）

（2）业务流程

企业注册

申请单位须提交的注册/备案资料，填写完整的“优惠原产地证书注册登记表”，企业营业执照副本及复印件一份，自营进出口权批件（资格证书或批准证书或备案登记表）正本及复印件一份，组织机构代码证正本及复印件一份，企业海关代码证及复印件一份，签证机构需要的其他资料。

企业申报原产地证书

1）申请人申请优惠原产地证书须先登录www. co. ccpit. org通过网上电子申报；

2）申报企业接到“审核通过”的电子回执后，手签员可持发票、箱单和注册备案印章去贸促会领取原产地证书。

6.4.2　区域性优惠原产地证书样单

1. 中国—东盟自由贸易区优惠原产地证明书（FORM E）

样单 6-5　FORM E

ORIGINAL

1. Goods consigned from（Exporter's business name，address，country）	Reference No. ASEAN CHINA FREE TARDE AREA PREFERENTIAL TARIFF CERTIFICATE OF ORIGIN （Combined Declaration and Certificate） Issued in THE PEOPLE'S REPUBLIC OF CHINA
2. Goods consigned to（Consignee's name，address，country）	（Country） See Notes overleaf
3. Means of transport and route（as far as known）	4. For official use

5. Tariff Item number	6. Marks and numbers of packages	7. Number and type of packages，description of goods	8. Origin criterion（See Notes overleaf）	9. Gross weight or other quantity	10. Number and date of invoices

11. Declaration by the Exporter	12. Certification
The undersigned hereby declares that the above details and statement are correct；that all the goods were produced in ____________________ （Country） and that they comply with the origin requirements specified for these goods in the Generalized System of Preferences for the goods exported to ____________________ （Importing Country） ____________________ Place and date，signature and stamp of certifying authority	It is hereby certified，on the basis of control carried out，that the Declaration by the exporter is corrcet. ____________________ Place and date，signature of authorized signatory

2.《亚太贸易协定》原产地证明书（FORM B）

样单 6-6　FORM B

ORIGINAL

<table>
<tr><td colspan="3">1. Goods consigned from (Exporter's business name, address, country)</td><td colspan="3">Reference No.
ASEAN CHINA FREE TARDE AREA
PREFERENTIAL TARIFF
CERTIFICATE OF ORIGIN
(Combined Declaration and Certificate)
Issued in THE PEOPLE'S REPUBLIC OF CHINA</td></tr>
<tr><td colspan="3">2. Goods consigned to (Consignee's name, address, country)</td><td colspan="3">(Country)
See Notes overleaf</td></tr>
<tr><td colspan="3">3. Means of transport and route (as far as known)</td><td colspan="3">4. For official use</td></tr>
<tr><td>5. Tariff Item number</td><td>6. Marks and numbers of packages</td><td>7. Number and type of packages, description of goods</td><td>8. Origin criterion (See Notes overleaf)</td><td>9. Gross weight or other quantity</td><td>10. Number and date of invoices</td></tr>
<tr><td colspan="3">11. Declaration by the Exporter
The undersigned hereby declares that the above details and statement are correct; that all the goods were produced in
____
(Country)
and that they comply with the origin requirements specified for these goods in the Generalized System of Preferences for the goods exported to
____
(Importing Country)
____
Place and date, signature and stamp of certifying authority</td><td colspan="3">12. Certification
It is hereby certified, on the basis of control carried out, that the Declaration by the exporter is corrcet.
____
Place and date, signature of authorized signatory</td></tr>
</table>

3. 中国—巴基斯坦自由贸易区原产地证明书（FORM P）

样单 6-7 FORM P

1. Exporter's name and address, country

2. Consignee's name and address, country

3. Producer's name and address, country

CERTIFICATE NO.

CERTIFICATE OF ORIGIN

CHINA-PAKISTAN FTA

(Combined Declaration and Certificate)

Issued in ______________________

(Country)

See Instructions Overleaf

4. Means of transport and route (as far as known)

5. For Official Use Only

☐ Preferential Treatment Given Under China-Pakistan FTA

☐ Free Trade Area Preferential Tariff

Preferential Treatment Not Given (Please state reason/s………………………………………………………………………………………
…

Signature of Authorized Signatory of the Importing Country

6. Item number	7. Marks and numbers on packages; Number and kind of packages; description of goods; H. S. code of the importing country	8.Origin Criterion	9. Gross Weight, Quantity and FOB value	10. Number and date of invoices	11.Remar-ks

12.Declaration by the exporter

The undersigned hereby declares that the above details and statement are correct; that all the goods were produced in

……………………………………………………………………
……..

(Country)

and that they comply with the origin requirements specified for these goods in the China-Pakistan Free Trade Area Preferential Tariff for the goods exported to

……………………………………………………………………

13. Certification

It is hereby certified, on the basis of control carried out, that the declaration by the exporter is correct.

……………………………………………………………………

Place and date, signature and stamp of Certifying authority

4. 中国—智利自由贸易区原产地证明书（FORM F）

样单 6-8 FORM F

<table>
<tr><td>1.Exporter's name, address, country:</td><td rowspan="3">Certificate No.:

CERTIFICATE OF ORIGIN

Form F for China-Chile FTA

Issued in ____________________
(see Instruction overleaf)</td></tr>
<tr><td>2. Producer's name and address, if known:</td></tr>
<tr><td>3.Consignee's name, address, country:</td></tr>
<tr><td rowspan="2">4.Means of transport and route (as far as known)

Departure Date
Vessel /Flight/ Train/Vehicle No.
Port of loading

Port of discharge</td><td>5. For Official Use Only
☐ Preferential Tariff Treatment Given Under ______
☐ Preferential Treatment Not Given (Please state reasons)
………………………………………………
Signature of Authorized Signatory of the Importing Country</td></tr>
<tr><td>6. Remarks</td></tr>
</table>

7.Item number (Max 20)	8. Marks and numbers of packages	9. Number and kind of packages; description of goods	10. H. S. code (Six digit code)	11. Origin criterion	12. Gross weight, quantity (Quantity Unit) or other measures (liters, m^3,etc)	13. Number, date of invoice and invoiced value

<table>
<tr><td>14. Declaration by the exporter
The undersigned hereby declares that the above details and statement are correct, that all the goods were produced in
____
(Country)
and that they comply with the origin requirements specified in the FTA for the goods exported to
____
(Importing country)
____
Place and date, signature of authorized signatory</td><td>15. Certification
It is hereby certified, on the basis of control carried out, that the declaration of the exporter is correct.

Place and date signature and stamp of certifying authority

Certifying authority
Tel: Fax:
Address:</td></tr>
</table>

---

* A Certificate of Origin under China-Chile Free Trade Agreement shall be valid for one year from the date of issue in the exporting country.

5. 中国—新西兰自贸区原产地证明书（FORM N）

我国各地出入境检验检疫机构已于 2008 年 10 月 1 日起开始签发中国—新西兰自由贸易区优惠原产地证明书。

样单 6-9　FORM N

<table>
<tr><td colspan="3">1.Exporter's name, address, country:</td><td colspan="4" rowspan="3">Certificate No.:

CERTIFICATE OF ORIGIN
Form F for China - New Zealand FTA

Issued in ____________________
(see Instruction overleaf)</td></tr>
<tr><td colspan="3">2. Producer's name and address, if known:</td></tr>
<tr><td colspan="3">3.Consignee's name, address, country:</td></tr>
<tr><td colspan="3" rowspan="2">4.Means of transport and route (as far as known)

Departure Date
Vessel /Flight/ Train/ Vehicle No.
Port of loading

Port of discharge</td><td colspan="4">5. For Official Use Only
☐ Preferential Tariff Treatment Given Under ______
☐ Preferential Treatment Not Given (Please state reasons)

……………………………………………
Signature of Authorized Signatory of the Importing Country</td></tr>
<tr><td colspan="4">6. Remarks</td></tr>
<tr><td>7.Item number (Max 20)</td><td>8. Marks and numbers of packages</td><td>9. Number and kind of packages; description of goods</td><td>10. H. S. code (Six digit code)</td><td>11. Origin criterion</td><td>12. Gross weight, quantity (Quantity Unit) or other measures (liters, m³,etc)</td><td>13. Number, date of invoice and invoiced value</td></tr>
<tr><td colspan="3">14. Declaration by the exporter
The undersigned hereby declares that the above details and statement are correct, that all the goods were produced in

____
(Country)
and that they comply with the origin requirements specified in the FTA for the goods exported to

____
(Importing country)

____
Place and date, signature of authorized signatory</td><td colspan="4">15. Certification
It is hereby certified, on the basis of control carried out, that the declaration of the exporter is correct.

Place and date signature and stamp of certifying authority

Certifying authority
Tel: Fax:
Address:</td></tr>
</table>

* A Certificate of Origin under China-Newzealand Free Trade Agreement shall be valid for one year from the date of issue in the exporting country.

6. 中国—新加坡自由贸易区优惠原产地证明书 FORM S

样单 6-10　FORM S

ORIGINAL

<table>
<tr><td colspan="3">1. Goods consigned from(Exporter's business name, address, country)</td><td colspan="3" rowspan="2">Reference No.
CHINA-SINGAPORE FREE TRADE AREA
PREFERENTIAL TARIFF
CERTIFICATE OF ORIGIN
(Combined Declaration and Certificate)
Issued in THE PEOPLE'S REPUBLIC OF CHINA
(Country)
See Notes overleaf</td></tr>
<tr><td colspan="3">2.Goods consigned to(Consignee's name, address, country)</td></tr>
<tr><td colspan="3">3. Means of transport and route(as far as known)</td><td colspan="3">4. For official use</td></tr>
<tr><td>5. Item number</td><td>6. Marks and numbers of packages</td><td>7. Number and type of packages, description of goods</td><td>8.Origin criterion (See Notes overleaf)</td><td>9. Gross weight or other quantity</td><td>10. Number and date of invoices</td></tr>
<tr><td colspan="3">11. Certification
It is hereby certified, on the basis of control carried out, that the declaration by the exporter is corrcet.

Place and date, signature and stamp of certifying authority</td><td colspan="3">12. Declaration by the Exporter
The undersigned hereby declares that the above details and statement are correct; that all the goods were produced in
(Country)
and that they comply with the origin requirements specified for these goods in the Generalized System of Preferences for the goods exported to
(Importing Country)

Place and date, signature of authorized signatory</td></tr>
</table>

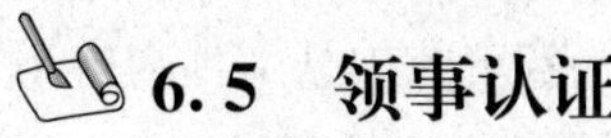

6.5　领事认证

在国际贸易实践中，许多国家和地区出于保护本国市场的需要，纷纷制定了严格的贸易保护政策，要求我国出口企业所提供的涉外商业单据和文件，须经该国驻华使领馆认证，才能在进口国办理通关结汇手续。使领馆认证不仅是一种惯例，而且在不少国家是以法律的形式加以规定的。

6.5.1　概述

1. 领事认证的概念

领事认证，也就是使领馆认证（LEGALIZATION BY EMBASSY OR CONSULATE），是指一国外交、领事机构及其授权机构在公证文书或其他证明文书上，确认公证机构、相应机关或者认证机构的最后一个签字或者印章属实的活动。经过认证的文件具有境外法律效力，为文件使用国有关当局所承认。

2. 领事认证的目的

经过领事认证，使一国出具的公证书或有关文书能在另一国境内被有关当局所承认且具有法律效力，不致因怀疑文书上的签名或印章是否属实而影响文书的法律效力。

3. 领事认证的范围

（1）用于通关结汇的各类商业单证，如原产地证、商业发票、装箱单、提单、商检证、屠宰证、船证明、保险单等；

（2）用于涉外商贸活动的各类证明文件，如合同、报关单、授权书、代理协议、营业执照、资信证明、投标文件等；

（3）其他与涉外商贸活动相关需办理领事认证的文件。

4. 领事认证的作用

（1）通过领事认证证明出口商所提交的单据文件上的印章及签字属实，提高单据文件的可信度，避免因进口国有关机构怀疑单据文件的真实性而影响该单据文件在境外的使用效力。

（2）通过领事认证，可以使被认证的单据文件在我国境外发生法律效力，并被进口国有关机构（如贸易主管部门、海关、银行等）所承认和接受，确保出口贸易各项程序（如报盘、申请进口许可、出口结汇）的顺利进行。但是，由于领事认证并没有确认和证实单据文件上记载内容是否真实，所以进口国相关机构仍然可以对单据文件的内容进行审查。若审核单据文件内容不真实，尽管该单据文件经过领事认证，仍可能被拒绝接受。

(3) 通过领事认证可以使进口国的驻华使馆对我国与其贸易进行统计和审查，特别是就进口国实行特殊贸易政策的货物实施审查并加以控制（如禁止或限制进口、反倾销等），而且通过领事认证可防止商人的伪造诈骗、弄虚作假和逃税行为。

(4) 由于领事认证费用较高，因而从某种意义上说，是一种非关税性贸易壁垒，也可以达到变相限制进口的目的；同时，通过领事认证收取认证费用，也可以增加使领馆的收入。

6.5.2 申领程序

我国出口企业在出口贸易业务中，根据进口国的规定或进口商的要求，需要对涉外商业单据文件办理领事认证时，出口企业可以自行或委托他人向中国贸促会（中国国际商会）及其授权的地方分、支会申请代办领事认证。

1. 申请

向所在地贸促会申请时应按下列程序办理申请手续：

(1) 填写由中国贸促会统一印制的代办领事认证申办表；

(2) 提交由中国贸促会（或其分支会）、中国出入境检验检疫局出具的公证或认证的商业文件；

(3) 提交驻华使领馆认证所要求的文件复印件及其他相关材料。

2. 受理

认证文件应当具备以下条件：

(1) 申办表上所填写的申办国别、公司名称、联系人、电话、传真、申请日期以及印章等应准确无误。申请人要求合理，并符合使馆有关规定（语言、份数、相关单据文件）。

(2) 提交的认证文件需符合领事认证受理范围的规定。

(3) 认证文件上的签字或印章清晰，并且文件须经相关机构认证、印章不清、模糊，盖倒、重复盖两个章的单据文件不受理。

3. 办证

贸促会对申请单位提交代办的单据文件审核后，对于可以办理领事认证的单据（如产地证）和官方机构、公证部门出具的文件（例如，商检局出具的商检证、动植物检疫局出具的动植物检疫证明等），可按要求直接送外交部领事司进行认证。对拟办理的领事认证，属于贸促会认证范围的单据文件，如发票、提单、屠宰证、商检公司出具的商检证、保险公司出具的保险单等，先由贸促会直接加盖单据证明专用章予以认证，然后送外交部领事司认证。对于须制作国际商事证明书的，先由总会出具国际商事证明书，再送外交部领事司。

贸促会将受理的文件输机、制单、整理后，需要一个工作日送外交部领事司认证；外交部认证后送各使领馆认证，经使领馆、外交部认证好的文件，当天取回并当天核销完毕，通知当地自办公司，邮寄各地方贸促分支会。

4. 领证

证书返回后，通知企业领取或寄送已认证的证单（文件）。

6.5.3　各国驻华使馆代办领事认证的注意事项

目前，要求使领馆认证的国家和地区主要集中在南美、中东、非洲等国家和地区，另外一些欧美国家也正加入这一行列中来。主要国家有阿根廷、埃及、墨西哥、沙特、阿联酋、阿曼、巴西、科威特、秘鲁、伊朗、印度、俄罗斯、卡塔尔、玻利维亚、希腊、波兰、哥伦比亚、伊拉克、泰国、菲律宾、厄瓜多尔、约旦、利比亚、土耳其、巴基斯坦、缅甸、智利、委内瑞拉、叙利亚等。而一些国家对领事认证作出一些特别规定，在办理时必须注意。

1. 下列国家的使馆要求所有认证文件须提交一式两份，其中一份供使馆留底：菲律宾、泰国、委内瑞拉、土耳其、古巴。

例如，送办土耳其国家的文件，在份数栏内应填“2”份，申办公司收到为“1”份，另 1 份由土耳其使馆留底保存。

2. 下列使馆要求提供复印件：阿尔巴尼亚、阿尔及利亚、阿富汗、阿联酋（发票 1 份）、埃及、埃塞俄比亚、安哥拉、巴基斯坦（2 份）、玻利维亚、古巴、刚果（2 份）、哈萨克斯坦、韩国、黎巴嫩、利比亚（2 份）、卢旺达、缅甸、也门、越南、伊朗、约旦、印度尼西亚、印度。

3. 下列使馆要求提供英文的“使用目的说明”：巴基斯坦、黎巴嫩、印度、新加坡。

4. 下列使馆要求产地证、发票必须一起认证：卡塔尔、黎巴嫩、约旦、叙利亚、阿联酋。

5. 下列使馆要求认证产地证须提供发票复印件作为参考：伊朗、秘鲁、利比亚。

6. 下列使馆要求商业单据须做成商业证明书再送交使馆认证：阿尔及利亚、南非、尼日利亚、意大利。

7. 下列使馆要求另须填写特殊表格格式（可在网站里下载）：埃塞俄比亚、韩国、科威特（白色产地证英文部分由公司填写，阿文部分由使馆翻译，收20元翻译费）、意大利。

8. 送办阿根廷使馆的文件，因使馆收费标准有两种：发票收费216元/份，其他均收费288元/份；要求经办人在送办文件时，按收费标准的不同而分别填写申办表申请办理。

9. 送办沙特使馆的文件，产地证、发票为免费，其他商业文件65元/份。免费与收费文件也须分别填写申办表送办。

10. 一些使馆的个别要求如下：

(1) 巴基斯坦使馆涉及金额的商业文件不予认证；

(2) 哥伦比亚使馆要求授权书必须和营业执照一起认证；

(3) 科威特使馆要求发票必须与产地证及白色产地证一起认证；

(4) 利比亚使馆单认产地证须附正本发票，按发票金额收费；

(5) 印度尼西亚使馆在办理药品、医疗器械、保健品、化妆品类的文件时，须提供生产许可证、销售证书、GMP证书、营业执照、授权书、产品承认说明。

思考与实训

分析第二章课后的思考与实训题中的售货确认书和信用证，找出并翻译信用证中原产地证书条款，同时根据已填制的商业发票和装箱单，填制普惠制产地证明书申请书和证明书。

普惠制产地证明书
申请书

申请单位（盖章）：

注册号： 证书号：

申请人郑重声明：

本人是被正式授权代表出口单位办理和签署本申请书的。

本申请书及普惠制产地证格式A所列内容正确无误，如发现弄虚作假、冒充格式A所列货物、擅改证书，自愿接受签证机关的处罚及负法律责任。现将有关情况申报如下：

<table>
<tr><td colspan="2">生产单位</td><td colspan="2"></td><td colspan="2">生产单位联系人电话</td><td colspan="2"></td></tr>
<tr><td colspan="2">商品名称（中英文）</td><td colspan="2"></td><td colspan="2">H.S. 税目号（以六位数码计）</td><td colspan="2"></td></tr>
<tr><td colspan="2">商品（FOB）总值（以美元计）</td><td colspan="2"></td><td colspan="2">发票号</td><td colspan="2"></td></tr>
<tr><td colspan="2">最终销售国</td><td colspan="2">证书种类画“√”</td><td colspan="2">加急证书</td><td colspan="2">普通证书</td></tr>
<tr><td colspan="2">货物拟出运日期</td><td colspan="6"></td></tr>
<tr><td colspan="8">贸易方式和企业性质（请在适用处画“√”）</td></tr>
<tr><td>正常贸易.C</td><td>来料加工.L</td><td>补偿贸易.B</td><td>中外合资.H</td><td>中外合作.Z</td><td>外商独资.D</td><td>零售.Y</td><td>展卖.M</td></tr>
<tr><td></td><td></td><td></td><td></td><td></td><td></td><td></td><td></td></tr>
<tr><td colspan="8">包装数量或毛重或其他数量</td></tr>
<tr><td colspan="8">原产地标准：
本项商品系在中国生产，完全符合该给惠国给惠方案规定，其原产地情况符合以下 第 条。
（1）“P”（完全国产，未使用任何进口原材料）；
（2）“W”其H.S.税目号为（含进口成分）；
（3）“F”（对加拿大出口产品，其进口成分不超过产品出厂价值的40%）。
本批产品系：1. 直接运输从__________到__________；
2. 转圈运输从__________中转国（地区）__________
到__________；</td></tr>
<tr><td colspan="8">申请人说明
领证人：（签名）
电　话：
日　期：　　年　　月　　日</td></tr>
</table>

现提交中国出口商业发票副本一份，普惠制产地证明书格式A（FORM A）一正二副，以及其他附件 份，请予以审核签证。

注：凡含有进口成分的商品，必须按要求提交“含进口成分受惠商品成本明细单”。

签证人：

普惠制原产地证明书

ORIGINAL

<table>
<tr>
<td colspan="3">1. Goods consigned from(Exporter's business name,address, country)</td>
<td colspan="3" rowspan="2">Reference No. 090849608
GENERALIZED SYSTEM OF PREFERENCES
CERTIFICATE OF ORIGIN
(Combined Declaration and Certificate)
FORM A
Issued in THE PEOPLE'S REPUBLIC OF CHINA
(Country)
See Notes overleaf</td>
</tr>
<tr>
<td colspan="3">2.Goods consigned to(Consignee's name, address, country)</td>
</tr>
<tr>
<td colspan="3">3. Means of transport and route(as far as known)</td>
<td colspan="3">4. For official use</td>
</tr>
<tr>
<td>5. Item number</td>
<td>6. Marks and numbers of packages</td>
<td>7. Number and type of packages, description of goods</td>
<td>8.Origin criterion (see Notes overleaf)</td>
<td>9. Gross weight or other quantity</td>
<td>10. Number and date of invoices</td>
</tr>
<tr>
<td colspan="3">11. Certification
It is hereby certified, on the basis of control carried out, that the declaration by the exporter is corrcet

Place and date, signature and stamp of certifying authority</td>
<td colspan="3">12. Declaration by the Exporter
The undersigned hereby declares that the above details and statement are correct; that all the goods were produced in
CHINA
(Country)
and that they comply with the origin requirements specified for these goods in the Generalized System of Preferences for the goods exported to

(Importing Country)

Place and date, signature of authorized signatory</td>
</tr>
</table>

第7章　投保与保险单据

关键术语

投保　保险人　被保险人　保险险别　投保单　保险单　保险凭证　保险金额　保险加成

学习目标

- 熟悉投保手续
- 熟悉保险单据的种类
- 能理解信用证中的保险单据条款
- 会填制投保单与保险单据

在国际贸易中，货物要交到买方通常需要经过长时间、长距离的运输，往往会受到自然灾害、意外事故或外来因素的影响导致货物受损或灭失。为了在货物受损后能够获得一定的经济补偿，转移货物在运输途中的风险，在货物出运前后，承担风险的一方往往都会向保险公司投保。那么是由卖方还是由买方向保险公司投保呢？这主要取决于合同中所采用的价格术语。按照《国际贸易术语解释通则》对贸易术语的解释，如果采用CIF（或CIP）贸易术语，则由买方承担运输途中货物损坏或灭失的风险，但由卖方承担投保的责任。如果采用FOB（或FCA、CFR、CPT）贸易术语，则往往由买方在收到卖方发来的装运通知后，向保险公司投保。无论是由哪一方办理投保，通常都需要根据买卖合同、信用证或惯常的做法，选择合适的保险险别，确定保险金额，办理投保手续，缴纳保险费和领取保险单证。

7.1 投保手续与投保单缮制

7.1.1 投保形式

投保的形式有以下几种：

(1) 凡是带保险价格条件的成交合同或按信用证规定装运的出口货物，外贸公司或其他卖方需逐笔填制投保单，办理投保。

(2) 投保人因时间紧迫，可口头或以函电向保险公司提出申请，如获允准，保险也生效，但事后要补交投保单。

(3) 业务量较大的外贸公司，为简化手续，节省时间，投保也可以发票、出口货物明细单或货物出运分析单、报关单的副本代替。

(4) 专业从事出口业务的外贸公司，或长期出口货物的单位，可与保险公司签订预约保险合同（简称预保合同，是一种定期统保契约）。凡属于预保合同约定范围以内的货物，一经起运，保险公司即自动承保，即凡签订预保合同的单位，当每批保险标的出运前，由投保人填制起运通知，一式三份，交保险公司。

(5) 凡陆运、空运出口到港澳地区的，可使用“联合凭证”，由投保人将“联合凭证”一式四份，交保险公司。保险公司将其加盖联合凭证印章，并根据投保人提出的要求注明承担险别、保险金额和理赔代理人名称，经签章后退回三份，自留一份凭以统一结算保费。

7.1.2 投保手续

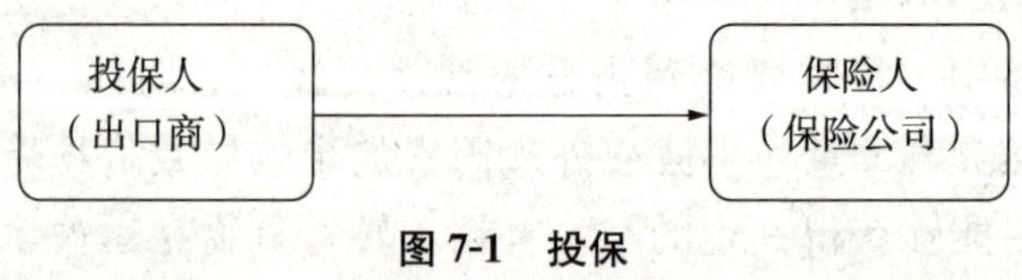

图 7-1 投保

投保人向保险公司办理国际货物运输保险的流程如下：

1. 选择保险险别

在投保时，投保人总是希望在保险范围和保险费之间寻找平衡点。要做到这一点，首先要对自己所面临的风险作出评估，甄别哪种风险最大、最可能发生，并结合不同险种的保险费率来加以权衡。

在投保人投保时，通常要对以下几个因素进行综合考虑：1）货物的种类、性质和特点；2）货物的包装情况；3）货物的运输情况（包括运输方式、运输工具、运输路线）；4）发生在港口和装卸过程中的损耗情况等；5）目的地的政治局势，如在 1998 年北约空袭南联盟和 1999 年巴基斯坦政变期间，如果投保战争险，出口商就不必为货物的安全问题而心惊肉跳了。

“一切险”是最常用的一个险种。买家开立的信用证也多是要求出口方投保一切险。投保一切险最方便，因为它的责任范围包括了平安险、水渍险和 11 种一般附加险，投保人不用费心思去考虑选择什么附加险。但是，往往最方便的服务需要付出的代价也最大。就保险费率而言，水渍险的费率约相当于一切险的 1/2，平安险约相当于一切险的 1/3。

有的货物投保了一切险作为主险可能还不够，还须投保特别附加险。某些含有黄曲霉素的食物，如花生、油菜子、大米等食品，往往含有这种毒素，会因超过进口国对该毒素的限制标准而被拒绝进口、没收或强制改变用途，从而造成损失，那么，在出口这类货物的时候，就应将黄曲霉素险作为特别附加险予以承保。

目标市场不同，费率也不同，出口商在核算保险成本时，就不能“一刀切”。如果投保一切险，欧美发达国家的费率可能是 0.5%，亚洲国家是 1.5%，非洲国家则会高达 3.5%。另外，货主在选择险种的时候，要根据市场情况选择附加险，如到菲律宾、印尼、印度的货物，因为当地码头情况混乱，风险比较大，应该选择偷窃提货不着险和短量险作为附加险，或者干脆投保一切险。

2. 确定保险金额

保险金额既是计算保险费的依据，又是货物发生损失后计算赔偿的依据。按照国际惯例，投保金额应按发票上的 CIF 的预期利润计算。向中国人民保险公司办理进出口货物运输保险，有两种办法：一种是逐笔投保，另一种是按签订预约保险总合同办理。

3. 填写和递交投保单

当投保人需要对一笔货物申请保险时，可到当地保险公司办理手续。一般先填制“运输险投保单”一式两份。一份由保险公司签署后交投保人作为接受承保的凭证；另一份由保险公司留存，作为缮制、签发保险单（或保险凭证）的依据。保险契约即告成立。

投保单是投保人向保险人提出投保的书面申请，其主要内容包括被保险人的姓名、被保险货物的品名、标记、数量及包装、保险金额、运输工具名称、开航日期及起讫地点、投保险别、投保日期及签章等。

4. 支付保险费，取得保险单据

保险费按投保险别的保险费率计算。保险费率是根据不同的险别、不同的商品、不同的运输方式、不同的目的地，并参照国际上的费率水平而制订的。交付保险费后，投保人即可从保险人处取得保险单据。

保险单是保险人与被保险人之间的一种契约，规定了双方之间的权利与义务，是投保的一方支付保险费，保险的一方在保险标的遭受损失时承担赔偿责任的依据，同时也是投保单位通过银行结汇的重要单据之一。

7.1.3 被保险人应尽的义务

被保险人应当履行的义务主要有以下几个方面：

1. 投保人在投保货运险后，应在保险人签发保险凭证的同时，按照保险费率，一次交清应付的保险费（预约业务除外）。

2. 被保险人应严格遵守国家政府有关部门制订的安全运输规章制度，有接受并协助保险人对保险货物进行查验防损工作的义务，有执行有关部门规定的包装标准的义务，不得随意降低包装等级。没有规定的，可以按承运部门有关质量的标准执行。

3. 被保险人在获悉保险货物发生保险责任范围内的损失后，应当立即通知当地保险机构尽快查勘受损货物，并尽可能地进行施救，以减少损失；同时要采取必要的措施，对未受损的货物予以保护；对于损余物资，被保险人应当及时地进行必要的善后处理，如打捞落水货物，进行水渍货物的翻晒，损余货物的分类、整理等。

7.1.4 投保单的内容与缮制

投保单是出口商（或者进口商）作为投保人填写的，向保险公司对运输途中的货物进行投保的申请书，是保险公司（保险人）据以签发保险单的凭证。投保人应翔实、清楚地填写投保单的各项内容。

投保单是投保人的书面要约。投保单经投保人据实填写交付给保险人就成为投保人表示愿意与保险人订立保险合同的书面要约。

投保单一般是在逐笔投保方式下采用的做法。各个保险公司的投保单格式不尽相同，但基本内容一致，主要内容有：

1. 被保险人的名称和地址；

2. 保险标的的名称和存放地点；

3. 投保的险别；

4. 保险责任的起讫；

5. 保险价值及保险金额等。

在填写货运险投保单时还应注意，投保的险别、币值与其他条件必须与销售合同、信用证上所列保险条件一致；投保后发现投保项目有错漏，要及时向保险人申请批改，否则在发生损失后发现与货运险投保单所填情况不符，将影响保险人及时、准确的理赔。对于特殊的货物，投保人要根据保险人的要求，提供货物的有关单证（如发票、提单复印件）及必需的检验证书。

样单 7-1　投保单

<table>
<tr><td>被保险人
Assured's Name：</td><td colspan="2">GUANGZHOU STARS INTERNATIONAL TRADING CO.，LTD</td><td rowspan="2">保单号
Policy No.：
发票号
Invoices No.：SINV72619
合同号
Contract No.：SSC2011528
信用单号
L/C No.：TR－MHLC18</td></tr>
<tr><td colspan="3">兹有下列物品向中国人民保险公司投保
Insurance is required on the following commodities：</td></tr>
<tr><td>标记
Marks & Nos.</td><td>包装及数量
Quantity：</td><td>保险货物项目
Description of goods：</td><td rowspan="2">发票金额
Amount Invoice
加成
Value plus about 10％
保险金额（％）：
Amount
Insured：USD81840.00
费率
Rate
保险费
Premium</td></tr>
<tr><td>FLAG
SSC2011528
LONDON
C/NO. 1－380
CBHU3202732</td><td>380CTNS</td><td>VACUUM FLASK</td></tr>
<tr><td colspan="4">装载工具
Per conveyance：
（请以 by air、by sea、by car 字样填写，如是海运，请用英文写明船名及船期）</td></tr>
<tr><td>开航日期以出港日期为准
Slg. on abt. 22－JUL－11</td><td colspan="2">提单号（真实的运单号）B/L No. COSC113512</td><td>赔付地点（详细地址）
Claims Payable At LONDON</td></tr>
<tr><td>自
From：GUANGZHOU</td><td colspan="2">经
Via</td><td>到
To：LONDON</td></tr>
<tr><td colspan="4">承保险别
Conditions & /or（需要保何种保险，请在此注明）COVERING INSTITUTE CARGO CLAUSES (A) AS PER I. C. C DATED 1/1/1982.
Special Coverage：
备注
Remarks：</td></tr>
<tr><td colspan="3"></td><td>投保人盖章
Applicant's Signature</td></tr>
<tr><td colspan="4"></td></tr>
<tr><td>日期
Date 16 JUL 2011</td><td></td><td></td><td></td></tr>
</table>

7.2 信用证中对保险单条款的规定

1. 2 ORIGINAL（S）OF INSURANCE POLICY AND CERTIFICATE MADE OUT TO ORDER AND BLANK ENDORSED，FOR 110 PERCENT OF THE TOTAL CIF-VALUE COVERING ALL RISKS AND WAR RISKS.

翻译：两份正本保险单和凭证作成空白抬头空白背书，按 CIF 总值的110％投保一切险和战争险。

2. INSURANCE POLICY/CERTIFICATE IN DUPLICATE AND ENDORSED IN BLANK FOR 110 PCT OF THE INVOICE VALUE，WITH CLAIMS，IF ANY，PAYABLE AT DESTINATION IN THE CURRENCY OF THE CREDIT，COVERING ALL RISKS，WAR RISKS AND F. R. E. C.

翻译：保险单或保险凭证一式两份，空白背书，按发票全值投保一切险、战争险和存仓火险责任扩展条款，可在目的地以本证货币索赔。

3. INSURANCE POLICIES（OR CERTIFICATES）ENDORSED IN BLANK，FOR INVOICE VALUE OF THE GOODS PLUS 10％ COVERING MARINE AND WAR RISKS INCLUDING INSTITUTE CARGO CLAUSE（A），INSTITUTE WAR CLAUSE PORT KELANG THENCE TO BUYER WAREHOUSE IN MELAKA，MALAYSIA，CLAIMS PAYABLE AT MELAKA，MALAYSIA.

翻译：保险单（或保险凭证），空白背书，按货物发票值加成10％投保海洋战争险，包括协会货物条款（A项），协会战争条款，从吉隆坡港然后到买方在马来西亚马六甲仓库，可在马来西亚马六甲索赔。

4. FULL SET OF INSURANCE POLICY OR CERTIFICATE ENDORSED IN BLANK FOR 110 PCT. OF CIFVALUE WITH CLAIMS PAYABLE AT DESTINATION COVERING PICC MARINE CARGO CLAUSE（ALL RISKS）WAR RISKS AND F. R. E. C.

翻译：全套保险单或保险凭证空白背书，按 CIF 价值的110％投保中国人民保险公司的海洋货物条款（一切险）、战争险和存仓火险责任扩展条款，可在目的地索赔。

5. INSURANCE POLICY OR CERTIFICATE IN DUPLICATE COVER-

ING TRANSPORT AND WAR RISKS, AS PER INSTITUTE CARGO CLAUSES A, IRRESPECTIVE OF PERCENTAGES ISSUED TO ORDER AND BLANK ENDORSED MENTIONING CLAIMS SETTLING IN NORWAY.

翻译：保险单或保险凭证一式两份，开出空白抬头和空白背书，按照学会货物条款A，投保转运险和战争险，不计免赔率，提及在挪威的赔付代理。

6. INSURANCE POLICY OR CERTIFICATE ISSUED IN NEGOTIABLE FORM FOR INVOICE AMOUNT PLUS 10%SHIPMENT FROM FANGCHENG PORT TO GO DAU PORT, VIETNAM LATEST NOV. 9, 08.

翻译：保险单或保险凭证以可流通形式开出，按发票金额加10%投保，最迟于2008年11月9日从防城港装运至越南高德港。

7. INSURANCE POLICY/CERTIFICATE IN ONE ORIGINAL AND ONE COPY FOR 110 PCT OF THE CIF VALUE COVERING ALL RISKS (A), INSTITUTE WAR CLAUSES (CARGO) AND INSTITUTE STRIKES CLAUSES (CARGO) AS PER ICC DD. JAU 1, 1982.

翻译：保险单或保险凭证，开出一份正本和一份副本，依照1982年1月1日的伦敦协会条款，按CIF值的110%投保一切险（A)，协会战争险条款（货物）和协会罢工条款（货物)。

8. INSURANCE POLICY OR CERTIFICATE (IN DUPLICATE) ISSUED TO OUR ORDER OR ENDORSED BY BENEFICIARIES IN BLANK TO OUR ORDER, COVERING THE GOODS FOR INVOICE VALUE PLUS 10 PERCENT COVERING ALL RISKS AS PER CHINESE INSURANCE CLAUSE JAN 1, 81.

翻译：保险单或保险凭证（一式两份)，开给我行抬头或由受益人空白背书给我行指示，依照1981年1月1日的中国保险条款，按发票价值加10%投保货物一切险。

9. INSURANCE POLICY OR CERTIFICATE IN NEGOTIABLE FORM IN DUPLICATE ENDORSED TO THE ORDER OF HENGSENG BANK LTD., HONG KONG FOR FULL CIF VALUE PLUS AT LEAST 10 PCT COVERING OCEAN MARINE CARGO CLAUSES (ALL RISKS), OCEAN MARINE CARGO WAR RISKS CLAUSES AND STRIKES CLAUSES OF THE PEOPLE'S INSURANCE CO. OF CHINA WITH CLAIMS PAYABLE

AT DESTINATION IN THE CURRENCY OF DRAFTS IRRESPECTIVE OF PERCENTAGE. IN CASE OF CONTAINERIZED SHIPMENT，INSURANCE POLICY OR CERTIFICATE MUST STATE THAT THE RISKS OF JETTISON AND WASHING OVER BOARD HAVE BEEN INCLUDED.

翻译：保险单或保险凭证以可转让的形式一式两份，背书给香港恒生银行抬头，按 CIF 的发票全值加上至少 10%出具，投保中国人民保险公司的海洋货物条款（一切险）、海洋货物战争险条款和罢工险条款。可在目的地以汇票货币索赔。不计免赔率。一旦以集装箱装运，保险单或保险凭证必须声明已包括抛弃险和雨淋险。

10. INSURANCE COVERED BY OPENERS. ALL SHIPMENTS UNDER THIS CREDIT MUST BE ADVISED BY YOU IMMEDIATELY AFTER SHIPMENT DIRECT TO M/S NEW INDIA INSURANCE CO. AND TO THE OPENERS REFERRING TO COVER NOTE NO. AD976 GIVING FULL DETAILS OF SHIPMENTS. A COPY OF THIS ADVICE TO ACCOMPANY EACH SET OF DOCUMENTS.

翻译：保险由开证人投保，本证项下的所有装运必须由你方在装运后立即通知新印度保险公司及开证人，参照暂保单第 AD976 号，给出全部装运细节，一份通知副本随附每套单据。

7.3 保险单缮制实例评析

相关链接

UCP600 第二十八条　保险单据及保险范围

a. 保险单据，例如，保险单或预约保险项下的保险证明书或者声明书，必须看似由保险公司或承保人或其代理人或代表出具并签署。

d. 可以接受保险单代预约保险项下的保险证明书或声明书。

e. 保险单据日期不得晚于发运日期，除非保险单据表明保险责任不迟于发运日生效。

f. i. 保险单据必须表明投保金额并以与信用证相同的货币表示。

ii. 信用证对于投保金额为货物价值、发票金额或类似金额的某一比例的要求，将被视为对最低保额的要求。

如果信用证对投保金额未作规定，投保金额须至少为货物的 CIF 或 CIP 价格的 110%。

如果从单据中不能确定 CIF 或者 CIP 价格，投保金额必须基于要求承付或议付的金额，或者基于发票上显示的货物总值来计算，两者之中取金额较高者。

iii. 保险单据须表明承保的风险区间至少涵盖从信用证规定的货物接管地或发运地开始到卸货地或最终目的地为止。

g. 信用证应规定所需投保的险别及附加险（如有的话）。如果信用证使用诸如“通常风险”或“惯常风险”等含义不确切的用语，则无论是否有漏保之风险，保险单据将被照样接受。

h. 当信用证规定投保“一切险”时，如保险单据载有任何“一切险”批注或条款，无论是否有“一切险”标题，均将被接受，即使其声明任何风险除外。

i. 保险单据可以援引任何除外条款。

j. 保险单据可以注明受免赔率或免赔额（减除额）约束。

样单 7-2 保险单是星辰贸易公司根据第二章实例中的售货合同与信用证规定，以及第三章的商业发票缮制的，具体示例如下：

第二章信用证保险条款：

6. INSURANCE POLICIES OR CERTIFICATES IN DUPLICATE, ENDORSED IN BLANK FOR 110 PCT OF INVOICE VALUE COVERING INSTITUTE CARGO CLAUSES (A) AS PER ICC DATED 1/1/1982.

翻译：保险单或保险凭证一式两份，空白背书，按照发票金额的 110%投保伦敦保险协会 1982 年 1 月 1 日实施的协会货物保险条款（A）。

补充资料：保单号码 ICC92071866，保单日期 18 JUL 2011。

样单 7-2　保险单

中保财产保险有限公司

The people's insurance (Property) Company of China, Ltd.

发票号码　　　　　　　　　　　　　　　　　　　　　保险单号次

Invoice No. SINV72619　　　　　　　　　　　　　　Policy No. ICC92071866

海洋货物运输保险单

MARINE CARGO TRANSPORTATION INSURANCE POLICY

被保险人：

Insured：GUANGZHOU STARS INTERNATIONAL TRADING CO.，LTD

中保财产保险公司（以下简称本公司）根据被保险人的要求，及其所缴付约定的保险费，按照本保险单承担险别和背面所载条款与下列特别条款承保下列货物运输保险，特签发本保险单。

This policy of Insurance witness that The People's Insurance (Property) Company of China，Ltd. (hereinafter called "The Company")，at the request of the Insured and in consideration of the agreed premium paid by the Insured，undertakes to insure the under mentioned goods in transportation subject to the conditions of this Policy as per the Clauses printed overleaf and other special clauses attached hereon.

保险货物项目 Description of Goods	包装 单位 数量 Packing Unit Quantity	保险金额 Amount Insured
VACUUM FLASK	380 CTNS	USD81840.00

承保险别　　　　　　　　　　　　　　　　　　　货物标记

Conditions：　　　　　　　　　　　　　　　　　Marks of Goods

COVERING INSTITUTE CARGO CLAUSES (A)　　　　AS PER INVOICE NO. SINV72619

AS PER I. C. C DATED 1/1/1982.　　　　　　　　OF 10 JULY 2011

总保险金额：

Total Amount Insured：SAY US DOLLARS EIGHTY ONE THOUSAND EIGHT HUNDRED AND FORTY ONLY

保费 as agreed　　　载运工具　　　开航日期

Premium. AS ARRANGED Per conveyance S. S. .... Slg. On or abt. AS PER B/L

起运港　　　　　　　　　　目的港

From　GUANGZHOU，CHINA VIA ＊＊＊＊＊＊ To LONDON，U. K.

所保货物，如发生本保险单项下可能引起索赔的损失或损坏，应立即通知本公司下述代理人查勘。如有索赔，应向本公司提交保险单正本（本保险单共有 2 份正本）及有关文件。如一份已用于索赔，其余正本则自动失效。

In the event of loss or damage which may result in a claim under this Policy，immediate notice must be given to the Company's agent as mentioned hereunder. Claims，if any，one of the Original Policy which has been issued in Original (s) together with the relevant documents shall be surrendered to the Company，if one of the Original Policy has been accomplished，the others to be void.

中保财产保险有限公司

THE PEOPLE'S INSURANCE (PROPERTY) COMPANY OF CHINA，LTD.

赔偿地点

Claim payable at. LONDON，U. K.　IN USD

日期（　　）　　在

Issuing Date 18 JUL 2011

地址　　　　　　　　　　　　　　　　　　　　　李仁

Address：GUANGZHOU

保险单背面：

Guangzhou Stars International Trading Co.，Ltd

高正福

保险单填制规范：

1. 保险公司名称（Name of Insurance Company）

投保时应按照信用证和合同要求向规定的保险公司办理手续。特别是在信用证项下，更要严格操作。如来证规定“INSURANCE POLICY IN DUPLICATE BY PICC”，PICC即中国人民保险公司，信用证要求出具由中国人民保险公司出具的保险单，则应向中国人民保险公司投保。

2. 发票号码

Invoice No. SINV72619

本栏填写所投保货物所对应的商业发票号码。

3. 保险单号

Poliy No. ICC92071866

本栏填写保险公司签发这张保险单的号码。

4. 被保险人

Insured：GUANGZHOU STARS INTERNATIONAL TRADING CO.，LTD

此栏即保险单的抬头，被保险人又称抬头人。托收、电汇或信用证无特别规定时，本栏应填写出口商的公司名称，并由出口商空白背书。

投保人是指办理货物运输保险的当事人，也即与保险人签订保险合同并承担缴付保费义务的当事人，一般为货物出险后有权获得赔偿的受益人。在财产保险合同中，投保人与被保险人往往是同一人。

如采用CIF或CIP贸易术语，由出口商办理投保手续，此栏通常填写该份信用证的受益人（即出口商）的公司名称。在货物装运后，出口商空白背书。而采用CFR或FOB贸易术语，则由进口商办理保险，此栏填写进口商的公司名称。如信用证无特别规定，或要求“Endorsed in blank”，一般应填

L/C 的受益人名称，可不填详细地址，但出口商作为信用证受益人应在保险单背面进行空白背书。

如信用证有特殊规定，保险单据抬头相应的填法如下：

(1) 若来证指定以×××公司为被保险人，则应在此栏填×××CO.，出口商不必背书。

(2) 若来证规定以某银行为抬头，如“TO ORDER OF×××BANK”，则在此栏先填上受益人名称，再填上“HELD TO THE ORDER OF×××BANK”或以开证行、开证申请人名称为被保险人。此时受益人均须在背面作空白背书。

(3) 若来证规定“TO ORDER”，则应填“THE APPLICANT＋出口企业名称，FOR THE ACCOUNT OF WHOM IT MAY CONCERN”。

(4) 若来证规定保单抬头为第三者名称（即中性单据），则被保险人一栏可填写“TO WHOM IT MAY CONCERN”。

5. 保险货物项目

Description of Goods VACUUM FLASK

本栏填写商品品名，要与提单上的品名一致。一般允许使用商品统称，但不同类别的多种货物应注明不同类别的各自统称，而且不得与发票及其他的单据的货物描述相矛盾。

6. 包装及数量

Packing 380CTNS

此栏填写该批货物最大包装件数，并应与运输单据上同一栏目内容相同。

有包装的填写最大包装件数，有包装但以重量计价的，应把包装重量与计价重量都注上；裸装货物要注明本身件数；煤炭、石油等散装货注明“IN BULK”，再填净重；如以单位包装件数计价者，可只填总件数。

7. 保险金额

Amount Insured
USD81840.00
Total Amount Insured：SAY US DOLLARS EIGHTY ONE THOUSAND EIGHT HUNDRED AND FORTY ONLY.

本栏填写保险金额。

保险金额应严格按照信用证和合同上的要求计算填制，保险金额通常为发票金额加上投保加成后的金额。如信用证和合同无明确规定，一般都以发票金额加一成（即110%的发票金额）填写。也可按含佣价加成投保，但须按扣除折扣后的价格加成投保。

在信用证支付方式下，应严格按信用证规定。保险金额的大小写要一致，币种要用英文全称且币种一致。如：SAY UNITED STATES DOLLARS（US DOLLARS）ONE THOUSAND TWO HUNDRED AND FIFTY ONLY。保险金额不要小数，出现小数时无论是多少一律向上进一，而不是四舍五入。

例如，保险金额为USD 198678.09和USD 198678.89美元，那么这两个金额都填写“USD 198679美元”。

相关链接

ISBP681 比例和金额

176. 保险单据必须按信用证使用的币种，并至少按信用证要求的金额出具。UCP没有规定任何最高比例。

177. 如果信用证要求保险金额不计免赔率，则保险单据不得含有表明保险责任受免赔率或免赔额约束的条款。

178. 如果从信用证或单据中可以得知最后的发票金额仅仅是货物总价值的一部分（例如，由于折扣、预付或类似情况，或由于货物的部分价款将晚些支付），也必须以货物的总价值为基础来计算保险金额。

8. 承保险别

Conditions：
COVERING INSTITUTE CARGO CLAUSES（A）AS PER I.C.C DATED 1/1/1982.

本栏系保险单的核心内容，填写时应注意保险险别及文句与信用证严格一致，应根据信用证或合同中的保险条款要求填制，即使信用证中有重复语句，为了避免混乱和误解，最好按信用证规定的顺序填写。如信用证没有规定具体险别，或只规定“MARINE RISK”、“USUAL RISK”或“TRANSPORT RISK”等，则可投保一切险（ALL RISKS）、水渍险（WA 或 WPA）、平安险（FPA）三种基本险中的任何一种。如信用证中规定使用伦敦协会条款，应按信用证规定投保，保单应按要求填制。投保的险别除注明险别名称外，还应注明险别适用的条款文本及日期。

在实际操作中一般是由出口公司在制单时，先在副本上填写这一栏的内容，当全部保险单填好交给保险公司审核确认时，才由保险公司把承保险别的详细内容加注在正本保单上。

例如，来证要求“INSURANCE POLICY COVERING THE FOLLOWING RISKS：ALL RISKS AND WAR RISK AS PER CHINA INSURANCE CLAUSE（CIC）”，则制单时应打上“ALL RISKS AND WAR RISK AS PER CHINA INSURANCE CLAUSE（CIC）”。

相关链接

ISBP681 承保风险

173. 保险单据必须投保信用证规定的风险。即使信用证明确列明应投保的风险，则保险单据可做任何排除。如果信用证要求“一切险”，则只要提交任何带有“一切险”条款或批注的保险单据，即使该单据声明不包括某些风险，也符合信用证要求。如果保险单据标明投保（伦敦保险）协会货物保险条款（A），也符合信用证关于“一切险”条款或批注的要求。

174. 同一运输的同一险种的保险必须由同一保险单据表示，除非进行部分保险的多份保险单据通过百分比或其他方式明确反映每一保险人的保险价值，并且每一保险人将各自分别承担自己的责任份额，不受同一运输可能已经办理的其他保险的影响。

9. 唛头和件号

Marks of Goods AS PER INVOICE NO. SINV72619 OF 10 JULY 2011

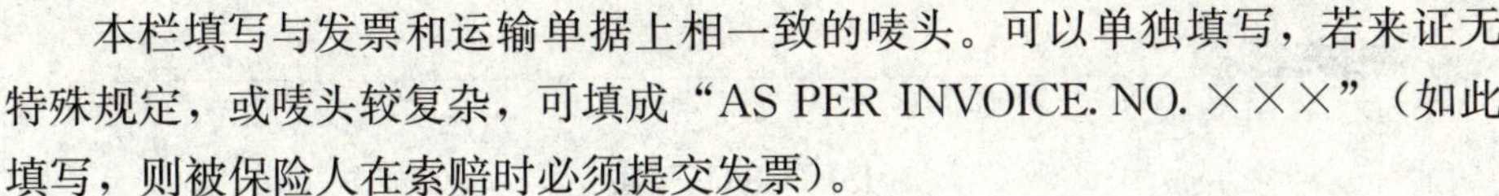
本栏填写与发票和运输单据上相一致的唛头。可以单独填写，若来证无特殊规定，或唛头较复杂，可填成“AS PER INVOICE. NO. ×××”（如此填写，则被保险人在索赔时必须提交发票）。

10. 保险费及保险费率

Premium. AS ARRANGED

本栏一般由保险公司填制或已印好“AS ARRANGED”字样，除非信用证另有规定。但是，如果来证规定“INSURANCE POLICY ENDORSED IN BLANK FULL INVOICE VALUE PLUS 10% MARKED PREMIUM PAID”（保险单，空白背书，保险金额为全部发票金额的110%，注明保险费已付）时，此栏就填入“PAID”或把已印好的“AS ARRANGED”删去加盖校对章后打上“PAID”字样。

费率（RATE）这一栏由保险公司填制或已印就“AS ARRANGED”字样。

11. 装载运输工具

Per conveyance S. S CHANGHE V. 38

本栏应按照实际情况填写，要与来证要求一致。运输工具是运载货物的交通工具，一般指船只和车辆，具体包括船名或车号，而且保单上的运输工具与提单上的运输工具通常是相同或对应的。

海运方式下填写船名和航次，如整个运输由两段或两段以上运程完成时，应分别填写一程船名及二程船名，中间用“/”隔开。例如，提单中一程船名为“DONGXING”，二程船为“HUAIHAI”，则填“DONGXING/HUAIHAI”。

铁路运输加填运输方式为BY RAILWAY或BY TRAIN，最好再加车号，如BY TRAIN：WAGON NO. ××；航空运输为“BY AIR”，邮包运输为“BY PARCEL POST”。

12. 开航日期

Slg. On or abt. AS PER B/L

本栏填写提单（B/L）的签发日期或签发日期前5天内的任何一天，或简单填上“AS PER B/L”。

相关链接

ISBP681 日期

175. 载有有效期的保险单据必须清楚地表明该有效期限是关于货物装船、发运或接管（如适用的话）的最迟日期，而不是保险单据项下提出索赔的期限。

13. 起讫地点

From GUANGZHOU，CHINA VIA ＊＊＊＊＊＊ To LONDON，U. K.

本栏填制货物实际装运的起运港口和目的港口名称，货物如转船，也应把转船地点填上。如 FROM DALIAN，CHINA TO NEW YORK，USA VIA HONGKONG（OR W/T HONGKONG）。

当信用证中未明确列明具体的起运港口和目的港口时，如 ANY CHINESE PORT 或 ANY JAPANESE PORT，应根据货物实际装运情况选定一个具体的港口填写，如 FROM SHANGHAI，CHINA TO OSAKA，JAPAN。

14. 赔款偿付地点

Claim payable at. U. K. IN USD

此栏应严格按照信用证或合同规定填制地点和币种两项内容，地点按信用证或投保单填写，币种应与保险金额一致。

如来证未具体规定，一般将这批货物运输的目的地作为赔付地点，将目的地名称填入这一栏目，赔款货币为投保险金额相同的货币。

如信用证规定不止一个目的港或赔付地，则应全部照打。

如来证另有规定，例如，“INSURANCE CLAIMS PAYALE AT A THIRD AREA HONGKONG”。此时，应把“HONGKONG”填入此栏。

15. 日期（Date）

Issuing Date：18 JUL 2011

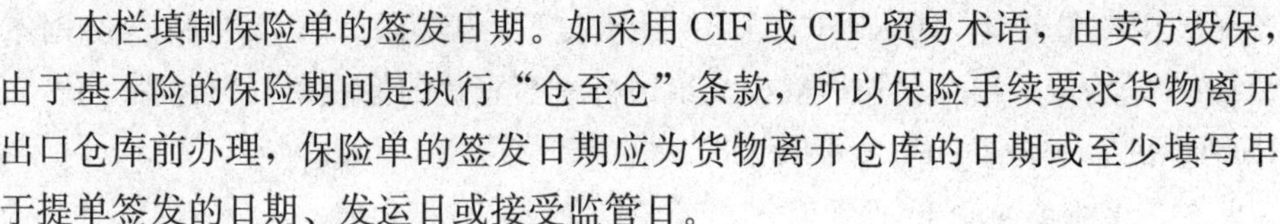

本栏填制保险单的签发日期。如采用 CIF 或 CIP 贸易术语，由卖方投保，由于基本险的保险期间是执行“仓至仓”条款，所以保险手续要求货物离开出口仓库前办理，保险单的签发日期应为货物离开仓库的日期或至少填写早于提单签发的日期、发运日或接受监管日。

16. 投保地点（Place）

Address：GUANGZHOU

此栏一般填制装运港口名称。

17. 签字盖章（Signature）

此栏盖与第一栏相同的保险公司印章及其负责人的签字。在实际操作中其签章一般已经印刷在保险单上。保险单须经保险公司签章后方才生效。

相关链接

ISBP681 保险单据的出单人

171. 保险单据必须在表面上看来是由保险公司、承保人或其代理人或代表出具并签署。如保险单据表面有要求或信用证条款要求，所有正本必须表面看来已被副签。

172. 如果保险单据在保险经纪人的信笺上出具，只要该保险单据是由保险公司或其代理人或代表，或由承保人或其代理人或代表签署，该保险单据可以接受。保险经纪人可以作为具名保险公司或具名保险商的代理人进行签署。

18. 特殊条款（SPECIAL CONDITIONS）。

本栏填写信用证和合同中对保险单据的特殊要求。如来证要求“L/C NO. ××× MUST BE INDICATED IN ALL DOCUMENTS（信用证号码要在所有单据中表示）”，就要在此栏中填上 L/C NO. ×××。

19. “ORIGINAL”字样

《跟单信用证统一惯例》条款中规定，正本保险单上必须有“ORIGINAL”字样。

20. 保险单份数

当信用证无明确规定保险单的份数时，保险公司一般出具一式五联的保险单，由一份正本（ORIGINAL）、一份复联（DUPLICATE）和三份副本（COPY）构成，出口公司一般提交给银行一套完整的保险单（即包括一份 ORIGINAL，一份 DUPLICATE）。

21. 保险单的背书

海运保险单可以经背书（ENDORSED）而转让，保险单据被保险人背书后即随着保险货物的所有权的转移自动转到受让人手中。一般背书的方法有以下几种：

（1）空白背书（BLANK ENDORSED）。

空白背书只须在保险单的背面注明被保险人（包括出口公司名称和经办人的名字）名称即可。当来证没有规定使用哪一种背书时，也使用空白背书方式。

（2）记名背书。

当来证要求“ENDORSED IN THE NAME OF ×××”或“DELIVERY TO（THE ORDER OF）××× CO.”时，即使用记名方式背书。具体做法是：在保险单背面注明被保险人名称和经办人的名字后打上 DELIVERY TO ××× CO. 或 IN THE NAME OF ××× 字样（此种保险单不便于转让，实际操作中使用较少）。

（3）记名指示背书。

当来证要求“INSURANCE POLICY ISSUED TO THE ORDER OF ×××”，此时在提单背面注明被保险人名称和经办人的名字后，再打上“TO ORDER OF ×××”。

相关链接

ISBP681 被保险人和背书

179. 保险单据必须按信用证要求的形式出具，并且在需要时经有权索偿人背书。如果信用证要求空白背书式的保险单据，则保险单据也可开立成来人式；反之亦然。

180. 如果信用证对被保险人未做规定，则标明赔偿将付给托运人或受益人指定的人的保险单据不可接受，除非经过背书。保险单据应开立成或背书成使保险单据项下的索赔权利在放单之时或之前得以转让。

思考与实训

一、分析第二章课后的思考与实训题的售货确认书和信用证，找出并翻译信用证中保险单据条款，同时根据已填制和已取得的商业发票、装箱单和提单，填制投保单和保险单据。

第8章 报关与单据

关键术语

出口许可证　报关　报关单　配合查验　海关查验

学习目标

- 了解出口许可证的含义与作用
- 熟悉出口许可证的申领程序
- 掌握出口许可证申请表的填写
- 掌握进出口申报的步骤和流程
- 掌握报关单的填写规范

根据我国对出口商品和货物管理的相关规定，凡须向发证机构①申报许可证者，在出口报关时，必须向海关交验出口许可证。因此，在报关之前，出口商应查询本年度的我国出口许可证发证目录，了解哪些商品出口需要许可证，如果需要，则应向相关部门办理出口许可证手续。

① 发证机构是指许可证局及商务部驻各地特派员办事处和各省、自治区、直辖市、计划单列市、新疆生产建设兵团以及商务部授权的其他省会城市商务厅（局）、外经贸委（厅、局）。

 8.1 出口许可证（Export Licence）

商务部授权配额许可证事务局负责管理全国出口许可证发证机构及出口许可证的签发工作并监督检查。

8.1.1 出口许可证的含义与作用

出口许可证是由国家对外经贸行政管理部门代表国家统一签发的、批准某项商品出口的具有法律效力的证明文件，也是海关查验放行出口货物和银行办理结汇的依据。

8.1.2 出口许可证申领

1. 领证资格

出口许可证应由出口单位申领，填写出口许可证申请表，并加盖单位公章。有领证员的单位应凭领证员证申领，无领证员的单位，领证人应出示单位公函及本人工作证。配额承受单位无外贸经营权，委托有外贸经营权企业代理出口的，应由代理出口企业申领并填写出口许可证申请表，申请表由代理出口企业加盖公章。

出口许可证原则上不能委托他人代领。异地办证，确因特殊情况须委托他人代办的，办理人应出示领证单位委托书（说明委托原因及受托人身份）及本人身份证明办理。发证机构应将委托书及受托人身份证明复印件与许可证申领材料一并存档备查。

2. 实行出口许可证管理的货物

我国实行出口许可证管理的货物每年都会进行规定，2009年共有50种货物实行出口许可证管理。由商务部配额许可证事务局（以下简称许可证局）、商务部驻各地特派员办事处（以下简称特办）及商务部授权的地方商务主管部门（以下简称地方发证机构）负责签发相应货物的出口许可证。

表 8-1

发证机构	负责签发的货物
许可局	6种：玉米、小麦、棉花、煤炭、原油、成品油

续表

发证机构	负责签发的货物
特办	33种：大米、玉米粉、小麦粉、大米粉、锯材、活牛、活猪、活鸡、焦炭、稀土、锑及锑制品、钨及钨制品、锌矿砂、锡及锡制品、白银、铟及铟制品、钼、磷矿石；蔺草及蔺草制品、碳化硅、氟石块（粉）、滑石块（粉）、轻（重）烧镁、矾土、甘草及甘草制品；冰鲜牛肉、冻牛肉、冰鲜猪肉、冻猪肉、冰鲜鸡肉、冻鸡肉、铂金（以加工贸易方式出口）、天然砂（含标准砂）
地方发证机构	11种：消耗臭氧层物质、石蜡、锌及锌基合金、部分金属及制品、汽车（包括成套散件）及其底盘、摩托车（含全地形车）及其发动机和车架、钼制品、柠檬酸、青霉素工业盐、维生素C、硫酸二钠
指定发证机构	在京中央管理企业的出口许可证由许可证局签发； 锑及锑制品指定黄埔海关、北海海关、天津海关为报关口岸。 轻（重）烧镁的出口许可证由大连特办签发，指定大连（大窑湾、营口、鲅鱼圈、丹东、大东港）、青岛（莱州海关）、天津（东港、新港）、长春（图们）、满洲里为报关口岸。 甘草指定天津海关、上海海关、大连海关为报关口岸，甘草制品指定天津海关、上海海关为报关口岸。 以陆运方式出口的对港澳地区活牛、活猪、活鸡出口许可证由广州特办、深圳特办签发。 进口原木加工锯材复出口的：（黑龙江省）指定大连、绥芬河为报关口岸，由黑龙江省商务厅签发出口许可证；（内蒙古自治区）指定满洲里、二连浩特、大连、天津、青岛为报关口岸，由内蒙古自治区商务厅签发出口许可证；（新疆维吾尔自治区）指定阿拉山口、天津、上海为报关口岸，由新疆维吾尔自治区外经贸厅签发出口许可证；（福建省）指定福州、厦门、莆田和漳州为报关口岸，由福建省外经贸厅签发出口许可证。 标准砂出口许可证由福州特办签发；对港澳地区天然砂出口许可证由广州特办签发；对台湾地区天然砂出口许可证由广州特办和福州特办（分别向广东省、福建省符合天然砂出口许可证申领标准的企业）签发，并在本省口岸报关出口

3. 申领出口许可证应提供的文件材料

发证机构应按照授权范围受理经营者提交的出口许可证申请。

（1）出口许可证申请表（正本，一式两份，见附一，略）。申请表须申领单位填写的必须逐项填写清楚，不得涂改，并加盖申领单位（申请表第1项

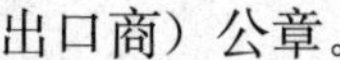

出口商）公章。

（2）出口合同正本复印件。

（3）主管机关签发的出口批准文件。

（4）出口商与发货人不一致的，应当提交委托代理协议正本复印件。

（5）商务部规定的其他应当提交的材料。

在网上申请的，领取出口许可证时提交上述材料；书面申请的，申请时提交。

（6）年度内初次申请出口许可证的，还应提交以下材料的复印件：

1）企业法人营业执照。

2）加盖对外贸易经营者备案登记专用章的“对外贸易经营者备案登记表”或者“中华人民共和国进出口企业资格证书”；经营者为外商投资企业的，应当提交“中华人民共和国外商投资企业批准证书”。

上述材料如有变化，经营者须及时向当地发证机构提交变更后的材料。

4. 发证机构对出口许可证申请的审核程序

（1）网上申请的审核：经审核符合规定的，发证机构工作人员点击通过；不符合规定的，须在申请表审核意见栏一次性注明不予通过的原因，点击不予通过。经营者可在企业网上申领系统中获取未通过的原因。

（2）书面申请的审核：经审核符合规定的，发证机构工作人员在申请表审核意见栏注明审核意见；不符合规定的，须在申请表审核意见栏注明不予通过的原因，并将申请材料退还经营者。

5. 出口许可证的发放

发证机构自收到符合规定的申请之日起 3 个工作日内发放出口许可证。发证机构凭加盖经营者公章的申请表取证联及领证人员本人身份证明材料发放出口许可证。

各发证机构自当年 12 月 10 日起可签发下一年度的出口许可证，须在备注栏注明有效期自下一年度 1 月 1 日起。

出口许可证的有效期最长不得超过 6 个月，且有效期截止时间不得超过当年 12 月 31 日。出口许可证应当在有效期内使用，逾期自行失效，海关不予放行。

商务部可视具体情况调整某些货物出口许可证的有效期和申领时间。

进出口许可证网上申领流程

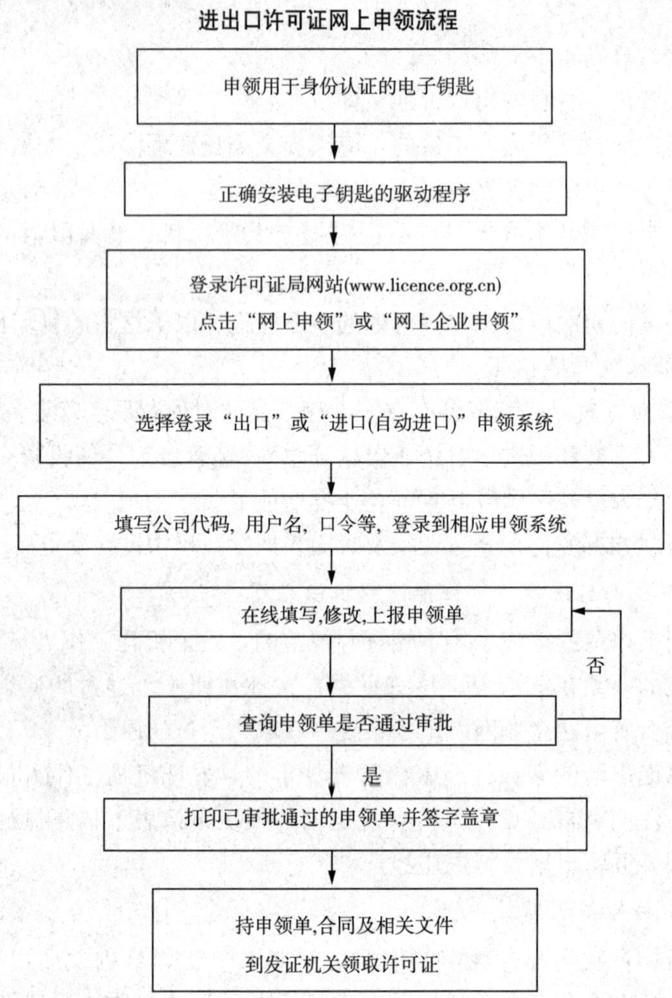

引用自商务部网站 http：//www. gov. cn/fwxx/bw/swb/content _ 447462. htm。

8.1.3 出口许可证申请表的填写

凡申领出口许可证的单位，应按以下规范填写出口许可证申请表。

样单 8-1　出口许可证申请表

中华人民共和国出口许可证申请表

<table>
<tr><td colspan="3">1. 出口商：　　　　代码：

领证人姓名：　　　　电话：</td><td colspan="3">3. 出口许可证号：</td></tr>
<tr><td colspan="3">2. 发货人：　　　　代码：</td><td colspan="3">4. 出口许可证有效截止日期：
年　月　日</td></tr>
<tr><td colspan="3">5. 贸易方式：</td><td colspan="3">8. 进口国（地区）：</td></tr>
<tr><td colspan="3">6. 合同号：</td><td colspan="3">9. 付款方式：</td></tr>
<tr><td colspan="3">7. 报关口岸：</td><td colspan="3">10. 运输方式：</td></tr>
<tr><td colspan="3">11. 商品名称：</td><td colspan="3">商品编码：</td></tr>
<tr><td>12. 规格、等级</td><td>13. 单位</td><td>14. 数量</td><td>15. 单价（币别）</td><td>16. 总值（币别）</td><td>17. 总值折美元</td></tr>
<tr><td></td><td></td><td></td><td></td><td></td><td></td></tr>
<tr><td></td><td></td><td></td><td></td><td></td><td></td></tr>
<tr><td></td><td></td><td></td><td></td><td></td><td></td></tr>
<tr><td></td><td></td><td></td><td></td><td></td><td></td></tr>
<tr><td>18. 总　计</td><td></td><td></td><td></td><td></td><td></td></tr>
<tr><td colspan="3" rowspan="2">19. 备　注

申请单位盖章

申领日期：</td><td colspan="3">20. 签证机构审批（初审）：

经办人：</td></tr>
<tr><td colspan="3">终审：</td></tr>
</table>

填表说明：1. 本表应用正楷逐项填写清楚，不得涂改、遗漏，否则无效；

2. 本表内容须打印多份许可证的，请在备注栏内注明。

1. 出口商

指出口合同签订单位，应与出口批准文件一致。出口商代码为“对外贸易经营者备案登记表”、“中华人民共和国进出口企业资格证书”或者“中华人民共和国外商投资企业批准证书”中的13位企业代码。

2. 发货人

指具体执行合同发货报关的单位。配额以及配额招标商品的发货人应与出口商保持一致。

3. 出口许可证号

结构为：××—××—××××××

(1) — (2) — (3)

(1) 为年份。

(2) 为发证机构代码。

(3) 为顺序号，由发证系统自动生成。

4. 出口许可证有效截止日期

按《货物出口许可证管理办法》确定的有效期，由发证系统自动生成。

5. 贸易方式

指该项出口货物的贸易性质。包括：一般贸易、进料加工、来料加工、出料加工、外资企业出口、捐赠、赠送等。只能填报一种。

6. 合同号

指申请出口许可证时提交出口合同的编号，长度为17个英文字符。只能填报一个合同号。

7. 报关口岸

指出口口岸，只允许填报一个关区。

出口许可证实行“一证一关”制。对指定口岸的出口商品，按国家有关规定执行。

8. 进口国（地区）

指合同目的地。只能填报一个国家（地区）。不能使用地区名，如欧盟等。如对中国保税区出口，进口国（地区）应打印“中国”。

9. 付款方式

包括：信用证、托收、汇付等。只能填报一种。

10. 运输方式

运输方式指货物离境时的运输方式。包括：海上运输、铁路运输、公路运输、航空运输等。只能填报一种。

如对远洋出口冷冻商品，运输方式不得打印陆运，包括铁路运输、公路运输。

11. 商品名称、商品编码

按商务部公布的年度《出口许可证管理货物目录》中的 10 位商品编码填报，商品名称由发证系统自动生成。只能填报一个商品编码并应与出口批准文件一致。

12. 规格、等级

只能填报同一商品编码下的 4 种不同规格等级，超过 4 种规格等级的，另行申请许可证。

13. 单位

指计量单位。按商务部公布的年度《出口许可证管理货物目录》中的计量单位执行，发证系统自动生成。如合同使用的计量单位与规定的计量单位不一致，应换算成规定的计量单位。无法换算的，可在备注栏注明。

14. 数量

指申请出口商品数量。最大位数为 9 位阿拉伯数字，最小保留小数点后 1 位。如数量过大，可分证办理；如果数量过小，可在备注栏内注明。计量单位为“批”的，此栏均为“1”。

15. 单价（币别）

指与第 13 项“单位”所使用的计量单位相应的单价和货币种类。计量单位为 1 批的，此栏为总金额。

16. 总值

由发证系统自动计算。

17. 总值折美元

由发证系统自动计算。

18. 总计

由发证系统自动计算。

19. 备注

用于注明其他需要说明的情况。如果不是一批一证报关的出口许可证，在此栏注明“非一批一证”。

20. 发证机关签章

发证机构发放出口许可证前在此栏加盖“中华人民共和国出口许可证专用章”。

21. 发证日期

由发证系统自动生成。

8.2 报关程序

一般进出口货物报关程序没有前期阶段和后续阶段，只有进出口阶段，由四个环节构成，即进出口申报、配合查验、缴纳税费、提取或装运货物。

所有的进出境货物报关程序都有进出口阶段，因此，一般进出口货物报关程序除缴纳税费环节外也适用所有进出境货物的报关。

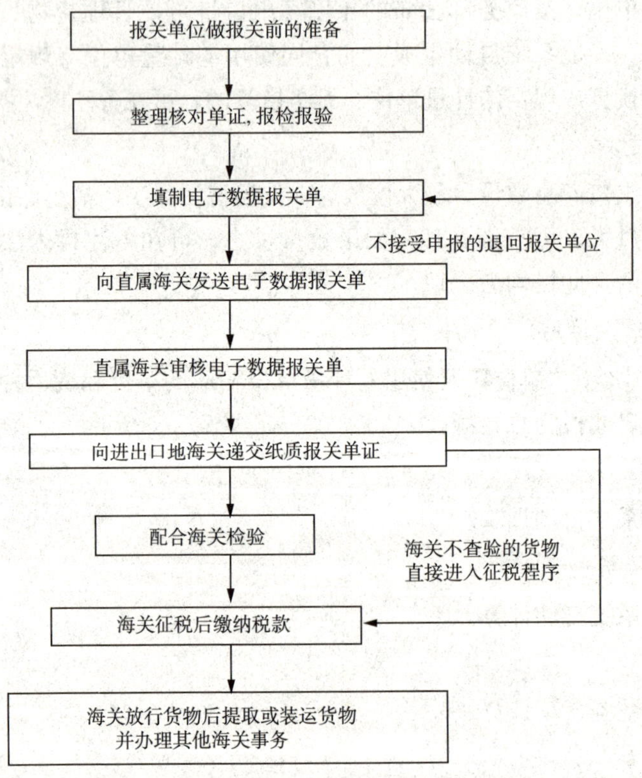

图 8-1　一般进出口货物的报关程序示意图

8.2.1 进出口申报

1. 概述

(1) 申报定义

申报是指报关单位，依照《海关法》以及有关法律、行政法规的要求，在规定的期限、地点，采用电子数据报关单和纸质报关单形式，向海关报告实际进出口货物的情况，并接受海关审核的行为；申请海关按其申报的内容放行进出口货物的一项法律行为或工作环节。

(2) 申报地点

1) 实际进出口

①清关。进口货物应当在进境地海关申报，出口货物应当在出境地海关申报。清关货物的贸易方式通常为一般贸易。

②转关。经过收发货人申请，海关同意进口货物可以在指运地申报，出口货物可以在起运地申报。

2) 形式进出口

保税货物、特定减免税货物、暂准进境货物，因故改变使用目的从而使货物的性质变为一般进口货物时，因为没有出进境地，所以原货物所有企业和接受货物的企业向企业所在地主管海关申报出进口。

2. 步骤

申报步骤为：准备申报单证—申报前看货取样—申报。

(1) 准备申报单证

准备申报的单证是报关员开始进行申报工作的第一步，是整个报关工作能否顺利进行的关键一步。

(2) 申报前看货取样

《海关法》第27条规定："进口货物的收货人经海关同意，可以在申报前查看货物或者提取货样。需要依法检疫的货物，应当在检疫合格后提取货样。"出口货物的发货人在出口货物运入海关监管区前也应当确认货物。

1) 目的

准确确定进口货物的品名、规格、型号，了解货物的状况，便于正确申报。即为了确认单货相符或缉私认定。

2) 程序

收货人向海关提出查看货物或者提取货样的书面申请。海关审核同意的，派员现场监管。海关开具取样记录和取样清单，取样后到场监管的海关工作人员与进口货物的收货人要在海关开具的取样记录和取样清单上签字确认。

如果出现单货不符，进口货物收货人可终止申报程序，按照海关关于直接退运的规定，向现场海关办理直接退运手续。已取得走私违法证据的货物，海关不同意申报前看货取样。

（3）申报

是报关人对所申报的进出口货物的合法性承担相应法律责任的开始。详见第7章。

8.2.2 配合查验

《海关法》第28条规定："进出口货物应当接受海关查验。海关查验货物时，进口货物的收货人、出口货物的发货人应当到场，并负责搬移货物，开拆和重封货物的包装。海关认为必要时，可以径行开验、复验或者提取货样。经收发货人申请，海关总署批准，其进出口货物可以免验。"

1. 海关查验

（1）定义

指海关依法确认进出口货物的物理或化学性质、货物状况、规格、数量、价格、原产地、存放场所、包装等真实情况是否与报关单证内容一致，或者为确定商品的归类、价格、原产地等，依法对进出口货物进行实际检查的行政执法行为。

目的为：海关通过查验，检查报关单位是否伪报、瞒报、申报不实，查缉走私违规行为。同时也为审价、征税、统计、后续管理提供具体可靠的资料。即检查是否"单货相符"。

（2）查验地点

查验应当在海关监管区实施。

因货物易受温度、静电、粉尘等自然因素影响，不宜在海关监管区实施查验，或者因为其他特殊原因，如大宗散货、危险品、鲜货、落驳货物、展品等，需要海关监管区外查验的，经进出口货物收发货人或其代理人书面申请，海关可以派员到海关监管区外实施查验。

（3）查验时间

当海关决定查验时，即将查验的决定以书面形式提前通知进出口货物收发货人或其代理人，约定查验的时间。查验时间一般约定在海关的正常工作日。

在一些进出口业务繁忙的口岸，海关也可以接受进出口货物收发货人或其代理人的请求，在海关正常工作日以外实施查验，提前或延迟查验。

对于危险品或者鲜活、易腐、易烂、易失效、易变质等不宜长期保存的货物，以及因其他特殊情况需要紧急验放的货物，经进出口货物收发人或其代理人申请，海关可以优先实施查验。

（4）查验方式

主管海关根据报关单位所申报的进出境货物具体情况、报关单位的资信情况等进行风险分析后确定是否查验、如何查验。海关实施查验可以彻底查验，也可以抽查（有选择地查验）。彻底查验是指对一票货物逐件开拆包装、验核货物实际状况，抽查是指按照一定比率有选择地对一票货物中的部分货物验核实际状况。

查验操作可以分为：

1）人工查验

人工查验包括外形查验、开箱查验。外形查验是指对外部特征直观、易于判断基本属性的货物的包装、运输标志和外观等状况进行验核，开箱查验是指将货物从集装箱、货柜车厢等箱体中取出并拆除外包装后对货物实际状况进行验核。

2）设备查验

设备查验是指以技术检查设备为主对货物实际状况进行的验核。

海关可以根据货物情况以及实际执法需要，确定具体的查验方式。

（5）复验

海关可以对已查验货物进行复验。有以下情形之一的，海关可以复验：

1）经初次查验未能查明货物的真实属性，需要对已查验货物的某些性状做进一步确认的；

2）货物涉嫌走私违规，需要重新查验的；

3）进出口收发货人对海关查验结论有异议，提出复验要求并经海关同意的；

4）其他海关认为必要的情形。

已经参加过查验的查验人员不得参加对同一票货物的复验。

（6）径行开验

径行开验是指海关在报关单位不在场，对进出口货物进行开拆包装查验。可以径行开验的情形：

1）进出口货物有违法嫌疑的；

2）经海关通知查验，进出口货物收发货人或其代理人届时未到场的。

海关径行开验时，存放货物的海关监管场所经营人、运输工具负责人应当到场协助，并在查验记录上签名确认。

（7）免验

免验包含不予查验、免予查验、直接免验。

2. 配合查验

一般查验。当海关查验货物时，进出口货物收发货人或其代理人应当到场，配合海关查验。

进出口货物收发货人或其代理人在向海关申报后，海关根据需要决定查验时，申报人接到通知，持“查验通知单”、报关单备用联、提单场站收据、海运提单、发票、装箱单（复印件），到现场海关查验受理部门办理查验，履行陪同、配合、确认查验结果的行为和义务。

进出口货物收发货人或其代理人配合海关查验应当做好以下工作：

（1）到场陪同，负责按照海关要求搬移货物，开拆和重封货物的包装；

（2）预先了解和熟悉所申报货物的情况，如实回答查验关员的询问以及提供必要的资料；

（3）协助海关提取需要作进一步检验、化验或鉴定的货样，收取海关开具的取样清单；

（4）查验结束后，认真阅读和核对查验关员填写的“海关进出境货物查验记录单”，注意以下情况的记录是否符合实际：

1）开箱的具体情况；

2）货物残损情况及造成残损的原因；

3）提取货样的情况；

4）查验结论。

查验记录准确清楚的，配合查验人员应即签字确认查验结果。如不签名的，海关查验人员在查验记录中予以注明，并由货物所在监管场所的经营人签名证明。

8.2.3 缴纳税费

进出口货物收发货人或其代理人将报关单及随附单证提交给进出境地指定海关，经海关审核报关单，并查验货物无误后，海关根据申报的货物计算税费打印纳税缴款书和收费票据。进出口货物收发货人或其代理人在规定时间内（收到缴款书后 15 日内），持缴款书和收费票据向指定银行缴纳税费；或进出口货物收发货人或其代理人可以通过电子口岸接收海关发出的税缴款书和收费票据，在网上向指定银行进行电子支付税费。一旦收到银行缴款成功的信息，即可报海关办理货物放行。关于详细的税费缴纳问题，《中国关税实务》课程会有详细的解说。

海关总署的标准通关流程是查验在前，征收税费在后；原因是通过查验可以验证申报审单环节提出的疑点，为征税、统计和后续管理提供可靠的监管依据。但实际上近年来，由于企业对于缩短通关时间的呼声越来越高，不少海关对通关环节进行了前推后移的做法。这种通关改革已经在全国海关形成共识。

做法一（前推）：把缴纳税费放在前面，查验和放行置后，实际单是直接转到放行岗，若不须查验直接放行，若要查验就再转到查验岗。流程如下：

海关接单环节审核报关单据是否单单相符，单据与计算机数据是否相符，报关单据填报是否规范，随附单据是否齐全，并验核各种书面单证（许可证、机电审、加工贸易手册、征免税证明、外汇核销单等）。对不符合要求或单单、单机内容有误的报关单，不予接单，并在报关单上注明退单原因。如须删单重报，则提出删单要求，注明理由后退单。

接单环节对有税费报关单据，打印税费单据，转至窗口或信箱，待报关员缴纳税费后，将报关单据转至放行环节。

放行环节核销税费，对不须查验的货物直接办理放行手续；对需要查验的货物，待查验完毕后办理放行手续。

当然对于商品价格或商品归类有争议的仍然是查验在前，海关征税在后。

做法二（后移）：把缴纳税费放在前面，凡达到海关对企业分类管理 A 类和 B 类标准并提供一定数额的银行担保的企业，便可向主管直属海关提出申请，仅在半个工作日内即可获得在主管直属海关全关区内通用的“进口货物先放后税凭证”。担保额由企业自定，只要企业进口货物的税额在担保额的范围内，经正常的报关、查验后续后，企业便可凭“进口货物先放后税凭证”先放行货物，在规定时间内缴纳税款。如果税额超过担保额，则海关的电脑会自动显示不予放行。这既大大加快了货物的通关速度，又能实现海关的有效监管。

8.2.4　提取或装运货物

《海关法》第 29 条规定：“除海关特准的外，进出口货物在收发货人缴清税款或者提供担保后，由海关签印放行。”

1. 海关进出境现场放行和货物结关

(1) 海关进出境现场放行

海关进出境现场放行是指进出境货物经过上述进出境管理阶段报关程序申报、查验、征税三个基本环节的过程后，海关对进出口货物作出结束海关现场监管的决定，允许进出口货物离开海关监管场所的工作环节，即作出该项进出口货物“进出境合法”的行政决定。

方式如下：

进出口货物收发货人或其代理人依法完成了前三个基本环节，获得海关放行后，由海关在进出口货物报关单、提货凭证或出口装货凭证（运单、装货单、场站收据等）上加盖海关放行章。进出口货物收发货人或其代理人便可以向海关签收领取这些放行单证，凭以到货物的存放场所提取进口货物运出海关监管区或将出口货物装上国际运输工具运往境外。

实行无纸通关的海关，海关作出现场放行的决定时，通过计算机将海关决定放行的信息发送给进出口货物收发货人或其代理人和海关监管货物保管人。进出口货物收发货人或其代理人根据海关发出的海关放行的报文，从计算机上自行打印放行凭证，凭以提取进口货物或将出口货物装上运输工具离境。

(2) 货物结关

货物结关是进出境货物办结海关手续结束海关监管的简称。进出境货物由收发货人或其代理人向海关办理完所有的海关手续，履行了法律规定与进出口有关的一切义务，就办结了海关手续，海关不再进行监管。

(3) 海关进出境现场放行的两种情况

1) 海关现场放行就是结关。一般进出口货物，放行时进出口货物收发货人或其代理人已经办理了所有海关手续，因此，海关放行后就可以进入生产和流通领域。

对于一般的进口货物，海关监管现场在提货单上加盖“放行章”即为“结关 ”，也就是结束海关监管，报关单位可以持盖有“海关放行章”的提货单，将货物运出海关监管区自行处置。

对于一般的出口货物，海关监管现场在装货单上加盖“放行章”不等于“结关”，因为海关在出口货物的装货单上加盖“放行章”只证明该批货物出口“合法”，而货物并未装上运输工具运输出境。报关单位持盖有“放行章”的装货单到装运部门办理装货事宜，将货物装上运输工具，海关监管运输出境，结束海关监管——结关。

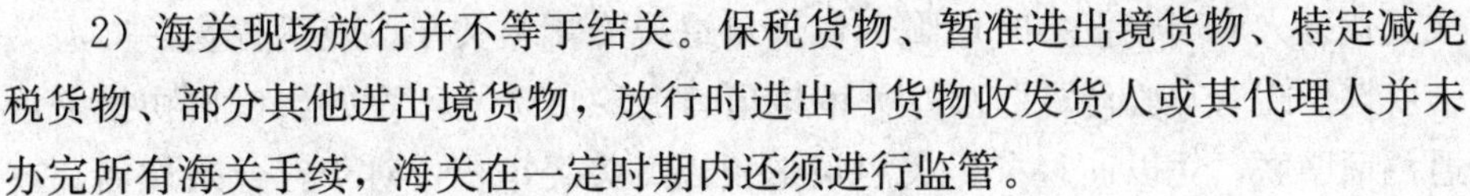

2）海关现场放行并不等于结关。保税货物、暂准进出境货物、特定减免税货物、部分其他进出境货物，放行时进出口货物收发货人或其代理人并未办完所有海关手续，海关在一定时期内还须进行监管。

2. 提取或装运货物

1）进口货物收货人或其代理人签收加盖有海关放行章戳记的进口提货凭证（提单、运单、提货单等），凭以到货物进境地的港区、机场、车站、邮局等地的海关监管仓库办理提取进口货物的手续。

如发现铅封、货柜、包装有问题不要轻易取回，要向承运人索取相关证明，以备索赔。

2）出口货物发货人或其代理人签收加盖有海关放行章戳记的出口装货凭证如装货单（舱单）码头联，凭以到货物出境地的港区、机场、车站、邮局等地的海关监管仓库，办理将货物装上运输工具离境的手续。如到码头刷卡录入资料，并留下码头联，放行单证给船公司，船公司就可装船了。

3. 申请签发证明联

进出口货物收发货人或其代理人，办理了提取进口货物或装运出口货物海关手续以后，如果需要海关签发有关货物的进口、出口报关单证明联或办理其他证明手续的，可以向海关提出申请，海关在签发证明的同时通过电子口岸执法系统向有关单位传送相关数据进行备案，常见证明如下：

（1）申请签发报关单证明联

常见的报关单证明联主要有：

1）进口付汇证明联

对需要在银行或国家外汇管理部门办理进口付汇核销的进口货物，进口货物的收货人或其代理人应当向海关申请签发进口货物报关单付汇证明联。海关经审核，对于符合条件的，即在进口货物报关单付汇证明联上签章。同时，通过电子口岸执法系统向银行和国家外汇管理部门发送证明联电子数据。

2）出口收汇证明联

对需要在银行或国家外汇管理部门办理出口付汇核销的出口货物，出口货物的发货人或其代理人应当向海关申请签发出口货物报关单收汇证明联。海关经审核，对于符合条件的，即在盖有“验讫章”的出口货物报关单付汇证明联上签章。同时，通过电子口岸执法系统向银行和国家外汇管理发送证明联电子数据。

3）出口退税证明联

对于需要在国家税务机构办理出口退税的出口货物，出口货物的发货人或其代理人应当在报关时增附一份出口退税专用报关单。装运货物后向海关领取该份盖有“验讫章”及海关审核出口退税负责人印章的出口货物报关单退税证明联，凭以向税务机关申请退税。海关经审核，对于符合条件的，在盖有“验讫章”的出口货物报关单退税证明联上签章。同时，通过电子口岸执法系统向国家税务机构发送证明联电子数据。

（2）办理其他证明手续

1）出口收汇核销单

对于需要办理出口收汇核销的出口货物，出口货物的发货人或其代理人应当在申报时向海关提交由国家外汇管理部门核发的“出口收汇核销单”。海关放行货物后，在“出口收汇核销单”上签章。出口货物发货人凭出口货物报关单收汇证明联和“出口收汇核销单”办理出口收汇核销手续。

2）进口货物证明书

对进口汽车、摩托车，进口货物的收货人或其代理人应当向海关申请签发“进口货物证明书”，进口货物的收货人凭以向国家交通管理部门办理汽车、摩托车的牌照申领手续。海关放行汽车、摩托车后，签发“进口货物证明书”。同时，将“进口货物证明书”上的内容通过计算机发送给海关总署，再传输给国家交通管理部门。其他进口货物如须申领“进口货物证明书”，收货人或其代理人也可以向海关提出申请。

8.3 报关单的填写规范

8.3.1 报关单的含义与类别

1. 含义

进出口货物报关单是由海关总署规定统一格式和填制规范，由进出口货物收发货人或其代理人填制，对进出口货物的真实情况做电子或书面申明并提交海关办理进出口货物申报手续的法律文书，是海关依法监督货物进出口、征收关税及其他税费、编制海关统计及其他事务的重要凭证。

2. 类别

分类方式	报关单种类	习惯用语	含义
按进出口状态分	进口货物报关单	进口报关单	海关规定的货物进境时申报内容报表
	出口货物报关单	出口报关单	海关规定的货物出境时申报内容报表

续表

分类方式	报关单种类	习惯用语	含义
按用途分	报关单录入凭单	原始报关单	申报单位填写的表单，盖章后交海关
	预录入报关单	报关预录单	预录入公司录入，盖章后输入给海关
	报关单证明联	海关证明联	海关核查货物进出境，并提供的证明
按海关监管方式分	进料加工进(出)口货物报关单	进料报关单（粉红色）	进料加工贸易方式项下的进（出）口货物申报内容报表
	来料加工进(出)口货物报关单	来料报关单（浅绿色）	来料加工贸易方式项下的进（出）口货物申报内容报表
	一般贸易进(出)口货物报关单	一般贸易报关单（白色）	一般贸易及其他贸易方式项下的进（出）口货物申报内容报表

3. 进出口货物报关单各联的用途

纸质进口报关单一式五联，分别是：海关作业联（白色）、海关留存联、企业留存联、海关核销联、进口付汇证明联。纸质出口货物报关单一式六联，分别是：海关作业联（白色）、海关留存联、企业留存联、海关核销联、出口收汇证明联、出口退税证明联（浅黄色）。

这些报关单的各联用途，都已印刷在报关单的下方中间，并在字体上方有一条粗的彩色线条，以便于辨认和操作。

说明

为统一进出口货物报关单填报要求，保证报关单数据质量，根据《海关法》及有关法规，制定本规范。本规范在一般情况下采用“报关单”或“进口报关单”、“出口报关单”的提法，需要分别说明不同的要求时，则分别采用以下用语：

1. 报关单录入凭单：指申报单位按海关规定的格式填写的凭单，用做报关单预录入的依据（可将现行报关单放大后使用）。

2. 预录入报关单：指预录入公司录入、打印，并联网将录入数据传送到海关，由申报单位向海关申报的报关单。

3. EDI 报关单：指申报单位采用 EDI 方式向海关申报的电子报文形式的报关单及事后打印、补交备核的书面报关单。

4. 报关单证明联：指海关在核实货物实际入、出境后按报关单格式提供的证明，用做企业向税务、外汇管理部门办结有关手续的证明文件。

8.3.2 填制规范

进出口货物报关单各栏目的填制规范如下：

中华人民共和国海关出口货物报关单

37032004003499235O

000000000011658696

数据中心统一编号： 000000000011658696

37032004003499235O

370320040034992350

预录入编号： 034992350 申报现场： 漳州海关 (3703) 海关编号： 370320040034992350

出口口岸 (3703) 漳州海关	备案号 C37034450204		出口日期	申报日期 20041021
经营单位 (3506941382) 漳州明伦橡胶有限公司	运输方式 其他运输	运输工具名称		提运单号
发货单位 (3506941382) 漳州明伦橡胶有限公司	贸易方式 (0647) 进料余料结转		征免性质	结汇方式 其他
许可证号	运抵国（地区） (142) 中国	指运港 (0142) 中国境内		境内货源地 (35069) 漳州
批准文号	成交方式 FOB	运费	保费	杂费
合同协议号 ML—9905	件数	包装种类 散装	毛重（千克） 549.93	净重（千克） 549.93
集装箱号	随附单据			生产厂家

标记唛码及备注 370320041034392084 C37034450228

备注：

随附单据号：

项号	商品编号	商品名称、规格型号	数量及单位	最终目的国（地区）	单价	总价	币制	征免
1	40011000.00	天然乳胶	549.93千克	中国	0.9950	547.18	(502)	全免
(1)			549.93千克	(142)			美元	

税费征收情况

录入员 1000000022447	录入单位	兹声明以上申报无讹并承担法律责任	海关审单批注及放行日期（签章）
报关员			审单 审价
单位地址 陈燕斌		申报单位（签章） 漳州进出口货物报验中心	征税 统计
邮编	电话	填制日期 2004.10.21	查验 放行

1/1

厦门海关监制 三、企业留存联

1. 预录入编号

指申报单位或预录入单位对该单位填制录入的报关单的编号，用于该单位与海关之间引用其申报后尚未批准放行的报关单。

报关单录入凭单的编号规则由申报单位自行决定。预录入报关单及EDI报关单的预录入编号由接受申报的海关决定编号规则，计算机自动打印。

2. 海关编号

指海关接受申报时给予报关单的编号。

海关编号由各海关在接受申报环节确定，应标志在报关单的每一联上。

报关单海关编号为九位数码，其中前两位为分关（办事处）编号，第三位由各关自定义，后六位为顺序编号。各直属海关对进口报关单和出口报关单应分别编号，并确保在同一公历年度内，能按进口和出口唯一地标志本关区的每一份报关单。

各直属海关的理单岗位可以对归档的报关单另行编制理单归档编号。理单归档编号不得在部门以外用于报关单的标志。

3. 进口口岸/出口口岸

（1）含义

进/出口口岸均特指货物申报进（出）我国关境的口岸海关的名称。

（2）填报规范

1）本栏目应根据货物实际进（出）口的口岸海关选择填报《关区代码表》中相应的口岸海关中文名称及关区代码（四位数）。

2）加工贸易合同项下货物必须在海关核发的“登记手册”（或分册，下同）限定或指定的口岸。与货物实际进出境口岸不符的，应向合同备案主管海关办理“登记手册”的变更手续后填报。

3）进口转关运输货物应填报货物进境地海关名称及代码，出口转关运输货物应填报货物出境地海关名称及代码。例如，杭州转关到上海浦东机场的空运出口货物，出口货物报关单上填报“浦东机场（2233）”。进口到上海吴淞转关到大连的海运进口货物，进口货物报关单上填报“吴淞海关（2202）”。

4）按转关运输方式监管（境内转关）的跨关区深加工结转货物，出口报关单填报转出地海关名称及代码，进口报关单填报转入地海关名称及代码。

5）在不同出口加工区之间转让的货物，填报对方出口加工区海关名称及代码。

6）无法确定进出口口岸及其他未实际进出境的货物（如保税结转、后续补税），填报接受申报的海关名称及代码。

7）在不同海关特殊监管区域或保税监管场所之间调拨、转让的货物，填报对方特殊监管区域或保税监管场所所在的海关名称及代码。

4. 备案号

(1) 含义

备案号指进出口企业在海关办理加工贸易合同备案或征、减税、免税审批备案等手续时，海关给予“进料加工登记手册”、“来料加工及中小型补偿贸易登记手册”、“外商投资企业履行产品出口合同进口料件及加工出口成品登记手册”（以下均简称“登记手册”）、“进出口货物征免税证明”（以下简称“征免税证明”）或其他有关备案审批文件的编号。

(2) 填制规范

一份报关单只允许填报一个备案号。

备案号由12位字母或数字组成，其中第1位是英文字母标记代码，第2～5位是关区代码，第6位为年份，第7～12位为序列号。备案号的标记代码必须与“贸易方式”、“征免性质”、“征免方式”、“用途”及“项号”等栏目相协调，例如，贸易方式为来料加工，征免性质也应当是来料加工，备案号的标记代码应为“B”。

表8-2 备案号标记代码含义（部分）

第一位字母	含义	示例
A	中华人民共和国加工贸易手册（备料）	
B	中华人民共和国加工贸易手册（来料加工）	B5770415002
C	中华人民共和国加工贸易手册（进料加工）	C57205711700
D	中华人民共和国加工贸易设备登记手册	D57200100609
F	加工贸易异地进出口分册	
Y	原产地证书	Y3M03A000001
Z	进出口货物征免税证明	Z22004A50142

具体填报要求如下：

1）加工贸易合同项下货物，必须在报关单备案号栏目填报“登记手册”的12位编号。少量低价值辅料，即5000美元以下、78种客供辅料，按规定不使用“登记手册”的，填报“C+关区代码+0000000”；使用“登记手册”的，填报“登记手册”编号，不得为空。加工贸易货物转为享受减免税或须审批备案后办理形式进口的货物，进口报关单填报“征免税证明”等审批证件备案编号，出口报关单填报“登记手册”编号。

2）凡涉及减免税备案审批的报关单，本栏目填报“征免税证明”编号，不得为空。

3）无备案审批文件的报关单，本栏目免予填报。

4）除海关外其他机构签发的官方文件，如“通关单”、“许可证”编号，都不显示在本栏。

5）实行原产地证书联网管理的香港、澳门CEPA项下的进口货物，本栏填报“Y”＋“11位原产地证书编号”；未实行原产地证书联网管理的曼协规则和东盟规则项下的进口货均不填报原产地证书编号。

6）使用异地直接报关分册和异地深加工结转出口分册在异地口岸报关的，本栏填报分册号。本地直接报关分册和本地深加工结转出口分册限制在本地报关的，本栏应填报总册号。

7）加工贸易货物转为享受减免税或须审批备案后办理形式进口的货物，进口报关单填报征免税证明等审批证件备案编号，出口报关单填报加工贸易手册编号。

5. 进口日期/出口日期

（1）含义

进口日期指运载所申报货物的运输工具申报进境的日期。本栏目填报的日期必须与相应的运输工具进境日期一致。

出口日期指运载所申报货物的运输工具办结出境手续的日期。本栏目供海关打印报关单证明联用，预录入报关单及EDI报关单均免予填报。

（2）填报规范

1）本栏目为8位数，顺序为年（4位）、月、日各2位。如2008年8月8日进口一批货物，次日填制报关单并向海关申报，则进口日期填报“2008.08.08”。

2）对于无实际进出境的货物，填报办理申报手续的日期，并以海关接受申报的日期为准。

3）进口货物收货人在进口申报时无法确知相应的运输工具实际进境日期时，本栏目为空。

4）进口货物收货人未申报进口日期，或申报的进口日期与运输工具负责人或代理人向海关申报的进境日期不相符时，以运输工具申报进境的日期为准。

6. 申报日期

(1) 含义

申报日期是指海关接受进出口货物的收发货人或受其委托的报关企业向海关申报的日期。其中，若以电子数据报关单方式申报的为海关计算机系统接受申报数据时记录的日期，若以纸质报关单方式申报的为海关接受纸质报关单并对报关单进行登记处理的日期。

(2) 填报规范

1) 本栏目日期表示方式同进口日期/出口日期。

2) 只有电子或纸质报关单上“已被海关接受”时的日期，才是申报日期，如果预录入和EDI电子数据经海关计算机检查而退回，则应填报海关重新接受申报的日期。

3) 除了特殊情况外，一般进口货物申报日期不得早于实际运输工具进境日期；出口货物申报日期不能晚于运输工具出境日期。

7. 经营单位

(1) 含义

经营单位专指对外签订并执行进出口贸易合同的中国境内企业、单位或者个人。

(2) 填报规范

1)“经营单位”栏应填报经营单位的中文名称及经营单位编码。经营单位编码是经营单位向所在地主管海关办理注册登记手续时，海关给企业设置的注册登记号码。该编码为10位数字，其中第6位数字表示进出口企业经济类型代码。

2) 合同签订者与执行者不是同一企业时，本栏填报“执行合同”企业名称及编码。例如，中国五矿进出口总公司对外统一签订合同，而由辽宁五矿进出口公司负责合同的执行，这时，本栏填报“辽宁五矿进出口公司”+“编码”。

3) 进出口企业之间相互代理，或没有进出口经营权的企业委托有进出口经营权的企业代理进出口时，本栏填报“代理方”企业名称及编码。例如，上海ABC公司委托“上海昆中机械有限公司”(3111940733)出口设备，本栏应申报：“上海昆中机械有限公司3111940733”。

4) 外商投资企业委托外贸企业进口投资设备、物品时，本栏填报该外商投资企业中文名称和编码，同时在“标记唛码及备注”栏注明“委托×××公司进口”。

5）对只有报关权而无进出口经营权的企业，则作为经营单位填报。

6）对援助、赠送、捐赠的货物，填报直接接受货物的企业名称。

8. 运输方式

（1）含义

进出口货物报关单所列的“运输方式”特指载运货物进出关境所使用的运输工具的种类，即海关规定的“运输方式”。

海关规定的运输方式可分为实际运输方式和特殊运输方式两类。前者专指载运货物实际进出关境的运输方式，主要有江海运输、铁路运输、汽车运输、航空运输、邮递运输和其他运输（人扛、驮畜、电网、管道等）；后者仅用于标示没有实际进出境的货物。

（2）填报规范

1）本栏应根据实际运输方式按海关规定“运输方式代码表”选择填报相应的运输方式名称或代码。如监管仓库/1，江海运输/2，铁路运输/3，汽车运输/4，航空运输/5等。

2）进境货物的运输方式，按货物运抵我国关境“第一口岸”时的运输方式申报；出境货物的运输方式，按货物运离我国关境“最后一个口岸”时的运输方式填报。

3）进口转关货物，按载运货物抵达进境地的运输工具填报；出口转关货物，按载运货物驶离出境地的运输工具填报。例如，从上海空运至深圳的货物，再从深圳卡车运至香港本栏应填报：“汽车运输”或“4”。

4）不同的运输方式项下的货物，即使是同一合同，也应分单申报。

5）非邮政方式进出口的快件，按实际进出境运输方式填报。

6）无实际进出境时，根据实际情况选择填报“运输方式代码表”中规定的运输方式。

9. 运输工具名称

（1）含义

进出口货物报关单上的“运输工具名称”专指载运货物进出境所使用的运输工具种类和运输工具编号。

（2）填报规范

1）本栏根据不同的运输方式有不同的填报要求，一般填报运输工具名称及航次。其内容应与承运人或其代理向海关提供的载货清单上所列相应内容一致。

2）一份报关单只允许填报一个运输工具名称。若是多式联运方式，则进境货物按货物运抵我国关境第一口岸时的运输工具名称申报；出境货物按驶离我国关境最后一个口岸时的运输工具名称填报。例如，从上海出口货物经由韩国仁川到美国洛杉矶，采用海空联运方式，上海海运至韩国仁川（VESSEL：KMTC HONGKONG V. 416N），再由汉城空运至美国洛杉矶（QF7859），该出口货物报关单本栏目填报："KMTC HONGKONG/416N"。

（3）具体填报要求

1）江海运输填报船名及航次（来往港澳小型船舶为监管簿编号＋"/"＋航次号）。

2）汽车运输填报该跨境运输车辆的国内行驶车牌号码＋"/"＋进出境日期（8 位数字，即年年年年月月日日，下同）。

3）铁路运输填报车次（或车厢号）＋"/"＋进出境日期。

4）航空运输填报＋进出境日期＋"/"＋总运单号。

5）邮政运输填报邮政包裹单号＋"/"＋进出境日期。

6）其他运输填报具体运输方式名称，例如，管道、驮畜等。

无实际进出境的加工贸易报关单按以下要求填报：

加工贸易深加工结转及料件结转货物，加工贸易成品凭"征免税证明"转为享受减免税进口的货物，出口加工区与区外之间进出的货物，统一出口加工区内或不同出口加工区的企业之间相互结转（调拨）的货物，应先办理进口报关，并在出口报关单本栏目填报转入方关区代码（前两位）及进口货物报关单号，即"转入××（关区代码）×××××××××（进口报关单号/备案清单号）"。按转关运输货物办理结转手续的，按转关运输有关规定填报。

（4）进口转关运输货物报关单填报要求

1）江海运输进境货物：直转货物填报"@"＋16 位转关申报单预录入号（或 13 位载货清单号），中转货物填报进境英文船名（必须与提单、转关单填写完全一致）＋"/"＋"@"＋进境船舶航次。

2）航空运输进境货物：直转货物填报"@"＋16 位转关申报单预录入号，国际空运联程货物填报 8 位分运单号，无分运单的为空。

3）铁路运输进境货物：直转货物填报"@"＋16 位转关申报单预录入

号，中转货物填报车厢编号＋“/”＋“@”＋8 位进境日期（年年年年月月日日）。

4）公路及其他运输方式进境货物：填报“@”＋16 位转关申报单预录入号（或 13 位载货清单号）。

5）以上各种运输方式进境货物，在使用载货清单（广东地区）转关的提前报关货物填报“@”＋13 位载货清单号；其他提前报关货物为空。

（5）出口转关运输货物报关单填报要求

1）江海运输出境货物：出口非中转货物填报“@”＋16 位转关申报单预录入号（或 13 位载货清单号）；中转货物：境内江海运输填报“驳船船名”＋“/”＋“驳船航次”；境内铁路运输填报车名（4 位关别代码＋TRAIN）＋“/”＋日期（6 位起运日期）；境内公路运输填报车名（4 位关别代码＋TRUCK）＋“/”＋日期（6 位起运日期）。

上述“驳船船名”、“驳船航次”、“车名”、“日期”均须事先在海关备案。

2）铁路运输出境货物：填报“@”＋16 位转关申报单预录入号；多张报关单需要通过一张转关单转关的，填报“@”。

3）其他运输方式出境货物：填报“@”＋16 位转关申报单预录入号（或 13 位载货清单号）。

除上述规定以外无实际进出境的，本栏目为空。

10. 提运单号

（1）含义

提运单号是指进出口货物提单或运单的编号。

（2）填报规范

本栏目填报的内容应与运输部门向海关申报的载货清单所列相应内容一致。

一份报关单只允许填报一个提运单号，一票货物对应多个提运单时，应分单填报。

1）直接在进出境地或采用“属地申报，口岸验放”通关模式办理报关手续的

①江海运输：填报进出口提单号。如有分提单的，填报进出口提单号＋“*”＋分提单号。

②道路运输：免予填报。

③铁路运输：填报运单号。

④航空运输：填报总运单号+“_”（下划线）+分运单号，无分运单的填报总运单号。

⑤邮件运输填报邮运包裹单号。

⑥无实际进出境的，本栏目免予填报。

2）转关运输货物报关单

①进口

a. 江海运输：直转、中转填报提单号。提前报关免予填报。

b. 铁路运输：直转、中转填报铁路运单号。提前报关免予填报。

c. 航空运输：直转、中转货物填报11位总运单号+“_”+8位分运单号。提前报关免予填报。

d. 其他运输方式：免予填报。

e. 以上运输方式进境货物，在广东省内用公路运输转关的，填报车牌号。

②出口

a. 江海运输：中转货物填报装货（运）单号；非中转货物免予填报；广东省内汽车运输提前报关的转关货物，填报承运车辆的车牌号。

b. 其他运输方式：免予填报。广东省内汽车运输提前报关的转关货物，填报承运车辆的车牌号。

③采用“集中申报”通关方式办理报关手续的，报关单填报归并的集中申报清单的进出口起止日期［按年（4位）月（2位）日（2位）年（4位）月（2位）日（2位）］。

11. 收货单位/发货单位

（1）含义

收货单位是指已知的进口货物在境内的最终消费或使用的单位。包括自行从境外进口货物的单位、委托有进出口经营权的企业代理进口货物的单位等。

发货单位是指出口货物在境内的生产或销售单位。包括自行出口货物的单位、委托有进出口经营权的企业代理出口货物的单位等。

（2）填报规范

1）备有海关注册编码或加工生产企业编号的收、发货单位，进口货物报关单的“收货单位”栏和出口货物报关单的“发货单位”栏应当填报其经营单位编码或加工生产企业编号；没有编码或编号的，填报其中文名称。

2）加工贸易货物报关单的收、发货单位应与“加工贸易手册”中的“货主单位”一致。

3）减免税货物报关单的收、发货单位应与“征免税证明”中的“申请单位”一致。

12. 贸易方式（海关监管方式）

（1）含义

进出口货物报关单上所列的贸易方式（海关监管方式）专指以国际贸易中进出口货物的交易方式为基础，结合海关对进出口货物监管综合设定和管理方式。

海关按照不同监管要求和计算机管理需要，采用四位数字代码代表贸易方式，其中前两位为监管的分类代码，后两位为海关统计代码。如一般贸易代码为0110、来料加工代码为0214、加工贸易设备代码为0420、进料对口代码为0615、货样广告品代码为3010等。

（2）填报规范

1）贸易方式是报关单填制时最为重要的栏目之一。根据实际情况，按海关规定的“贸易方式代码表”选择填报相应的贸易（监管）方式的简称或代码。

2）一份报关单只允许填报一种贸易（监管）方式。

3）出口加工区内企业填制的出口加工区进（出）境货物备案清单应选择填报适用于出口加工区货物的贸易（监管）方式简称或代码。

4）注意贸易方式、征免性质、用途、征免四个栏目的协调。

表8-3　贸易方式、征免性质、用途、征免四个栏目的协调（部分）

贸易方式	征免方式	用途	征免	备案凭证首位
一般贸易	一般征税	外贸自营内销	照章征税	
来料加工	来料加工	加工返销	全免	B
进料加工	进料加工	加工返销	全免	C
进料非对口	进料加工	加工返销	征免性质	C

13. 征免性质

（1）含义

征免性质是指海关根据《海关法》、《关税条例》及国家有关政策对进出口货物实施的征税、减税、免税管理的性质类别。征免税性质共有39种，分为五大类：法定征税、法定减免税、特定减免税、其他减免税和暂定税率。

（2）填报规范

1）一份报关单只允许填报一种征免性质。

2）按照海关核发的“征免税证明”中批注的征免性质填报，或根据进出口货物的实际情况，参照“征免性质代码表”选择填报征免性质的简称或代码。如填报：一般征税/101、加工设备/501、来料加工/502、进料加工/503、中外合资/601、中外合作/602等。

3）加工贸易货物应按照海关核发的“登记手册”中批注的征免性质填报相应的征免性质。

14. 征税比例/结汇方式

（1）含义

征税比例原用于“进料非对口”贸易方式下进口料件征税比例的填报。现已取消填报。

结汇方式指出口货物的发货人或其代理人收结外汇的方式。

（2）填报规范

1）出口报关单“结汇方式”栏应按照海关规定的“结汇方式代码表”选择填报相应的结汇方式名称或英文缩写或代码。例如，信汇/MT/1、电汇/TT/2、票汇/DT/3、付款交单/DP/4、承兑交单/DA/5、信用证/LC/6等。

2）如果商业发票中“Letter of Credit No.”一项是“T/T”或其他结汇方式的英文简称，而不是信用证号，则结汇方式填报“电汇”或其他结汇方式的英文简称。

15. 许可证号

（1）含义

进出口货物许可证是指国家根据管制法令由商务主管部门签发的允许管制商品进出口的证件。许可证号是指由商务部及其授权发证机关签发的进出口货物许可证的编号。

（2）填报规范

1）应申领进（出）口许可证、两用物项和技术进（出）口许可证、两用物项和技术出口许可证（定向）、纺织品临时出口许可证、出口许可证（加工贸易）、出口许可证（边境小额贸易）这些授权的许可证的货物，必须在此栏目填报商务部配额许可证事务局及其各特派员办事处、授权各省级发证机构三级签发的进（出）口货物许可证的编号，不得为空。

2）非许可证管理以及申领自动进口许可证的货物（因为它是自然的许可），本栏目为空。

3）许可证号的长度为10位字符，其组成为××—××—××××××，第1、2位代表年份，第3、4位代表发证机关（AA代表部级发证，AB、AC代表特派员办事处发证，01、02代表地方发证），后6位为顺序号。例如，06—AA—101882。纺织品临时出口许可证和两用物项和技术进/出口许可证编号的第5位为字母。

4）一份报关单只允许填报一个许可证号，多个许可证时必须分单填报，如果没有就不需要填写。

16. 起运国（地区）/运抵国（地区）

（1）含义

起运国（地区）是指在未发生任何商业性交易或其他改变货物法律地位的活动的情况下，把货物发出并运往进口国（地区）的国家（地区）。

运抵国（地区）是指在未发生任何商业性交易或其他改变货物法律地位的活动的情况下，货物被出口国（地区）所发往的或最后交付的国家（地区）。

如果是发生运输中转的货物，如中转地发生商业性交易，则以中转地作为起运/运抵国。

（2）填报规范

1）进口货物报关单中的“起运国（地区）”栏和“原产国（地区）”栏、出口货物报关单中的“运抵国（地区）”栏和“最终目的国（地区）”栏，应按照海关规定的“国别代码表”选择填报相应的中文名称或代码。如中国香港/110、日本/116、韩国/133、美国/502、德国/304、澳大利亚/601等。

2）无实际进出境的货物，本栏填报“中国境内”(代码142)。

3）对于运输中转的货物，在中转地未发生任何商业性交易，则运抵国或起运国不变。

4）对于国际多式联运的货物在中转国仅换装运输工具而未发生买卖交易时，运抵国（地区）、起运国（地区）不受影响。

5）一份原产地证书只能对应一份报关单。在一票进口货物中，对于实行原产地证书联网管理的，如涉及多份原产地证书，应分单填报。

6）进口货物的原产国无法确定时，报关单“原产国（地区）”栏应填报“国别不详”或“701”。

17. 装货港/指运港

（1）含义

报关单上的装运港专指进口货物在运抵我国关境前的最后一个装运港，指运港专指出口货物运往境外的最终目的港。

(2) 填报规范

1) 本栏应根据海关规定《港口航线代码表》选择填报相应的港口中文名称或代码。如香港/1039，约翰内斯堡/1753，新加坡/0132，墨尔本/3257，洛杉矶/3154等。

2) 对于无实际进出境的货物，本栏填报“中国境内”或“0142”。

3) 目的港后的“自由区”不能省略。因为货物不卸在自由区无法享受各种免减税待遇。

4) 有些港口名称相同，但所属国家不同，要注意港口代码不同或加注港口所在国家。如伦敦港口(London)，有英国的伦敦和加拿大的伦敦等。

5) 有些港口以国家名字命名，但不是该国家的港口，不要误填。如西班牙港(Port of Spain)，不是欧洲西班牙国家的港口，而是拉美特立尼达和多巴哥的港口。

6) 对于发生中转的货物，最后一个中转港就是装货港，指运港不受中转影响。

7) 运输单据中的港口名称，一般都为英文名称，但本栏填报的是港口中文名称或代码。

18. 境内货源地/境内目的地

(1) 含义

境内货源地是指出口货物在我国关境内的生产地或原始发货地(包括供货地点)。

境内目的地是指已知的进口货物在我国关境内的消费地、使用地或最终运抵的地点。

(2) 填报规范

1) 本栏根据实际情况，参照海关规定的《国内地区代码表》选择填报相应的国内地区名称或代码。代码含义与经营单位代码的前5位定义相同。

2) 境内目的地以进口货物在境内消费、使用地或最终运抵地为准。如果进口货物未知消费或使用单位，应以预知的进口货物最终运抵地区为准。

3) 境内货源地以出口货物的生产地为准。如出口货物在境内多次周转，不能确定生产地的，应以最早起运地为准。

19. 批准文号

(1) 含义

出口报关单本栏目用于填报“出口收汇核销单”编号，进口货物报关单暂时免予填报，因为先进口后付汇核销。

(2) 填报规范

1) 出口货物报关单本栏填报9位“出口收汇核销单”编号，如311555451，无长度要求。

2) 对于不需要使用出口收汇核销单的监管方式，如修理物品等，本栏为空。

20. 成交方式

(1) 含义

报关单中的成交方式专指海关规定的CIF、CFR、FOB三种和其他成交方式，仅表示成交价格的构成因素，如FOB仅表示出口货物离岸价格，不包括离岸后的运费、保险费等。

(2) 填报规范

1) 本栏应根据实际成交价格条款，按海关规定的《成交方式代码表》选择填报相应的成交方式名称或代码。如填报CIF/1；CFR/C&F/CNF/2；FOB/3；C&I/4等。

2) 无实际进出境的，进口成交方式填报CIF/1；出口成交方式填报FOB/3。

3) FOB、CFR、CIF换算的方式如下：

进口成交方式是FOB的，则CIF＝FOB＋I＋F

进口成交方式是CFR的，则CIF＝CFR＋I

出口成交方式是CIF的，则FOB＝CIF－I－F

出口成交方式是CFR的，则FOB＝CFR－F

4) 出口成交方式为CIF的，按实际填报“运费”和“保费”；出口成交方式为CNF的，按实际填报“运费”。

5) 进口成交方式为FOB的，按实际填报“运费”和“保费”；进口成交方式为CNF的，按实际填报“保费”。

21. 运费

(1) 含义

运费是指进出口货物从始发地至目的地的国际运输所需要的各种费用。

(2) 填报规范

1) 本栏用于填报该份报关单所包含全部货物的国际运输费用，包括成交价格中不包含运费的，进口货物的运费和成交价格中含有运费的出口货物的运费。

2）本栏应根据海关规定的《货币代码表》及具体情况选择运费单价(rate)、运费总价（freight）和运费率（percent）三种方式之一填报。同时注明运费标记："1"表示运费率，"2"表示运费单价，"3"表示运费总价。其中，运费率标记"1"可以省略。常见币制代码如港元/110，日元/116，人民币/142，欧元/300，美元/502，加拿大元/501，英镑/303等。

例如，6 000港元的运费总价，填报：110/6000.000/3。

24美元/立方米的运费，填报：502/24.000/2。

3）运保费合并计算的，运保费填报在本栏。

22. 保费

（1）含义

进出口货物报关单所列的保费专指进出口货物在国际运输过程中，由被保险人付给保险人对货物进出口所保险别的费用。

（2）填报规范

1）本栏目用于成交价格中不包含保险费的进口货物或成交价格中含有保险费的出口货物，应填报该份报关单所含全部货物国际运输的保险费用。可按保险费总价或保险费率两种方式之一填报，同时注明保险费标记，并按海关规定的"货币代码表"选择填报相应的币种代码。

2）运保费合并计算的，运保费填报在运费栏目中。

3）保险费标记"1"表示保险费率，"3"表示保险费总价。例如，3‰的保险费率填报为0.3，10000港元保险费总价填报为110/10000/3。

4）货物保险费率标记"1"可以省略。

5）实际货物保险费一般为全部货物保险，无部分货物保险，故没有保险费单价的标记。

6）货物运费和保险费合并计算的，本栏免报。

23. 杂费

（1）含义

杂费指成交价格以外的、应计入完税价格或应从完税价格中扣除的费用，如手续费、佣金、回扣等。

（2）填报规范

1）本栏目应按具体情况选择杂费总价或杂费率两种方式之一填报，同时注明杂费标记，并按海关规定的《货币代码表》选择填报相应的币种代码。

2）应计入完税价格的杂费填报为正值或正率，应从完税价格中扣除的杂费填报为负值或负率。

杂费标记“1”表示杂费率，“3”表示杂费总价。例如，应计入完税价格的1.5%的杂费率填报为1.5，应从完税价格中扣除的1%的回扣率填报为−1，应计入完税价格的500英镑杂费总价填报为303/500/3。

3）报关单中显示“502/−550/3”，表示从完税价中扣除杂费550美元。EDI系统中，计算机自动接受累积加算负值的海关统计价格。

4）无杂费时，本栏免填。

24. 合同协议号

（1）含义

合同协议号是指买卖双方或多方当事人根据国际贸易惯例或国家法律、法规，自愿按照一定的条件买卖某种商品所签订的合同协议的编号。

（2）填报规范

本栏目应填报进（出）口货物合同（协议）的全部字头和号码，无长度要求。

25. 件数

（1）含义

进出口货物报关单中件数专指有外包装的单件进出口货物的实际件数。件是可数货物的一个计量单位，件数与“包装种类”必须统一填报，不能自相矛盾。

（2）填报规范

1）本栏填报有外包装的进出口货物实际件数，不得填报为零。

2）裸装与散装货物的件数填报为“1”，相应的包装种类填报“裸装”或“散装”。

3）若单据既列明托盘件数，又列明托盘单件上包装件数时，在报关单中本栏填报“托盘件数”，相应的“包装种类”填报“托盘”。

4）若单据既列明集装箱个数，又列明托盘件数，又列明托盘单件上包装件数时，报关单本栏填报“托盘件数”，相应的“包装种类”填报“托盘”。

5）若单据仅列明集装箱个数，未列明托盘件数或者单件包装件数的，报关单本栏填报“集装箱个数”，相应的“包装种类”填报“集装箱”。

26. 包装种类

（1）含义

商品的包装是指包裹和捆扎货物用的内部或外部包装和捆扎物的总称。

一般以装箱单或提运单上所反映货物处于运输状态时的最外层运输包装种类向海关申报，并与件数相一致。

(2) 填报规范

1）本栏按照海关规定的《包装种类代码表》选择填报相应的包装种类名称或代码。如木箱/W/CASE，纸箱/CTNS，托盘/PLTS，散装/BULK，包/BALE等。

2）如果实际包装种类有多种，则可以用件数统称填报“件”(PKGS)。

3）裸装、散装货物的包装种类填报为“裸装”或“散装”。

27. 毛重（公斤）

(1) 含义

毛重指商品重量加上包装材料的重量之和。

(2) 填报规范

1）本栏填报进出口货物的实际毛重，以公斤（千克）为计量单位，不足1公斤的填报为“1”。

2）填报的毛重应与装箱单上相应内容一致。

3）进口报关单填报此栏时，还应与舱单记录相应内容一致。欧美地区进口货物，经常在运单上显示重量为“磅”，应换算为“公斤”后填报。(1 Kgs=2.2046 Lbs)

28. 净重（公斤）

(1) 含义

净重是指进出口货物的毛重减去外包装材料后的纯商品的重量，即商品本身的实际重量。

(2) 填报规范

本栏目填报进（出）口货物的实际净重，计量单位为公斤，不足一公斤的填报为1。

29. 集装箱号

(1) 含义

进出口货物报关单中集装箱号专指海运集装箱，不包括空运集装箱、铁路集装箱号。

海运集装箱号组成规则是：箱主代号（3位字母）＋集装箱识别号（U）＋顺序号（6位数字）＋检测号（1位数字）。

例如，箱号MSCU1922213表示地中海航运公司的海运集装箱，顺序号

192221，检测号3。

（2）填报规范

1）本栏填报规则为：“一个集装箱号”＋“/”＋“集装箱规格”＋“/”＋“自重”。

例如，报关单显示集装箱号。COSU4241320/20/2275，表示这是一个20英尺海运集装箱，箱号为COSU4241320，自重2275公斤。

2）本栏不得为空，非集装箱货物填报“0”。

3）若所申报货物有多个集装箱号时，规定其中任意一个集装箱号填报在集装箱号栏中，其余集装箱号依次填报在“标记唛码及备注”栏中。

30. 随附单据

（1）含义

随附单据指随进（出）口货物报关单一并向海关递交的单证或文件，包括发票、装箱单、提单、运单、装运单等基本单证，监管证件、免税证明，外汇核销单、合同、信用证等特殊单证。

合同、发票、装箱单、进出口许可证等必备的随附单证不在本栏目填报。因为提单、运单、装运单的号码在提运单号栏目里填报了，信用证、发票、装箱单、提单、运单、装运单关于货物的内容、支付方式、贸易方式、运输路线在其他栏目填报了，征免税证明的编号填在备案号栏，外汇核销单的编号填在批准文号栏，合同号码填在合同协议号栏。监管证件中的进出口许可证编号在许可证号栏填报。

（2）填报规范

1）本栏目分为随附单据代码和随附单据编号两项，其中代码栏应按海关规定的“监管证件名称代码表”选择填报相应证件的代码填报，但不含监管证件中的进出口许可证的代码（1、2、3、4、5、x、y）。

编号栏应填报监管证件编号。纸质报关单填报格式为：“监管证件的代码”＋“:”＋“监管证件编号”。例如，随付的单据是入境货物通关单，要求在此栏目填写入境货物通关单的代码A，货物通关单的编号是：442100104064457，那么在填制报关单的时候，就填：“A：442100104064457”。

本栏目只填写一个监管证件的信息，多于一个监管证件的，第一个监管证件代码和编号填报在“随附单据”栏，其余的监管证件代码和编号按上述填报格式填写（原产地证书按原产地证书的格式填写）在“标记唛码及备注”栏中。

2）加工贸易内销征税报关单，随附单证代码栏填写“c”，随附单证编号栏填写海关审核通过的内销征税联系单号。

3）含预归类商品报关单，随附单证代码项下填写“r”，随附单证编号项下填写××关预归类书××号。

4）优惠贸易协定项下进出口货物

“Y”为原产地证书代码。优惠贸易协定代码选择“01”、“02”、“03”、“04”、“05”、“06”、“07”、“08”、“09”填报。

“01”为“亚太贸易协定”项下的进口货物。

“02”为“中国—东盟自贸区”项下的进口货物。

“03”为“内地与香港紧密经贸关系安排”（香港CEPA）项下的进口货物。

“04”为“内地与澳门紧密经贸关系安排”（澳门CEPA）项下的进口货物。

“05”为“对非洲特惠待遇”项下的进口货物。

“06”为“台湾（地区）农产品零关税措施”项下的进口货物。

“07”为“中巴自贸区”项下的进口货物。

“08”为“中智自贸区”项下的进口货物。

“09”为“对也门等国特惠待遇”项下的进口货物。

31. 用途/生产厂家

（1）含义

用途是指进出口货物在境内应用的范围。

生产厂家是指出口货物的境内生产企业的名称。

（2）填报规范

1）进口货物填报用途，应根据进口货物的实际用途按海关规定的《用途代码表》选择填报相应的用途名称或代码。如外贸自营内销/01、特区内销/02、其他内销/03、企业自用/04、加工返销/05、借用/06、收保证金/07、免费提供/08、作价提供/09、货样广告/10等。

2）出口报关单本栏填写货物境内生产企业的名称，必要时填报。

32. 标记唛码及备注

（1）含义

进出口货物报关单上的标记唛码专指货物的运输标志。

（2）填报规范

1）本栏涉及填报货物标记唛码中除图形以外的所有字母和数字。

2）关联备案号。关联备案号是指与本报关有关联关系的，同时在海关业务管理规范方面又有要求填报的备案号。格式为：“转至（自）＊＊＊＊＊＊＊＊＊＊手册”。

3）关联报关单号。关联报关单号是指与本报关单有关联关系的，同时在海关企业管理方面又要求填报的报关单的海关编号，应填报在此栏内。

4）所申报货物涉及多个监管证件的，除第一个监管证件以外的其余监管证件的代码和编号。格式为：“监管证件的代码”＋“:”＋“监管证件编号”。

5）所申报货物涉及多个集装箱的，在此填除第一个集装箱号以外的其余集装箱号。格式为：“集装箱号”＋“/”＋“规格”＋“/”＋“自重”。

6）受外商投资企业委托代理进口投资设备、物品的进出口企业名称，格式为：“委托＊＊＊＊＊＊＊公司进口”。

7）其他申报时必须说明的事项。

33. 项号

（1）含义

项号是指申报货物在报关单中的商品排列序号和在登记手册上的商品序号。

一张纸质报关单最多可打印5项商品，纸质报关单的表体共5栏，可另外附带3张纸质报关单，合计一份报关单最多可以打印20项商品。

一张电子报关单表体共有20栏，一项商品占据表体一栏，超过20项商品时，可另单申报。

（2）填报规范

1）每项商品的“项号”栏分两行填报。第一行填报货物在报关单中的商品排列序号，第二行专门填报加工贸易和实行原产地证书联网管理已备案的货物在登记手册中或对应原产地证上商品的项号。

2）深加工结转货物，分别按照加工贸易手册中的进口料件的项号和出口成品的项号填报。

3）料件结转货物，出口报关单按转出加工贸易手册中进口料件的项号填报，进口报关单按转入加工贸易手册中进口料件的项号填报。

34. 商品编号

（1）含义

商品编号也称为商品编码，是指“进出口税则”中确定的进出口货物的编号。

(2) 填报规范

1) 根据实际进出口商品名称，核查“进出口税则”中确定的8位税则号，并填报在进出口货物报关单本栏内。有附加编号的，还应填报附加的第9、第10位附加编号。

2) 若加工贸易登记手册中商品编号与实际商品编号不符时，应按照实际商品编号变更登记手册的编号后，据实填报。

3) 不同的商品编号分栏填报。一张纸质报关单最多允许填报5项商品，一份报关单最多允许填报20项商品。

4) 不同的商品编号，其征税税率、退税税率、海关监管条件等均不同。

35. 商品名称、规格型号

(1) 含义

进出口货物报关单中的商品名称专指进出口货物规范的中文名称。商品的规格型号是指反映商品性能、品质和规格的一系列指标，如品牌、等级、成分、含量、纯度、大小等。

(2) 填报规范

本栏目分两行填报及打印。

第一行打印进（出）口货物规范的中文商品名称，第二行打印规格型号、成分、含量等，必要时可加注原文。

具体填报要求如下：

1) 商品名称及规格型号应据实填报，并与所提供的商业发票相符。

2) 商品名称应当规范，规格型号应当足够详细，以能满足海关归类、审价及许可证件管理要求为准。本栏目填报内容包括：品名、牌名、规格、型号、成分、含量、等级等。

3) 加工贸易等已备案的货物，本栏目填报录入的内容必须与备案登记中同项号下货物的名称与规格型号一致。

4) 对已备案的进出口商品，本栏填报内容须与已备案的货物名称和规格型号一致。

5) 报关单中商品名称的英文名须与提运单显示一致，若不一致须更改后海关才予以放行。

36. 数量及单位

(1) 含义

报关单中“数量及单位”专指进（出）口商品的实际数量及计量单位。

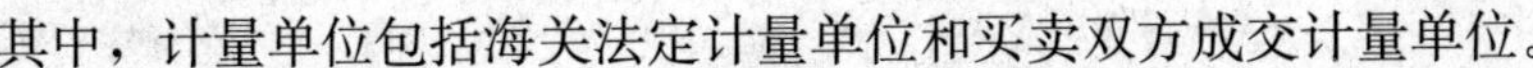

其中，计量单位包括海关法定计量单位和买卖双方成交计量单位。

（2）填报规范

本栏目分三行填报及打印。第一行：按海关第一法定计量单位及数量填报；第二行：按海关第二法定计量单位及数量填报；第三行：填报实际成交计量单位及数量。

具体填报要求如下：

1）凡海关列明第二计量单位的，必须报明该商品第二计量单位及数量，打印在本栏目第二行；无第二计量单位的，本栏目第二行为空。

2）成交计量单位与海关法定计量单位不一致时，还须填报成交计量单位及数量，打印在商品名称、规格型号栏下方（第三行）；成交计量单位与海关法定计量单位一致时，本栏目第三行为空。加工贸易等已备案的货物，成交计量单位必须与备案登记中同项号下货物的计量单位一致，不相同时必须修改备案或转换一致后填报。

3）规定计量单位是公斤，须与报关单“表头净重”栏目所填报内容一致。

37. 原产国（地区）/最终目的国（地区）

（1）含义

原产国（地区）是指进口货物的生产、开采或加工制造国家（地区）。

最终目的国（地区）是指已知的出口货物的最终实际消费、使用或进一步加工制造国家（地区）。

（2）填报规范

本栏目应按海关规定的《国别（地区）代码表》选择填报相应的国家（地区）名称或代码。

加工贸易报关单特殊情况下填报要求如下：

1）料件结转货物，出口报关单填报“中国”（代码“142”），进口报关单填报原料件生产国。

2）深加工结转货物，进出口报关单均填报“中国”（代码“142”）。

3）料件复运出境货物，填报实际最终目的国；加工出口成品因故退运境内的，填报“中国”（代码“142”），复运出境时填报实际最终目的国。

38. 单价

（1）含义

进出口报关单中的单价专指进出口商品的一个计量单位以某一种货币来

表示的价格。

(2) 填报规范

本栏目应填报同一项号下进（出）口货物实际成交的商品单位价格，单价如非整数，其小数点后保留四位，第五位及以后的略去。无实际成交价格的，本栏目填报货值。

39. 总价

(1) 含义

进出口报关单中的总价专指一份报关单项下全部进出口货物实际成交的商品总价。

(2) 填报规范

本栏目应填报同一项号下进（出）口货物实际成交的商品总价，总价如非整数，其小数点后保留四位，第五位及以后的略去。

无实际成交价格的，本栏目填报货值。

40. 币制

(1) 含义

进（出）口报关单中的币制专指进（出）口货物实际成交价格的计价货币，与相应的单、总价币种一致。

(2) 填报规范

本栏目应根据实际成交情况按海关规定的《货币代码表》选择填报相应的货币名称或代码，如港元/HKD/110，人民币/CNY/142，欧元/EUR/300，英镑/GBP/303，美元/USD/502，韩圆/KRW/133，日元/JPY/116 等。

如《货币代码表》中无实际成交币种，须转换后填报。

41. 征免

(1) 含义

征免是指海关对进（出）口货物进行征税、减税、免税或特案处理的实际操作方式。

(2) 填报规范

1) 本栏目应按照海关核发的“征免税证明”或有关政策规定，对报关单所列每项商品选择填报海关规定的《征减免税方式代码表》中相应的征减免税方式。如照章征税/1，折半征税/2，全免/3，特案减免/4，保证金/6，保函/7 等。

2) 加工贸易报关单应根据“登记手册”中备案的征免规定填报。

3）加工贸易手册中备案的征免规定为“保金”或“保函”的，应填报“全免”。

4）对法定零税率的一般贸易进出口货物，填报“照章征税”，而非“全免”。

5）“租赁不满一年”和“租赁征税”下的进口货物，本栏填报“照章征税”。

42. 税费征收情况

本栏供海关批注进（出）口货物税费征收及减免情况。

43. 录入员

本栏用于预录入和EDI报关单，打印录入人员的姓名。

44. 录入单位

本栏用于预录入和EDI报关单，打印录入单位名称。

45. 申报单位

本栏指报关单左下方用于填报申报单位有关情况的总栏目。

申报单位是指对申报内容的真实性直接向海关负责的企业或单位。自理报关的，应填报进（出）口货物的经营单位名称及代码；委托代理报关的，应填报经海关批准的专业或代理报关企业名称及代码。

本栏还包括报关单位地址、邮编和电话等分项目，由申报单位的报关员填报。

46. 填制日期

填制日期是指报关单的填制日期。预录入和EDI报关单由计算机自动打印。

47. 海关审单批注栏

本栏是指供海关内部作业时签注的总栏目，由海关关员手工填写在预录入报关单上。其中“放行”栏填写海关对接受申报的进出口货物作出放行决定的日期。

思考与实训

分析第二章课后的思考与实训题中的售货确认书和信用证，根据已填制的单据，填制报关单。

第 9 章　装运与运输单据

关键术语

装运　进港　制单　海运提单　托运人　收货人　被通知方　装运港　卸货港　已装船批注　装船通知　航空运单

学习目标

- 应懂装运的含义
- 应懂海运装运的流程
- 应懂海运提单、装运通知的含义、性质与作用
- 应懂国际多式联运单据的含义与种类
- 应懂海运提单的流转
- 应懂信用证中的提单条款
- 应会填制海运提单和装运通知

9.1　装运

9.1.1　进港

港口根据船舶班期，按货物的装船先后顺序向海上承运人或其代理人发

出装船通知（Shipping Advice）①，海上承运人应及时通知托运人。托运人或其代理人在收到装船通知后，应于船舶开装前5天开始，将出口集装箱和货物按船舶受载先后顺序运进码头堆场或指定货运站，并于装船前24小时截止进港。而进港方式有几种，如汽车、火车、驳船。货物进港的同时还要准备单证给报关行办理商检、质检（如需要）、报关等手续。通关完毕后，单证流到相应的位置后就对单证进行核对也就同时对货物进行配载。

9.1.2 装船

在传统散杂货运输中，国际货运代理企业根据船期，代各货主往发货仓库提取货物运进码头，由码头理货公司理货，凭船公司签发的装货单装船。在装船前，理货员代表船方，收集经海关放行货物的装货单和收货单，经过整理后，船舶到港后，港口按照船舶配载图和海关核准的预配舱单，分批接货装船编制记录舱位。装船过程中，托运人委托的货运代理应有人在现场监装，随时掌握装船进度并处理临时发生的问题。装船时，理货员要确保所有上船集装箱封条已正确且牢固施封。装船时，装船（Loading）封条与入闸（Gate In）封条同时存在的情况下，由集装箱管理班负责在上船后第二天上午书面通知船公司并同时通知码头单证科。装货完毕，理货员如发现某批货有缺陷或包装不良，即在收货单上批注，并由大副签署，以确定船货双方的责任，理货组长与船方大副共同核对签署收货单（M/R），交给托运人并留下装货单。但作为托运人，应尽量争取不在收货单上批注以取得清洁提单。

9.1.3 制单

船务代理人应于船舶开航前2小时向船方提供提单与场站收据副本、舱单、集装箱装箱单（Container Loading Plan，CLP）、集装箱清单、集装箱积载图、特殊货物集装箱清单、危险货物说明书等完整的随船单证，并于开航后（近洋航线船舶开航后24小时内，远洋航线船舶开航后48小时内）采用传真、电传、邮寄等方式向卸货港或中转港发出必要的有关资料。

集装箱装船后，货运代理人应发货人的委托及时向买方或其代理人发出装船通知，以便对方准备付款、赎单、办理进口货物报关和接货手续。如CFR或FOB合同条款，便于买方及时办理投保手续。

---

① 装船通知或称装船预告，Loading Alert，Loading Advice，Shipping Advice，Shipping Note。通常说“发Loading”即指发装船通知。

货物装船完毕后，提单制完船务人员要跟客户核对提单也就是确认提单，给客户发提单确认（发 OK 件），再核对最后签发已确认的提单或称 OK 件 B/L。美加线须提供 AMS 申报，如客人有船证、普惠证/产地证（FA/CO）等要求的，要核对相关资料。

9.2 海运提单（Ocean Bill of Lading，B/L）

9.2.1 海运提单的含义与作用

1. 含义

海运提单，简称提单，是用于证明海上运输合同和货物已由承运人接管或装船，以及承运人据以保证交付货物的单证。

2. 海运提单的性质和作用

（1）货物收据（Receipt of Goods）

提单是承运人（或其代理人）向托运人开具的货物收据，证明承运人已收到或接管提单上所列的货物。

（2）物权凭证（Documents of Title）

提单是这批货物的所有权凭证，在法律上具有物权证书的作用，船货抵达目的港后，承运人应向提单的合法持有人交付货物。指示提单可以通过背书转让，从而转让货物的所有权。

（3）运输契约的证明（Evidence of the Contract of Carriage）

提单是承运人与托运人之间订立的运输契约的证明。托运人签发托运单与承运人签发提单，相互构成运输契约，共同成为托运人与承运人之间关于责任、费用、风险的划分依据和处理争议的法律依据。

3. 海运提单的流转

提单有正本提单和副本提单之分，通常所说的提单都是指正本提单，副本提单只用于日常业务，不具有法律效力，正本提单应标注“ORIGINAL”字样，标注“COPY”字样的提单则是副本提单。按国际航运界惯例通常是由承运人或其代理签发正本提单一式二份到三份，每份正本提单的法律效力是同等的，只要其中一份凭以提货，其他各份立即失效。副本提单的份数可视托运人的需要而定。

在运输业务操作中，货运代理将提单样本送交给货主；货主将提单与相应合同或信用证条款核对后回传。若客户回传后又要求改单，通常要交改单费；货运代理将提单传给承运人；承运人核对，确认后回传并出正本提单（若客户要求出船东提单 MB/L 时）或者承运人缮制提单样本传给货运代理（或：承运人叫货运代理进行提单补料）；货运代理审核，确认后回传给托运人，即货主，货主收到提单后，可以将提单进行背书转让。最后，收货人必须凭提单提货，承运人交付货物时必须收回提单并在提单上做作废的批注。

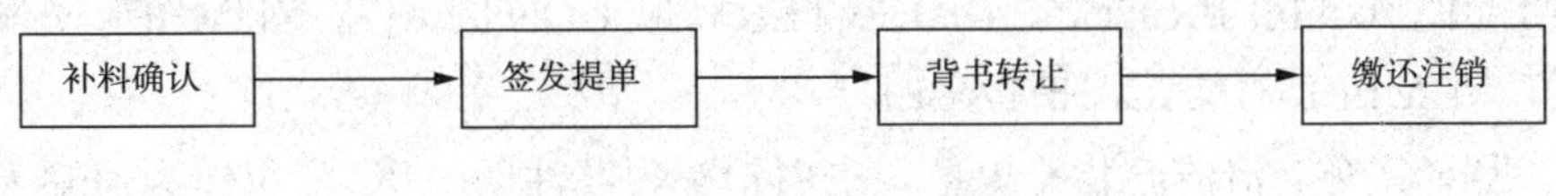

图 9-1　提单使用流转程序

9.2.2　信用证的提单条款示例

在信用证项下，提单作为一种物权凭证，对信用证相关当事人了解和掌握这批货物至关重要，是必备的结汇单据之一。提单必须依据信用证相关条款进行制作，只有做到“相符提示”，受益人才能收取到货款。因此，对于信用证的提单条款，必须深入理解和把握。

1. FULL SET OF CLEAN ON BOARD MARINE BILLS OF LADING, MADE OUT TO ORDER OF ABC COMPANY, ROTTERDAM, NETHERLANDS, MARKED FREIGHT PREPAID NOTIFY APPLICANT.

翻译：全套已装船海运清洁提单，做成以荷兰鹿特丹 ABC 公司指示的抬头，注明“运费预付”，通知开证人。

2. FULL SET OF CLEAN ON BOARD B/L ISSUED TO OUR ORDER MARKED FREIGHT PREPAID AND NOTIFYING APPLICANT, SHOWING FULL NAME AND ADDRESS OF THE RELATIVE SHIPPING AGENT IN EGYPT.

翻译：全套已装船清洁提单，做成以开证行指示为抬头，注明“运费预付”，通知开证人，并显示相关在埃及船代的全称和详细地址。

3. FULL SET CLEAN ON BOARD PORT TO PORT BILL OF LADING, MADE TO THE ORDER AND BLANK ENDORSED TO OUR ORDER, MARKED FREIGHT PREPAID DATED NOT LATER THAN THE LATEST DATE OF SHIPMENT NOR PRIOR TO THE DATE OF THIS CREDIT, PLUS THREE NON-NEGOTIABLE COPIES.

翻译：全套港至港清洁已装船提单，空白抬头并背书给开证行，注明“运费预付”，日期不迟于最迟装运日期，也不得早于开证日期，加上3份不可转让的副本。

4. FULL SET CLEAN ON BOARD OCEAN BILL OF LADING ISSUED TO ORDER，BLANK ENDORSED MARKED FREIGHT PAYABLE AT DESTINATION NOTIFY AS ABC COMPANY AND SHOWING INVOICE VALUE，UNIT PRICE，TRADE TERMS，CONTRACT NUMBER AND L/C NUMBER UNACCEPTABLE.

翻译：全套清洁已装船提单，空白抬头，并注明ABC公司作为通知人，运费到付。不能将发票、单价、价格术语、合同号码和信用证号打在提单上。

5. FULL SET OF NOT LESS THAN TWO CLEAN ON BOARD MARINE BILLS OF LADING MARKED FREIGHT PREPAID AND MADE OUT TO ORDER AND ENDORSED TO OUR ORDER SHOWING BLUE BIRD TRADING COMPANY AS NOTIFYING PARTY. SHORT FORM BILLS OF LADING ARE NOT ACCEPTABLE. BILL OF LADING TO STATE SHIPMENT HAS BEEN EFFECTED IN CONTAINERS AND CONTAINER NUMBERS.

翻译：全套不少于两份的已装船海运提单，注明运费预付，空白抬头，背书给开证行，并以蓝鸟贸易公司作为通知人。简式提单不接受，提单注明集装箱装运及集装箱号码。

6. FULL SET CLEAN ON BOARD OCEAN BILL OF LADING，MADE OUT TO THE ORDER AND BLANK ENDORSED，EVIDENCING SHIPMENT FROM SHANGHAI TO NEW YORK PORT NOT LATER THAN APRIL 05，2008 MARKED FREIGHT PREPAID AND NOTIFY TO THE APPLICANT.

翻译：全套已装船清洁海运提单，空白抬头并空白背书，从上海港装运到纽约港，不迟于2008年4月5日，标明运费预付并通知开证人。

7. 2/3 SET OF CLEAN ON BOARD OCEAN BILLS OF LADING MADE OUT TO ORDER OF SHIPPER AND BLANK ENDORSED AND MARKED FREIGHT PREPAID AND NOTIFY SUMITOMO CORPORATION OSAKA.

翻译：2/3已装船清洁海运提单，做成托运人指示抬头，空白背书，标明

运费预付，并通知 SUMITOMO CORPORATION OSAKA。

8. FULL SET OF CLEAN ON BOARD MARINE BILL OF LADING MADE OUT TO ORDER OF OVERSEAS UNION BANK LTD NOTIFY APPLICANT AND MARKED FREIGHT PREPAID.

翻译：全套已装船清洁海运提单，做成 OVERSEAS UNION BANK LTD 指示的抬头，通知开证人并注明运费预付。

9. FULL SET OF CLEAN ON BOARD OCEAN BILLS OF LADING TO ORDER OF ABC BANK MARKED FREIGHT PREPAID PLUS TWO NON-NEGOTIABLE COPIED NOTIFY APPLICANT.

翻译：全套已装船海运提单，做成 ABC 银行指示抬头，注明运费预付，加上两份不议付提单副本，通知开证人。

10. FULL SET OF CLEAN SHIPPED ON BOARD MARINE BILL OF LADING，MADE OUT TO OUR ORDER，MARKED FREIGHT PRE-PAID，NOTIFY OPENER，INDICATING LC NO. AND S/C NO.，RE-CEIVED FOR SHIPMENT B/L NOT ACCEPTABLE.

翻译：全套清洁已装船海运提单，做成以开证行指示的抬头，注明运费预付，通知开证人，并标明信用证号码和合同号码，不接受收妥备运提单。

9.2.3　海运提单缮制实例评析

在本例中，星辰贸易公司根据第二章实例中的售货合同、信用证、已缮制的发票和装箱单，以及补充资料，缮制了该笔交易的海运提单，具体示例见样单 9-2：信用证提单条款：

2. FULL SET（INCLUDING 2 NON-NEGOTIABLE COPIES）OF CLEAN ON BOARD OCEAN BILLS OF LADING MADE OUT TO ORDER AND BLANK ENDORSED，MARKED "FREIGHT PREPAID" NOTIFY-ING APPLICANT.

翻译：全套（包括两份不可转让的副本）已装船清洁提单，做成指示性抬头和空白背书，注明"运费已付"，通知开证申请人。

补充资料：

装运船名：CHANGHE　　航次：V. 38　　装船日期：22 JUL 2011

提单号：COSC113512　　运输方式：1 个 20 英尺集装箱　封志号：62468

运输方式：两个 20 英尺集装箱　　封志号：62468

样单 9-1　海运提单

1. Shipper
GUANGZHOU STARS INTERNATIONAL TRADING CO., LTD
ZHONGSHAN ROAD NO.3××,GUANGZHOU,
P.R. CHINA

2. Consignee
TO SHIPPERS' ORDER

3. Notify Party
FLAG TRADING CO.,LTD
3××,BOROUGH HIGH STREET,LONDON,
SE1 1HR, UNITED KINGDOM
TEL: +44 207 414 6236
FAX: +44 207 4146238

4. Pre-carriage by *	5. Place of Receipt
6. Ocean Vessel Voy. No. CHANGHE V.38	7. Port of Loading GUANGZHOU
8. Port of Discharge LONDON，U.K.	9. Place of Delivery *

COSCO

B/L No.：COSC113512

COSCO CONTAINER LINES

BILL OF LADING

For Port-to-Port or Combined Transport Shipment

RECEIVED in external apparent good order and condition except as other-Wise noted. The total number of packages or unites stuffed in the container, The description of the goods and the weights shown in this Bill of Lading are Furnished by the Merchants, and which the carrier has no reasonable means of checking and is not a part of this Bill of Lading contract. The carrier has Issued the number of Bills of Lading stated below, all of this tenor and date, one of the original Bills of Lading must be surrendered and endorsed or signed against the delivery of the shipment and whereupon any other original Bills of Lading shall be void. T
he Merchants agree to be bound by the terms and conditions of this Bill of Lading as if each had personally signed this Bill of Lading. See clause 4 on the back of this Bill of Lading (Terms continued on the back Hereof, please read carefully).

*Applicable Only When Document Used as a Combined Transport Bill of Lading.

ORIGINAL

10. Marks & Nos. Container / Seal No.	11.No. of Containers or Packages	Description of Contents for Shipper's Use Only (Not part of This B/L Contract) 12.Description of Goods	13.Gross Weight (Kgs)	14.Measurement (Cbm)
FLAG SSC2011528 LONDON C/NO.1-380 CBHU3202732/62468	380 CTNS	VACUUM FLASK 380 FREIGHT PREPAID	3700.000	14.518

15. Total Number of containers and/or packages (in words)
SAY THREE HUNDRED AND EIGHTY CARTONS ONLY

16. Freight & Charges			22.No. of Original B(s)/L THREE	Regarding Transshipment Information Please Contact
			23.Place and Date of Issue GUANGZHOU 22 JUL 2011	
17.Prepaid/ Collect	18.Prepaid at	19.Payable at	24.Signed for Carrier, COSCO CONTAINER LINES	
20.Total Prepaid	21.Laden on board the vessel 22 JUL 2011			

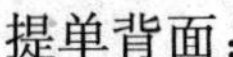

提单背面：

Guangzhou Stars International Trading Co.，Ltd

高正福

0. 提单名称（Bill of Lading）

相关链接

ISBP681 提单 UCP600 第 20 条的适用

91. 如果信用证要求提交海洋运输单据（海洋、海运、港至港或其他表示），则适用 UCP600 第 20 条。

92. 只要运输单据是港至港运输单据，单据不一定要使用“海运提单”、“海洋提单”或“港至港提单”等措辞，才符合 UCP600 第 20 条的规定。

1. 托运人

1. SHIPPER：
GUANGZHOU STARS INTERNATIONAL TRADING CO.，LTD
ZHONGSHAN ROAD NO. 3××，GUANGZHOU，P. R China
Tel：+0086—20—25763369
Fax：+0086—20—25763368

本栏填写向承运人或其代理办理该笔运输业务的托运人的公司全称和地址，最好还要填写联系电话和传真号。

托运人也称发货人（Consignor），是指委托运输的当事人，通常为国际货物买卖合同中的卖方。如采用信用证方式结算，并且信用证无特殊规定，应填写该信用证受益人（Beneficiary）作为托运人。

相关链接

UCP600 第 14 条单据审核标准

k. 在任何单据中注明的托运人或发货人无须为信用证的受益人。

2. 收货人

2. CONSIGNEE： TO SHIPPER'S ORDER

此栏即提单的“抬头”。如采用信用证，应按L/C的具体规定填写，与托运单中“收货人”的填写完全一致。在本例中，此栏根据信用证规定做成托运人指示抬头。

相关链接

ISBP681 收货人、指示方

101. 如果信用证要求提单抬头以某具名人为收货人，如“收货人为×××银行”（即记名方式）而不是“凭指示”或“凭×××银行的指示”等，则提单不得在具名人的名称前出现“凭指示”或“凭×××指示”的字样，无论该字样是打印还是预先印就的。同样地，如果信用证要求提单抬头为“凭指示”或“凭某人指示”，提单就不能做成以该具名人为收货人的记名形式。

在实务中，按提单的收货人这一栏填写的内容，可以将提单分为以下几种类型：

（1）不记名提单（Bearer B/L）

在提单收货人栏内只填写TO BEARER（提单持有人）或将这一栏空出不写的提单即为不记名提单。

（2）记名提单（Straight B/L）

在此栏填写具体收货人的名称和地址。记名提单只能由该指定的收货人凭此提货，提单不能转让，可以避免转让过程中可能带来的风险。

例如，来证要求Full set of B/L Consigned to ABC Co.，则提单收货人一栏中填ABC Co. 的公司名称和地址。

（3）指示提单（Order B/L）

在提单上的收货人栏中有“Order”（凭指示）字样的提单即为指示提单。实务中常见的可转让提单是指示提单。指示提单必须经过背书转让，可以是空白背书，也可以是记名背书。

例如，来证要求 B/L issued to order of Applicant，查信用证的 Applicant 为 Big A Co.，则提单收货人一栏中填 TO ORDER OF BIG A Co.。

来证要求 Full set of B/L made out to our order，查开证行名称为 ABC Bank，则提单收货人一栏中填 TO ORDER OF ABC Bank。

来证要求 B/L MADE OUT SHIPPER'S ORDER，则提单收货人一栏中填 TO ORDER OF SHIPPER 或 TO SHIPPER'S ORDER。

而在托收项下，提单的此栏通常填"TO ORDER"或填"TO ORDER OF SHIPPER"均可，然后由发货人在提单背面背书。

特别提示

在信用证项下，收货人栏的填写必须与信用证的要求完全一致。任何粗心大意或贪图省事的填法都可能导致单证不符。

若采用托收方式，提单的此栏不能做成收货人指示式，因为这样的话代收行和发货人均无法控制货权；未经代收行同意的话，也不能做成代收行指示式，因为 UCP522 第 10 条规定：事先未征得银行的同意，货物不应直接运交给银行或做成银行抬头或银行指示性抬头。

3. 被通知方

3. NOTIFY PARTY：
FLAG TRADING CO.，LTD
3××，BOROUGH HIGH STREET，LONDON，
SE1 1HR，UNITED KINGDOM
TEL：+44 207 414 6236
FAX：+44 207 4146238

本栏的填法与托运单相同，应根据信用证规定填写具体的公司名称和地址，以便货物到达目的港（地）后船公司可以通知该公司过来收货。特别是在指示提单中无收货人的名称和地址，更加需要注明被通知方的信息。

（1）如果信用证中有规定，应严格按信用证规定填写。通常须填详细地址、电话、电传、传真号码等，以使船公司顺利通知。

（2）如果来证中没有具体说明哪一方为被通知人，那么应将该信用证的

开证申请人名称、地址填入提单副本的这一栏中，而正本的这一栏保持空白或填写买方亦可。副本提单必须填写被通知人，是为了方便货到后目的港代理通知联系收货人提货。

(3) 如果信用证没有规定被通知人地址，而托运人在提单被通知人栏中加注详细地址，银行可以接受，但无须审核。

相关链接

ISBP681 到货被通知人

103. 如果信用证未规定到货被通知人，则提单中的相关栏位可以空白，或以任何方式填写。

4. 前程运输由

4. Pre-carriage by *

此栏在仅采用海运的情况下，不须填写。在海运提单中，没有此栏目，只是在多式联运提单中才须填写承担第一程运输的船名。

5. 收货地

5. Place of Receipt

此栏填写承运人实际收货的地点。此栏主要为国际多式联运方式设立，在一般海运提单中，没有此栏。

6. 船名

6. Ocean Vessel Voy. No.
CHANGHE V. 38

本栏均按配舱回单填写。没有航次的船舶可不填航次。

如果货物须转运，则在此栏填写第二程船船名；如果货物不须转运，则在此栏填写第一程船的船名。是否填写第二程船船名，主要是根据信用证的要求，如果信用证并无要求，即使须转船，也不必填写第二程船名。如来证要求 In case transhipment is effected. Name and sailing date of 2nd ocean vessel calling Rotterdam must be shown on B/L（如果转船，至鹿特丹的第二程船船名，日期必须在提单上表示），只有在这种条款或类似的明确表示注明第二程船船名的条款下，才应填写第二程船船名。

相关链接

UCP600 第二十条　提单 a 款

ii. 通过以下方式表明货物已在信用证规定的装货港装上具名船只：

* 预先印就的文字，或
* 已装船批注注明货物的装运日期。

7. 装货港

7. Port of Loading GUANGZHOU

此栏填写实际装运这批货物的港口名称，与托运单的内容一致。

（1）在信用证项下，应严格按信用证规定的装运港填写。

（2）一些国外开来的信用证笼统规定装运港名称，如仅规定为“中国港口”（Chinese ports，Shipment from China to…），这种规定对受益人来说比较灵活，如果需要由附近其他港口装运时，可以由受益人自行选择。制单时应根据实际情况填写具体港口名称。若信用证规定“Your port”，受益人只能在本市港口装运，若本市没有港口，则事先须洽开证人改证。

（3）如信用证同时列明几个装运港（地），提单只填写实际装运这批货物的那一个港口名称。

（4）托收方式中的提单，本栏可按合同的装货港名称填入。

8. 转运港

8. Port of Transhipment

如须转运时，填写转运港名称，必要时加注港口所在国家名称。

相关链接

UCP600 第二十条　提单

b. 就本条而言，转运系指在信用证规定的装货港到卸货港之间的运输过程中，将货物从一船卸下并再装上另一船的行为。

c. i. 提单可以表明货物将要或可能被转运，只要全程运输由同一提单涵盖。

ii. 即使信用证禁止转运，注明将要或可能发生转运的提单仍可接受，只要其表明货物由集装箱、拖车或子船运输。

d. 提单中声明承运人保留转运权利的条款将被不予理会。

9. 卸货港

9. Port of Discharge LONDON, U. K.

(1) 除 FOB 价格条件外，目的港不能是笼统的名称，如 European main port，必须列出具体的港口名称。如国际上有重名港口，还应加国名。世界上有 170 多个港口是同名的，例如，“Newport”（纽波特）港同名的有 5 个，爱尔兰和英国各有 1 个，美国有 2 个，还有荷属安的列斯 1 个；“Portsmouth”（朴次茅斯）港也有 5 个，英国 1 个，美国 4 个；“Santa Cruz”（圣克鲁斯）港有 7 个，其中 2 个在加那利群岛（Canary Islands），2 个在亚速尔群岛（Azores Islands），另外 3 个分别在阿根廷、菲律宾和美国；而“Victoria”（维多利亚）港有 8 个，巴西、加拿大、几内亚、喀麦隆、澳大利亚和塞舌尔、马来西亚和格林纳达都有。

(2) 如果来证目的港后有 In transit to…，在 CIF 或 CFR 价格条件下，则不能照加，只能在其他空白处或唛头内加注此段文字以表示转入内陆运输的费用由买方自理。

(3) 美国一些信用证规定目的港后有 OCP 字样，应照加。OCP 即 Overland Common Points，一般叫做“内陆转运地区”，包括：North Dakota，South Dakota，Nebrasla，Colorado，New Mecico 起以东各州都属于 OCP 地区范围内。例如，San Francisco OCP，意指货到旧金山港后再转运至内陆。

San Francisco OCP Coos Bay，意指货到旧金山港后再转运至柯斯湾。新加坡一些信用证规定“Singapore PSA”，PSA 意指 Port of Singapore Authority，即要求在新加坡当局码头卸货。该码头费用低廉，但船舶拥挤，一般船只不愿意停泊在该码头，除非承运人同意。

(4) 有些信用证规定目的港后有 Free port（自由港），Free zone（自由区），提单也可照加，例如，Aden（亚丁），Aqaba（阿喀巴），Colon（科隆），Beirut（贝鲁特），Port Said（赛得港）这些目的港后应加 Free Zone，买方可凭此享受减免关税的优惠。

(5) 如信用证规定目的港为 Kobe/Negoga/Yokohama，此种表示为卖方选港，提单只打一个即可。如来证规定 Option Kobe/ Negoga/Yokohama，此种表示为买方选港，提单应按次序全部照打。

(6) 如信用证规定某港口，同时又规定具体的卸货码头，提单应照打。如到槟城目的港有三种表示：“Penang”、“Penang/Butterworth”、“Penang/Georgetown”。后两种表示并不是选港，Butterworth 和 Georgetown 都是槟港城中的一个具体的卸货码头，如果信用证中规定了具体的卸货码头，提单则要照填。

相关链接

UCP600 第二十条　提单 a 款

iii. 表明货物从信用证规定的装货港发运至卸货港。

如果提单没有表明信用证规定的装货港为装货港，或者其载有“预期的”或类似的关于装货港的限定语，则须以已装船批注表明信用证规定的装货港、发运日期以及实际船名。即使提单以事先印就的文字表明了货物已装载或装运于具名船只，本规定仍适用。

ISBP681 装货港和卸货港

98. 信用证要求的装货港名称应在提单的装货港栏中表明。如果很清楚货物是由船只从收货地运输，且有装船批注表明货物在“收货地”或类似栏名下显示的港口装载在该船上的话，也可在“收货地”或类似栏名下表明。

99. 信用证要求的卸货港名称应在提单的卸货港栏中表明。如果很清楚货物将由船只运送到最终目的地，且有批注表明卸货港就是“最终目的地”或类似栏名下显示的港口，也要在“最终目的地”或类似栏名下表明。

> 100. 如果信用证规定了装货港或卸货港的地理区域或范围（如“任一欧洲港口”），则提单必须表明实际的装货港或卸货港，而且该港口必须位于信用证规定的地理区域或范围之内。

10. 交货地

10. Place of Delivery *

本栏根据实际情况填写交货地名称，通常填写最终的目的地名称。如果货物的目的地就是目的港，空白这一栏。如果收货地与交货地都是空白，这份提单就是海运提单，而非多式联运提单。

11. 运输标志与号码、箱号与封号

11. Marks & Nos. Container/Seal No. FLAG SSC2011528 LONDON C/NO. 1—380 CBHU3202732/62468

本栏填写运输标记与号码、箱号与封号。

标志和号码，俗称唛头。唛头即为了装卸、运输及存储过程中便于识别而刷在外包装上的装运标记，是提单的一项重要内容，是提单与货物的主要联系要素，也是收货人提货的重要依据。提单上的唛头应与发票等其他单据以及实际货物保持一致，否则会给提货和结算带来困难。

(1) 如信用证上有具体规定，缮制唛头应以信用证规定的唛头为准。如果信用证上没有具体规定，则以合同为准。如果合同上也没有规定，可按买卖双方私下商定的方案或受益人自定。

(2) 唛头内的每一个字母、数字、图形、排列位置等应与信用证规定完全一致，保持原形状，不得随便错位、增减等。

(3) 散装货物没有唛头，可以表示“NO MARK”或“N/M”。裸装货物通常以不同的颜色区别，例如，钢材、钢条等刷上红色标志，提单上可以

“Red stripe”表示。

封志号是发货人装箱完毕后在集装箱箱门上加封的号码，此号码为唯一。一般在提单上显示封志号，托运单上不填。收货人提货时应检查封志号，如果集装箱上的实际封志号与提单记载的封志号相一致，并且没损坏，则表示该集装箱门未被开启。

如果货物用集装箱运输，信用证和买方一般都会要求在提单上显示“集装箱号码”。

12. 件数和包装种类

12. No. of Containers or Packages 380 CTNS

本栏填写商品外包装单位和数量。如果散装货物无件数时，可表示为“IN BULK”（散装）。包装种类一定要与信用证一致。此栏与托运单的填写相同。

一般提单上的箱数或件数不允许作任何更改，也不允许盖更正章。

13. 商品描述

13. Description of Goods VACUUM FLASK

本栏应按信用证规定的品名以及其他单据如发票品名来填写，通常只须填写货物的统称。应注意避免不必要的描述，更不能画蛇添足地增加内容。如信用证上商品是Shoes（鞋子），绝不能擅自详细描述成Men’s canvas shoes（男式帆布鞋），或Ladies’ casual shoes（女式轻便鞋）等。如果品名繁多、复杂，则银行接受品名描述用统称表示，但不得与信用证中货物的描述有抵触。如果信用证规定以法语或其他语种表示品名时，也应按其语种表示。

相关链接

ISBP681 货物描述

108. 提单上的货物描述可以使用与信用证规定不矛盾的货物统称。

14. 毛重

14. Gross Weight（Kgs） 3700.000

本栏填写该批货物的毛重（公斤，kgs）。毛重应与发票或包装单相符。如裸装货物没有毛重只有净重，应先加 Net weight 或 N. W.，再注具体的净重数量。

15. 尺码

15. Measurement（Cbm） 14.518

本栏填写货物的实际体积，一般以立方米为计量单位，小数点以下保留三位。FOB 价格条件下可免填尺码。

16. 总箱数/货物总件数

16. Total Number of containers and/or packages（in words） SAY ONE THOUSAND FIVE HUNDRED SIXTY CARTONS ONLY

本栏用英文大写字母来填写集装箱的总箱数或货物的总件数。

一般提单上的总箱数或总件数不允许做任何更改，也不允许盖更正章。

例如，"SAY SIX HUNDRED AND EIGHTY CARTONS IN TWO TEU ONLY."，680 个纸箱，装两个 20 英尺标准集装箱。

17. 运费的支付

17. Freight & Charges FREIGHT PREPAID

本栏填写"FREIGHT PREPAID"或"FREIGHT COLLECT"。

"FREIGHT PREPAID"意为运费已付或运费预付，实际上是由出口商支付运费，所以在采用 CFR 或 CIF 贸易术语成交时，一般要在此栏填写"FREIGHT PREPAID"。

"FREIGHT COLLECT"意为运费到付，实际上是由进口商支付运费，所以在采用 FOB 贸易术语时，一般要在此栏填写"FREIGHT COLLECT"。

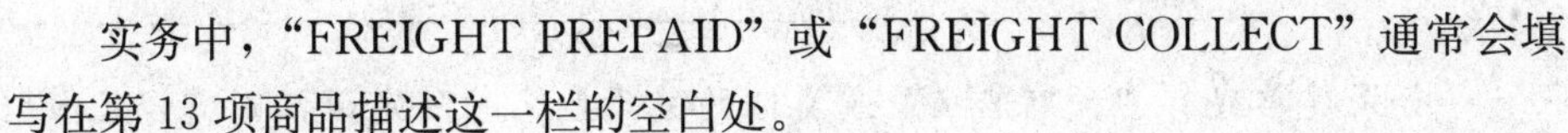

实务中，“FREIGHT PREPAID”或“FREIGHT COLLECT”通常会填写在第13项商品描述这一栏的空白处。

相关链接

ISBP681 运费和额外费用

111. 如果信用证要求提单注明运费已付或到目的地支付，则提单必须有相应的标注。

112. 申请人和开证行应明确要求单据是注明运费预付还是到付。

113. 如果信用证规定运费之外的额外费用不可接受，则提单不得显示运费之外的其他费用已产生或将要产生。此类表示可以通过明确提及额外费用或使用与货物装卸费有关的装运术语表达，例如，“装货船方免责”(Free In，FI)，“卸货船方免责”(Free Out，FO)，“装卸货船方免责”(Free In and Out，FIO)及“装卸货及堆积船方免责”(Free In and Out Stowed，FIOS)。运输单据上提到由于延迟卸货或货物卸载之后的可能产生费用如未能及时返还集装箱，不属于此处所说的额外费用。

18. 已装船批注、装船日期和装运日期

18. Laden on Board the Vessel，Date，Signature 22 JUL 2011

装运日期是指货物在装运港装船完毕的日期，而非货物开始装船或开航日期。在信用证项下，指定银行、开证行和买方通常只接受“已装船”提单，而不接受收妥备运提单。

相关链接

UCP600 第二十条　提单 a 款

ii. 通过以下方式表明货物已在信用证规定的装货港装上具名船只：

* 预先印就的文字，或

* 已装船批注注明货物的装运日期。

提单的出具日期将被视为发运日期，除非提单载有表明发运日期的已装船批注，此时已装船批注中显示的日期将被视为发运日期。

如果提单载有“预期船只”或类似的关于船名的限定语，则需以已装船批注明确发运日期以及实际船名。

ISBP681 装船批注

96. 如果提交的是预先印就“已装运于船”的提单，提单的出具日期即视为装运日，除非提单带有加注日期的单独装船批注，此时，该装船批注的日期即视为装运日，而不论该批注日期是在提单签发日期之前还是之后。

97. “已装运表面状况良好”、“已载于船”、“清洁已装船”或其他包含“已装运”（“shipped”）或“已装在船上”（“on board”）之类用语的措辞与“已装运于船”（“shipped on board”）具有同样效力。

19. 签发提单的日期和地点

签发提单的地点通常就是装运港，签发日期为“已装船”的日期。如果提单日期晚于已装船日期，只要不超过交单期和信用证的有效期，都是可以的；而如果提单签发日期早于货物实际装船的日期，必须做已装船批注，注明“已装船”的船名、航次和装船日期，并且在批注处加盖提单签发人的签字和盖章。

20. 正本提单份数

20. Number of Original B/Ls
THREE

本栏按照信用证和合同规定填写正本提单的份数。

在实务中，正本提单通常为三份。

相关链接

ISBP681 提单 全套正本

93. 适用 UCP600 第 20 条的运输单据必须注明所出具的正本的份数。注明“第一正本”、“第二正本”“第三正本”、“正本”、“第二份”、“第三份”等类似表述的运输单据都是正本。提单不一定非要注明“正本”字样才能被接受为正本。除 UCP600 第 17 条以外，在考虑有关正本和副本的问题时，ICC 银行委员会（文件 470/871（修订））标题为“确定正本单据”，在 UCP500 第 20 条（b）款项下的政策声明，可提供进一步指导，在 UCP600 中仍然有效。该政策声明的内容作为本出版物的附录，以做参考。

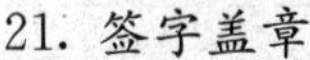

21. 签字盖章

本栏由承运人本人或其代理进行签字盖章。

常见的提单签发人和表示方法见表9-1。

表 9-1

提单签发人	表示方法	备注
由承运人或其具名代理人	×××as master	1. 承运人、船长或其代理人的任何签字必须表明其身份 2. 代理人签字必须表明其系代表承运人还是船长签字
	As agent for or on behalf of the carrier	
由船长或其具名代理人	×××as master	
	As agent for or on behalf of the master	

相关链接

UCP600 第 20 条　提单

a. 提单，无论名称如何，必须看似：

i. 表明承运人名称，并由下列人员签署：

* 承运人或其具名代理人，或者

* 船长或其具名代理人。

承运人，船长或代理人的任何签字必须表明其承运人，船长或代理人的身份。

代理人的任何签字必须表明其系代表承运人还是船长签字。

ISBP681 提单的签署

正本提单必须以UCP600第20条（a）款规定的方式进行签字，且承运人的名称必须出现在提单的表面，并表明承运人身份。

如果提单由代理人代表承运人签署，则必须表明其代理人身份，而且必须表明所代理的承运人，除非提单表面的其他地方已经表明了承运人。

如果船长签署提单，则船长的签字必须表明“船长”身份。在此情况下，不必标明船长的姓名。

如果由代理人代表船长签署提单，则必须表明其代理人身份且须注明被代理的船长姓名。

信用证规定“运输行提单可以接受”或使用了类似用语，则提单可以由运输行以运输行的身份而不必表明其为承运人或具名承运人的代理人。提单不必显示承运人的名称。

22. 不良批注

在运输实务中，如果承运人在提单上对货物的外表状况作了不良批注，比如，注明“10 bags torn”、“some dirty”等货物外表状况或包装有缺陷的条款，这份提单就成为不清洁提单（Unclean B/L，Foul B/L，Dirty B/L），而银行只接受清洁提单（Clean B/L），因此，出口商应确保向银行提交的是清洁提单。

相关链接

UCP600 第二十七条　清洁运输单据

银行只接受清洁运输单据，清洁运输单据指未载有明确宣称货物或包装有缺陷的条款或批注的运输单据。

“清洁”一词并不需要在运输单据上出现，即使信用证要求运输单据为“清洁已装船”的。

ISBP681 清洁提单

106. 载有明确声明货物及/或包装状况有缺陷的条款或批注的提单是不可接受的，未明确声明货物及/或包装状况有缺陷的条款或批注（如“包装状况可能无法满足海运航程”），不构成不符点。说明包装“是无法满足海运航程的”声明不可接受。

107. 如果提单下出现“清洁”字样，但又被删除，并不视为有不清洁批注或不清洁，除非提单载有明确声明货物或包装的缺陷的条款或批注。

23. 背书

提单的背书是仅对于指示提单 ORDER B/L 来说的，其他提单，像记名提单和不记名提单都不用背书。指示提单的背书主要有三种，当出口商拿到提单后，根据合同和信用证的规定，在提单的背面进行背书转让。

(1) 空白背书的记名指示提单（TO ORDER OF…，不注明被背书人）：托运人、收货人或进口方银行作为第一背书人将提单所有权转让给不定的其他人。

（2）空白背书的不记名指示提单（TO ORDER，不注明被背书人）：托运人作为第一背书人将提单所有权转让给不定的其他人。

（3）记名背书的记名指示提单（TO ORDER OF…，注明被背书人）：托运人、收货人或进口方银行作为第一背书人将提单所有权转让给特定的其他人。

相关链接

ISBP681 背书

102. 如果提单做成指示式抬头或做成凭托运人指示式抬头，则该提单必须经托运人背书。代理人为或代表托运人所做的背书是可以接受的。

9.3 装运通知（Shipping Advice）

在采用CFR和CIF贸易术语成交的情况下，按照《2000年国际贸易术语解释通则》的规定，发货人（出口商）在装运货物后，应立即发送装运通知给买方或其指定的人，以便买方办理保险和安排接货等事宜。如卖方未及时发送上述装船通知给买方而使其不能及时办理保险或接货，卖方就应负责赔偿买方由此而引起的一切损害及/或损失。在信用证支付方式下，若信用证有要求，则此单据也成为卖方交单议付的单证之一。

9.3.1 含义与作用

1. 含义

装运通知（Declaration of Shipment 或 Notice of Shipment），是指出口商向进口商发出货物已于某月某日或将于某月某日装运某船的通知，其内容通常包括货名、装运数量、船名、装船日期、契约或信用证号码等，这项通知大多以传真方式为之，当然也有用航邮方式的。

2. 作用

装运通知的作用主要在于方便买方投保、准备提货手续或转售；出口商作此项通知时，有时尚附上或另行寄上货运单据副本，以便进口商明了装货内容，并在货运单据正本迟到时，可及时办理担保提货（delivery against letter of guarantee）。

9.3.2 信用证中装船通知条款示例

1. ORIGINAL FAX FROM BENEFICIARY TO OUR APPLICANT EVIDENCING B/L NO.，NAME OF SHIP，SHIPMENT DATE，QUANTITY AND VALUE OF GOODS.

翻译：其要求受益人应向申请人提交正本通知一份，通知上列明提单号、船名、装运日期、货物的数量和金额。制作单据时只要按所列项目操作即可。

2. INSURANCE EFFECTED IN IRAN BY IRAN INSURANCE CO.，THE NAME OF INSURANCE CO.，AND THE POLICY NO. ×××DD.——HAVE TO BE MENTIONED ON B/L，SHIPMENT ADVICE TO BE MADE TO SAID INSURANCE CO. VIA TLX NO. ×××INDICATING POLICY NO. AND DETAILS OF SHIPMENT，A COPY OF WHICH IS TO BE ACCOMPANIED BY THE ORIGINAL DOCS.

翻译：该条款要求货物的保险由伊朗保险公司办理，在提单上应明确保险公司的名称、保单号码和出单日期，所出的装运通知则应标明保险公司名称、电传号码、保单号码和货物的详细情况，电抄副本随正本单据向银行提交。

3. SHIPMENT ADVICE WITH FULL DETAILS INCLUDING SHIPPING MARKS，CTN NUMBERS，VESSEL'S NAME，B/L NUMBER，VALUE AND QUANTITY OF GOODS MUST BE SENT ON THE DATE OF SHIPMENT TO US.

翻译：该项规定要求装运通知应列明包括运输标志、箱号、船名、提单号、货物金额和数量在内的详细情况，并在货物发运当天寄开证行。

4. BENEFICIARY MUST FAX ADVICE TO THE APPLICANT FOR THE PARTICULARS BEFORE SHIPMENT EFFECTED AND A COPY OF THE ADVICE SHOULD BE PRESENTED FOR NEGOTIATION.

翻译：根据这条规定，受益人发出的装运通知的方式是传真，发出时间是在货物装运前，传真副本作为议付单据提交。

5. INSURANCE COVERED BY OPENERS. ALL SHIPMENTS UNDER THIS CREDIT MUST BE ADVISED BY YOU IMMEDIATELY AFTER SHIPMENT DIRECT TO M/S ABC INSURANCE CO. AND TO THE OPENERS REFERRING TO COVER NOTE NO. CA364 GIVING FULL

DETAILS OF SHIPMENT. A COPY OF THIS ADVICE TO ACCOMPANY EACH SET OF DOCUMENTS.

翻译：该条款要求保险由申请人负责，货物装运后由受益人直接发通知给ABC保险公司和申请人，通知上应注明号码为CA364的暂保单，并说明货物的详细情况。每次交单都应随附该通知副本。

6. BENEFICIARY'S CERTIFIED COPY OF FAX SENT TO APPLICANT WITHIN 48 HOURS AFTER SHIPMENT INDICATING CONTRACT NO.，L/C NO.，GOODS NAME，QUANTITY，INVOICE VALUE，VESSEL'S NAME，PACKAGE/CONTAINER NO.，LOADING PORT，SHIPPING DATE AND ETA.

翻译：按这条信用证要求，受益人出具的装运通知必须签署，通知应在发货后48小时内发出，具体通知内容为合同号、信用证号、品名、数量、发票金额、船名、箱/集装箱号、装货港、装运日期和船舶预抵港时间。受益人应严格按所要求的内容缮制。

7. SHIPMENT ADVICE QUOTING THE NAME OF THE CARRYING VESSEL，DATE OF SHIPMENT，NUMBER OF PACKAGES，SHIPPING MARKS，AMOUNT，LETTER OF CREDIT NUMBER，POLICY NUMBER MUST BE SENT TO APPLICANT BY FAX，COPIES OF TRANSMITTED SHIPMENT ADVICE ACCOMPANIED BY FAX TRANSMISSION REPORT MUST ACCOMPANY THE DOCUMENTS.

翻译：表明船名、装船日期、包装号、唛头、金额、信用证号、保险单号的装船通知必须由受益人传真给开证人，装船通知和传真副本以及发送传真的电信报告必须随附议付单据提交。

8. BENEFICIARY'S CERTIFICATE CERTIFYING THAT THEY HAVE DESPATCHED THE SHIPMENT ADVICE TO APPLICANT BY FAX（FAX NO. 2838—0983）WITHIN 1 DAY AFTER B/L DATE ADVISING SHIPMENT DETAILS INCLUDING CONTRACT NO.，INVOICE VALUE，NAME OF THE VESSEL，LOADPORT，QUANTITY GOODS LOADED，B/L DATE，THE VESSEL MOVEMENT INCLUDING TIME OF ARRIVAL，TIME OF BERTHED，TIME OF START LOADING，TIME OF FINISH LOADING AND DEPARTURE TIME FROM DALIAN AND THIS CREDIT NO.

翻译：这条规定来自香港的某份信用证，其对装船通知的要求是：装运货物后一天内受益人通过传真加以通知，内容包括：合同号、发票金额、船名、装港、货物数量、提单日，包括抵达时间、靠泊时间、开始装货时间、装货完毕时间和驶离大连港的时间等船舶的航行轨迹和本信用证号码。

9.3.3 装运通知缮制实例评析

样单 9-2 装运通知

装 运 通 知

Shipping Advice

<table>
<tr><td colspan="2" rowspan="2">1. 出口商 Exporter
GUANGZHOU STARS INTERNATIONAL TRADING CO.，LTD
ZHONGSHAN ROAD NO. 3××，GUANGZHOU, P. R. CHINA</td><td colspan="2">4. 发票号 Invoice No.
SINV72619</td></tr>
<tr><td>5. 合同号 Contract No.
SSC2011528</td><td>6. 信用证号 L/C No.
TR-MHLC18</td></tr>
<tr><td colspan="2" rowspan="2">2. 进口商 Importer
FLAG TRADING CO.，LTD
3××，BOROUGH HIGH STREET，LONDON,
SE1 1HR，UNITED KINGDOM
TEL：+44 207 414 6236
FAX：+44 207 4146238</td><td colspan="2">7. 运输单证号 Transport document No.
COSC113512</td></tr>
<tr><td colspan="2">8. 价值 Value
USD 74400.00</td></tr>
<tr><td colspan="2">3. 运输事项 Transport details
3. FROM GUANGZHOU，CHINA TO LONDON，U.K. BY SEA</td><td colspan="2">9. 装运口岸和日期 Port and date of shipment
GUANGZHOU，CHINA
22 JUL 2011</td></tr>
<tr><td rowspan="2">10. 运输标志和集装箱号
Shipping marks；Container No.
FLAG
SSC2011528
LONDON
C/NO. 1－380
CBHU3202732/62468</td><td colspan="3">11. 包装类型及件数；商品编码；商品描述
Number and kind of packages；Commodity No.；Commodity description
VACUUM FLASK
380 CTNS</td></tr>
<tr><td colspan="3">12. 出口商签章
Guangzhou Stars International Trading Co.，Ltd
高正福</td></tr>
</table>

1. 出口商 Exporter

1. 出口商 Exporter
GUANGZHOU STARS INTERNATIONAL TRADING CO., LTD
ZHONGSHAN ROAD NO. 3××, GUANGZHOU, P. R. CHINA

本栏填写出口商的名称和地址。

2. 进口商 Importer

2. 进口商 Importer
FLAG TRADING CO., LTD
3××, BOROUGH HIGH STREET, LONDON, SE1 1HR, UNITED KINGDOM
TEL: +44 207 414 6236
FAX: +44 207 4146238

本栏填写进口商名称及地址。

3. 运输事项 Transport details

3. FROM GUANGZHOU, CHINA TO LONDON, U.K. BY SEA

本栏填写商业目的的运输信息。通常填入装运船名与航次，请参考“配舱通知”，须与B/L、Invoice及其他单据相同。

4. 发票号 Invoice No.

4. 发票号 Invoice No.
SINV72619

本栏填写卖方为商业发票指定的参考号，即该笔交易对应的商业发票号码。

5. 合同号 Contract No.

5. 合同号 Contract No. SSC2011528

本栏填写买卖双方所签订的合同参考号。

6. 信用证号 L/C No.

6. 信用证号 L/C No. TR-MHLC18

本栏填写买方的信用证号码，即该笔交易对应的信用证号码。

7. 运输单证号 Transport document No.

7. 运输单证号 Transport document No. COSC113512

本栏填写运输单证的号码，如提单号码。

8. 价值 Value

8. 价值 Value USD 74400.00

本栏填写货物的价值。

9. 装运口岸和日期 Port and date of shipment

9. 装运口岸和日期 Port and date of shipment GUANGZHOU, CHINA 22 JUL 2011

本栏填写装运货物的口岸（通常使用 UNLOCODE 代码表示）和日期。

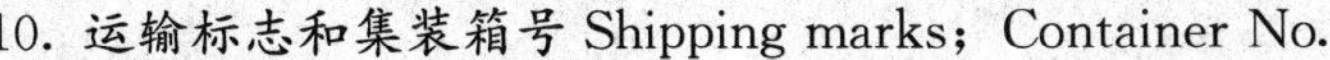
10. 运输标志和集装箱号 Shipping marks；Container No.

10. 运输标志和集装箱号
Shipping marks；Container No.

FLAG
SSC2011528
LONDON
C/NO. 1－380
CBHU3202732/62468

本栏填写标志单件包装物的标志和编号，以及出于运输目的，给一个或分别处理的几个集装箱中每一个集装箱所指定的序号。

11. 包装类型及件数，商品编码，商品描述 Number and kind of packages；Commodity No. ；Commodity description

11. 包装类型及件数，商品编码，商品描述 Number and kind of packages；Commodity No. ；Commodity description
VACUUM FLASK
380 CTNS

本栏填写商品的品名和商品外包装件数。

12. 出口商签章

12. 出口商签章
Guangzhou Stars International Trading Co. ，Ltd
高正福

本栏由出口商签字盖章。

9.4 航空运单

9.4.1 航空运单概述

1. 含义

航空货运单（Airway bill）是指托运人或者托运人委托承运人或其代理人填制的，是托运人和承运人之间为在承运人的航线上承运托运人货物所订立合同的证据，是办理货物运输的依据，是计收运费的财务票证，也是货主向银行交单结汇的文件之一。

航空运单与海运提单有很大不同，它是由承运人或其代理人签发的重要的货物运输单据，其内容对双方均具有约束力。航空运单不是物权凭证，不可转让，持有航空运单也并不能说明可以对货物要求所有权。

2. 作用

(1) 航空货运单是发货人与航空承运人之间的运输合同的证明。航空运单一经签发，便成为签署承托双方运输合同的书面证据，货运单上的记载事项及背面条款构成了双方航空货物运输合同的重要组成部分。

(2) 航空运单是承运人签发的已接收货物的证明。航空运单也是货物收据，在发货人将货物发运后，承运人或其代理人就会将其中一份正本航空运单交给发货人（即发货人联），作为已经接收货物的证明。除非另外注明，它是承运人收到货物并在良好条件下装运的证明。

(3) 航空运单是承运人据以核收运费的账单。航空运单分别记载着属于收货人负担的费用，属于应支付给承运人的费用和应支付给代理人的费用，并详细列明费用的种类。因此，可以作为各方的运费账单和发票。

(4) 航空运单是报关单证之一

出口时航空运单是国际进出口货物办理出口清关的证明文件之一。在货物到达目的地机场进行进口报关时，航空运单也通常是海关查验放行的基本单证。

(5) 航空运单同时可作为保险证书

如果承运人承办保险或发货人要求承运人代办保险，则航空运单也可用来作为保险证书。载有保险条款的航空运单又称为“红色航空运单”。

(6) 航空运单是承运人内部业务的依据。航空运单随货同行，证明了货物的身份。运单上载有有关该票货物发送、转运、交付的事项，承运人会据此对货物的运输作出相应安排。

3. 航空运单的种类

(1) 按照是否印有承运人标志来划分，可分为航空公司货运单和中性货运单。航空公司货运单是指印有航空公司标志（航徽、代码等）的航空货运单，中性货运单是指无承运人任何标志、供代理人使用的航空货运单。

(2) 按照签发人不同可以分为主运单和分运单。主运单是航空公司签发给集运商的航空运单，分运单是集运商签发给托运人的航空运单。

4. 构成

航空运单一般一式十二联。其中，正本三联，副本六联，额外副本三联。三联正本具有同等法律效力，各联用途流转见下表。

表9-2 航空运单各联用途

顺序	各联名称	英文名称	颜色	用途或流转
1	正本3	Original 3	蓝	托运人联，交托运人留底
2	正本1	Original 1	绿	财务联，开单人，即承运人留底
3	副本9	Copy 9	白	交代理人
4	正本2	Original 2	粉红	交收货人
5	副本4	Copy 4	黄	提货收据
6	副本5	Copy 5	白	交目的地机场
7	副本6	Copy 6	白	交第三承运人
8	副本7	Copy 7	白	交第二承运人
9	副本8	Copy 8	白	交第一承运人
10	额外副本10	Extra Copy 10	白	供承运人使用
11	额外副本11	Extra Copy 11	白	供承运人使用
12	额外副本12	Extra Copy 12	白	供承运人使用

9.4.2 航空运单的内容与填制规范

航空运单的正本一式三份，每份都印有背面条款，其中一份交发货人，是承运人或其代理人接收货物的依据；第二份由承运人留存，作为记账凭证；最后一份随货同行，在货物到达目的地，交付给收货人时作为核收货物的依据。

托运人托运航空货物必须填写航空货运单（Air Waybill，AWB）。航空公司承运货物必须出具航空运单。

根据《统一国际航空运输某些规则的公约》（简称《华沙公约》）第 6 条第（1）款和第（5）款规定，航空货运单应当由托运人填写，承运人根据托运人的要求填写航空货运单的，在没有相反证据的情况下，应当视为是代替委托人填写的。

在航空货运业务的操作中，各航空公司承运的货物大量是通过其代理人收运的，某些特种货物由航空公司直接收运。因为填写航空货运单必须具有一定的专业知识，同时为了方便操作和对客户提供服务，托运人以托运书（Shipper's Letter of Instructions）或委托书的形式授权航空公司或其代理人代替填写航空货运单。在这种情况下，托运人正确地、完整地填写托运书或委托书十分重要。航空公司或其代理人根据托运人的托运书或委托书代替托运人填写航空货运单。

航空运单的内容与海运提单类似也有正面、背面条款之分，不同的航空公司也会有自己独特的航空运单格式。所不同的是，航运公司的海空提单可能千差万别，但各航空公司所使用的航空运单则大多借鉴 IATA 所推荐的标准格式，差别并不大。所以我们这里只介绍这种标准格式，也称中性运单。

样单 9-3 航空运单

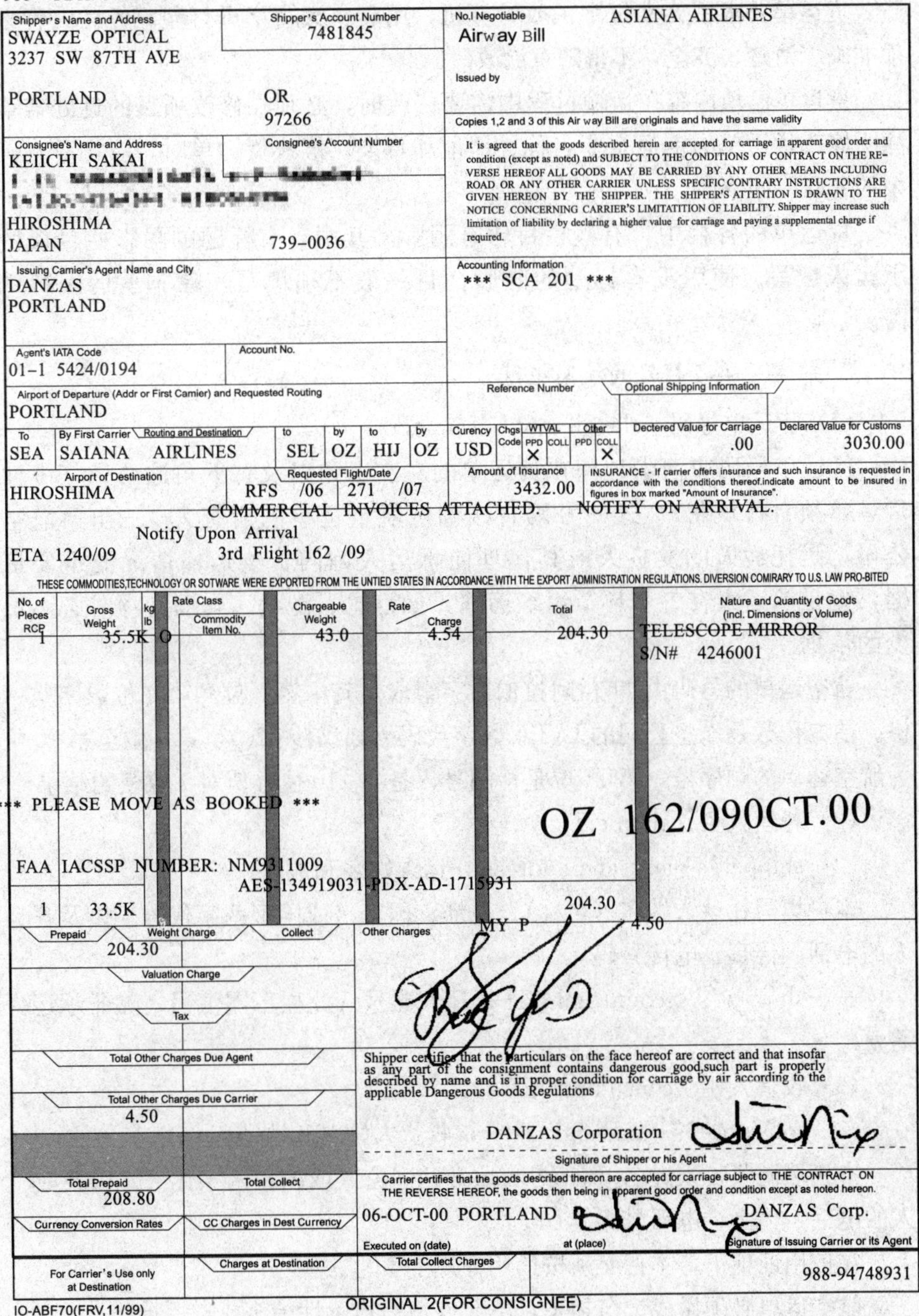

988 PDX 94748931 — 988-94748931

Shipper's Name and Address	Shipper's Account Number	Not Negotiable
SWAYZE OPTICAL 3237 SW 87TH AVE PORTLAND OR 97266	7481845	Airway Bill ASIANA AIRLINES Issued by

Copies 1,2 and 3 of this Air way Bill are originals and have the same validity

Consignee's Name and Address	Consignee's Account Number	
KEIICHI SAKAI [illegible] [illegible] HIROSHIMA JAPAN 739-0036		It is agreed that the goods described herein are accepted for carriage in apparent good order and condition (except as noted) and SUBJECT TO THE CONDITIONS OF CONTRACT ON THE REVERSE HEREOF ALL GOODS MAY BE CARRIED BY ANY OTHER MEANS INCLUDING ROAD OR ANY OTHER CARRIER UNLESS SPECIFIC CONTRARY INSTRUCTIONS ARE GIVEN HEREON BY THE SHIPPER. THE SHIPPER'S ATTENTION IS DRAWN TO THE NOTICE CONCERNING CARRIER'S LIMITATITION OF LIABILITY. Shipper may increase such limitation of liability by declaring a higher value for carriage and paying a supplemental charge if required.

Issuing Carrier's Agent Name and City	Accounting Information
DANZAS PORTLAND	*** SCA 201 ***

Agent's IATA Code	Account No.
01-1 5424/0194	

Airport of Departure (Addr or First Carrier) and Requested Routing: PORTLAND

Reference Number — Optional Shipping Information

To	By First Carrier (Routing and Destination)	to	by	to	by	Currency	Chgs Code	WT/VAL PPD	WT/VAL COLL	Other PPD	Other COLL	Declared Value for Carriage	Declared Value for Customs
SEA	SAIANA AIRLINES	SEL	OZ	HIJ	OZ	USD		X			X	.00	3030.00

Airport of Destination	Requested Flight/Date	Amount of Insurance	
HIROSHIMA	RFS /06 271 /07	3432.00	INSURANCE - If carrier offers insurance and such insurance is requested in accordance with the conditions thereof.indicate amount to be insured in figures in box marked "Amount of Insurance".

COMMERCIAL INVOICES ATTACHED. NOTIFY ON ARRIVAL.

Notify Upon Arrival

ETA 1240/09 3rd Flight 162 /09

THESE COMMODITIES,TECHNOLOGY OR SOTWARE WERE EXPORTED FROM THE UNTIED STATES IN ACCORDANCE WITH THE EXPORT ADMINISTRATION REGULATIONS. DIVERSION COMIRARY TO U.S. LAW PRO-BITED

No. of Pieces RCP	Gross Weight	kg lb	Rate Class / Commodity Item No.	Chargeable Weight	Rate / Charge	Total	Nature and Quantity of Goods (incl. Dimensions or Volume)
1	35.5K	Q		43.0	4.54	204.30	TELESCOPE MIRROR S/N# 4246001
1	33.5K					204.30	

*** PLEASE MOVE AS BOOKED ***

OZ 162/090CT.00

FAA IACSSP NUMBER: NM9311009

AES-134919031-PDX-AD-1715931

Prepaid	Weight Charge	Collect	Other Charges
204.30			MY P 4.50

Valuation Charge

Tax

Total Other Charges Due Agent

Total Other Charges Due Carrier: 4.50

Shipper certifies that the particulars on the face hereof are correct and that insofar as any part of the consignment contains dangerous good,such part is properly described by name and is in proper condition for carriage by air according to the applicable Dangerous Goods Regulations

DANZAS Corporation

Signature of Shipper or his Agent

Total Prepaid	Total Collect
208.80	

Carrier certifies that the goods described thereon are accepted for carriage subject to THE CONTRACT ON THE REVERSE HEREOF, the goods then being in apparent good order and condition except as noted hereon.

06-OCT-00 PORTLAND DANZAS Corp.

Executed on (date) — at (place) — Signature of Issuing Carrier or its Agent

Currency Conversion Rates	CC Charges in Dest Currency

For Carrier's Use only at Destination	Charges at Destination	Total Collect Charges	988-94748931

IO-ABF70(FRV,11/99)

ORIGINAL 2(FOR CONSIGNEE)

1. 填制货运单的要求

货运单要求用英文打字机或计算机，用英文大写字母打印，各栏内容必须准确、清楚、齐全，不得随意涂改。

货运单已填内容在运输过程中需要修改时，必须在修改项目的近处盖章注明修改货运单的空运企业名称、地址和日期。修改货运单时，应将所有剩余的各联一同修改。

货运单的各栏中，有些栏目印有阴影。其中，有标题的阴影栏目仅供承运人填写。使用没有标题的阴影栏目一般不须填写，除非承运人特殊需要。

2. 航空运单各栏目的填写规范

（1）货运单号码（the airway bill number）

货运单号码应清晰地印在货运单的左右上角以及右下角这两处（中性货运单须自行填制）。这一号码直接确定航空运单的所有人——出票航空公司，是托运人或发货人或其代理向承运人询问货物运输情况的重要依据，也是承运人在各个环节组织运输，如订舱、配载、查询货物时必不可少的依据。

航空运单的号码由 11 位阿拉伯数字组成。其中第 3 位和第 4 位数字空一格。前 3 位数是航空公司的 IATA 数字代码（如汉莎 020），第 4 位至第 10 位为航空运单的顺序号，第 11 位是检测号，是 4～10 位数值对 7 取模的结果。

（2）托运人栏（shipper）

——shipper's name and address 托运人姓名和地址。

本栏填写托运人姓名（名称）、地址、国家（或国家两字代号）以及托运人的电话、传真、电传号码。

——shipper's account number 托运人账号（此栏不需填写，除非承运人需要）。

（3）收货人栏（consignee）

——consignee's name and address 收货人姓名和地址。

本栏填制收货人姓名（名称）、地址、国家（或国家两字代号）以及收货人的电话、传真、电话号码。

在信用证项下，本栏必须按信用证规定填写。

航空运单必须做成记名抬头，不允许填写指示性抬头或空白抬头。

相关链接

ISBP681 收货人、指示方和到货被通知人

143. 空运单据不是物权凭证，因此，不应做成“凭指示”式或“凭某具名人指示”式抬头。即使信用证要求空运单据做成“凭指示”式或“凭某具名人指示”式抬头，如提交的单据表明收货人为该具名人，则即使该单据没有做成“凭指示”式或“凭某具名人指示”式抬头，也可接受。

144. 如果信用证未规定到货被通知人，则空运单上的相关栏位可以空白，或以任何方式填。

（4）货运单的代理人栏

——issuing carrier agent name & city

本栏填写填开货运单的代理人的名称和所在城市。

（5）货运单代理人的IATA代码

——agent's IATA code

本栏填写填开货运代理人的IATA代码，规定填写“代理人代码/城市代码”。例如，由上海锦海捷亚货运代理公司填开货运单，填写“JHJ/SHA”。

（6）始发站

——airport of departure

与航空托运单相应栏目填法相同。

本栏填写始发站机场的IATA三字代号（如果始发站机场名称不明确，可填制机场所在城市的IATA三字代号）。

填写具体起飞机场的名称或代码，或起飞机场所在地城市名称。如信用证规定“From Shanghai，China”，在空运单始发站填写：SHANGHAI PUDONG INTERNATIONAL或PVG或SHANGHAI。

（7）目的港

——airport of destination

与航空托运单相应栏目填法相同。

相关链接

ISBP681 出发地机场和目的地机场

141. 空运单据必须标明信用证要求的出发地机场和目的地机场。用IATA

代码而非机场全称（例如用 LHR 来代替伦敦西思罗机场）表明机场名称不是不符点。

142. 如果信用证规定了出发地机场及/或目的地机场的地理区域或范围（如“任一欧洲机场”），则空运单必须注明实际的出发地机场及/或目的地机场，而且该机场必须位于规定的地理区域或范围内。

（8）第一承运人

——by first carrier

本栏由航空公司安排舱位后使用。一般填写第一程航班号。如填写“MU501”表示第一程由中国东方航空公司 MU501 航班承运。

（9）转运

——To/By

本栏由航空公司安排舱位后使用。一般填写续程航班、日期、中转港。

相关链接

UCP600 第二十三条　空运单据

b. 就本条而言，转运是指在信用证规定的起飞机场到目的地机场的运输过程中，将货物从一飞机卸下再装上另一飞机的行为。

c. i. 空运单据可以注明货物将要或可能转运，只要全程运输由同一空运单据涵盖。

ii. 即使信用证禁止转运，注明将要或可能发生转运的空运单据仍可接受。

（10）财务说明

——accounting information

本栏填制有关财务说明事项。一般填写内容如下：

1）付款方式：现金（cash）、支票（check）、旅费证（MCO）等；

2）用旅费证付款时，还须填上 MCO 号码、旅客客票号码、航班、日期等；

3）货到目的地无法交付而被退运时，将原运单号填在新运单的本栏中；

4）货物飞离后运费更改，将更改通知单单号（CCA NO.）填在本栏中；

5）运费支付方式：预付（freight prepaid）或到付（freight collect）。

代理人不接受托运人使用 MCO 作为付款方式。

(11) 货币

——currency

本栏填写始发站所在国家的货币 ISO 代码（ISO：国际标准化组织）。例如，CNY—人民币，USD—美元，JPY—日元。

(12) 运费代码

——charges code

本栏一般不需要填写，仅供电子传送货运单信息时用。

(13) 运费

——WR/VAL

与航空托运单相应栏目填法相同。

(14) 杂费

——other

与航空托运单相应栏目填法相同。

(15) 供运输用声明价值

——declared value for carriage

与航空托运单相应栏目填法相同。

(16) 供海关用申明价值

——declared value for customs

与航空托运单相应栏目填法相同。

(17) 要求航班日期

——requested flight date

本栏由航空公司安排舱位后使用。填写承运人已确认的航班日期，如有续程，填写确认续程航班日期。

相关链接

UCP600 第二十三条　空运单据

ii. 表明货物已被收妥待运。

iii. 表明出具日期。该日期将被视为发运日期，除非空运单据载有专门批注注明实际发运日期，此时批注中的日期将被视为发运日期。

空运单据中其他与航班号和航班日期相关的信息将不被用来确定发运日期。

(18) 处理事项

——handling information

本栏一般填写内容如下：

1) 若是危险品，有两种情况：需要附托运人危险品申报单时，本栏显示“Dangerous Goods per Attached Shipper’s Declaration”的字样；不需要附托运人危险品申报单时，本栏显示“Shipper Declaration Not Required”的字样。填写除收货人以外另行通知人的名称、地址、国家、电话、传真号码等。

2) 若货运单有随机文件，本栏显示随机文件名称。例如，“Attached Files Including Commercial Invoice，Packing List and Form A”。

3) 本栏目可用于显示货物上的标志、号码、包装方法等。

4) 若货物需要特殊处理，可在此栏显示。如填写 DDU（未完税交付），或 DDP（完税交付）。

5) 填写海关规定的其他事项。

(19) 保险价值

——amount of insurance

承运人为托运人代办货物保险时，此栏打上货物的投保金额，若承运人不代办货物保险时，本栏显示“×××”或“NIL”字样。中国民航不代办国际货物运输保险。

(20) 海关信息

——SCI－

本栏填写海关信息。一般此栏仅在欧盟国家之间运输货物时使用。

(21) 件数和包装方式

——No. of pieces

与航空托运单相应栏目填法相同。

(22) 毛重

——gross weight

与航空托运单相应栏目填法相同。

(23) 运价种类

——rate class

与航空托运单相应栏目填法相同。

(24) 商品品名代号

——commodity item No.

1）在使用指定商品运价时，显示指定商品品名代号。例如，水果蔬菜，显示“0007”。

2）在使用等级货物运价时，显示附加或附减的比率。例如，书报等减 67%，显示“N67”。

3）如果是集装箱货物，显示集装箱货物运价等级。

（25）计费重量

——chargeable weight

与航空托运单相应栏目填法相同。

（26）费率

——rate

本栏与航空托运单相应栏目填法相同。

（27）航空运费

——air freight charge

本栏填写根据货物运价费率和货物计费重量计算得出的航空运费金额。

（28）货物品名和数量

——nature & quantity of goods incl. dimensions of volume

本栏与航空托运单相应栏目填法相同。

（29）签单日期

——executed on date

填写出具空运单据的日期，按年、月、日顺序填写。

相关链接

ISBP681 货物收妥待运、装运日期与对实际发运日期的要求

139. 空运单据必须表明货物已收妥待运。

140. 空运单据的签发日期被认为是发运日期，除非单据上显示了单独的发运日期，在此种情况下，标记的日期将被认为是发运日期。空运单据上的其他与航班号、日期相关的信息不被用来确定发运日期。

例如，信用证规定的最迟发运日是 2009 年 12 月 30 日，而空运单的签发日是 12 月 31 日，但标注注明实际航班号日期为：MU501/30 December，这张空运单发运日将被视为 12 月 30 日。

（30）签单地点

——executed at place

填写填开货运单的地点。

(31) 承运人或其代理人签字、盖章

相关链接

UCP600 第 23 条　空运单据

a. 空运单据，无论名称如何，必须看似：

i. 表明承运人名称，并由以下人员签署：

* 承运人，或
* 承运人的具名代理人。

承运人或其代理人的任何签字必须表明其承运人或代理人的身份。

代理人签字必须表明其系代表承运人签字。

ISBP681 空运单据的签署

137. 正本空运单据必须以 UCP600 第 23 条 (a) 款 (i) 项规定的方式签署，且承运人的名称必须出现在空运单据上，并表明承运人身份。如果由代理人代表承运人签署空运单据，则必须表明其代理人身份，且必须注明被代理的承运人，除非空运单据的其他地方也注明了承运人。

138. 如果信用证规定“航空分运单可以接受”或“运输行航空运单可接受”或类似用语，则空运单据可由运输行以运输行的身份签署，而无须表明其为承运人或具名承运人的代理，无须表明承运人名称。

(32) 单据名称

——title

相关链接

ISBP681　空运单据

UCP600 第 23 条的适用

134. 如果信用证要求提交机场到机场运输单据，则适用 UCP600 第 23 条。

135. 如果信用证要求提交“航空运单”或“航空发货通知书”等类似单据，则适用 UCP600 第 23 条，只要空运单据覆盖了机场到机场的运输，不一定非要使用上述或类似用语才符合第 23 条的要求。

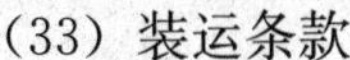

（33）装运条款

——shipment terms

空运单表面必须表明“货物已被收妥待运”（The goods have been accepted for carriage）的字样。

9.5　其他运输单据

9.5.1　国际多式联运单据

1. 含义

多式联运单据（Multimodel Transport Document）是指运用至少两种不同运输方式，由多式联运经营人或其具名代理人签发的，用于证明多式联运合同，货物已由多式联运经营人接收并承运，以及多式联运经营人据以保证交付货物的运输单据。

2. 性质

多式联运单据有两种性质：可流通性和不可流通性。

（1）可流通的多式联运单据是指联运中至少有一程是海运的联运单据，并可凭此作为提货依据。其作用与海运提单一样，是证明经营人已经从发货人手中接管并占有了该联运单据上记载的货物的收据，是运输合同的证明。在单据制成指示抬头或不记名抬头时，可作为物权凭证，经有效背书后可以转让。这种多式联运单据通常称为多式联运提单。

（2）不可流通的多式联运单据只是货物收据和运输契约的证明，但是单据不能背书转让，不是物权凭证。

3. 多式联运单据种类

（1）多式联运单据

在目前没有可适用的国际公约的情况下，多式联运单据的使用还未达到统一规则认可的程度。目前，被国际商会认可的多式联运单据有“波罗的海国际航运公会的联运单据”和“FIATA 联运单据”。多式联运经营人自行制定的联运单据有联运统一规则的可以采用，但未被国际公认。

(2) 多式联运提单

1) 常见的多式联运提单

表 9-3

分类方法	中文名称	英文名称	特征
按可否转让分	可转让多式联运提单	Negotiable Combined B/L	可转让
	不可转让多式联运提单	Non-Negotiable Combined B/L	不可转让
按收货人分	记名多式联运提单	Named Combined B/L	不可转让
	不记名多式联运提单	Un-named Combined B/L	无须背书可转让
	指示多式联运提单	Order Combined B/L	背书转让

2) 多式联运提单正面与海运提单的区别

多式联运提单形式中至少有一种运输方式是海运。在作为海运提单使用时，一般在提单上加注已装船批注，旁边显示“实际船名”和“装运日”。

多式联运提单中承运人的责任是从接收货物起至交付货物时止。因此，多式联运单据正面表述有“货物收讫”字样，并显示了“实际接货地点”和“实际交货地点”，但一般提单上仅显示装运港和卸货港。

3. 多式联运单据签发的时间和地点

多式联运单据一般是在多式联运经营人收到货物后签发的。经营人接受货物的地点一般是：集装箱码头、内陆港堆场、工厂或仓库、集装箱货运站等。收货地点不同，经营人签发的地点、时间也不同，承担的责任也不同。

4. 多式联运提单的内容与缮制见提单

9.5.2 快递收据、邮递收据或投递证明

快递收据（Courier Receipt）是由快递公司出具表明货物收讫待运的收据凭证。它的证明内容相当于空运分单，而且增加了收货人签收栏，是一种简单的买卖双方对物品交货和收货的凭据。

邮递收据或投递证明（Post Receipt or Certificate of Posting）是由邮政机构出具，表明货物已收讫待运的收据凭证。也是一种简单的买卖双方对物品交货和收货的凭据。

思考与实训

分析第二章课后的思考与实训题中的售货确认书和信用证，找出并翻译合同的装运条款和信用证中提单条款，填制海运提单。

第10章 货款结算与收汇单证

关键术语

汇款　电汇　托收　付款交单　即期付款交单　远期付款交单　承兑交单　议付信用证　交单结汇　收汇单证　汇票

学习目标

- 应知汇款的含义、性质和类型
- 应知电汇、托收和信用证的业务流程
- 应知各种结算方式对单据的要求
- 应会缮制各种收汇单证

在国际贸易中，常用的基本结算方式主要有汇款、托收和信用证这三种。无论采取何种结算方式，出口商在发运货物后，都应该认真地备妥相关单据向有关方（进口商或指定银行）提交，以履行自己的义务，顺利地收取货款。当然，不同商品、不同的结算方式、不同的合同或信用证规定，要求提交的单据往往不尽相同。而对于进口商来说，则应在合同规定的期限内，审核单据，办理相关手续支付货款和提取货物。

10.1　汇款

在国际贸易中，汇款（主要是电汇）作为国际结算的主要工具，使用越

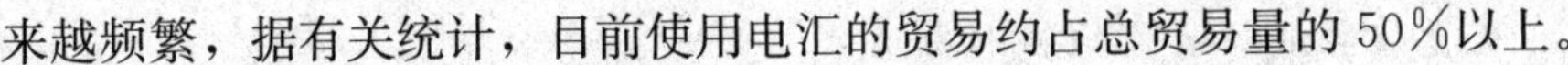

来越频繁，据有关统计，目前使用电汇的贸易约占总贸易量的50%以上。

10.1.1 汇款的含义与类型

汇款（Remittance）也称汇付，是指付款人（进口商）通过银行将货款汇交收款人的一种结算方式。它实质上是进出口双方利用银行间的资金划拨渠道，将进口商的资金付给出口商，以完成进出口双方之间债权债务的清偿。

在汇款业务中，业务的发生需要由进口商主动将款项和汇款申请书一起交汇出行，汇出行和汇入行在其中仅仅提供服务而已。而货和款是否能顺利实现对流，完全取决于进出口双方的信用。因此，汇付是一种商业信用。

在国际结算中，常见的汇款方式有三种：使用电信方式通知的电汇（T/T）、航空信件方式通知的信汇（M/T）和票据方式通知的票汇（D/D），其中最常用的是电汇。

10.1.2 电汇的业务流程

电汇（Telegraphic Transfer，简称T/T），是指汇款人（进口商）将款项和电汇申请书交给所在地银行（汇出行），请汇出行以电报、电传或SWIFT方式通知出口商所在地的往来行（汇入行）解付一定金额的款项给收款人（出口商）的方式。

在国际贸易中，按照进口商汇款的时点不同，汇款主要有预付货款（Payment In Advance）和货到付款这两种结算方式。预付货款是指在进出口双方签订合同后，先由进口商在规定期限内付款，出口商在收到货款后才发货。根据预付货款的金额，预付货款可分为全部预付和部分预付。而货到付款正好相反，它是指在进出口双方签订合同后，先由出口商发运货物，进口商在收到货物或单据后立即在约定的某一时间付款的结算方式。这种方式也称为“赊账交易”或“赊销”（Open Account Transaction，简称O/A）。由于电汇效率较高，成本也日渐低廉，目前，汇款业务绝大部分都是使用电汇这一方式。

如果将进口商作为汇款人办理电汇申请的时间与交货时间联系起来，可以将电汇细分为交货前电汇、交货时电汇和交货后电汇。交货前电汇付款俗称“前T/T”，交货后电汇付款俗称“后T/T”，而交货时电汇付款，即进口商在收到提单传真件（Fax of B/L）后电汇货款，一般也俗称为“前T/T”。

下面我们对这三种电汇方式的业务流程逐一介绍：

1. 交货前电汇（前 T/T）付款方式

(1) 经过交易磋商，进出口双方在合同中约定采用交货前电汇付款的方式结算。

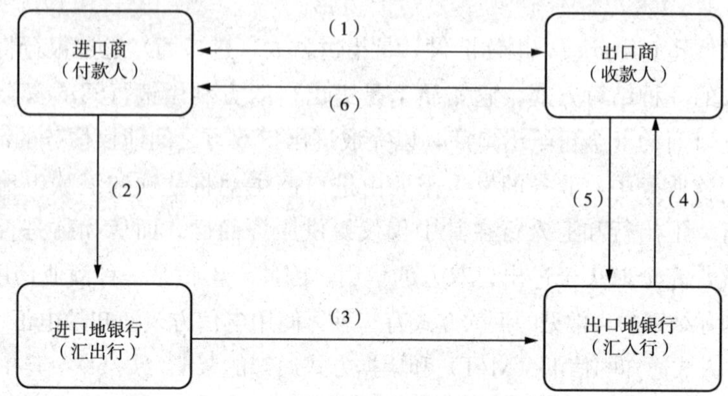

图 10-1　交货前电汇业务流程

(2) 在合同规定的期限内，进口商填写电汇申请单向进口地银行申请电汇。

(3) 进口地银行（汇出行）通过电报/电传/SWIFT 方式向出口地银行（汇入行）发出付款指示。

(4) 汇入行通知出口商汇款到账。

(5) 出口商向汇入行提供出口核销单号码，并及时填写国际收支申报单后交给汇入行录入有关国际收支申报系统。

(6) 出口商办理出口手续，向进口商发运货物后，将海运提单及其他有关单据径直寄给进口商，进口商拿到单据后，办理进口手续，凭提单换取提货单向承运人提货。

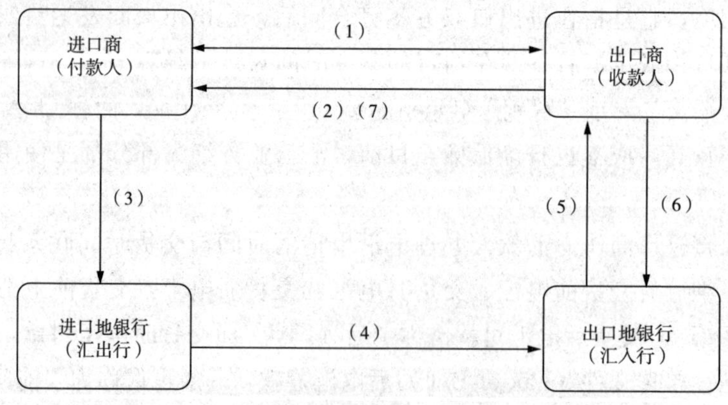

图 10-2　交货时电汇业务流程

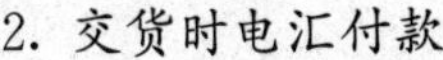

2. 交货时电汇付款

(1) 进出口双方在合同中约定采用交货时电汇付款的方式结算。

(2) 出口商办理出口手续，发运货物后，将正本提单通过传真或电子邮件方式发送给进口商。

(3) 进口商收到提单，确认无误后，向进口地银行申请电汇。

(4) 进口地银行（汇出行）通过电报、电传或 SWIFT 等方式向出口地银行（汇入行）发出付款指示。

(5) 出口地银行（汇入行）通知出口商汇款到账。

(6) 出口商向汇入行提供出口核销单号码，并及时填写国际收支申报单后交给汇入行录入有关国际收支申报系统。

(7) 出口商将海运提单及其他有关单据径直寄给进口商，进口商收到单据后办理进口手续，凭提单换取提货单向承运人提货。

3. 交货后电汇付款

(1) 进出口双方在合同中约定采用交货后电汇付款的方式结算。

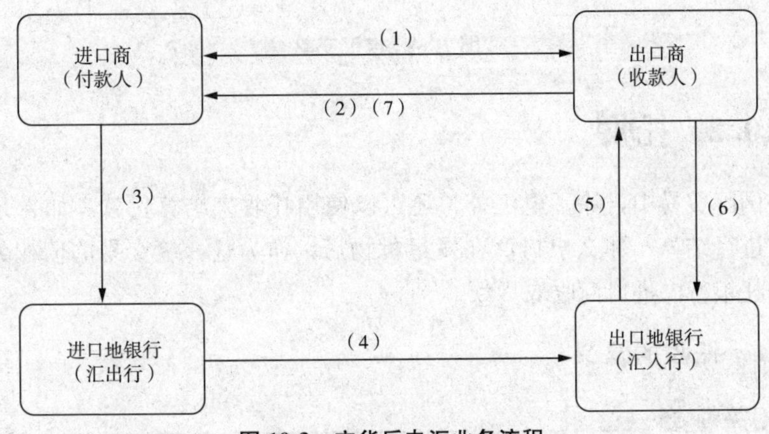

图 10-3　交货后电汇业务流程

(2) 出口商办理出口手续，发运货物后，将海运提单及其他有关单据径直寄给进口商，进口商收到提单后，办理进口手续，换取提货单提货。

(3) 在合同规定期限内，进口商向进口地银行（汇出行）申请电汇。

(4) 进口地银行通过电报、电传或 SWIFT 等方式向出口地银行（汇入行）发出付款。

(5) 出口地银行（汇入行）通知出口商汇款到账。

(6) 出口商向汇入行提供出口核销单号码，并及时填写国际收支申报单后交给汇入行录入有关国际收支申报系统。

从以上业务流程中可以看出，这三种电汇方式的区别在于进口商办理电汇手续的时间（或条件）不同，交货前电汇是在出口商交货前就由进口商电汇款项给出口商，交货时电汇是在进口商收到提单传真件确认无误后进行电汇，这两种方式通常都称为“前 T/T”，实际上是进口商先预付货款，后收货，对进口商不利，主要由进口商承担这笔交易的结算风险。相对而言，交货时电汇比交货前电汇更有利。交货后电汇付款正好相反，对进口商有利，而对出口商不利，出口商可能会“货款两空”。

10.1.3 审单与交单

在电汇业务流程中，不管进口商是在何时通过银行汇款，出口商在发运货物后，还是需要根据合同备妥单据向进口商寄交单据。当然，相对于信用证而言，进口商对出口商交来的单据的要求不是特别严格，只要能满足合同规定、进口商办理进口清关和会计记账的要求即可。

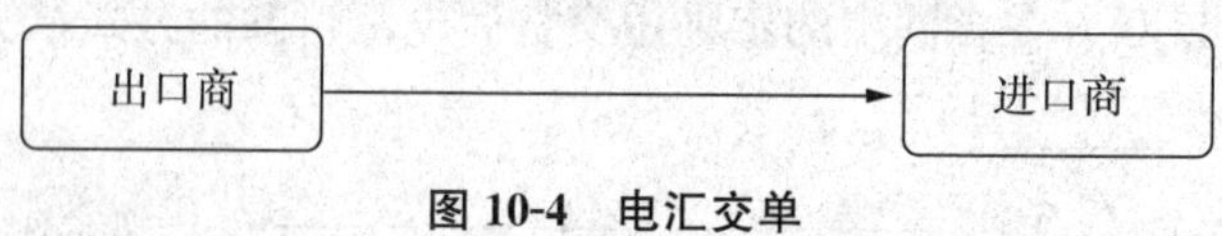

图 10-4 电汇交单

10.2 托收

在国际贸易中，除了电汇外，还可以使用托收来结算货款。如果采用托收方式进行结算，那么出口商在发运货物后，作为这一笔交易的债权人，其可以委托银行向进口商收取货款。

10.2.1 托收的含义

相关链接

《托收统一规则》（国际商会第 522 号出版物）URC522 第 2 条

就本惯例条文而言，“托收”意指银行根据所收到的指示处理金融单据/或商业单据，以便取得付款和/或承兑，或者凭付款和/或承兑交付单据，或者按其条款和条件交单。

根据以上含义，贸易中的托收简单说就是出口商作为债权人委托银行凭单据向进口商收取货款。

10.2.2　托收的类型及其业务流程

按照代收行向付款人（进口商）交单的前提条件不同，可以将托收分为付款交单和承兑交单。

付款交单（Documents against Payment，D/P）指出口商在委托银行收款时，指示银行只有在付款人（进口商）付清货款时，才能向其交出货运单据，即交单以付款为条件，称为付款交单。

按付款时间的不同，付款交单又可分为即期付款交单和远期付款交单。

即期付款交单（Documents against Payment at sight，D/P at sight），是出口商按合同规定日期发货后，开具即期商业汇票（或不开汇票）连同全套货运单据，委托银行向进口商提示，进口商见票（和单据）后立即付款。银行在其付清货款后交出货运单据。

远期付款交单（Documents against Payment after sight，D/P after sight）。是代收行在收到托收行的单据和托收委托书后立即直接或通过提示行向付款人提示有关单据，付款人审核单据并决定接受或拒绝接受单据，如付款人接受，付款人必须立即向代收行确定付款日期，到期付款人付款后才能从代收行取得单据。

承兑交单（Documents against Acceptance，D/A）是指出口商发运货物后开具远期商业汇票，连同货运单据委托银行（托收行）办理托收，并明确指示银行，进口商在汇票上承兑后即可领取全套货运单据，待汇票到期日再付清货款。

1. 付款交单的业务流程

（1）即期付款交单

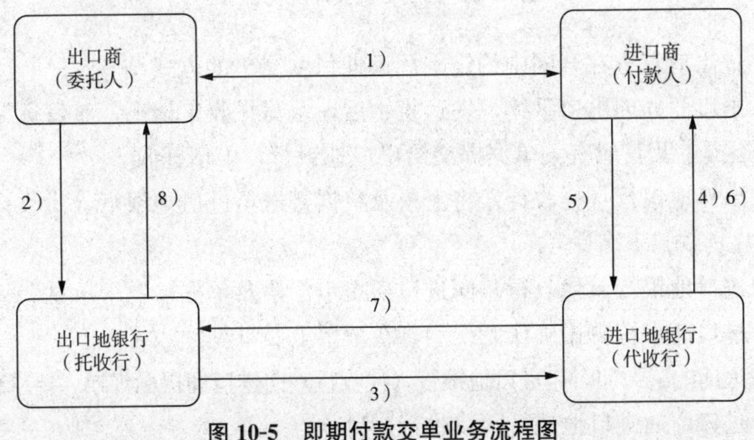

图 10-5　即期付款交单业务流程图

1）进出口双方在合同中约定采用即期付款交单的方式结算。

2）出口商办理出口手续，发运货物后，将托收申请书、即期汇票、海运提单及其他有关单据提交给出口地银行，申请托收。

3）出口地银行（托收行）将汇票及单据寄送至进口地银行（代收行），委托其代收货款。

4）进口地银行（代收行）向进口商提示汇票及单据，要求付款。

5）进口商审核单据确认无误后，向进口地银行（代收行）付款。

6）进口地银行（代收行）向进口商交单，进口商收单后，办理进口手续，换取提货单提货。

7）进口地银行（代收行）向出口地银行（托收行）转交货款。

8）出口地银行（托收行）向出口商转交货款。

（2）远期付款交单

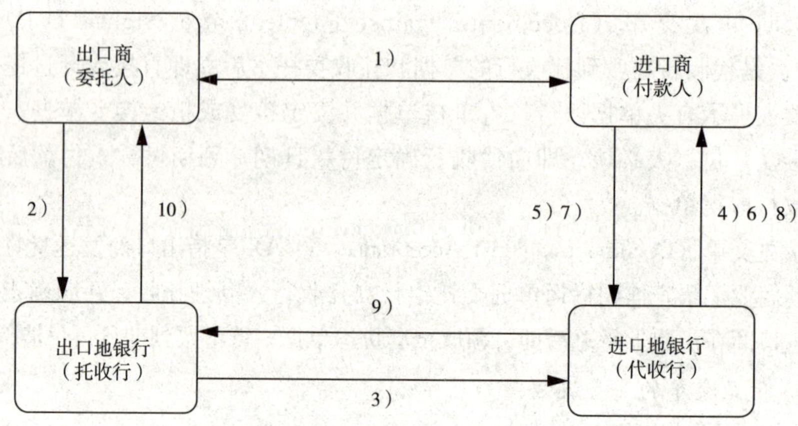

图 10-6　远期付款交单业务流程

1）进出口双方在合同中约定采用远期付款交单的方式结算。

2）出口商办理出口手续，发运货物后，填写托收申请书，签发远期汇票，连同海运提单及其他有关单据提交给出口地银行，申请托收。

3）出口地银行（托收行）将汇票及单据寄送至进口地银行（代收行），委托其代收货款。

4）进口地银行（代收行）向进口商提示汇票及单据，要求承兑。

5）进口商审核单据确认无误后，在汇票上做承兑。

6）远期汇票到期时，进口地银行（代收行）向进口商提示汇票，要求付款。

7）进口商向进口地银行（代收行）付款。

8）进口地银行（代收行）向进口商交单，进口商收单后，办理进口手续，换取提货单提货。

9）进口地银行（代收行）向出口地银行（托收行）转交货款。

10）出口地银行（托收行）向出口商转交货款。

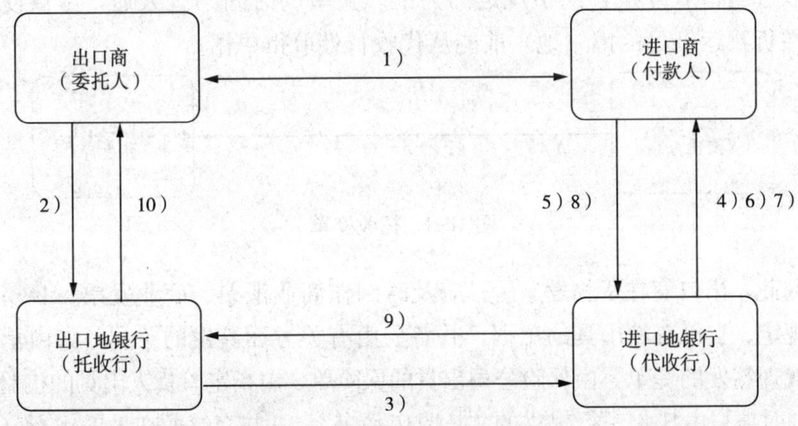

图10-7 承兑交单业务流程

2. 承兑交单的业务流程

(1) 进出口双方在合同中约定采用承兑交单的方式结算。

(2) 出口商办理出口手续，发运货物后，填写托收申请书，签发远期汇票，连同海运提单及其他有关单据提交给出口地银行，申请托收。

(3) 出口地银行（托收行）将汇票及单据寄送至进口地银行（代收行），委托其代收货款。

(4) 进口地银行（代收行）向进口商提示汇票及单据，要求承兑。

(5) 进口商审核单据确认无误后，在汇票上做承兑。

(6) 进口地银行（代收行）向进口商交单，进口商收单后，办理进口手续，换取提货单提货。

(7) 远期汇票到期时，进口地银行（代收行）向进口商提示汇票，要求付款。

(8) 进口商向进口地银行（代收行）付款。

(9) 进口地银行（代收行）向出口地银行（托收行）转交货款。

(10) 出口地银行（托收行）向出口商转交货款。

由于托收是一种商业信用的结算方式，代收行能否从进口商那里收到货款，取决于进口商的意愿，所以出口商应严格按照合同条款规定履行义务，并依合同条款和托收指示制作和准备单据，避免进口商有理由或借口拒绝付款。

10.2.3 托收方式下的交单

采用托收方式进行交单结算，无论是采用付款交单（D/P），还是采用承兑交单（D/A），在单据种类、单据的内容、交单时间方面没有强制性的规定，以进出口双方在合同中规定的为准。交单的时间不宜太迟，尽量使得进口商在货物运抵目的港（地）前能从代收行处取得单据。

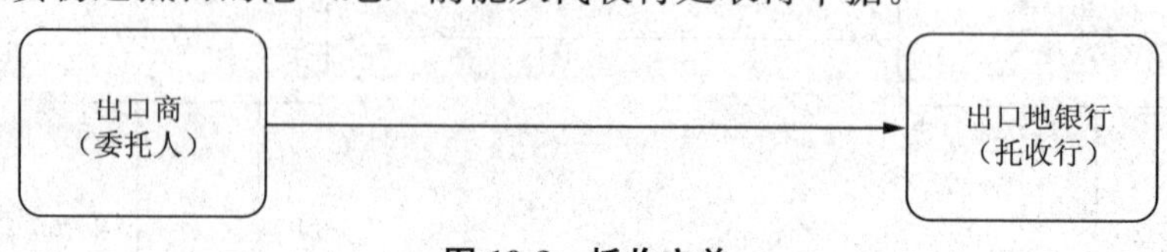

图 10-8 托收交单

因此，出口商在货物发运后，应及时制作商业汇票、商业发票、装箱单等合同规定、自己有权出具的单据，并备妥由有关方面签发的单据，如由承运人及其代理签发的提单，由保险公司出具的保险单，由指定验货人出具的检验证明等。同时填写由托收银行提供的“托收申请书”，一并交给所在地的银行（托收行）办理托收申请，委托托收行通过进口地银行（代收行）向进口商收取货款。

10.3 信用证项下的交单结汇

信用证项下的交单是指出口商作为信用证受益人在规定时间内向开证行或指定银行提交信用证规定的全套单据的行为。这些单据经银行审核，如相符交单，根据信用证条款不同付汇方式，由银行办理结汇。

相关链接

UCP600 第二条　定义

银行工作日指银行在其履行受本惯例约束的行为的地点通常开业的一天。

交单指向开证行或指定银行提交信用证项下单据的行为，或指按此方式提交的单据。

交单人指实施交单行为的受益人、银行或其他人。

相符交单指与信用证条款、本惯例的相关适用条款以及国际标准银行实务一致的交单。

指定银行指信用证可在其处兑用的银行，如信用证可在任一银行兑用，则任何银行均为指定银行。

10.3.1　审核单据

在跟单信用证业务中，作为受益人向指定银行提交单据对于出口商来说是非常重要的。出口商必须做到“相符提示”，才能够从指定银行那里收到货款。因此，出口商在交付单据之前应依据信用证条款、UCP600 和 SBP681，认真地制作和核对相关的单据和信用证，备妥单据。

相关链接

UCP600 第十四条　单据审核标准

a. 按指定行事的指定银行、保兑行（如有的话）及开证行须审核交单，并仅基于单据本身确定其是否在表面上构成相符交单。

b. 按指定行事的指定银行、保兑行（如有的话）及开证行须从交单次日起至多五个银行工作日内用以确定交单是否相符。这一期限不因在交单日当天或之后信用证截止日或最迟交单日届至而受到缩减或影响。

c. 如果单据中包含一份或多份受第十九、二十、二十一、二十二、二十三、二十四或二十五条规制的正本运输单据，则须由受益人或其代表在不迟于本惯例所指的发运日之后的二十一个日历日内交单，但是在任何情况下都不得迟于信用证的截止日。

d. 单据中的数据，在与信用证、单据本身以及国际标准银行实务参照解读时，无须与该单据本身中的数据、其他要求的单据或信用证中的数据等同一致，但不得矛盾。

e. 除商业发票外，其他单据中的货物、服务或履约行为的描述，如果有的话，可使用与信用证中的描述不矛盾的概括性用语。

f. 如果信用证要求提交运输单据、保险单据或者商业发票之外的单据，却未规定出单人或其数据内容，则只要提交的单据内容看似满足所要求单据的功能，而且其他方面符合第十四条 d 款，银行将接受该单据。

g. 提交的非信用证所要求的单据将被不予理会，并可被退还给交单人。

h. 如果信用证含有一项条件，但未规定用以表明该条件得到满足的单据，银行将视为未作规定并不予以理会。

i. 单据日期可以早于信用证的开立日期，但不得晚于交单日期。

j. 当受益人和申请人的地址出现在任何规定的单据中时，无须与信用证或其他规定单据中所载相同，但必须与信用证中规定的相应地址同在一国。联络细节（传真、电话、电子邮件及类似细节）作为受益人和申请人地址的一部分时将被不予理会。然而，如果申请人的地址和联络细节为第十九、二十、二十一、二十二、二十三、二十四或二十五条规定的运输单据上的收货人或通知方细节的一部分时，应与信用证规定的相同。

k. 在任何单据中注明的托运人或发货人无须为信用证的受益人。

l. 运输单据可以由任何人出具，无须为承运人、船东、船长或租船人，只要其符合第十九、二十、二十一、二十二、二十三或二十四条的要求。

1. 单证审核的基本要求

(1) 及时性。

及时审核有关单据可以对一些单据上的差错做到及时发现，及时更正，有效地避免因审核不及时造成的各项工作的被动。

(2) 全面性。

应当从安全收汇和全面履行合同的高度来重视单据的审核工作，一方面，应对照信用证和合同认真审核每一份单证，不放过任何一个不符点；另一方面，要善于处理所发现的问题，加强与各有关部门的联系和衔接，使发现的问题得到及时、妥善的处理。

按照UCP600“相符提示”的要求，做到“单单相符，单证相符”。单单相符、单证相符是安全收汇的前提和基础，所提交的单据中存在的任何不符哪怕是细小的差错都可能造成一些难以挽回的损失。

2. 单证审核的基本方法

单证审核的方法概括起来有以下几种：

(1) 纵向审核法：是指以信用证或合同（在非信用证付款条件下）为基础对规定的各项单据进行一一审核，要求有关单据的内容严格符合信用证的规定。

(2) 横向审核法：在纵向审核的基础上，以商业发票为中心审核其他规定的单据，使有关的内容相互一致，做到“单单相符”。

上述审核一般由制单员或审单员进行，为第一道审核；为安全起见，应

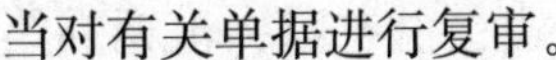

当对有关单据进行复审。

3. 单证审核的重点

(1) 综合审核的要点

1) 检查规定的单证是否齐全，包括所需单证的份数；

2) 检查所提供的文件名称和类型是否符合要求；

3) 有些单证是否按规定进行了认证；

4) 单证之间的货物描述、数量、金额、重量、体积、运输标志等是否一致；

5) 单证出具或提交的日期是否符合要求。

(2) 分类审核的要点

1) 商业发票

抬头人必须符合信用证规定；

签发人必须是受益人；

商品的描述必须完全符合信用证的要求；

商品的数量必须符合信用证的规定；

单价和价格条件必须符合信用证的规定；

提交的正副本份数必须符合信用证的要求；

信用证要求表明和证明的内容不得有遗漏；

发票的金额不得超出信用证的金额，如数量、金额均有“大约”，可按10%的增减幅度掌握。

2) 汇票

汇票的付款人名称、地址必须正确；

汇票上金额的大、小写必须一致；

付款期限要符合信用证或合同（非信用证付款条件下）规定；

检查汇票金额是否超出信用证金额，如信用证金额前有“大约”一词可按 10%的增减幅度掌握；

出票人、受款人、付款人都必须符合信用证或合同（非信用证付款条件下）的规定；

币制名称应与信用证和发票上的相一致；

出票条款是否正确，如出票所根据的信用证或合同号码是否正确；

是否按需要进行了背书；

汇票是否由出票人进行了签字；

汇票份数是否正确，如“只此一张”或“汇票一式二份有第一汇票和第二汇票”。

3）保险单据

保险单据必须由保险公司或其代理出具；

投保加成必须符合信用证的规定；

保险险别必须符合信用证的规定并且无遗漏；

保险单据的类型应与信用证的要求相一致，除非信用证另有规定，保险经纪人出具的暂保单银行不予接受；

保险单据的正副本份数应齐全，如保险单据注明出具一式多份正本，除非信用证另有规定，所有正本都必须提交；

保险单据上的币制应与信用证上的币制相一致；

包装件数、唛头等必须与信用证和其他单据相一致；

运输工具、起运地及目的地，都必须与信用证及其他单据相一致；

如转运，保险期限必须包括全程运输；

除非信用证另有规定，保险单的签发日期不得迟于运输单据的签发日期；

除非信用证另有规定，保险单据一般应做成可转让的形式，以受益人为投保人，由投保人背书。

4）运输单据

运输单据的类型须符合信用证的规定；

起运地、转运地、目的地须符合信用证的规定；

装运日期/出单日期须符合信用证的规定；

收货人和被通知人须符合信用证的规定；

商品名称可使用货物的统称，但不得与商业发票上货物说明的写法相抵触；

运费预付或运费到付须正确表明；

正副本份数应符合信用证的要求；

运输单据上不应有不良批注；

包装件数须与其他单据相一致；

唛头须与其他单据相一致；

全套正本都须盖妥承运人的印章及签发日期章；

应加背书的运输单据，须加背书。

5）其他单据

如装箱单、重量单、产地证书、商检证书等，均须先与信用证的条款进

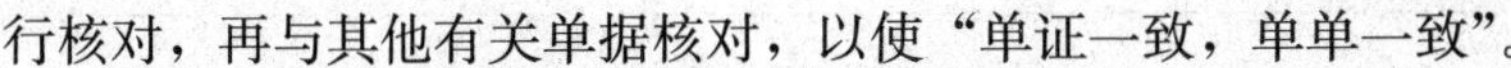

行核对，再与其他有关单据核对，以使“单证一致，单单一致”。

4. 有问题单据的处理

通过对有关单据的认真审核，对于有问题的单据可根据具体情况做以下处理：

对有问题的单据必须进行及时更正和修正。否则，将影响安全收汇。在规定的效期和交单期内，将有问题的单据全部改妥。

有些单据由于种种原因不能按期更改或无法修改，可以向银行出具一份保函（通常称为担保书），保函中交单人要求银行向开证行寄单并承诺如果买方不接受单据或不付款，银行有权收回已偿付给交单人的款项。对此银行方面可能会接受。不过最好不要这样做，因为出具保函后，收不到货款的风险依然存在。同时要承担由此产生的其他费用。交单人向银行出具保函一般应事先与客户联系并取得客人接受不符单据的确认文件。

请银行向开证行拍发要求接受不符点并予付款的电传（俗称“打不符电”）。有关银行在收到开证银行的确认接受不符单据的电传后再行寄送有关单据，收汇一般有保证，此种方式可以避免未经同意盲目寄单情况的发生。但要求开证行确认需要一定的时间，同时要冒开证行不确认的风险并要承担有关的电传费用。

改以托收方式。由于单据中存在不符点，原先信用证项下的银行信用已经变为商业信用，如果客人信用较好且急需有关文件提取货物，为减少一些中间环节可采用托收方式。

上述各项措施主要是从有效控制货物所有权的前提下，以积极、稳妥的方式处理不符合有关规定的单据，避免货款两空情况的发生。因为只要掌握了代表物权的运输单据，买方就不能提取货物。如果买方仍然需要这批货物，那么买方也会接受有不符点的单据的。这里必须切记的是，不符单据是有很大风险的，对不符单据的接受与否完全取决于买方。

相关链接

UCP600 第十六条　不符单据、放弃及通知

a. 当按照指定行事的指定银行、保兑行（如有的话）或者开证行确定交单不符时，可以拒绝承付或议付。

b. 当开证行确定交单不符时，可以自行决定联系申请人放弃不符点。然而这并不能延长第十四条 b 款所指的期限。

c. 当按照指定行事的指定银行、保兑行（如有的话）或开证行决定拒绝承付或议付时，必须给予交单人一份单独的拒付通知。

该通知必须声明：

i. 银行拒绝承付或议付；及

ii. 银行拒绝承付或者议付所依据的每一个不符点；及

iii. a）银行留存单据听候交单人的进一步指示；或者

b）开证行留存单据直到其从申请人处接到放弃不符点的通知并同意接受该放弃，或者其同意接受对不符点的放弃之前从交单人处收到其进一步指示；或者

c）银行将退回单据；或者

d）银行将按之前从交单人处获得的指示处理。

d. 第十六条 c 款要求的通知必须以电讯方式，如不可能，则以其他快捷方式，在不迟于自交单之翌日起第五个银行工作日结束前发出。

e. 按照指定行事的指定银行、保兑行（如有的话）或开证行在按照第十六条 c 款 iii 项 a）或 b）发出了通知后，可以在任何时候将单据退还交单人。

f. 如果开证行或保兑行未能按照本条行事，则无权宣称交单不符。

g. 当开证行拒绝承付或保兑行拒绝承付或者议付，并且按照本条发出了拒付通知后，有权要求返还已偿付的款项及利息。

10.3.2 信用证项下交单流程

1. 交单对象

在实际业务中，出口商通常是向指定银行（议付行、保兑行等）交付单据以求结汇。出口商交单的方式有两种：一种是两次交单或称预审交单，在运输单据签发前，先将其他已备妥的单据交银行预审，发现问题及时更正，待货物装运后收到运输单据，可以当天议付并对外寄单。另一种是一次交单，即在全套单据收齐后一次性送交银行，此时货已发运。银行审单后若发现不符点需要退单修改，耗费时日，容易造成逾期而影响收汇安全。因而出口企业宜与银行密切配合，采用两次交单方式，加速收汇。

2. 交单时间

通常，出口商在装运货物后，取得了承运人或其代理签发的海运提单，

按照信用证规定备妥全套单据，审核无误，应尽快交单。出口商越早交单，可以尽早收汇，加速资金周转。

出口商提交单据的期限由以下三种因素决定：

(1) 信用证的到期日（即有效期）；

(2) 装运日期后所特定的交单日期；

(3) 银行在其营业时间外，无接受提交单据的义务。

最迟交单时间以信用证的有效期和交单期的到期日中较早的日期为准。

例如，一笔交易的信用证的装运期为不迟于 1 月 25 日，有效期为 2 月 6 日，交单期为 B/L DATE 后 10 天，货物于 1 月 10 日装运完毕，那么，这一笔交易中，出口商应在 1 月 20 日（10＋10＝20）这一天或之前交单，1 月 20 日为这份信用证的最迟交单日。

相关链接

UCP600 第二十九条　截止日或最迟交单日的顺延

a. 如果信用证的截止日或最迟交单日适逢接受交单的银行非因第三十六条所述原因而歇业，则截止日或最迟交单日，视何者适用，将顺延至其重新开业的第一个银行工作日。

b. 如果在顺延后的第一个银行工作日交单，指定银行必须在其致开证行或保兑行的面函中声明交单是在根据第二十九条 a 款顺延的期限内提交的。

c. 最迟发运日不因第二十九条 a 款规定的原因而顺延。

第三十三条　交单时间

银行在其营业时间外无接受交单的义务。

3. 交单地点

所有信用证必须规定一个付款、承兑的交单地点，或在议付信用证的情况下须规定一个交单议付的地点，但自由议付信用证除外。像提交单据的期限一样，信用证的到期地点也会影响受益人的处境。有时会发生这样的情况，开证行将信用证的到期地点定在其本国或他自己的营业柜台，而不是受益人国家。这对于受益人的处境极为不利，因为他必须保证于信用证的有效期内在开证银行营业柜台前提交单据。

相关链接

UCP600 第六条　兑用方式、截止日和交单地点

a. 信用证必须规定可在其处兑用的银行，或是否可在任一银行兑用。规定在指定银行兑用的信用证同时也可以在开证行兑用。

b. 信用证必须规定其是以即期付款、延期付款、承兑还是议付的方式兑用。

c. 信用证不得开成凭以申请人为付款人的汇票兑用。

d. i. 信用证必须定一个交单的截止日。规定的承付或议付的截止日将被视为交单的截止日。

ii. 可在其处兑用信用证的银行所在地即为交单地点。可在任一银行兑用的信用证其交单地点为任一银行所在地。除规定的交单地点外，开证行所在地也是交单地点。

e. 除非如第二十九条 a 款规定的情形，否则受益人或者代表受益人的交单应在截止日当天或之前完成。

10.4　收汇单证

收汇单证是指国际贸易中，出口商为顺利取得货款而要向进口商或有关银行交付的单据、证明和文件。在出口业务中，国际结算所涉及的单据种类繁多，不同的结算方式、不同国家（或地区）、不同种类的商品，对收汇单证的要求会有所不同。

通常，收汇单证包括以下 4 类：(1) 商业单证：如商业发票、包装单据、运输单据、保险单等；(2) 官方单证：如产地证明、检验证书、许可证等；(3) 金融单证：如汇票、支票等；(4) 其他附属单据：如出口商证明、船公司证明、寄单证明等。

10.4.1　汇票

在国际贸易中，采用托收或信用证方式结算时，通常出口商需要作为出票人以进口商或开证银行为付款人开具商业汇票以收取货款。

1. 汇票的含义

相关链接

《中华人民共和国票据法》第十九条

汇票是出票人签发的，委托付款人在见票时或者在指定日期无条件支付确定的金额给收款人或者持票人的票据。

根据以上汇票的含义，收汇单证中使用的汇票是指在托收或信用证业务中，出口商向进口商或银行签发的，要求后者即期或在一个固定的日期或在科研确定的将来时间，对某人或其指定人或持票人支付确定金额的无条件的书面支付命令。

由于在托收或信用证方式下，出票人是出口商，所以使用的汇票属于商业汇票，而且通常使用跟单汇票，较少使用光票。

2. 信用证中汇票条款示例

在信用证方式下，作为支取信用证金额的凭证，汇票在本质上是一种票据，而不是单据，但它作为信用证交易单证的组成部分，其格式内容也必须符合信用证条款、UCP600和ISBP681的相关规定。因此，能熟练地翻译和理解信用证相关条款对于制作汇票是非常重要的。以下对一些信用证中的汇票条款进行翻译和解释。

（1）WE OPEN AN IRREVOCABLE DOCUMENTARY CREDIT VALID IN CHINA UNTIL MAY 05 2008 AVAILABLE AT SIGHT AGAINST PRESENTATION OF THE FOLLOWING DOCUMENTS：

翻译：兹开立不可撤销跟单信用证，有效期为2008年5月5日在中国到期，本证适于凭提交以下单据即期支付：

（2）THIS CREDIT IS AVAILABLE WITH ANY BANK IN CHINA BY NEGOTIATION AGAINST PRESENTATION OF THE DOCUMENTS DETAILED HEREIN TOGETHER WITH THEIR DRAFT（S）IN DUPLICATE AT SIGHT FOR FULL CIF INVOICE VALUE，DRAWN ON ISSUING BANK，BEARING THE CLAUSE“DRAWN UNDER DOCUMENTARY CREDIT NO. 1011L255705 OF BANGKOK BANK PUBLIC COMPANY LIMITED，BANGKOK.”

翻译：本证适于任何银行在中国凭提交如下详细的单据及其汇票议付，即期汇票一式两份，按 CIF 发票全值出具，以开证行为付款行，标明以下条款“在曼谷（泰国）之曼谷公立银行有限公司的跟单信用证第 1011L255705 号下出具”。

(3) WE HEREBY OPEN OUR CREDIT IN YOUR FAVOR AVAILABLE FOR NEGOTIATION/ACCEPTANCE OF YOUR DRAFT (S) IN DUPLICATE AT SIGHT FOR 100% OF INVOICE VALUE DRAWN ON KOREA COMMERCIAL FINANCE LTD. HONGKONG BEARING THE CLAUSE "DRAWN UNDER LETTER OF CREDIT NO. N6728805NJ02256 DATED MAY 25 2008 OF THE COMMERCIAL BANK OF KOREA, LTD." ACCOMPANIED BY THE FOLLOWING DOCUMENTS:

翻译：兹由我方开出以你方受益之信用证，适于议付或承兑你方汇票，即期汇票一式两份，按发票全值出具，以韩国商业融资公司，香港分部为付款人，标明条款“在韩国商业银行 2008 年 5 月 25 日第 N6728805NJ02256 号信用证项下出具”，伴随如下单据：

(4) WE HEREBY ISSUE IN YOUR FAVOUR THIS DOCUMENTARY CREDIT WHICH IS AVAILABLE BY NEGOTIATION OF YOUR DRAFT (S) AT SIGHT DRAWN ON APPLICANT BEARING THE ISSUING BANK'S NAME, NUMBER AND DATE OF THIS CREDIT FOR FULL INVOICE VALUE ACCOMPANIED BY THE FOLLOWING DOCUMENTS (IN 3 COPIES UNLESS OTHERWISE SPECIFIED):

翻译：我行现开立以你方受益之跟单信用证，该证适于议付你方按发票全值出具以申请人为付款人之即期汇票，标明本证开证行名称、开出日期和号码，随附如下单据（一式三份，除非另外说明）：

(5) WE HEREBY ISSUE IN YOUR FAVOUR THIS DOCUMENTARY CREDIT WHICH IS AVAILABLE BY NEGOTIATION OF YOUR DRAFT (S) AT SIGHT DRAWN ON APPLICANT BEARING THE ISSUING BANK'S NAME, NUMBER AND DATE OF THIS CREDIT FOR FULL INVOICE VALUE ACCOMPANIED BY THE FOLLOWING DOCUMENTS (IN DUPLICATE UNLESS OTHERWISE SPECIFIED).

翻译：兹开立以你方受益之跟单信用证，该证适于议付你方按发票全值出具以申请人为付款人之即期汇票，汇票标明本证开证行名称、号码和日期，随附如下单据（一式两份，除非另有说明）。

(6) WE OPEN OUR IRREVOCABLE LETTER OF CREDIT IN YOUR FAVOUR TO THE EXTENT OF HKD14 400.00 SAY HK DOLLARS FOURTEEN THOUSAND FOUR HUNDRED ONLY AVAILABLE BY NEGOTIATION OF YOUR DRAFT (S) IN DUPLICATE AT SIGHT DRAWN WITHOUT RECOURSE ON THE APPLICANT FOR FULL INVOICE VALUE ACCOMPANIED BY THE FOLLOWING DOCUMENTS AT LEAST IN DUPLICATE (UNLESS OTHERWISE SPECIFIED)：

翻译：我行开立以你方受益之不可撤销跟单信用证，最大金额为 HKD 14 400.00（港币壹万肆仟肆佰元整），适于议付你方按发票全值出具无追索权，以申请人为付款人之一式两份即期汇票，随附如下单据，至少一式两份（除非另有说明）：

3. 汇票内容与缮制实例评析

汇票是一种要式证券，即必须具备法定的形式，载明必要的法定事项，才能成为完整的票据，具有票据的效力。

相关链接

《中华人民共和国票据法》第二十二条

汇票必须记载下列事项：

（一）表明“汇票”的字样；

（二）无条件支付的委托；

（三）确定的金额；

（四）付款人名称；

（五）收款人名称；

（六）出票日期；

（七）出票人签章。

汇票上未记载前款规定事项之一的，汇票无效。

按照第二章的信用证规定，星辰贸易在装运后应尽快制作汇票连同其他单据向银行交单议付，样单 10-1 的汇票就是依据该信用证规定缮制的。

样单 10-1 汇票

(1) **BILL OF EXCHANGE**

No. (2) SINV72619

Place and date of issue (3) GUANGZHOU 22 JUL 2011

For (4) USD 74400.00

At (5) 30 DAYS AFTER Sight of this SECOND Bill of Exchange (First being unpaid)

pay to the order of HSBC PLC, GUANGZHOU OFFICE

the sum of (7) SAY US DOLLARS SEVENTY FOUR THOUSAND FOUR HUNDRED ONLY

Drawn under (8.1) HSBC PLC (SWIFT ADDRESS: MIDLGB22)

L/C No. (8.2) TR-MHL18dated (8.3) 08 JUNE 2011

To (9) HSBC PLC　　For and on behalf of

SWIFT ADDRESS: MIDLGB22)　　GUANGZHOU STARS INTERNATIONAL TRADING CO., LTD

(10) 高正福

(1)“汇票”字样

BILL OF EXCHANGE

《日内瓦统一法》和我国票据法要求汇票上必须注明“汇票”字样，而英国的票据法无此要求，但在实务中一般都有“汇票”字样，以区别于其他票据或凭证，并确定有关当事人相应的权利、义务和责任。

(2) 汇票号码 (NUMBER)

No. (2) SINV72619

此栏一般由出票人填写相应的发票号码，作为汇票号码，当然也可以另行编制。如汇票号码与商业发票号码不一致，开证行（或保兑行）不能因此而拒付。

在本例中以发票号码作为汇票号码填写。

(3) 出票地点和日期 (PLACE AND DATE OF ISSUE)

PLACE AND DATE

(3) GUANGZHOU 22 JUL 2011

出票地点一般填写出口商所在地，通常位于汇票的右上方，与出票日期

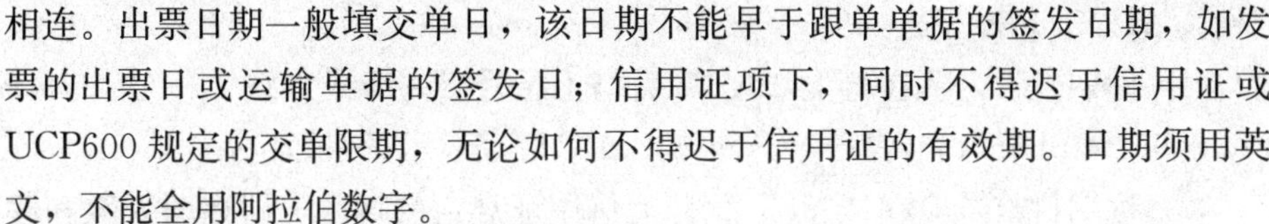

相连。出票日期一般填交单日，该日期不能早于跟单单据的签发日期，如发票的出票日或运输单据的签发日；信用证项下，同时不得迟于信用证或UCP600规定的交单限期，无论如何不得迟于信用证的有效期。日期须用英文，不能全用阿拉伯数字。

本例中的出票地点是出口商所在地广州市，出票日期是2009年8月12日。

相关链接

《中华人民共和国票据法》第二十三条

汇票上记载付款日期、付款地、出票地等事项的，应当清楚、明确。

汇票上未记载付款日期的，为见票即付。

汇票上未记载付款地的，付款人的营业场所、住所或者经常居住地为付款地。

汇票上未记载出票地的，出票人的营业场所、住所或者经常居住地为出票地。

(4) 小写金额 (AMOUNT IN FIGURES)

For (4) USD USD 74400.00

此栏一般填写确切的金额数目，由货币符号和阿拉伯数字组成，小数点后保留两位，第三位小数四舍五入，应端正地打在虚线内，不得涂改，不得加盖校对章。除非信用证另有规定，汇票金额所使用的货币应与信用证和发票所使用的货币一致。在通常情况下，汇票金额为发票金额的100%，但以不得超过信用证规定的最高金额为限。如果信用证金额有"大约"等字样，则有10%的增减幅度。

如采用托收方式，汇票金额即为托收总金额，也就是发票金额。

本例中的大小写金额与信用证金额，以及发票金额一致。

(5) 付款方式和付款期限 (TENOR AND MODE OF PAYMENT)

At (5) 30 DAYS AFTER Sight

汇票的付款期限 (TENOR) 应按照信用证的规定填写。按照不同的付款期限，有以下几种写法：

1）即期付款，要在打上“AT”后打上星号“＊”或虚线“－”，如 AT ＊ ＊ ＊ ＊ SIGHT，AT－－－－－－－SIGHT。表示见票即付。

2）远期付款，应在“AT”后打上信用证规定的期限，即远期天数和起算期。如 AT 45 DAYS AFTER SIGHT。

3）定期付款。应在“AT”后打上将来具体的付款到期日，如 AT 25 OCT. 2010 FIXED，并将汇票上的“SIGHT”去掉或不写。

本例中汇票的付款期限按信用证规定“42C DRAFTS AT 30 DAYS AFTER SIGHT”填写，付款期限为见票后 30 天。

典型案例

信用证中有关汇票期限的条款实例

（1）以交单期限起算日期。如信用证规定：“This L/C is available with us by payment at 60 days after receipt of full set of documents at our counters”。此条款规定付款日期为对方柜台收到单据后的 60 天，因此，在填写汇票时须写：“At 60 days after receipt of full set of documents at your counters。”需要注意的是，信用证中的“OUR COUNTER”（我们的柜台），系指开证行柜台，而在实际制单中，应改为“YOUR”（你们的）的柜台，指单据到达对方柜台起算的 60 天。

（2）以装船日期为起算日期。如信用证规定：“We hereby issue our irrevocable documentary letter of credit No. 094976 available at 30 days after B/L date by drafts”，那么在签发汇票时付款期限就要填写“30 days after B/L date”，同时在汇票空白处应注明提单的具体日期。制单时，从提单日期起算 30 天。

（3）以发票日期起算汇票期限。如信用证规定：“Drafts at 60 days from invoice date”。则在制单时应在此栏目里填写：“At 60 days from invoice date”，从发票开出日期起算的 60 天。

如采用托收，支付方式一般为 D/P 或者 D/A，该术语应填写在 AT 的前面，付款期限应填写在 AT 与 SIGHT 的中间。如远期见票后 60 天，则填“AT 60 DAYS SIGHT”；如为“即期”，则为“AT ＊ ＊ ＊ ＊ SIGHT”。

相关链接

《中华人民共和国票据法》第二十五条

付款日期可以按照下列形式之一记载：

（一）见票即付；

（二）定日付款；

（三）出票后定期付款；

（四）见票后定期付款。

前款规定的付款日期为汇票到期日。

相关链接

ISBP681 票期

43. 票期必须与信用证条款一致。

A. 如果汇票不是见票即付或见票后定期付款，则必须能够从汇票自身内容确定到期日。

B. 以下是通过汇票内容确定汇票到期日的一个例子。如果信用证要求汇票的票期为提单日后60天，而提单日为2007年7月12日，则汇票期限可用下列任一方式表明：

①“提单日2007年7月12日后60日”；或，

②“2007年7月12日后60日”；或，

③“提单日后60日”，并且汇票表面的其他地方表明“提单日2007年7月12日”；或，

④在出票日期与提单日期相同的汇票上标注“出票日后60日”；或，

⑤“2007年09月10日”，也就是提单日后的60日。

C. 如果用提单日后×××天表示票期，则装船日应视为提单日，即使装船日早于或晚于提单签发日。

D. UCP600第3条提供了对使用“从……起”（from）和“在……之后”（after）来确定汇票到期日的参考。到期日的计算从单据日期、装运日期或其他事件的次日起起算，也就是说，从3月1日起10日或3月1日后10日均为3月11日。

E. 如果信用证下提交的一套提单显示不止一个装船批注，而且需要出具汇票，例如，于提单日后60日或从提单日起60日付款，而提单上有多个装船批注，并且所有装船批注均显示货物是从一个信用证允许的地理区域或地区装运，则将使用最早的装船批注日期计算汇票到期日。例如，信用证要求从欧洲港口装运，提单显示货物于8月16日在都柏林装上A船，于8月18日在鹿特丹装上B船，则汇票到期日应为在欧洲港口的最早装船日，也就是8月16日起的60天。

F. 如果信用证要求汇票开立成，例如，提单日后60日或从提单日起60日付款，而一张汇票项下提交了不止一套提单，则最晚的提单日期将被用来计算汇票的到期日。

44. 上述例子中提及的尽管是提单日，但相同原则适用于所有运输单据。

(6) 受款人 (PAYEE)

pay to the order of HSBC PLC, GUANGZHOU OFFICE

受款人也称为“汇票的抬头人”，是出票人指定的收取票款的当事人。在进出口业务中，通常填写出票人提交单据的银行，而且做成指示式抬头。

汇票的抬头人通常有三种写法：

1) 指示性抬头 (DEMONST RATIVE ORDER)：在受款人栏目中填写：“付给×××人的指定人”(PAY TO THE ORDER OF×××)，这种汇票除了×××公司可以收取票款外，该公司还可以背书转让给第三方。

2) 限制性抬头 (RESTRICTIVE ORDER)：在受款人栏目中填写“仅付给×××” (PAY TO×××Co. ONLY) 或“限付给×××，不许转让” (PAY TO×××Co. ONLY, NOT TRANSFERABLE)。这种汇票限定了只能×××公司收取货款，不能转让。

3) 持票人抬头 (PAYABLE TO BEARER)：即在受款人栏目中填写“付给持票人” (PAY TO BEARER)。在国际结算业务中，汇票的受款人一般都是以银行指示为抬头的。

在实务中，常见的信用证对汇票的指示性抬头有以下三种规定方法：

①来证规定由中国银行指定或其他议付行，或来证对汇票受款人未作明确规定。通常汇票的受款人应打上："PAY TO THE ORDER OF BANK OF CHINA"（由中国银行指定）。②当来证规定由开证行指定时，在汇票的这一栏目应打上："PAY TO THE ORDER OF×××BANK"（开证行的名称）。③当来证规定由偿付行指定时，在汇票的这一栏目应打上："PAY TO THE ORDER OF×××BANK"（偿付行名称）。

如采用托收，"受款人栏目"一般填写托收银行（即出口地银行）。

本例中汇票的受款人栏目按信用证规定做成汇丰银行广州办事处指示抬头。

（7）大写金额（AMOUNT IN WORDS）

the sum of (7) SAY US DOLLARS SEVENTY FOUR THOUSAND FOUR HUNDRED ONLY

汇票大写金额应填写规范，大小写应一致。此处先用"SAY"开头，接着写货币全称，再用英文大写表明金额，句尾加打一个"ONLY"，以防止涂改。小数部分金额的前面，不管使用什么货币，一般都一律使用"CENTS"（分）表示，而不能用"POINT"（小数点）。如"SAY UNITED STATES DOLLARS FIVE THOUSAND SIX HUNDRED ONLY"。信用证使用的货币、上面所使用的小写金额应与大写金额相一致。

相关链接

《中华人民共和国票据法》第八条

票据金额以中文大写和数码同时记载，二者必须一致，二者不一致的，票据无效。

ISBP681 金额

50. 金额大写必须准确反映小写表示的金额，两者均应表明币别及信用证规定的情况。

51. 金额必须与发票一致，除非信用证另有规定或出现 UCP600 第 18 条（b）款规定的情况。

(8) 出票依据 (Drawn Clause)

此三项内容合称为“出票依据”，是指因何开具这一张汇票，表明汇票起源于交易是允许的。在信用证下，出票依据是说明开证行在一定的期限内对汇票的金额履行保证付款责任的法律根据，是信用证项下汇票不可缺少的重要内容之一。

Drawn under (8.1) HSBC PLC (SWIFT ADDRESS: MIDLGB22) L/C No. (8.2) TR-MHL18dated (8.3) 08 JUNE 2011

1) 在信用证项下，此栏填写三项内容：

在“Drawn under”后面填写该份信用证的开证行名称；

在“L/C No.”后面填写该份信用证号码，该信用证号码不能填成信用证上的参考号 (Reference No.) 或转让信用证项下的转让号 (Transfer No.)；

在“Dated”后面填写该份信用证的开证日期。

2) 如采用托收进行结算，不需要填写上述内容，一般只须填写“买卖合同号码”或者“订单号码”，也可以在出票条款栏内或其他位置加注“FOR COLLECTION”字样。

本例中出票依据翻译为“凭汇丰银行 (SWIFT 号码 MIDLGB22) 2009 年 6 月 28 日开出的第 TR-MHL02 号信用证，特开立此份汇票”。

相关链接

《中华人民共和国票据法》第二十二条

汇票的出票人必须与付款人具有真实的委托付款关系，并且具有支付汇票金额的可靠资金来源。

不得签发无对价的汇票用以骗取银行或者其他票据当事人的资金。

(9) 付款人 (PAYEE) 即汇票的受票人 (DRAWEE)

To (9) HSBC PLC SWIFT ADDRESS: MIDLGB22

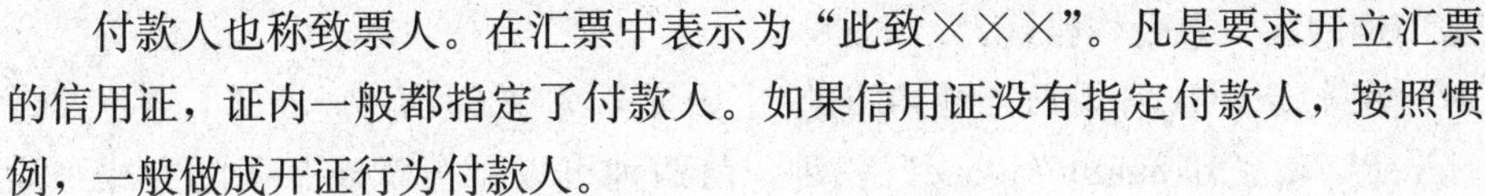

付款人也称致票人。在汇票中表示为“此致×××”。凡是要求开立汇票的信用证，证内一般都指定了付款人。如果信用证没有指定付款人，按照惯例，一般做成开证行为付款人。

填制汇票的一般做法是：

1）当信用证规定须开立汇票而又要求明确规定有付款人时，应理解为开证行就是付款人，从而打上开证行的名称、地址。

2）当信用证的条款为：“DRAFTS DRAWN ON APPLICANT”时，应填写该信用证的开证人名称及地址。

3）当信用证要求为：“DRAWN ON US”时，“US”应理解为开证行名称及地址。还有，付款人旁边的地点就是付款地点。它既是汇票金额的支付地，也是要求付款地或拒绝证书做出地。

本例中汇票付款人为信用证开证行——汇丰银行。

相关链接

UCP600 第六条　兑用方式、截止日和交单地点

c. 信用证不得开成凭以申请人为付款人的汇票兑用。

ISBP681 以申请人为付款人的汇票

54. 信用证可以要求提交以申请人为付款人的汇票作为所需单据的一种，但是不能开成凭以申请人为付款人的汇票兑用。

（10）出票人签字（SIGNATURE OF DRAWER）

GUANGZHOU STARS INTERNATIONAL
TRADING CO.，LTD
（10）高正福

出票人（DRAWER）即签发汇票的人，在进出口业务中，通常是出口商（即信用证的受益人）作为出票人。因此，托收和信用证项下的汇票通常是商业汇票。

汇票的出票人栏目，一般位于汇票右下角，通常打上出口商的全称，并由出口商的法人代表或其他有权签字人签字盖章。汇票的出票人也应当同其他单据的签署人名称相符。

在实务中，信用证对汇票的签字要求，常见的有“signed”、“duly signed”和“manually signed”三种，前两种可以用盖章或签字的方式来满足，但后一种只有手签才符合信用证的要求。

相关链接

ISBP681 如何出票

52. 汇票必须以信用证规定的人为付款人。

53. 汇票必须由受益人出票。

如采用托收，在汇票右下角打出或盖上出口商公司名称并由负责人签字或盖章。

本例中由星辰贸易的法人代表高正福签字盖章。

（11）背书（Endorsement）

背书指受款人以转让票据权利为目的在汇票上签章并作必要的记载所做的一种附属票据行为。

背书的方式主要有以下三种：

1）限定背书。有些限定背书规定汇票只交付一次，受让人只能自行使用汇票而无再次转让的权利。如背书人在汇票背面签字，写明“pay to ×××（被背书人名称）only”或“pay to ×××（被背书人名称），non-negotiable”。有些则给出某些附属条件，“当×××时，付给×××（背书人名称）。当条件满足时，该背书才成立。”有些背书人写明持票人只能把汇票存在银行，而不能做别的使用。

2）特定背书。又称记名背书，此种背书既有出让人签名，又指明了受让人是谁，但无“仅付”、“不得转让”等字样。如背书人在汇票背面签字，写明“付给×××（被背书人名称）的指定人”等。如此背书的汇票可以连续多次背书和支付，多次转让，甚至可以在市场上无限转让下去。

3）空白背书。又称为不记名背书，即背书人在汇票上只有签名，不写付给某人，即没有被背书人。空白背书的汇票凭交付而转让。即空白背书的第一出让人背书签字后，可多次在市场上流通，直到最后一个受益人，而无须在汇票背面注明流通过程中的其他出让人和受让人。

4）qualified endorsement。背书人在背书时候写上“without recourse”，

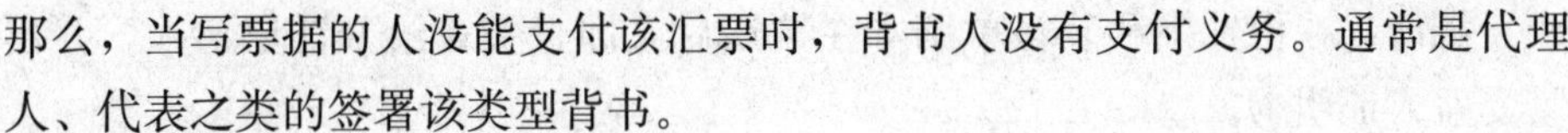

那么，当写票据的人没能支付该汇票时，背书人没有支付义务。通常是代理人、代表之类的签署该类型背书。

相关链接

ISBP681 背书

49. 如果必要，汇票必须背书。

(12) 修正、变更

如果汇票需要修改，必须经出票人证实。

相关链接

ISBP681 修正和变更

55. 汇票如有修正和变更，必须在表面看来经出票人证实。

56. 有些国家不接受带有修正和变更的汇票，即使有出票人的证实。此类国家的开证行应在信用证中声明汇票中不得出现修正或变更。

10.4.2 附属单据

在贸易实践中，进口商往往会要求出口商提供其他一些单据，这些单据作为附属单据，补充说明履约情况，便于进口商办理进口手续使用和销售。附属单据的内容不像提单、保险单那样专门有法律规定或约定可依，这些附属单据名称多样，内容、制作格式五花八门，常用的一般包括以下几种：

1. 受益人证明 (Beneficiary's Certificate)

受益人证明是一种由受益人自己出具的证明，证明受益人自己已履行信用证规定的义务或已按照信用证要求办事，如证明所交货物的品质、证明非木质包装、证明已寄单或已寄样等。

(1) 信用证中受益人证明条款示例

1) ONE COPY OF INVOICE AND PACKING LIST TO BE SENT DIRECTLY TO APPLICANT IMMEDIATELY AFTER SHIPMENT, AND BENEFICIARY'S CERTIFICATE TO BE EFFECT IS REQUIRED.

翻译：一份发票和装箱单副本在装运后立即直接寄给开证申请人，并出具受益人证明书。

2）BENEFICIARY'S DECLARATION STATING THAT THE ORIGINAL OF EXPORT LICENCE HAS BEEN SENT TO APPLICANT BY EXPRESS COURIER.

翻译：一份证明正本的出口许可证已通过快递方式寄给开证申请人的受益人申明。

3）BENEFICIARY'S CERTIFICATE CERTIFYING THAT ONE FULL SET OF N/N COPIES OF DOCUMENTS HAS BEEN SENT TO APPLICANT BY FAX WITHIN 2 DAYS AFTER SHIPMENT DATE.

翻译：证明一整套不可议付的单据副本在装运日后两天内已通过传真发送给开证人的受益人证明。

4）BENEFICIARY'S CERTIFICATE CERTIFYING THAT ALL ITEM MUST HAVE "MADE IN CHINA" LABEL.

翻译：证明所有项目须有"中国制造"标志的受益人证明。

（2）受益人证明实例评析

在第二章的信用证示例中，该信用证要求提交一份受益人证明作为议付单据，下面我们以此为例说明受益人证明的内容和填写规范。

信用证中受益人证明条款：

8. BENEFICIARY'S CERTIFICATE CERTIFYING THAT ONE SET OF COPIES OF SHIPPING DOCUMENTS HAS BEEN SENT TO APPLICANT WITHIN 7 DAYS AFTER SHIPMENT.

受益人证明，证明一套装运单据的副本已经在装运后 7 天内寄送开证申请人。

样单 10-2 受益人证明

Guangzhou Stars International Trading Co., Ltd

No. 3×× Zhongshan Road, Guangzhou 510×××, P. R China

CERTIFICATE

L/C No.: TR－MHLC18　　Invoice No.: SINV72619

L/C Date: 08 JUNE 2011　　Invoice Date: 10 JULY 2011

L/C Issuing Bank: HSBC Bank PLC

TO WHOM IT MAY CONCERN　　Date: 22 JULY 2011

WE HEREBY CERTIFY THAT ONE SET OF COPIES OF SHIPPING DOCUMENTS HAS BEEN SENT TO APPLICANT WITHIN 7 DAYS AFTER SHIPMENT.

APPLICANT: FLAG TRADING CO., LTD

3××, BOROUGH HIGH STREET, LONDON,

SE1 1HR, UNITED KINGDOM

TEL: ＋44 207 414 6236

FAX: ＋44 207 4146238

Guangzhou Stars International Trading Co., Ltd

高正福

填写规范：

（1）单据名称

单据名称位于单据正上方，可根据信用证要求标注，如“Certificate 证明”、“Statement 声明”、“Declaration 申明”，或信用证规定的其他名称。

（2）与其他单据的关联

为与其他单据有联系，一般填写货物名称或信用证号码，非信用证项下的证明可注明发票号码或合同号码。

（3）抬头人

除非信用证另有规定，通常填写为“TO WHOM IT MAY CONCERN”。

（4）日期

应根据需要证明的内容而定，但必须符合信用证的要求。如证明副本单据必须在装船后 3 天内寄给开证申请人，那么受益人证明的签发日期应在这段时间内。

（5）证明文句

证明中的内容需与信用证规定相一致，按照信用证要求的内容书写。如信用证规定："Beneficiary's certificate stating that 1/3 original Ocean B/L together with original Form A have been sent directly to the applicant."，那么受益人证明中的文句可填写为"We hereby state that 1/3 original Ocean B/L together with original Form A have been sent directly to the applicant."。

（6）受益人签章

受益人签章通常在证明的右下方，在右下方注明受益人的公司名称，并加盖签名章或公章。

另外，受益人证明一般不分正副本。若信用证要求正本，可在单据名称的正下方标注"Original"字样。

2. 船公司证明

在我国对外贸易实践中，为满足进口商的要求，出口人在交单议付时，往往还须按信用证要求出具船公司的有关证明。比较常用的有船籍证、航程证、船龄、船级证、说明载货船只允许进入目的港的证明以及船公司的收费证明等。

（1）集装箱船只证明（Certificate of Container Vessel）。进口商或银行在合同/信用证中规定货物须装集装箱船并出具相应证明的，可由受益人自行制作并加盖有关签发人的图章，也可在运输单据上加以注明。

（2）船龄证明。有些国家/地区来证规定装载货物的船舶的船龄不得超过15年，受益人必须要求船代或船公司出具载货船只的船龄证明书（Certificate to evidence the ship is not over 15 years old 或 is under 15 years of age），这样的要求主要目的在于禁止使用老龄船，以保护货物运输安全。

（3）船籍证明（Certificate of Registry ）用于证明船舶所属国籍。

（4）船级证明（Confirmation of Class）。有的信用证规定提供英国劳合社船级证明，如"Class certificate certifying that the shipment is made by a seaworthy vessel which are classified 100 AI issued by Loyds or equivalent classification society"，劳合社的船级符号为LR，标志100AI，100A表示该船的船体和机器设备是根据劳氏规范和规定建造的，I表示船舶的装备如船锚、锚链和绳索等处于良好和有效的状态，对这样的要求我们通常应予以满足。国际上著名的船级社有英国劳合社、德国船级社（GL）、挪威船级社（DNV）、法

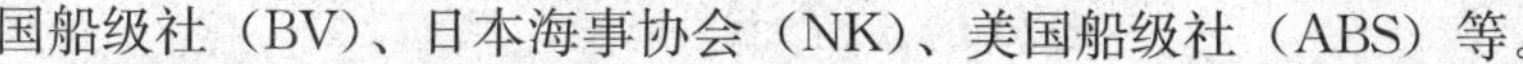

国船级社（BV）、日本海事协会（NK）、美国船级社（ABS）等。

（5）航程证明（Certificate of Itinerary）。主要说明航程中船舶停靠的港口，在一些阿拉伯国家开来的信用证中，往往要求在提单上随附声明一份，明确船籍、船名、船东及途中所经港口顺序，出口方须按要求签发此类证明并按证明中所述行驶、操作船舶。

（6）转船证明书（Certificate of Transhipment）。出口方出具转船证明书，说明出口货物将在中途转船且已联系妥当，并由托运人负责将有关转船事项通知收货人。

（7）货装具名船舶证明。如信用证要求："A certificate from the shipping company or its agent stating that goods are shipped by APL"（意思是要求出口方提供由船公司或其代理出具的货装美国总统轮船公司的证明）。

（8）船长收据（Captain's Receipt）。有的信用证规定，样品或单据副本交载货船只的船长带交进口商，并提供船长收据，如委托船长带去而未取得船长收据将影响出口商收汇，常见于近洋运输。

此外船证还包括进港证明、运费已交收据、港口费用单（port charges documents）、装卸准备就绪通知书（NOR）和装卸时间事实记录等。除了船证之外，附属单据还包括各种费用的证明，如保费收据、借记通知单、佣金折扣说明等。

3. 装运通知（Shipping Advice）

装运通知是指受益人根据信用证的规定或合同规定在一定时间内通过传真、邮寄或电传等方式，将货物的装运情况通知开证申请人、申请人的指定人或保险公司等。详细介绍参见第 9 章。

对于附属单据的制作，必须注意根据进口商的具体要求，列明具体文句和正确的签发人名称，缮制时注意时态、人称等不应生硬照搬。若信用证规定要有手签、商会认证等特殊要求的，应严格照办，不能因为其为附属单据而疏忽，造成不符点，影响收汇。

10.4.3　信用证项下的议付单据

信用证项下的单据种类很多，在 UCP600 中提到的单据除了汇票之外，还有以下四大类单据：

1. 运输单据

货主选择不同的运输方式，承运人签发的运输单据也不同。

表 10-1 运输单据

运输方式	运输单据名称（中文）	运输单据名称（英文）
海洋运输	海运提单	Marine/Ocean bill of lading
	不可转让海运单	Non-negotiable sea waybill
	租船合同提单	Charter party bill of lading
航空运输	空运单据	Air transport document
公路、铁路和内陆水运	公路、铁路和内陆水运单据	Road, rail, or inland waterway transport document
专递及邮政运输	专递及邮政收据	Courier and post receipts
多式联运	多式联运提单	Multimodal transport document
	货代签发的运输单据	Transport documents issued by freight forwarders

2. 保险单据

保险公司签发给被保险人的单据主要有两种：保险单（Insurance Policy）和保险凭证（Insurance Certificate）。

3. 商业发票（Commercial Invoice）

4. 其他单据

除了以上 UCP600 中所提到的单据之外，常见的议付单据还有装箱单、一般原产地证、普惠制原产地证、商检证书、领事发票/领事认证发票、海关发票、受益人证明/声明、船公司证明、装船通知的证实副本等。

思考与实训

一、根据信用证条款回答问题。

1. 信用证条款：

FROM：BANK OF AMERICA，LOS ANGELES，CA

TO：BANK OF CHINA，GUANGDONG BRANCH

DRAFT AT 30 DAYS AFTER SIGHT DRAWN ON BANK OF AMERICA，EL MONTE FOR 100 PERCENT OF INVOICE VALUE.

1）信用证对汇票的付款期限是如何规定的？

2）汇票的出票依据条款和汇票金额应如何填写？

2. 信用证条款：

THIS CREDIT IS AVAILABLE WITH ANY BANK IN CHINA BY NEGOTIATION AGAINST PRESENTATION OF THE DOCUMENTS DETAILED HEREIN TOGETHER WITH THEIR DRAFT（S）IN DUPLICATE AT SIGHT FOR FULL CIF INVOICE VALUE，DRAWN ON ISSUING BANK，BEARING THE CLAUSE "DRAWN UNDER DOCUMENTARY CREDIT NO. 1011L255705 OF BANGKOK BANK PUBLIC COMPANY LIMITED，BASNGKOK."

问题：信用证要求的汇票是什么类型的汇票？付款人是谁？出票依据是如何规定的？

二、分析第二章课后的思考与实训题中的信用证，填制汇票，准备和审核全套议付单据，向渣打银行交单议付。

第11章 出口收汇核销与退税

关键术语

出口收汇核销　出口收汇核销单　出口退税　出口退税登记

学习目标

- 应知出口收汇核销单的含义与作用
- 应知出口退税网上申报系统
- 应知出口退税登记的程序

11.1 出口收汇核销单的含义与作用

11.1.1 出口收汇核销单的含义与作用

出口收汇核销单（简称核销单）是指由国家外汇管理局统一管理，各分支局核发，出口单位凭以向海关办理出口报关、向银行办理出口收汇、向外汇管理机关办理出口收汇核销、向税务机关办理出口退税申报、有统一编号的重要凭证。

出口收汇报关单证明联（简称报关单）是指出口货物结关后，海关为出口单位签发的证明其货物实际出口并凭以办理出口收汇核销手续的报关单。

出口收汇核销专用联（简称核销专用联）是指银行出具的出口单位凭以办理

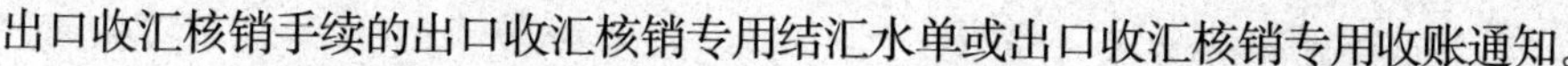

出口收汇核销手续的出口收汇核销专用结汇水单或出口收汇核销专用收账通知。

11.1.2　出口收汇核销业务

出口收汇核销实行属地管理原则，即出口单位办理备案登记、申领出口收汇核销单和办理出口收汇核销手续，均应在其注册所在地外汇局办理。

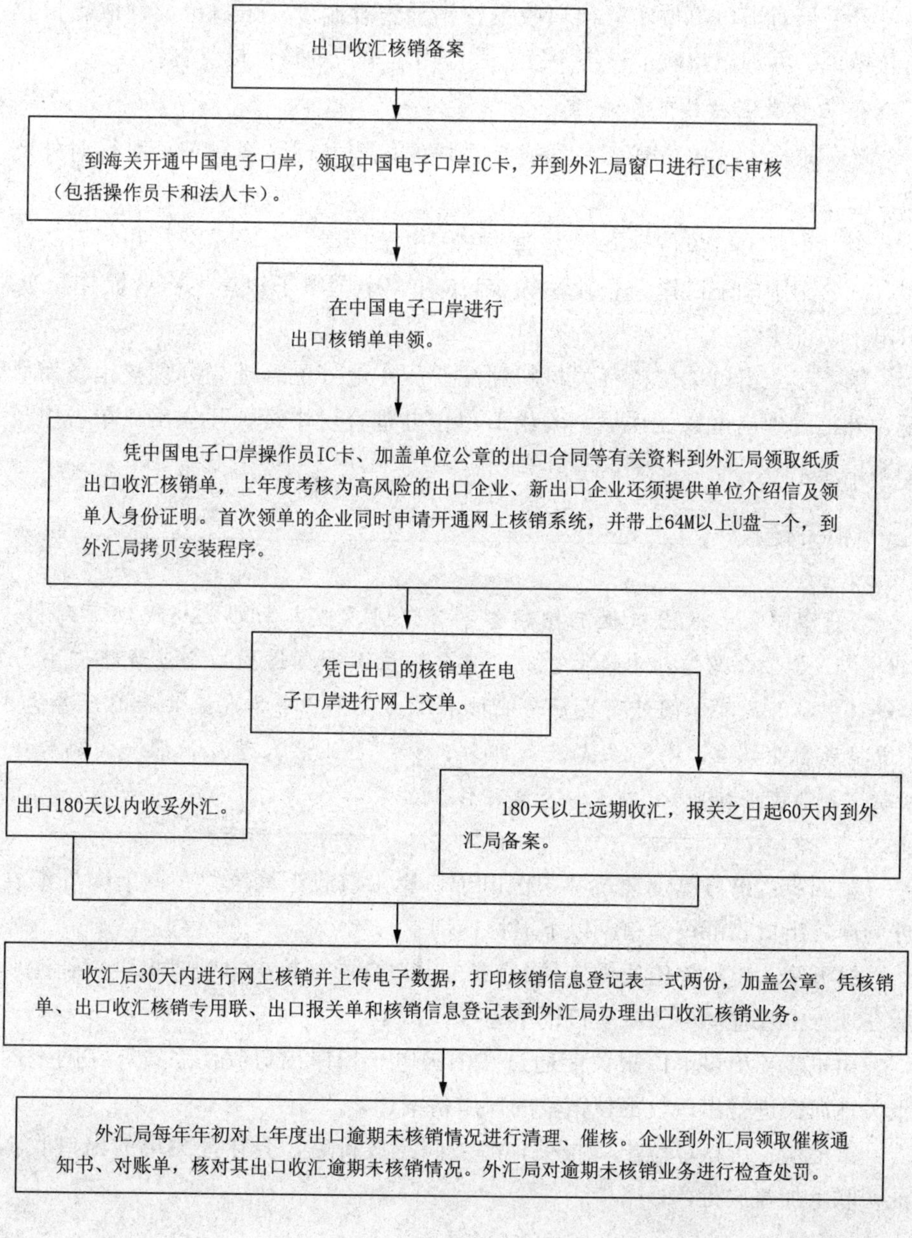

出口收汇核销备案

↓

到海关开通中国电子口岸，领取中国电子口岸IC卡，并到外汇局窗口进行IC卡审核（包括操作员卡和法人卡）。

↓

在中国电子口岸进行出口核销单申领。

↓

凭中国电子口岸操作员IC卡、加盖单位公章的出口合同等有关资料到外汇局领取纸质出口收汇核销单，上年度考核为高风险的出口企业、新出口企业还须提供单位介绍信及领单人身份证明。首次领单的企业同时申请开通网上核销系统，并带上64M以上U盘一个，到外汇局拷贝安装程序。

↓

凭已出口的核销单在电子口岸进行网上交单。

↓

出口180天以内收妥外汇。

180天以上远期收汇，报关之日起60天内到外汇局备案。

↓

收汇后30天内进行网上核销并上传电子数据，打印核销信息登记表一式两份，加盖公章。凭核销单、出口收汇核销专用联、出口报关单和核销信息登记表到外汇局办理出口收汇核销业务。

↓

外汇局每年年初对上年度出口逾期未核销情况进行清理、催核。企业到外汇局领取催核通知书、对账单，核对其出口收汇逾期未核销情况。外汇局对逾期未核销业务进行检查处罚。

1. 出口收汇核销方式

外汇局根据出口单位的出口收汇核销年度考核情况、国际收支申报率、出口贸易方式、收汇方式以及遵守国家外汇管理政策等情况，并结合相关部门对出口单位的管理意见，对出口单位实行分类管理，分别采取自动核销、批次核销和逐笔核销的管理方式。

外汇局对出口单位实行出口收汇核销员管理制度，出口单位领取出口收汇核销单、办理出口收汇核销手续，均应由本单位的核销员负责。

2. 出口收汇核销业务流程

第一步：出口单位到商务部或其委托的机构办理备案登记，取得对外贸易经营权；

第二步：出口单位到海关办理“中国电子口岸”入网手续，并到有关部门办理“中国电子口岸”企业法人 IC 卡和“中国电子口岸”企业操作员 IC 卡电子认证手续；

第三步：出口单位持有关材料到注册所在地外汇管理局办理核销备案登记，外汇管理局审核无误后，为出口单位办理登记手续，建立出口单位电子档案信息；

相关链接

出口单位办理出口收汇核销备案登记时，应当向外汇局提供下列材料：1. 单位介绍信、申请书；2. “中华人民共和国进出口企业资格证书”或“中华人民共和国外商投资企业批准证书”或“中华人民共和国台港澳侨投资企业批准证书”正本及复印件；3. “企业法人营业执照”（副本）或“企业营业执照”（副本）及复印件。

第四步：出口单位通过“中国电子口岸出口收汇系统”在网上向外汇管理局申领出口收汇核销单（以下简称核销单）；

第五步：出口单位凭操作员 IC 卡、出口合同（首次申领时提供）到注册所在地外汇管理局申领纸质核销单；

第六步：出口单位报关前通过“中国电子口岸出口收汇系统”在网上向报关地海关进行出口收汇核销单的口岸备案；

第七步：出口单位出口报关，海关同意放行后，会在报关单的出口收汇证明联上加盖放行章；

第八步：出口单位报关出口后通过“中国电子口岸出口收汇系统”将已用于出口报关的核销单向外汇管理局交单；

第九步：出口单位在银行办理出口收汇后，银行会在出口收汇核销单上盖章，然后在规定期限内持出口货物报关单的出口收汇证明联和出口收汇核销单到外汇局办理出口收汇核销手续。

出口单位出口货物后，应当在不迟于预计收汇日期起 30 天内，持核销单、报关单、核销专用联及其他规定的核销凭证，到外汇局进行出口收汇核销报告。

对预计收汇日期超过报关日期 180 天以上（含 180 天）的远期收汇，出口单位应当在报关后 60 天内到外汇局办理远期收汇备案。

特别提示

从 2008 年 6 月 1 日起，出口企业在申报出口货物退（免）税时，向主管退税部门提供出口收汇核销单（远期收汇除外）的期限由 180 天内调整为自货物报关出口之日［以出口货物报关单（出口退税专用）上注明的出口日期为准，下同］起 210 天内。

山东等五地试行申报出口退税免予提供纸质出口收汇核销单的出口企业“核销日期”超过出口货物报关单（出口退税专用）上注明的“出口日期”180 天（远期结汇除外）调整为 210 天。

增值税小规模纳税人在货物报关出口之日起 180 天内提供出口收汇核销单（出口退税专用）调整为 210 天内。

代理出口企业须在货物报关之日起 180 天内向签发代理出口证明的税务机关提供出口收汇核销单（远期收汇除外）调整为 210 天内。

3. 出口收汇核销单使用的注意事项

（1）出口收汇核销单领取后正式使用前，一式三联加盖公司名章及组织机构代码条形章，在骑缝处加盖单位公章按重要文件或票据的方式保管。（注：与操作员卡分开保管）

（2）实行登记管理，按核销单顺序登记“出口收汇核销单登记表”。

（3）业务领用时，按领取序号顺序发放使用；领用时应在“核销单登记表”上注明领用人名称、领用日期及报关出口的备案口岸。业务领用后，登录中国电子口岸“出口收汇”子系统备案，并在“核销单登记表”上注明备案日期。业务领用的核销单，在准备报关使用时再加盖公司公章。

（4）核销单报关后收回时，应先仔细核对出口收汇核销单一式三联是否齐全，出口退税联是否加盖海关验讫章（未加盖海关验讫章的核销时无效），并在“核销单登记表”上注明收回日期。确认核销单后，登录中国电子口岸“出口收汇”子系统交单以核销使用、“出口退税”子系统报送以退税使用，并在“核销单登记表”上注明交单和报送日期（一般情况下，外管局会在交单后的4个工作日内接收到数据，而主管退税机关会在每周五下午读取数据，此处的交单日期和报送日期是供出口收汇核销和出口退税申报使用）。（注：核销单如果发生退关或作废等情况，也要在外管局做注销后在“核销单登记表”上注明核销日期。）

（5）出口收汇后，凭：1）银行出具的加盖“出口收汇核销专用联章”及银行结汇业务专用章、经办人名章的收汇水单；2）报关单（出口结汇专用）；3）出口收汇核销单（一式三联）；4）出口发票等资料在电子信息齐全的情况下，到所属外管局的“出口收汇核销”部门办理出口收汇核销手续。核销后，要在“核销单登记表”上注明核销日期。

（6）核销后，在核销单一式三联每联的右下角按核销的先后时间顺序注明核销序号，并把核销的相关信息登记在“＊＊公司出口收汇核销明细表”备查。核销单三联撕开后，做如下处理：

1）出口收汇核销单存根联按领取时的序号整理保存。可自由选择每100组或每50组装订。

2）出口收汇核销单退税联归入出口退税申报资料，作为其所属申报批次的附件保存装订，以备出口退税机关查阅或直接申报退税使用。

3）出口收汇核销单的中间联作为出口收汇已核销资料存档。其装订方法为每50组核销资料为一本装订，所有资料在不缺损应有数据的前提下都剪裁成A4纸或不超过A4纸的大小。单证资料的装订顺序为出口收汇核销单（中间联）、出口报关单（出口结汇联）、出口发票、银行收汇水单、涉外收入申报单。

11.1.3 出口收汇核销单内容

出口收汇核销单是由国家外汇管理局统一印制，每张分为左、中、右联，各联都编同一号码。左联为出口企业存根联，中联为正文部分，为外汇管理局留存，右联为出口退税专用。出口单位应该按照栏目要求，如实正确填写，并与出口收汇报关单证明联上记载的有关内容一致。

样单 11-1 出口收汇核销单

出口收汇核销单
存根

编号：124278470

出口单位：
单位代码：
出口币种总价：
收汇方式：
预计收款时间：
报关日期：
备注：

此单报关有效期截止到

（出口单位盖章）

出口收汇核销单

编号：124278470

出口单位：				
单位代码：				
银行签注栏	类别	币种金额	日期	盖章
海关签注栏：				
外汇局签注栏： 年 月 日(盖章)				

（出口单位盖章）

（海关盖章）

出口收汇核销单
出口退税专用

编号：124278470

出口单位：		
单位代码：		
货物名称	数量	币种总价
报关单编号：		
外汇局签注栏： 年 月 日(盖章)		

填制规范

1．左联（存根联）

内容有出口单位（盖章）、出口总价、收汇方式、预计收款时间、报关日期、发票编号、合同编号等项目。

（1）编号：由发放机关事先印就，无须出口商填写。

（2）出口单位名称：填签订并执行合同的出口企业名称，必须包括国家质检总局签章的组织代码证上注明的十位数代码。

（3）出口货种总价：按发票金额填，应为收汇原币金额，应与报关单一致。

（4）收汇方式：按实际使用的方式填信用证、托收、电汇等方式中的一种，如远期收汇，还须列明相应的远期收汇天数。

（5）预计收款时间：根据交易中的具体情况填写。

（6）报关日期：填实际报关放行日期。

（7）备注：可写出合同号、出口发票号等须附加说明的内容，也可在本栏填写已发生变更的出口商品项下的原核销单的编号等情况。

2．中联

记载外汇指定银行结汇收账情况及外汇管理局核销情况，为外汇管理局留存。

(1) 编号：已由外汇管理部门预先编印，同存根部分（左联）。

(2) 出口单位：企业名称和单位代码，参照存根同名栏目的填写方法。

(3) 银行代码：应由银行填写结算业务的类别，实际收汇金额及收汇日期。现在一般不填。

(4) 海关签注栏：海关为出口单位办理通关手续时，在此栏加盖报关验讫章。

(5) 外汇局签注栏：由外汇局填，写核销收汇金额或其他说明事项或仅盖已核销章。

3. 右联（出口退税专用联）

内容有出口单位（盖章）、货名、数量、出口总价、报关单编号、外汇管理局核销情况等栏目。

(1) 编号同第一联。

(2) 单位代码：企业名称和单位十位数代码。

(3) 货物名称：按实际出口品名填写，与发票、报关单一致。

(4) 数量：按外包装数或件数填写，与报关单、发票一致。

(5) 币种总价：按发票、报关单上总金额和币制填写，与左边存根一致。

(6) 报关单编号：按实际情况填写。

(7) 外汇局签注栏：由外汇局盖核销章并填日期。

特别提示

在存根联与正文连接处、正文与出口退税专用联连接处需要分别加盖出口企业公章（用于报关时），在正文与出口退税专用联连接处需要盖海关验讫章（报关后）。

11.2 出口退税（Export Rebates）

11.2.1 含义与作用

出口货物退（免）税，简称出口退税，其基本含义是指对出口货物退还其在国内生产和流通环节实际缴纳的产品税、增值税、营业税和特别消费税。

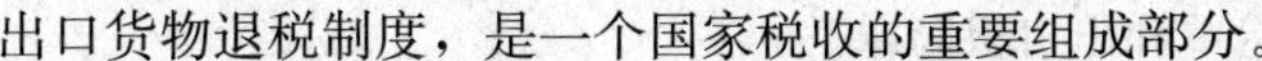

出口货物退税制度，是一个国家税收的重要组成部分。

出口退税主要是通过退还出口货物的国内已纳税款来平衡国内产品的税收负担，使本国产品以不含税成本进入国际市场，与国外产品在同等条件下进行竞争，从而增强竞争能力，扩大出口创汇。

11.2.2 出口退税登记的一般程序

1. 有关证件的送验及登记表的领取

企业在取得有关部门批准其经营出口产品业务的文件和工商行政管理部门核发的工商登记证明后，应于 30 日内办理出口企业退税登记。

2. 退税登记的申报和受理

企业领到“出口企业退税登记表”后，即按登记表及有关要求填写，加盖企业公章和有关人员印章后，连同出口产品经营权批准文件、工商登记证明等证明资料一起报送税务机关，税务机关经审核无误后，即受理登记。

3. 填发出口退税登记证

税务机关接到企业的正式申请，经审核无误并按规定的程序批准后，核发给企业“出口退税登记证”。

4. 出口退税登记的变更或注销

当企业经营状况发生变化或某些退税政策发生变动时，应根据实际需要变更或注销退税登记。

11.2.3 出口退税附送材料

1. 报关单。

报关单是货物进口或出口时进出口企业向海关办理申报手续，以便海关凭此查验和验放而填具的单据。

2. 出口销售发票。

这是出口企业根据与出口购货方签订的销售合同填开的单证，是外商购货的主要凭证，也是出口企业财会部门凭此记账做出口产品销售收入的依据。

3. 进货发票。

提供进货发票主要是为了确定出口产品的供货单位、产品名称、计量单位、数量，是否是生产企业的销售价格，以便划分和计算确定其进货费用等。

4. 结汇水单或收汇通知书。

5. 属于生产企业直接出口或委托出口自制产品，凡以到岸价 CIF 结算的，还应附送出口货物运单和出口保险单。

6. 有进料加工复出口产品业务的企业，还应向税务机关报送进口料件的合同编号、日期，进口料件名称、数量，复出口产品名称，进料成本金额和实纳各种税金额等。

7. 产品征税证明。

8. 出口收汇已核销证明。

9. 与出口退税有关的其他材料。

11.2.4 出口退税网上申报系统操作指南

1. 准备出口退税网上申报资料

在“出口退税申报系统”生成预申报数据，保存到本地机中，保存预申报数据的文件夹名称由企业自定。

打开预申报文件夹，选定所有的预申报数据（注：网上申报文件不能包含文件夹），点击鼠标右键，选择“添加到档案文件（A）”（前提是必须已经安装了 Winrar 压缩软件），如图 1 所示。

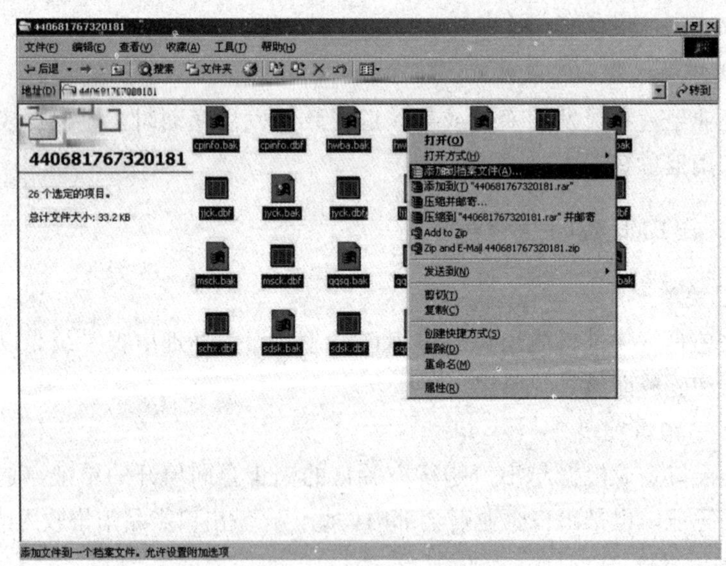

图 11-1

在图 2 所示的界面中，选择“档案文件类型”或“文件格式”为“ZIP”，将所有预申报数据压缩成网上预申报文件，网上预申报文件的名称由企业自定，系统没有作特殊规定。（若企业有使用顺德辅助系统的，可以将使用辅助系统生成的网上预申报文件进行预申报操作。）

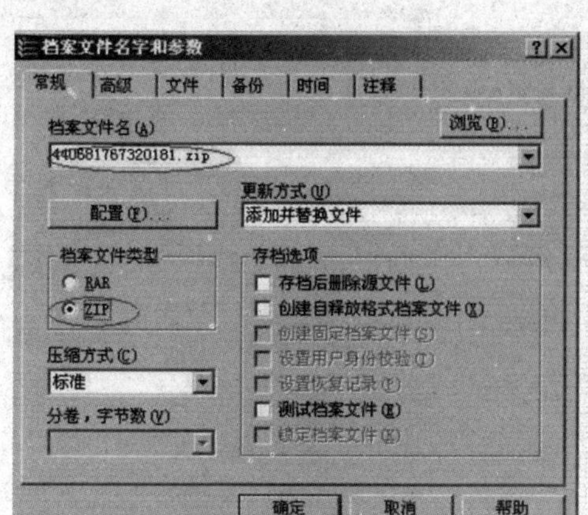

图 11-2

2. 登录广东省国家税务局网上办税服务大厅

企业必须登录广东省国家税务局网上办税服务大厅进行企业资料注册后，方能使用出口退税网上申报系统。广东省国家税务局网站的网址是：http://portal.gd-n-tax.gov.cn/，企业在 IE 浏览器中输入上述网址，进入广东省国家税务局网站，如图 3 所示。在图 3 中点击“网上办税”，即可进入广东省国家税务局网上办税服务大厅，如图 4 所示。

图 11-3

图 11-4

3. 登录网上申报系统

在图 4 的界面中，输入纳税人用户名和密码登录办税大厅进行业务操作（前提是企业必须已注册申请并且税务部门已开通网上申报权限）。用户名是纳税人所在企业的税务登记号，密码是纳税人在申请时自行设定。输入纳税人用户名和密码后，点击按钮，即可成功登录网上办税大厅，如图 5 所示。

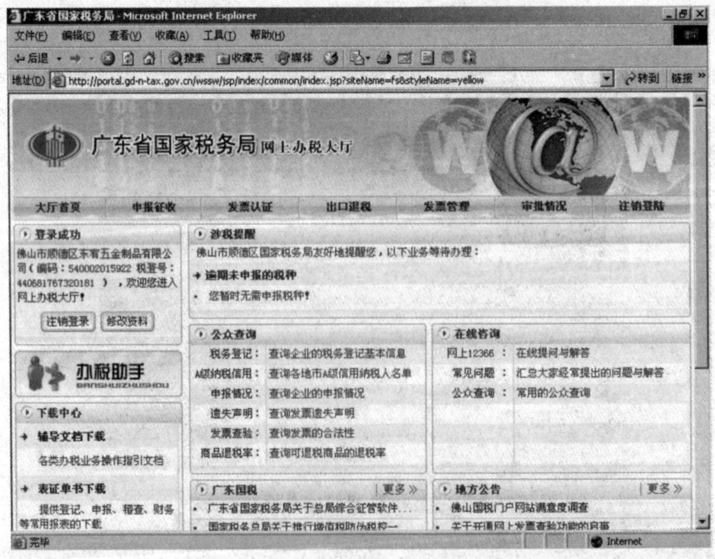

图 11-5

4. 点击图 5 中的“出口退税”，进入如图 6 所示的出口退税网上申报系统。

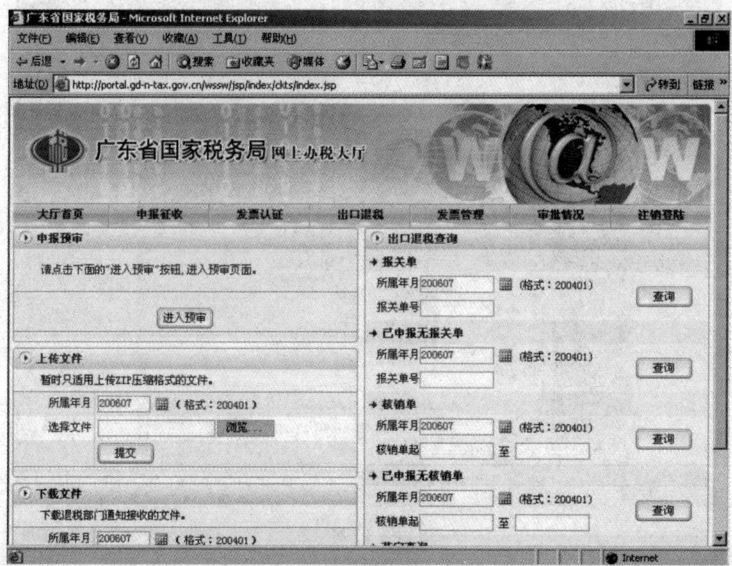

图 11-6

5. 点击图 6 中的“进入预审”按钮，在图 7 的界面中点击“浏览”按钮选择第一点中生成的网上预申报文件，如图 8 所示。

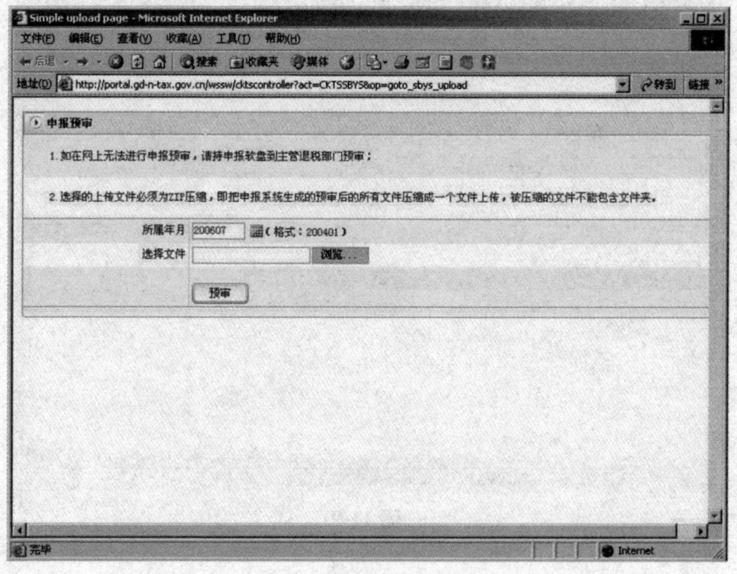

图 11-7

图 11-8

6. 选定网上预申报文件后，在图 7 所示的界面中点击“预审”按钮，系统会对企业的申报数据自动进行预审，如图 9 所示。

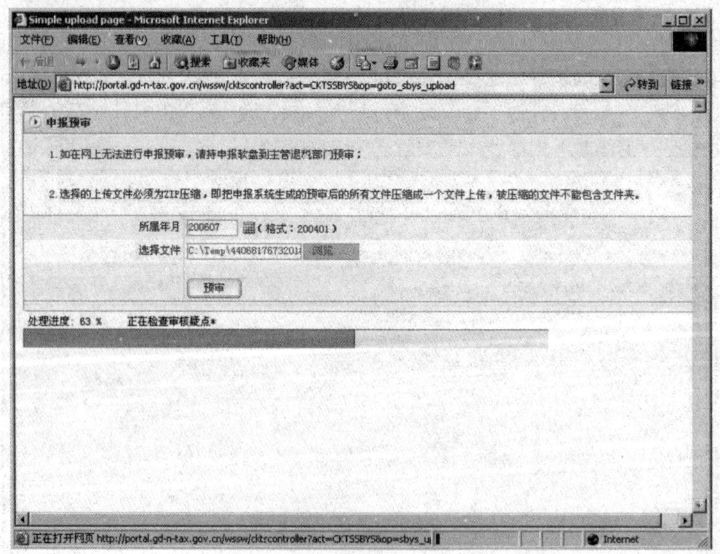

图 11-9

7. 预审结果接收

预审完成后，系统会即时将预审结果显示出来，如图 10 所示（生产企业显示审核疑点和信息不齐情况，外贸企业显示审核疑点和关单已申报未退税明细数据）。企业可以通过图 11 中的“预览”按钮将预审反馈情况打印出来，也可以通过图 11 中“导出”功能，下载预审反馈信息读入到申报系统进行处理。

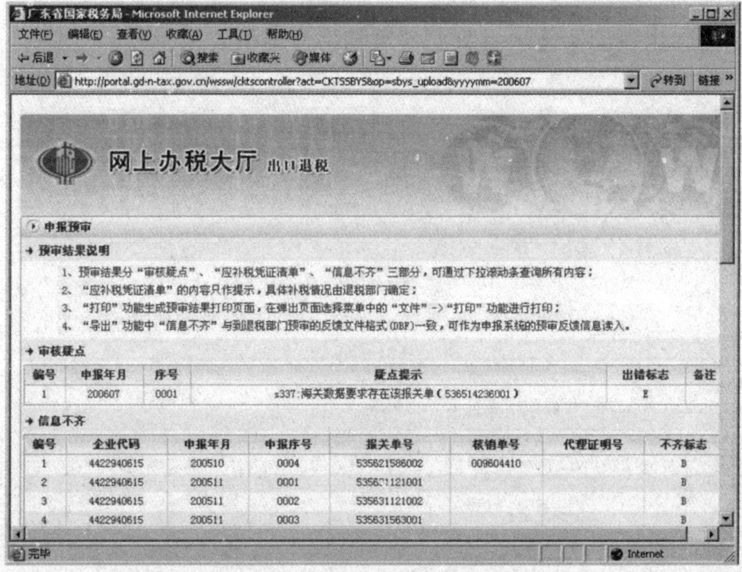

广东省国家税务局 - Microsoft Internet Explorer

文件(F)　编辑(E)　查看(V)　收藏(A)　工具(T)　帮助(H)

地址(D) http://portal.gd-n-tax.gov.cn/wssw/cktscontroller?act=CKTSSBYS&op=sbys_upload&yyyymm=200607

网上办税大厅 出口退税

申报预审

预审结果说明

1、预审结果分“审核疑点”、“应补税凭证清单”、“信息不齐”三部分，可通过下拉滚动条查询所有内容；
2、“应补税凭证清单”的内容只作提示，具体补税情况由退税部门确定；
3、“打印”功能生成预审结果打印页面，在弹出页面选择菜单中的“文件”->“打印”功能进行打印；
4、“导出”功能中“信息不齐”与到退税部门预审的反馈文件格式(DBF)一致，可作为申报系统的预审反馈信息读入。

审核疑点

编号	申报年月	序号	疑点提示	出错标志	备注
1	200607	0001	s337:海关数据要求存在该报关单（536514236001）	E	

信息不齐

编号	企业代码	申报年月	申报序号	报关单号	核销单号	代理证明号	不齐标志
1	4422940615	200510	0004	535621586002	009604410		B
2	4422940615	200511	0001	5356[illegible]1121001			B
3	4422940615	200511	0002	535631121002			B
4	4422940615	200511	0003	535631563001			B

完毕　Internet

图 11-10

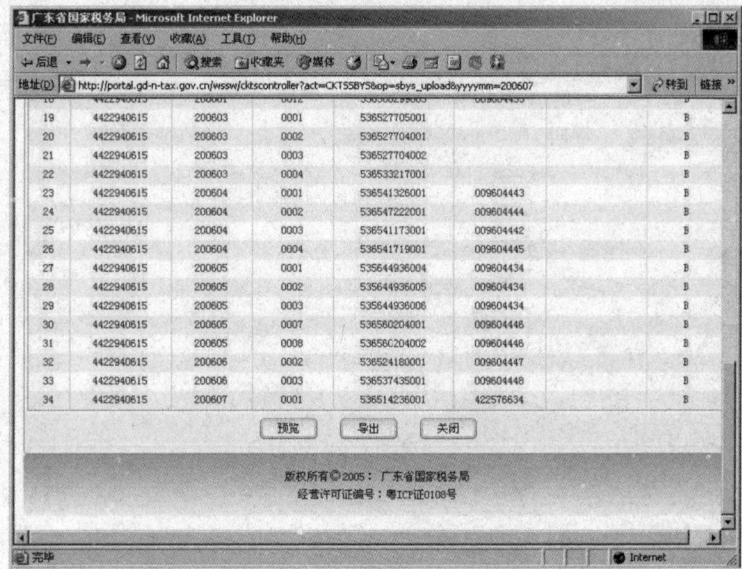

广东省国家税务局 - Microsoft Internet Explorer

文件(F)　编辑(E)　查看(V)　收藏(A)　工具(T)　帮助(H)

地址(D) http://portal.gd-n-tax.gov.cn/wssw/cktscontroller?act=CKTSSBYS&op=sbys_upload&yyyymm=200607

编号	企业代码	申报年月	申报序号	报关单号	核销单号	代理证明号	不齐标志
19	4422940615	200603	0001	536527705001			B
20	4422940615	200603	0002	536527704001			B
21	4422940615	200603	0003	536527704002			B
22	4422940615	200603	0004	536533217001			B
23	4422940615	200604	0001	536541326001	009604443		B
24	4422940615	200604	0002	536547222001	009604444		B
25	4422940615	200604	0003	536541173001	009604442		B
26	4422940615	200604	0004	536541719001	009604445		B
27	4422940615	200605	0001	535644936004	009604434		B
28	4422940615	200605	0002	535644936005	009604434		B
29	4422940615	200605	0003	535644936006	009604434		B
30	4422940615	200605	0007	536560204001	009604446		B
31	4422940615	200605	0008	536560204002	009604446		B
32	4422940615	200606	0002	536524180001	009604447		B
33	4422940615	200606	0003	536537435001	009604448		B
34	4422940615	200607	0001	536514236001	422576634		B

预览　导出　关闭

版权所有©2005：广东省国家税务局
经营许可证编号：粤ICP证0108号

完毕　Internet

图 11-11

思考与实训

一、为什么我国实施出口收汇核销和出口退税政策？

二、简述出口收汇核销的业务流程。

附　录

售货合同（SALES CONTRACT）

合同的一般交易条件	General terms and conditions for the contract
本合同是由营业地在不同国家或地区的当事人之间以书面形式订立的货物销售合同。	The contract is a written commodity sales contract concluded between the parties concerned at the place of business in different countries or regions.
第一条　质量标准：买卖双方对所成交的商品、所采取的质量标准应在合同中详细列明。	Article 1　Quality standard：The standard of quality of the commodity in transaction between the Buyer and Seller shall be specified in the contract.
第二条　支付方式：本合同项下的支付方式采用汇付、托收及信用证三大类。可采用其中的一种，经双方同意也可以结合使用。若为托收方式，买方应提供进口地代收银行的名称及地址。若为信用证方式，买方在合同签订后应按时开立不可撤销的信用证，以卖方为受益人，可分批、可转运，并注明合同编号，信用证有效期于装期后15天在出口地到期，其基本内容应与合同内容相符。选定的支付方式，应在合同上载明。	Article 2　Form of payment：The form of payment adopted in the contract shall be one of the following：remittance，collection or letter of credit. These can be adopted together if agreed by both parties. In case of collection the Buyer shall provide the name and address of the collecting bank at the place of import. If the letter of credit is used，the Buyer shall，after the signing the contract，open in time irrevocable letter of credit and name the Seller as the beneficiary. It can be done in partial shipments or transferred shipment stating the number of the contract. The expiry date of the L/C shall be 15 days after the shipment at the exporting place. Its contents shall basically conform to the contents of the contract. The form of payment once determined shall be stated in the contract.
第三条　货物保险：凡价格条件为FOB、FCA、CFR（C&F）及CPT均由买方保险。凡价格条件为CIF或CIP，保险由卖方按发票金额的110%投保。投保一切险及战争险按中国保险条款。	Article 3　Insurance of the commodity：When the prices are under FOB，FCA，CFR（C&F）and CPT，the commodity shall be insured by the Buyer. When the prices are under CIF or CIP，insurance shall be covered by the Seller at 110% of the amount on the invoice. Insurance for all risks and war risks shall conform to China insurance clauses（C. I. C）.

第四条　包装及装运标记：凡买方对包装及装运标记无特别要求，均按卖方一般出口包装和装运标记。	Article 4　Packing and mark of shipment：When there is no special request from the Buyer for packing and mark of shipment，the Seller shall pack and mark the shipment according to the general practice of export.
第五条　商品检验：买卖双方同意以装运港（地）的中华人民共和国进出口商品检验局所属机构、委托机构及政府批准的其他商品检验机构所出具的各种证书为依据，买方可在货到目的地后予以复验，复验费由买方自行承担。	Article 5　Commodity inspection：The Buyer and the Seller shall agree to base on the different certificates issued by the organizations subordinated to or entrusted by the Import and Export Commodity Inspection bureau of the People's Republic of China or any other commodity inspection organization approved by the government for the Buyer to recheck the commodity when it arrives at the destination. The fee for rechecking shall be borne by the Buyer.
第六条　异议与索赔：买方对于所装运货物的品质、重量或数量有异议并要求索赔时，必须于所装的该货物到达运输单据所注明的目的港（地）后60天内提出，并必须提供双方确认的公证机构或商品检验机构所出具的检验报告。如果买方对货物作了任何形式的处理或加工，买方丧失索赔的权利。凡属于自然原因造成损失及属于运输公司或保险公司责任范围之内的赔偿，卖方均不予以赔偿。	Article 6　Objections and claims for compensation：When the Buyer raises objection to the quality，weight or quantity of the commodity and claims for compensation，it shall put forward the matter within 60 days after the cargo has arrived at the destination port（place）as stated in the transport documents. It shall at the same time provide the inspection report issued by a public notary organization. In case the Buyer has treated or processed the commodity in whatever form it shall lose the right of claim for compensation. For losses subsequent to natural causes or within the responsibility for compensation by the transport company or the insurance company the seller shall not agree to compensate.
第七条　不可抗力：在履行本合同过程中，由于以下的不可抗力原因如自然灾害，战争，国家法令、法规对进出口所造成的影响以及人们无法控制的其他人为及自然因素所造成的无法履约，买卖双方均不承担责任。但是当事人一方因不可抗力事件不能履行合同的全部或者部分，有义务毫不拖延地用传真、电传、电报等任何方式通知另一方，并必须在15天内用快递提交当地有关部门出具此类事件的证明书。即使在此种情况下，买卖双方仍可商讨补救办法。	Article 7　Force majeure：In performing the contract when the following force majeure occurs，such as natural calamities，war，impact from state laws and regulations affecting import and export and any other causes，man-made or natural，beyond the control of man that hinders the performance of the contract，both the Buyer and the Seller shall not bear any responsibility. However，in case of force majeure that one party is unable to carry out the whole or part of the contract，it shall be obliged to fax，telex or cable without any delay to notify the other party and shall within 15 days provide by express mail certification by the local departments concerned on such matters. Even under such circumstances the Buyer and the Seller may negotiate on measure for making up for the loss.

第八条　仲裁：在履行本合同中发生争议时，首先由合同双方友好协商解决，若经协商不能达成协议，任何一方均可将有关争议提交中国国际经济贸易仲裁委员会广州分会，并根据该会仲裁法则和程序进行仲裁。仲裁裁决是终局的，对双方都有约束力。	Article 8　Arbitration：In case of disputes arising in the performance of the contract these shall first be resolved through friendly negotiations. Shall negotiations fail to reach resolution，either party may raise the dispute to the Chinese International Economic and Trade Arbitration Commission，Guangzhou Branch and request for arbitration according to the arbitration regulations and procedures of that Organization. The decision of the arbitration is final，which has binding force on both parties.
第九条　转让：本合同未经双方同意，任何一方不得转让。	Article 9　Transfer：The contract shall not be transferred by either party without the agreement by both parties.
第十条　变更、解除：本合同（除因第七条不可抗力外）未经双方同意，任何一方不得擅自变更或者解除合同。	Article 10　Changes and termination：Either party shall not change or terminate the contract without the agreement of both parties（except for reasons of force majeure stated in Article 7）.
第十一条　违约及赔偿：任何一方（除因第七条不可抗力外）不履行合同义务即构成违约，根据不同情况和后果，另一方有权向违约方提出赔偿的要求。	Article 11　Default and compensation：Should either of the two parties fail to carry out the contract（except for reasons of force majeure stated in Article 7），it shall be regarded as default，the other party reserves the right to claim from the default party for compensation in accordance with the different conditions and consequences.
第十二条　合同生效：买卖双方经协商后同意签订本合同，并一经双方授权代表签署，本合同即生效，生效日期以合同签署日期为准，凡异地签署的以最后一方签署日期为生效日期。	Article 12　Effectiveness of the contract：The Buyer and the Seller have through negotiations agree to conclude the contract，once the contract is signed by the authorized representative of both parties，it is effective as of the date of the signature. In case the contract has to be signed in different locations the date effectiveness shall be the date when the later party has signed.
第十三条　合同份数：本合同正本两份，双方各执一份。凡以前有关本批交易的信件、传真、电传、电报、口头磋商均以本合同的内容为准。	Article 13　Copies of contract：There are two original copies of the contract，one of which shall be held by each party. All previous correspondences，facsimiles，telex，cables and verbal negotiations have to be referred to the contents of the contract as the criterion.
第十四条　其他说明：凡上述条款未提及事宜或需要进一步补充说明，经双方同意可在合同中备注栏内说明，备注内容对双方均有约束力。	Article 14　Other remarks：Any matters not covered，to be supplemented or be elaborated shall be stated，as agreed by both parties，in the remarks column，which also have binding force on both parties.
第十五条　文字效力：本合同中英文具有同等法律效力。	Article 15　Effectiveness of languages：Both the Chinese and English version of the contract shall have equal legal effect.

参考文献

[1] 全国国际商务单证专业培训考试办公室编，国际商务单证理论与实务[M]．北京：中国商务出版社，2009.

[2] 全国国际商务单证专业培训考试办公室编，国际商务单证专业培训考试大纲及复习指南[M]．北京：中国商务出版社，2009.

[3] 兰影主编，出入境检验检疫报检员培训教材[M]．北京：中国法制出版社，2009.

[4] 祝卫，程洁，谈英．国际贸易操作能力实用教程[M]．第1版．上海：上海人民出版社，2006.

[5] 田运银．国际贸易单证精讲[M]．北京：中国海关出版社，2008.

[6] 杨鹏强．报关实务[M]．北京：中国海关出版社，2009.

[7] 海关总署报关员资格考试教材编写委员会．2008年版报关员资格全国统一考试教材[M]．北京：中国海关出版社，2008.

[8] 海关总署报关员资格考试教材编写委员会．2005年版报关员资格全国统一考试辅导教材[M]．北京：中国海关出版社，2005，485～488.

[9] 祝卫．出口贸易模拟操作教程[M]．上海：上海人民出版社，2006.

[10] 余世明．国际商务单证实务[M]．广州：暨南大学出版社，2005.

[11] 严思忆，李宝柱，陈波．国际货物贸易单证实务[M]．北京：对外经济贸易大学出版社，2007.

[12] 王善论．国际贸易实务解惑500题[M]．北京：对外经济贸易大学出版社，2007年5月第一版．

[13] 王学峰．国际货运实务[M]．北京：高等教育出版社，2006年6月第一版．

[14] 黎孝先．国际贸易实务[M]．北京：对外经济贸易大学出版社，2007年8月第四版．

[15] 庄乐梅．国际结算实务精要［M］．北京：中国纺织出版社，2008 年 1 月第二版．

[16] 胡涵景，孟朱明．国际贸易单证标准化实务［M］．北京：中国标准出版社，2009.

[17] 中国国际货运代理协会．国际货运代理理论与实务［M］．北京：中国商务出版社，2009.

[18] 袁永友，柏望生．进出口单证实务案例评析［M］．北京：中国海关出版社，2006.

[19] 商务部令 2008 年第 11 号《货物出口许可证管理办法》．

[20] 中华人民共和国商务部网站 http：//www. mofcom. gov. cn.

[21] 广东出入境检验检疫局网站 http：//www. gdciq. gov. cn/.

[22] 深圳出入境检验检疫局网站 http：//www. szciq. gov. cn/.

书目介绍

乐 贸 系 列

书名	作者	定价	书号	出版时间
外贸 SOHO 系列				
1. 外贸 SOHO,你会做吗?	黄见华	30.00 元	978-7-5175-0141-1	2016 年 7 月第 1 版
跨境电商系列				
1. 跨境电商 3.0 时代——把握外贸转型时代风口	朱秋城(Mr. Harris)	55.00 元	978-7-5175-0140-4	2016 年 9 月第 1 版
2. 118 问玩转速卖通——跨境电商海外淘金全攻略	红 鱼	38.00 元	978-7-5175-0095-7	2016 年 1 月第 1 版
外贸职场高手系列				
1. 外贸大牛的术与道	丹 牛	38.00 元	978-7-5175-0163-3	2016 年 10 月第 1 版
2. JAC 外贸谈判手记——JAC 和他的外贸故事	JAC	45.00 元	978-7-5175-0136-7	2016 年 8 月第 1 版
3. Mr. Hua 创业手记——从 0 到 1 的"华式"创业思维	华 超	45.00 元	978-7-5175-0089-6	2015 年 10 月第 1 版
4. 外贸会计上班记	谭 天	38.00 元	978-7-5175-0088-9	2015 年 10 月第 1 版
5. JAC 外贸工具书——JAC 和他的外贸故事	JAC	45.00 元	978-7-5175-0053-7	2015 年 7 月第 1 版
6. 外贸菜鸟成长记(0~3 岁)	何嘉美	35.00 元	978-7-5175-0070-4	2015 年 6 月第 1 版
外贸操作实务子系列				
1. 金牌外贸业务员找客户(第三版)——跨境电商时代开发客户的 9 种方法	张劲松	40.00 元	978-7-5175-0098-8	2016 年 1 月第 3 版
2. 实用外贸技巧助你轻松拿订单(第二版)	王陶(波锅涅)	30.00 元	978-7-5175-0072-8	2015 年 7 月第 2 版
3. 外贸全流程攻略——进出口经理跟单手记	温伟雄	33.00 元	978-7-5175-0015-5	2014 年 5 月第 1 版
4. 出口营销实战(第三版)	黄泰山	45.00 元	978-7-80165-932-3	2013 年 1 月第 3 版
5. 外贸实务疑难解惑 220 例	张浩清	38.00 元	978-7-80165-853-1	2012 年 1 月第 1 版
6. 外贸高手客户成交技巧	毅 冰	35.00 元	978-7-80165-841-8	2012 年 1 月第 1 版
7. 外贸纠纷处理实务——案例与技巧	熊志坚	35.00 元	978-7-80165-789-3	2011 年 1 月第 1 版
8. 报检七日通	徐荣才 朱瑾瑜	22.00 元	978-7-80165-715-2	2010 年 8 月第 1 版
9. 外贸业务经理人手册(第 2 版)	陈文培	39.00 元	978-7-80165-671-1	2010 年 1 月第 1 版
10. 外贸会计实务精要	疏 影	28.00 元	978-7-80165-633-9	2009 年 5 月第 1 版
11. 外贸实用工具手册	本书编委会	32.00 元	978-7-80165-558-5	2009 年 1 月第 1 版
12. 外贸实务经验分享 33 例	沱沱网中文站	28.00 元	978-7-80165-560-8	2009 年 1 月第 1 版
13. 外贸实务案例精华 80 篇	刘德标 吴珊红	29.80 元	978-7-80165-561-5	2009 年 1 月第 1 版

书名	作者	定价	书号	出版时间
14. 快乐外贸七讲	朱芷萱	22.00 元	978-7-80165-373-4	2009 年 1 月第 1 版
15. 危机生存 ——十位经理人谈金融危机下的经营之道	本书编委会	22.00 元	978-7-80165-586-8	2009 年 1 月第 1 版
16. 外贸七日通 （最新修订版）	黄海涛 （深海鱿鱼）	22.00 元	978-7-80165-397-0	2008 年 8 月第 3 版
17. 出口营销策略 （《出口营销实战》升级版）	黄泰山　冯斌	35.00 元	978-7-80165-459-5	2008 年 5 月第 1 版
18. 进口实务操作指南 ——步骤 · 实例 · 经验技巧	中国进口网	55.00 元	978-7-80165-493-9	2008 年 5 月第 1 版

出口风险管理子系列

书名	作者	定价	书号	出版时间
1. 轻松应对出口法律风险	韩宝庆	39.80 元	978-7-80165-822-7	2011 年 9 月第 1 版
2. 出口风险管理实务（第二版）	冯　斌	48.00 元	978-7-80165-725-1	2010 年 4 月第 2 版
3. 50 种出口风险防范	王新华　陈丹凤	35.00 元	978-7-80165-647-6	2009 年 8 月第 1 版

外贸单证操作子系列

书名	作者	定价	书号	出版时间
1. 外贸单证经理的成长日记（第二版）	曹顺祥	40.00 元	978-7-5175-0130-5	2016 年 6 月第 2 版
2. 跟单信用证一本通	何源	35.00 元	978-7-80165-849-4	2012 年 1 月第 1 版
3. 信用证审单有问有答 280 例	李一平　徐珺	37.00 元	978-7-80165-761-9	2010 年 8 月第 1 版
4. 外贸单证解惑 280 例	龚玉和　齐朝阳	38.00 元	978-7-80165-638-4	2009 年 7 月第 1 版
5. 信用证 6 小时教程	黄海涛 （深海鱿鱼）	25.00 元	978-7-80165-624-7	2009 年 4 月第 2 版
6. 跟单高手教你做跟单	汪　德	32.00 元	978-7-80165-623-0	2009 年 4 月第 1 版
7. 外贸单证处理技巧 （第 3 版）	屈　韬	42.00 元	978-7-80165-516-5	2008 年 5 月第 1 版
8. 进出口单证实务案例评析	袁永友 柏望生	33.00 元	978-7-80165-371-8	2006 年 8 月第 1 版

福步外贸高手子系列

书名	作者	定价	书号	出版时间
1. 外贸电邮营销实战 ——小小开发信　订单滚滚来（第二版）	薄如骢	45.00 元	978-7-5175-0126-8	2016 年 5 月第 2 版
2. 巧用外贸邮件拿订单	刘　裕	45.00 元	978-7-80165-966-8	2013 年 8 月第 1 版
3. 外贸技巧与邮件实战	刘　云	28.00 元	978-7-80165-536-3	2008 年 7 月第 1 版

国际物流操作子系列

书名	作者	定价	书号	出版时间
1. 货代高手教你做货代 ——优秀货代笔记（第二版）	何银星	33.00 元	978-7-5175-0003-2	2014 年 2 月第 2 版
2. 国际物流操作风险防范 ——技巧 · 案例分析	孙家庆	32.00 元	978-7-80165-577-6	2009 年 4 月第 1 版
3. 集装箱运输与海关监管	赵　宏	23.00 元	978-7-80165-559-2	2009 年 1 月第 1 版

书名	作者	定价	书号	出版时间

通关实务子系列

书名	作者	定价	书号	出版时间
1. 外贸企业轻松应对海关估价	熊斌 赖芸 王卫宁	35.00 元	978-7-80165-895-1	2012 年 9 月第 1 版
2. 报关实务一本通(第 2 版)	苏州工业园区海关	35.00 元	978-7-80165-889-0	2012 年 8 月第 2 版
3. 如何通过原产地证尽享关税优惠	南京出入境检验检疫局	50.00 元	978-7-80165-614-8	2009 年 4 月第 3 版

彻底搞懂子系列

书名	作者	定价	书号	出版时间
1. 彻底搞懂信用证(第二版)	王腾 曹红波	35.00 元	978-7-80165-840-1	2011 年 11 月第 2 版
2. 彻底搞懂中国自由贸易区优惠	刘德标 祖月	34.00 元	978-7-80165-762-6	2010 年 8 月第 1 版
3. 彻底搞懂贸易术语	陈岩	33.00 元	978-7-80165-719-0	2010 年 2 月第 1 版
4. 彻底搞懂海运航线	唐丽敏	25.00 元	978-7-80165-644-5	2009 年 7 月第 1 版
5. 彻底搞懂提单	张敏 赵通	29.80 元	978-7-80165-602-5	2009 年 6 月第 1 版
6. 彻底搞懂关税	孙金彦	29.00 元	978-7-80165-618-6	2009 年 6 月第 1 版

外贸英语实战子系列

书名	作者	定价	书号	出版时间
1. 十天搞定外贸函电	毅冰	38.00 元	978-7-80165-898-2	2012 年 10 月第 1 版
2. 外贸高手的口语秘籍	李凤	35.00 元	978-7-80165-838-8	2012 年 2 月第 1 版
3. 外贸英语函电实战	梁金水	25.00 元	978-7-80165-705-3	2010 年 1 月第 1 版
4. 外贸英语口语一本通	刘新法	29.00 元	978-7-80165-537-0	2008 年 8 月第 1 版
5. 央汉物流词汇精析——结合实务操作	应海新	68.00 元	978-7-80165-517-2	2008 年 5 月第 1 版

外贸谈判子系列

书名	作者	定价	书号	出版时间
1. 外贸英语谈判实战(第二版)	王慧 仲颖	38.00 元	978-7-5175-0111-4	2016 年 3 月第 2 版
2. 外贸谈判策略与技巧	赵立民	26.00 元	978-7-80165-645-2	2009 年 7 月第 1 版

国际商务往来子系列

书名	作者	定价	书号	出版时间
国际商务礼仪大讲堂	李嘉珊	26.00 元	978-7-80165-640-7	2009 年 12 月第 1 版

贸易展会子系列

书名	作者	定价	书号	出版时间
外贸参展全攻略——如何有效参加 B2B 贸易商展(第三版)	钟景松	38.00 元	978-7-5175-0076-6	2015 年 8 月第 3 版

书名	作者	定价	书号	出版时间
区域市场开发子系列				
中东市场开发实战	刘军　沈一强	28.00 元	978-7-80165-650-6	2009 年 9 月第 1 版
国际结算子系列				
1. 国际结算函电实务	周红军　阎之大	40.00 元	978-7-80165-732-9	2010 年 5 月第 1 版
2. 出口商如何保障安全收汇——L/C、D/P、D/A、O/A 精讲	庄乐梅	85.00 元	978-7-80165-491-5	2008 年 5 月第 1 版
国际贸易金融工具子系列				
1. 出口信用保险——操作流程与案例	中国出口信用保险公司	35.00 元	978-7-80165-522-6	2008 年 5 月第 1 版
2. 福费廷	周红军	26.00 元	978-7-80165-451-9	2008 年 1 月第 1 版
加工贸易操作子系列				
1. 加工贸易实务操作与技巧	熊　斌	35.00 元	978-7-80165-809-8	2011 年 4 月第 1 版
2. 加工贸易达人速成——操作案例与技巧	陈秋霞	28.00 元	978-7-80165-891-3	2012 年 7 月第 1 版
乐税子系列				
1. 外贸企业免抵退税实务——经验 · 技巧分享	徐玉树　罗玉芳	45.00 元	978-7-5175-0135-0	2016 年 6 月第 1 版
2. 外贸会计账务处理实务——经验 · 技巧分享	徐玉树	38.00 元	978-7-80165-958-3	2013 年 8 月第 1 版
3. 生产企业免抵退税实务——经验 · 技巧分享(第二版)	徐玉树	42.00 元	978-7-80165-936-1	2013 年 2 月第 2 版
4. 外贸企业出口退(免)税常见错误解析 100 例	周朝勇	49.80 元	978-7-80165-933-0	2013 年 2 月第 1 版
5. 生产企业出口退(免)税常见错误解析 115 例	周朝勇	49.80 元	978-7-80165-901-9	2013 年 1 月第 1 版
6. 外汇核销指南	陈文培等	22.00 元	978-7-80165-824-1	2011 年 8 月第 1 版
7. 外贸企业出口退税操作手册	中国出口退税咨询网	42.00 元	978-7-80165-818-0	2011 年 5 月第 1 版
8. 生产企业免抵退税从入门到精通	中国出口退税咨询网	98.00 元	978-7-80165-695-7	2010 年 1 月第 1 版
9. 出口涉税会计实务精要(《外贸会计实务精要》第 2 版)	龙博客工作室	32.00 元	978-7-80165-660-5	2009 年 9 月第 2 版
专业报告子系列				
1. 国际工程风险管理	张　燎	1980.00 元	978-7-80165-708-4	2010 年 1 月第 1 版
2. 涉外型企业海关事务风险管理报告	《涉外型企业海关事务风险管理报告》研究小组	1980.00 元	978-7-80165-666-7	2009 年 10 月第 1 版

书名	作者	定价	书号	出版时间
外贸企业管理子系列				
1. 小企业做大外贸的制胜法则——职业外贸经理人带队伍手记	胡伟锋	35.00元	978-7-5175-0071-1	2015年7月第1版
2. 小企业做大外贸的四项修炼	胡伟锋	26.00元	978-7-80165-673-5	2010年1月第1版
国际贸易金融子系列				
1. 信用证风险防范与纠纷处理技巧	李道金	45.00元	978-7-5175-0079-7	2015年10月第1版
2. 国际贸易金融服务全程通（第二版）	郭党怀 张丽君 张贝	43.00元	978-7-80165-864-7	2012年1月第2版
3. 国际结算与贸易融资实务	李华根	42.00元	978-7-80165-847-0	2011年12月第1版
毅冰谈外贸子系列				
毅冰私房英语书——七天秀出外贸口语	毅 冰	35.00元	978-7-80165-965-1	2013年9月第1版

“实用型”报关与国际货运专业教材

书名	作者	定价	书号	出版时间
1. e时代报关实务	王 云	40.00元	978-7-5175-0142-8	2016年6月第1版
2. 供应链管理实务	张远昌	48.00元	978-7-5175-0051-3	2015年4月第1版
3. 电子口岸实务（第二版）	林青	35.00元	978-7-5175-0027-8	2014年6月第2版
4. 报检实务（第二版）	孔德民	38.00元	978-7-80165-999-6	2014年3月第2版
5. 进出口商品归类实务（第二版）	林 青	45.00元	978-7-80165-902-6	2013年1月第2版
6. 现代关税实务（第2版）	李 齐	35.00元	978-7-80165-862-3	2012年1月第2版
7. 国际贸易单证实务（第2版）	丁行政	45.00元	978-7-80165-855-5	2012年1月第2版
8. 报关实务（第3版）	杨鹏强	45.00元	978-7-80165-825-8	2011年9月第3版
9. 海关概论（第2版）	王意家	36.00元	978-7-80165-805-0	2011年4月第2版
10. 国际集装箱班轮运输实务	林益松 郑海棠	43.00元	978-7-80165-770-1	2010年9月第1版
11. 国际货运代理操作实务	杨鹏强	45.00元	978-7-80165-709-1	2010年1月第1版
12. 航空货运代理实务	杨鹏强	37.00元	978-7-80165-707-7	2010年1月第1版
13. 进出口商品归类实务——实训题参考答案	林 青	12.00元	978-7-80165-692-6	2009年12月第1版

“精讲型”国际贸易核心课程教材

书名	作者	定价	书号	出版时间
1. 国际货运代理实务精讲（第二版）	杨占林 汤 兴 官敏发	48.00元	978-7-5175-0147-3	2016年9月第2版

书名	作者	定价	书号	出版时间
2. 海关法教程（第三版）	刘达芳	45.00元	978-7-5175-0113-8	2016年4月第3版
3. 国际电子商务实务精讲（第二版）	冯晓宁	45.00元	978-7-5175-0092-6	2016年3月第2版
4. 国际贸易单证精讲（第4版）	田运银	45.00元	978-7-5175-0058-2	2015年6月第4版
5. 国际贸易操作实训精讲（第2版）	田运银 胡少甫 史 理 朱东红	48.00元	978-7-5175-0052-0	2015年2月第2版
6. 国际贸易实务精讲（第6版）	田运银	48.00元	978-7-5175-0032-2	2014年8月第6版
7. 进出口商品归类实务精讲	倪淑如 倪 波 田运银	48.00元	978-7-5175-0016-2	2014年7月第1版
8. 外贸单证实训精讲	龚玉和 齐朝阳	42.00元	978-7-80165-937-8	2013年4月第1版
9. 外贸英语函电实务精讲	傅龙海	42.00元	978-7-80165-935-4	2013年2月第1版
10. 国际结算实务精讲	庄乐梅 李 菁	49.80元	978-7-80165-929-3	2013年1月第1版
11. 报关实务精讲	孔德民	48.00元	978-7-80165-886-9	2012年6月第1版
12. 国际商务谈判实务精讲	王 慧 唐力忻	26.00元	978-7-80165-826-5	2011年9月第1版
13. 国际会展实务精讲	王重和	38.00元	978-7-80165-807-4	2011年5月第1版
14. 国际贸易实务疑难解答	田运银	20.00元	978-7-80165-718-3	2010年9月第1版
15. 集装箱运输系统与操作实务精讲	田聿新 杨永志	38.00元	978-7-80165-642-1	2009年7月第1版

“实用型”国际贸易课程教材

书名	作者	定价	书号	出版时间
1. 国际金融实务	李 齐 唐晓林	48.00元	978-7-5175-0134-3	2016年6月第1版
2. 外贸跟单实务	罗 艳	48.00元	978-7-80165-954-5	2013年8月第1版
3. 国际贸易实务	丁行政 罗艳	48.00元	978-7-80165-962-0	2013年8月第1版

电子商务大讲堂·外贸培训专用

书名	作者	定价	书号	出版时间
1. 外贸操作实务	本书编委会	30.00元	978-7-80165-621-6	2009年5月第1版
2. 网上外贸——如何高效获取订单	本书编委会	30.00元	978-7-80165-620-9	2009年5月第1版
3. 出口营销指南	本书编委会	30.00元	978-7-80165-619-3	2009年5月第1版
4. 外贸实战与技巧	本书编委会	30.00元	978-7-80165-622-3	2009年5月第1版

中小企业财会实务操作系列丛书

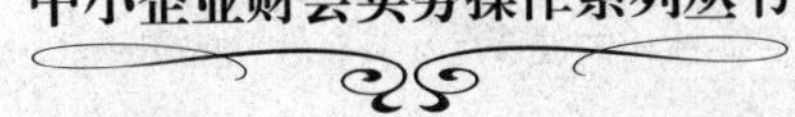

书名	作者	定价	书号	出版时间
1. 小企业会计疑难解惑300例	刘华 刘方周	39.80元	978-7-80165-845-6	2012年1月第1版
2. 做顶尖成本会计应知应会150问	张 胜	38.00元	978-7-80165-819-7	2011年8月第1版
3. 会计实务操作一本通	吴虹雁	35.00元	978-7-80165-751-0	2010年8月第1版

2016 年中国海关出版社乐贸系列

新书重磅推荐 >>

《国际电子商务实务精讲（第二版）》

作者：冯晓宁

定价：45.00 元

书号：978-7-5175-0092-6

出版日期：2016 年 3 月

内容简介

国际电子商务在近两年经历了日新月异的发展变化：跨境电商异军突起，电子商务模式日益多样化，电子口岸通关作业无纸化等。为了更好地掌握相关知识，读者应转变自己的观念和意识，在实际操作中做到与时俱进。此次改版在保留第一版特色的基础上，结合近期国际电子商务的发展以及读者反馈进行修订。

与第一版相比，此次改版后的特点有：首先，内容更加实用。书中结合电子商务发展态势，更新了相关知识，增加了有关跨境电商、UPS 网站、zForm eCO 系统等介绍。其次，结构更加科学、合理。精简实践中较少用到的技术性内容，扩充电子商务在国际贸易中的具体应用。最后，书中新增大量图、表、案例，将理论知识形象化，便于学生理解。

本书既可以作为应用型本科院校、高职高专国际贸易、国际电子商务等相关专业学生的教材、教辅，还可供外贸人士学习使用。

2016年中国海关出版社乐贸系列

新书重磅推荐 >>

《国际贸易操作实训精讲（第二版）》

作者：田运银　胡少甫　史　理　朱东红

定价：48.00元

书号：978-7-5175-0052-0

出版日期：2015年2月

内容简介

本书内容结合最新政策进行修订，并与实际工作紧密结合。本书的目的和任务是帮助读者学会对内、对外发函的基本思路、掌握进出口贸易成本核算的思路和方法，以及弄清楚每一笔生意从头至尾的交易程序和程序中涉及的概念、常识、法理法规、惯例以及注意事项。同时，本书对一些重要的国际贸易惯例和法律条文进行了解释，对初学者理解有难度的地方添加了说明和解释并进行举例。全书兼具新颖、实用、通俗、简洁、严密和清晰等特点，是一本高质量、高水平、值得一读的国际贸易专业书籍。